東京大学史料編纂所影印叢書 5

# 平安鎌倉古文書集

東京大学史料編纂所 編

八木書店

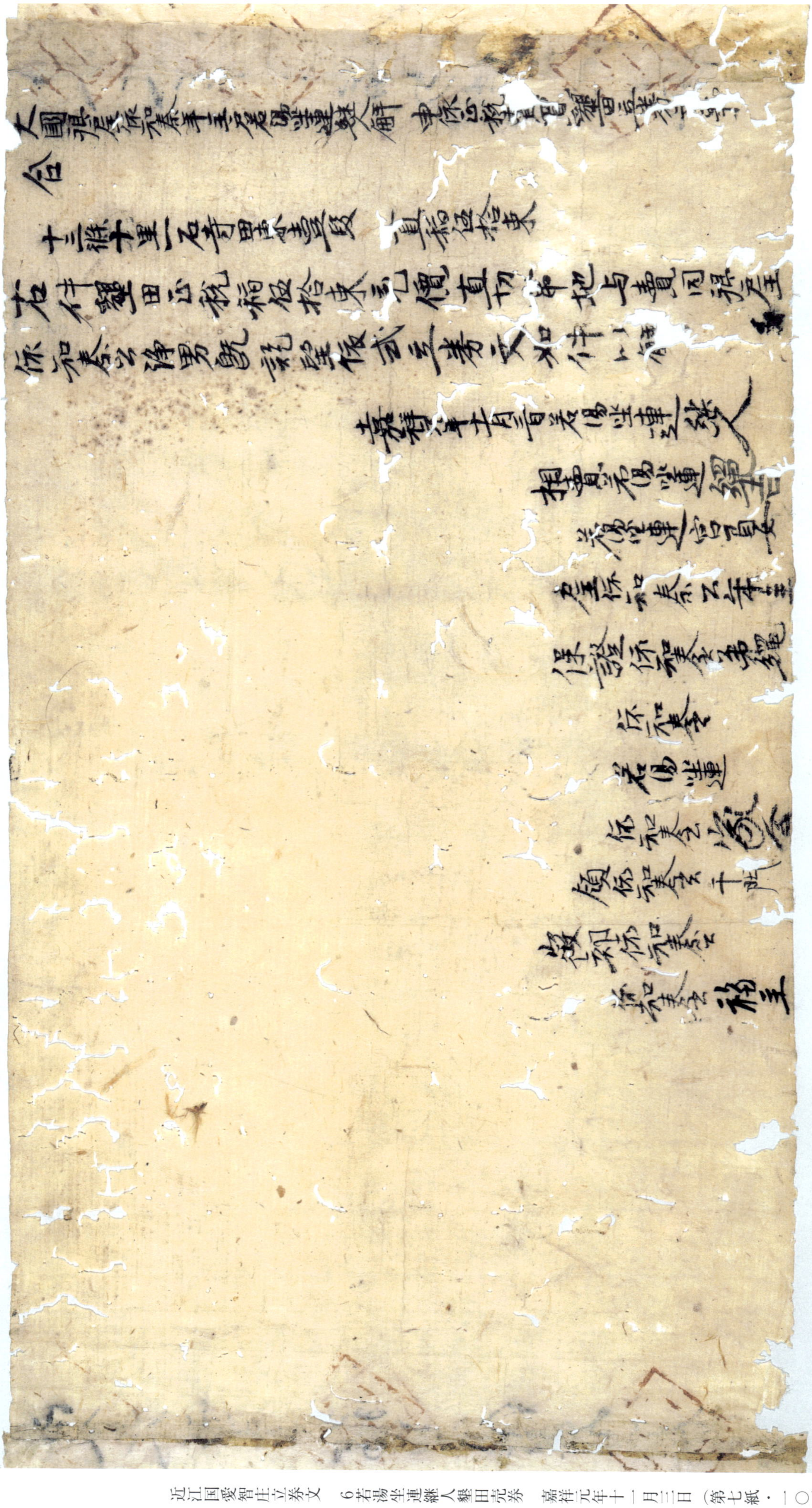

近江国愛智庄立券文　6若湯坐連継人墾田売券　嘉祥元年十一月三日（第七紙・一〇頁）

右官苻去永延元年十月[illegible]日諸郡卜苻其旨
係應重制止帯兵仗横行陸海盗賊及院
宮王臣家庄園設田地放之尚條則令宣
条未放是只為横行所持楷也雖然從
制宣之厳往之昔前濫妄甚九ヶ条因應傳
以諸國受領吏任國縁[illegible]并五位六位有官散
位新賓等未禁制重厳苻如此官苻根成
私訖之計就中牧宰之猶朝妄已重極民
興國非云賞進而當任守元命朝臣不顧國
之凋弊元恩人民之散亡一任之間息將
永代之財産三ヶ年之程誅責被所之
家嵐國已民散職由此何況有官散
位諸司官人猶掌已畏句旨已把劫之厳
好説親之業有經此此未之歎制所令
糺知之若解禁國司元以優免具勅[illegible]
望請被裁断將[illegible]
新者言上如件
之也矣

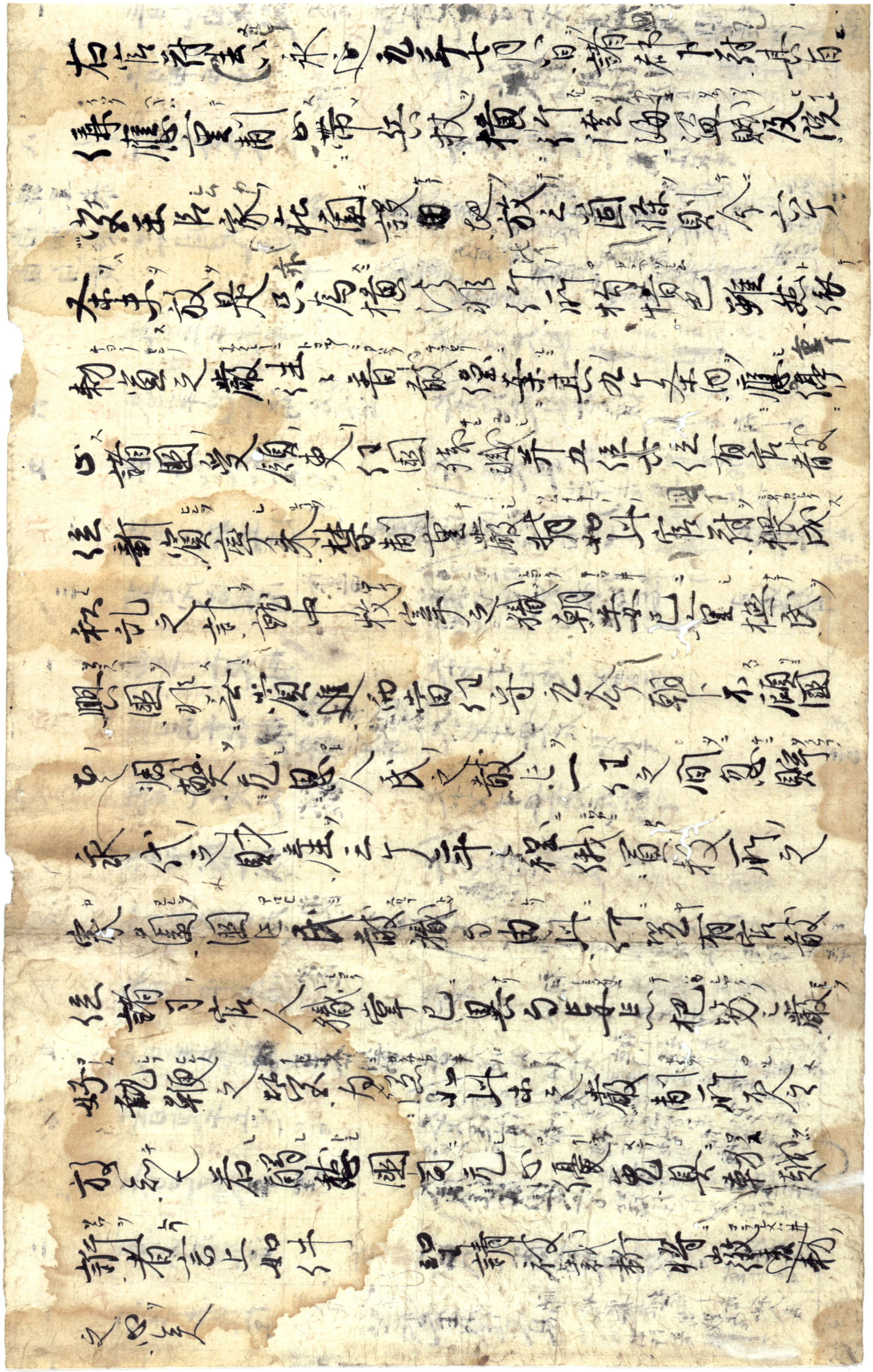

尾張国郡司百姓等解文　第三十一条後半（第二四～二五紙・三九～四〇頁）

# 例　言

一、東京大学史料編纂所影印叢書は、東京大学史料編纂所が所蔵する原本史料等を精選し、影印によって刊行するものである。

一、本冊には、平安鎌倉古文書集として、『近江国愛智庄立券文』『尾張国郡司百姓等解文』『山辺姉子畠地売券』『古文書雑集』『東大寺古文書』『東大寺田券』『源範頼下文』『山城国西観音寺文書』『源頼朝下文』『太政官牒』『北野宮寺政所下文』『八幡宮寺政所供料充行状案』『古文書　鎌倉・室町時代』『中原遠忠注進状』『東大寺大勧進聖守書状』『蓼沼寺文書』『安楽寿院文書』『東大寺造営領周防国文書』『僧玄海笛譜等注文』『審盛授性範印信』『洞院公賢奏事目録』『東大寺西室雑掌重申状案』『東大寺八幡宮神輿帰坐文書案』『隆恵書状』『後宇多上皇院宣』を収めた。

一、本冊に収録の文書は、平安・鎌倉時代の文書を原則としたが、成巻文書については、割愛することなく南北朝時代以降のすべての文書を収録した。

一、各書目は本所に於ける登録名称を使用したが、一部その名称に変更を加えた場合がある。

一、目次には、各書目毎にその収録文書名・年紀・法量等を記した細目を掲げた。

一、各書目の配列は、編年を原則としたが、複数の文書を収める成巻文書等については、各書目に収められる最古の文書の成立年代等により配列した。

一、図版の配列は、原本の現状に従い、表は紙数順に、紙背文書等については、紙数と逆順に配列したが、一部に原本の現状に関わらず、一紙毎の表裏順としたものがある。

一、本来継紙であったと考えられる文書等を除き、原則として裏打ち・継手を外した状態で一紙ごとに撮影した。

一、紙数は、巻子装については、巻首から現状での紙の継目ごとに第一紙、第二紙と数え、図版の下欄、各紙右端にアラビア数字を括弧で囲んで、(1)、(2)のように、冊子装については、丁付けを図版の下欄右左に、(1ウ)、(2オ)のように標示した。

一、本冊に収録の文書等の釈文については、原則としてこれを掲載しない。

一、解説は簡潔を旨とし、原則として常用漢字を用いた。解説には、書目・員数・架番号等の他、必要に応じて参考図版等を挿入した。

一、解説は東京大学史料編纂所員が執筆した。分担は、各解説の最後に示した。

一、図版の撮影等は、東京大学史料編纂所史料保存技術室が担当した。

二〇〇九年五月

東京大学史料編纂所

# 目次

## 近江国愛智庄立券文 …… 一

1依知秦公福万墾田売券　仁寿四年四月五日　〈二九・六糎×四〇・九糎〉 …… 四

2依知秦公広成墾田売券　貞観十年四月十三日　〈二九・〇糎×四一・四糎〉 …… 五

3依知秦公永吉墾田売券　貞観五年三月二十九日　〈二八・二糎×五九・二糎〉 …… 六

4依知秦公安麻呂墾田売券　貞観六年三月五日　〈二九・〇糎×三九・九糎〉 …… 八

5依知秦公浄男墾田売券　貞観五年十一月十五日　〈二七・八糎×四〇・四糎〉 …… 九

6若湯坐連継人墾田売券　嘉祥元年十一月三日　〈二七・四糎×五一・三糎〉 …… 一〇

7依知秦千嗣墾田売券　貞観八年十一月二十一日　〈二八・六糎×四五・五糎〉 …… 一一

8僧高徳墾田売券　貞観八年十月二十四日　〈二八・六糎×四一・六糎〉 …… 一二

継目裏 …… 一三

## 尾張国郡司百姓等解文 …… 一五

尾張国郡司百姓等解文　〈二九・二糎×一一四一・六糎〉 …… 一六

紙背 …… 四三

消息 …… 四三

嘉元二年具注暦 …… 四五

嘉元三年見行草 …… 六七

## 山辺姉子畠地売券 …… 七一

山辺姉子畠地売券　天治二年十二月二十七日　〈二八・二糎×四二・八糎〉 …… 七二

紙背 …… 七三

## 古文書雑集 …… 七五

1官宣旨（後欠）（嘉応元年八月十三日）〈三二・三糎×五四・〇糎〉 …… 七六

2観世音寺公文所下文　大治四年七月二十日　〈三〇・一糎×五〇・九糎〉 …… 七七

3東大寺年預所下知状土代　応長元年八月十□日　〈二七・三糎×四〇・八糎〉 …… 七八

4後宇多上皇院宣　文保三年三月七日　〈二八・七糎×三五・六糎〉 …… 七九

## 東大寺古文書



## 東大寺田券



## 源範頼下文



## 山城国西観音寺文書

5 比丘尼仏性畠売券　文永九年十二月七日　〈二七・八糎×三四・六糎〉……一〇八
紙背……一〇九
6 左衛門尉盛綱奉書　弘安八年三月日　〈三二・四糎×五三・二糎〉……一一〇
7 蓮華寿院供田充行状　乾元二年三月日　〈三二・五糎×五三・九糎〉……一一一
8 僧観誉田地売券案　正和三年三月十四日　〈二六・九糎×四一・八糎〉……一一二
紙背……一一三
9 某言上状案　暦応二年十一月日　〈二八・一糎×四〇・二糎〉……一一四
10 関戸院内名主職補任状　延文二年七月七日　〈三〇・四糎×四二・五糎〉……一一五
11 僧教賀畠売券　延文二年七月八日　〈三〇・〇糎×四二・二糎〉……一一六
12 関戸院内名主職安堵状　明徳元年十月二十八日　〈三〇・四糎×四五・七糎〉……一一七
13 関戸院内名主職安堵状　応永九年六月二十七日　〈二九・五糎×四八・五糎〉……一一八
14 園城寺大心院雑掌言上状　文亀三年卯月日　〈二六・七糎×四三・五糎〉……一一九
15 関戸山城入道道椿書状　(文亀三年)八月十六日　〈二五・九糎×四三・五糎〉……一二〇
16 西観音寺寺僧規式　永正七年三月十日　〈二四・三糎×三四・九糎〉……一二一
17 駕輿丁猪熊座諸役勤仕先例覚　寛永十九年　〈二六・一糎×三〇・九糎〉……一二二
18 宗門改帳(断簡)　延享四年九月　〈二四・七糎×三四・三糎〉……一二三
## 源頼朝下文……一二五
源頼朝下文　文治五年二月三十日　〈二九・八糎×五〇・六糎〉……一二六
## 太政官牒……一二七
太政官牒　建久二年三月二十二日　〈三二・二糎×一〇七・三糎〉……一二八
## 北野宮寺政所下文……一三一
北野宮寺政所下文　貞永元年四月二十五日　〈三四・一糎×二一六・八糎〉……一三二
## 八幡宮寺政所供料充行状案……一三七
八幡宮寺政所供料充行状案　天福元年七月七日　〈三〇・九糎×三四・八糎〉……一三八
## 古文書　鎌倉・室町時代……一三九
1 検非違使庁諸官評定文　元亨三年十月十二日　〈三二・八糎×四四・四糎〉……一四〇

4楽音寺座列次第　乾元二年卯月日　〈三一・七糎×四九・八糎〉……一六八
紙背……一六九
5四郎太郎友氏・嫡子孫六連署売券案　応長二年二月四日　〈三一・〇糎×四四・四糎〉……一七〇
紙背……一七一
6一宮修正会勤行所作人注文　正和三年五月十八日　〈二八・六糎×四〇・〇糎〉……一七二
7沙弥真阿売券　正和三年八月二十二日　〈三一・四糎×四三・七糎〉……一七三
8某安堵状　文保二年四月十日　〈三〇・二糎×四一・〇糎〉……一七四
9源内・覚右連署譲状并沙弥西道証判　正中四年正月二十七日　〈三〇・二糎×四二・八糎〉……一七五
10楽音寺院主良承申状　元弘三年八月日　〈二七・四糎×三九・六糎、二七・四糎×三八・五糎〉……一七六
11金剛仏子尊範外五名連署置文并座主増恵証判（前欠）　建武五年十一月二十二日
〈二七・四糎×一〇九・二糎〉……一七八
12楽音寺例時懺法并念仏番置文　暦応元年十月日　〈二九・八糎×三九・六糎〉……一八一
13賢阿譲状（前欠）　延文五年十月八日　〈二七・八糎×三五・八糎〉……一八二
14僧鏡賢譲状　至徳元年十二月一日　〈三〇・二糎×四八・四糎〉……一八三

## 安楽寿院文書……一八五

1安楽寿院諸堂舎所領目録　〈三二・〇糎×二五・五糎〉……一八六
2真幡木・芹川・上三栖三ヶ荘相伝知行支証案　〈二八・三糎×三九七・〇糎〉……二一七
3真幡木荘検注目録案　〈二八・二糎×五四八・七糎〉……二二八

## 東大寺造営領周防国文書……二四一

1東大寺大勧進忍性申状　（永仁二年）　〈三四・七糎×五四・五糎〉……二四四
紙背……二四五
2関東御教書　永仁二年七月二十七日　〈三四・〇糎×五二・五糎〉……二四六
3周防守護北条実政施行状案　永仁二年十月十日　〈三四・五糎×五二・一糎〉……二四七

## 僧玄海笛譜等注文……二四九

僧玄海笛譜等注文　永仁三年七月二十五日　〈二五・五糎×八四・六糎〉……二五〇

## 審盛授性範印信……二五三

審盛授性範印信　永仁六年正月十五日　〈三一・一糎×四五・〇糎〉……二五四

# 近江国愛智庄立券文

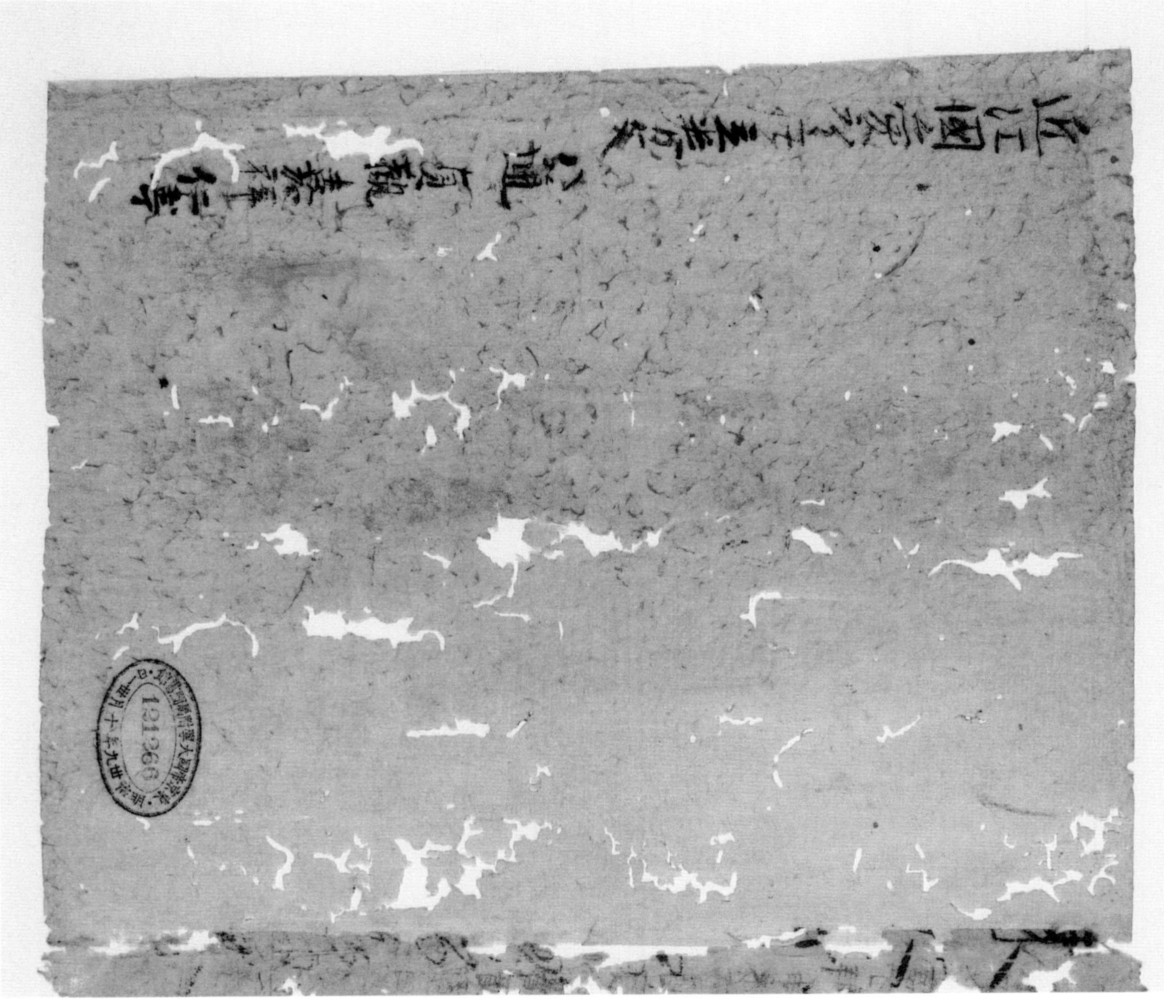

近江国愛智庄立券文　表紙

近江国愛智庄立券文　表紙見返し

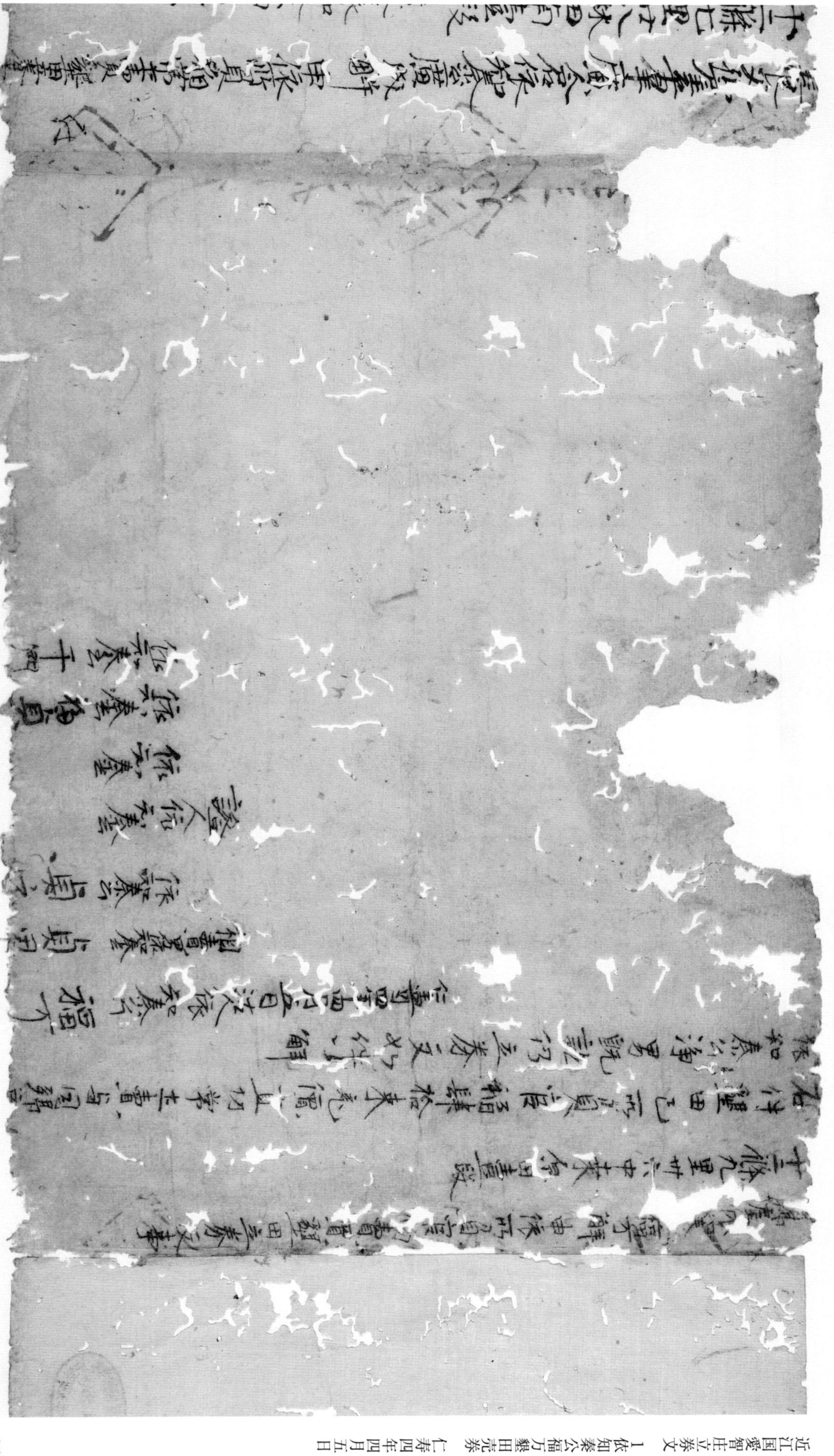

（1）

近江国愛智庄立券文

1 依知秦公福万墾田売券

仁寿四年四月五日

（2）

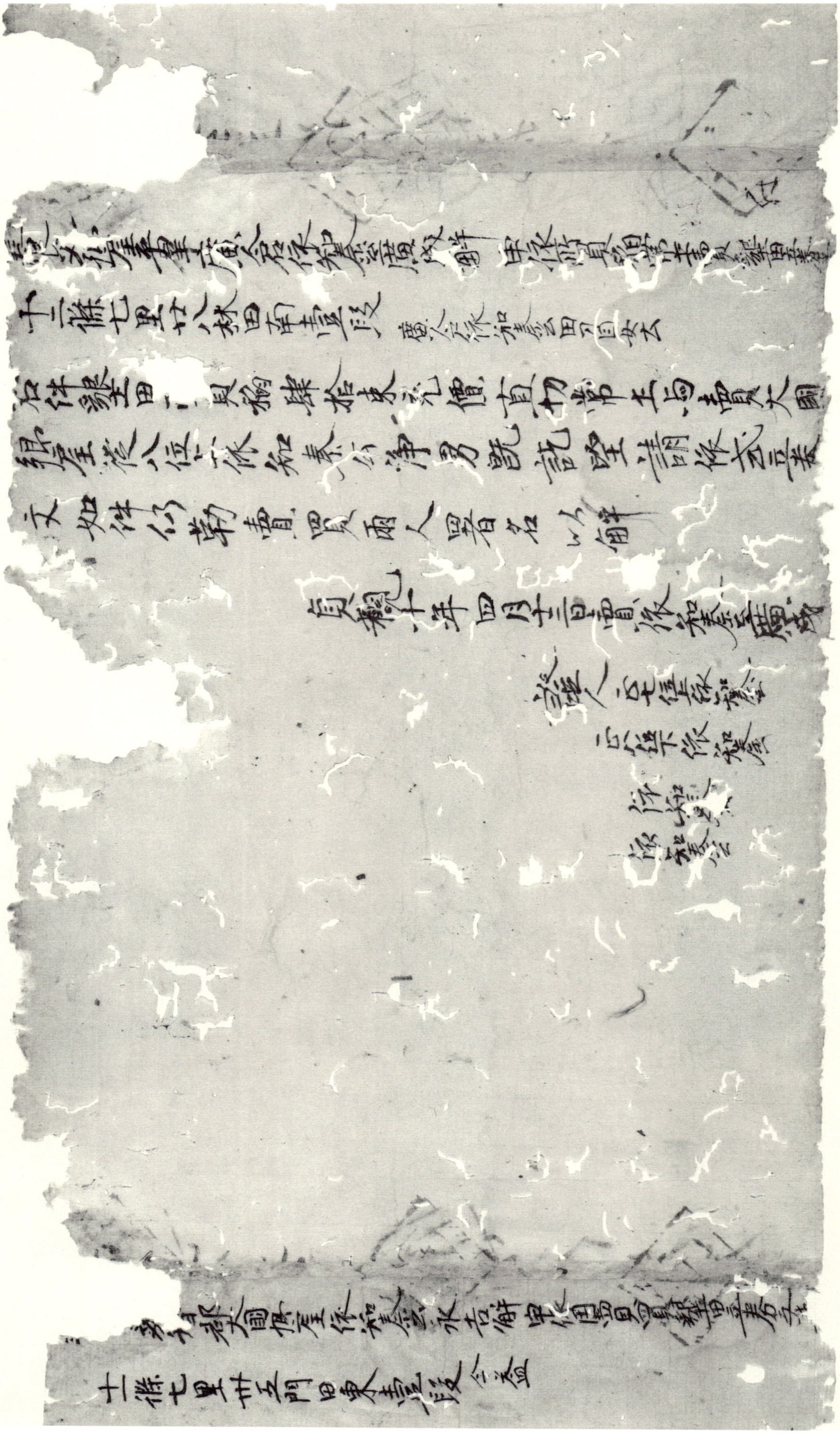

近江国愛智荘立券文　2依知秦公広成墾田売券　貞観十年四月十三日

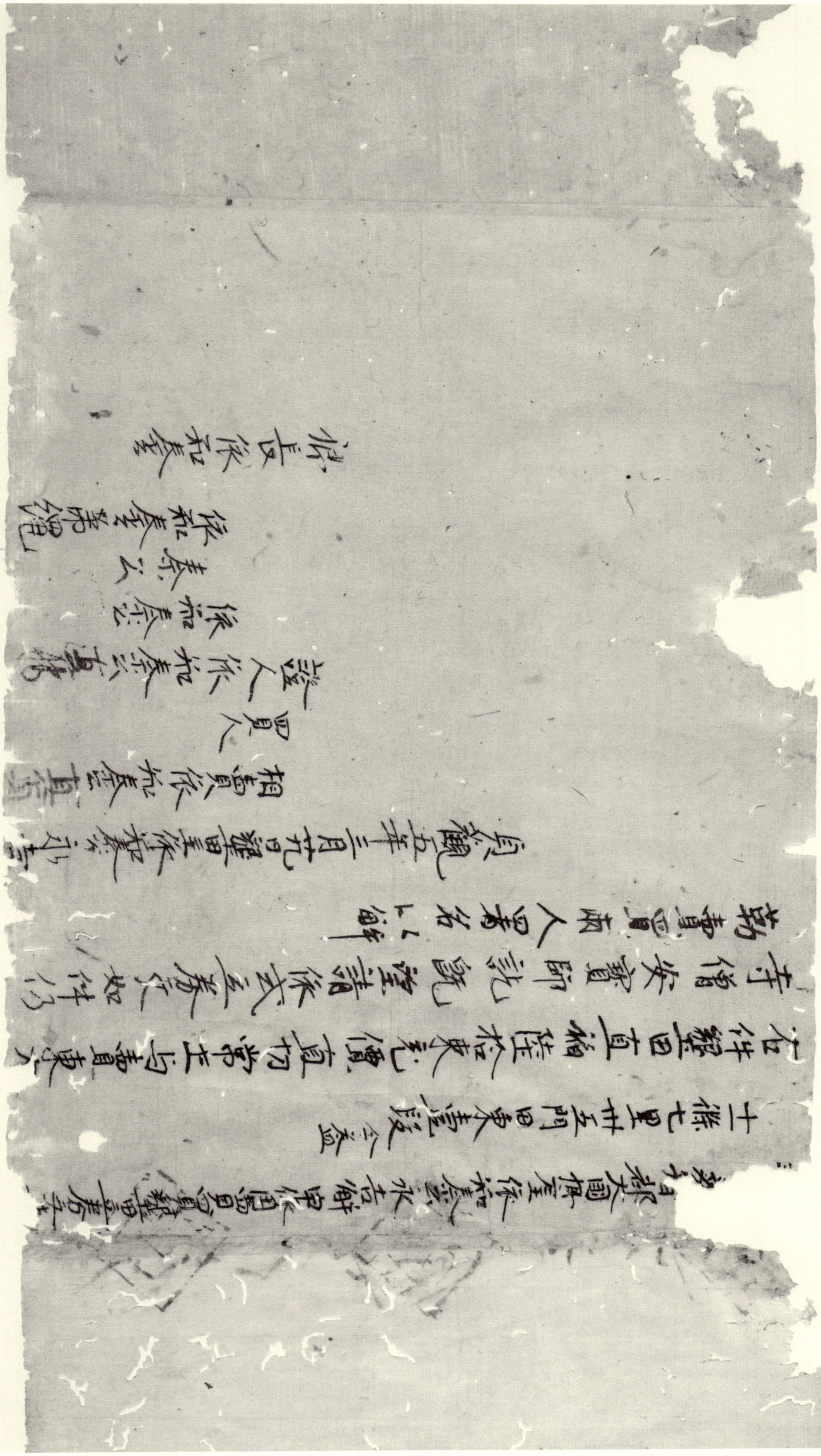

近江国愛智庄立券文
3 依知秦公永吉墾田売券
貞観五年三月二十九日

（3）

（4）

近江国愛智庄立券文　3依知秦公永吉墾田売券　貞観五年三月二十九日

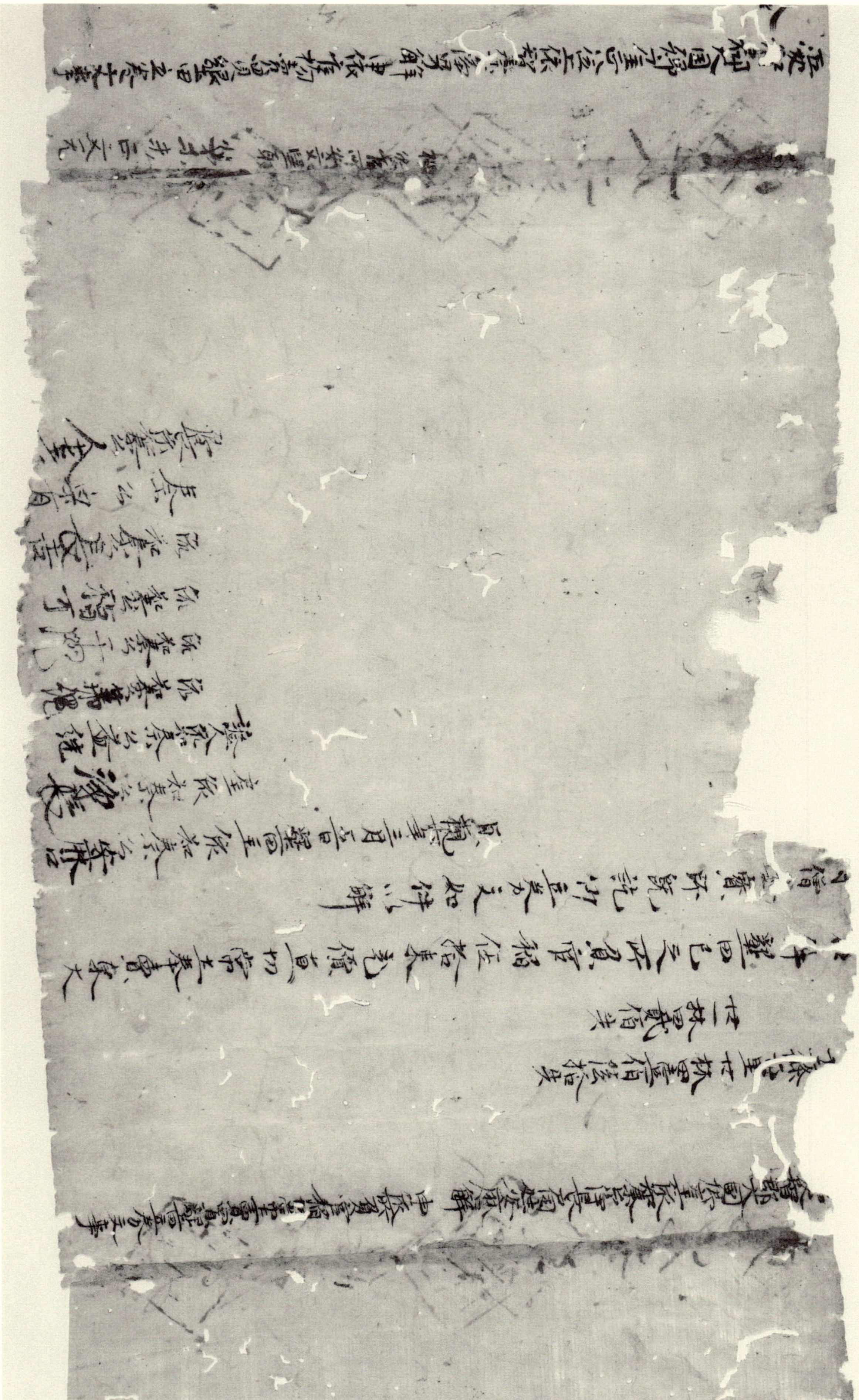

(5)

近江国愛智庄券文
4 依知秦公安麻呂墾田売券
貞観六年三月五日

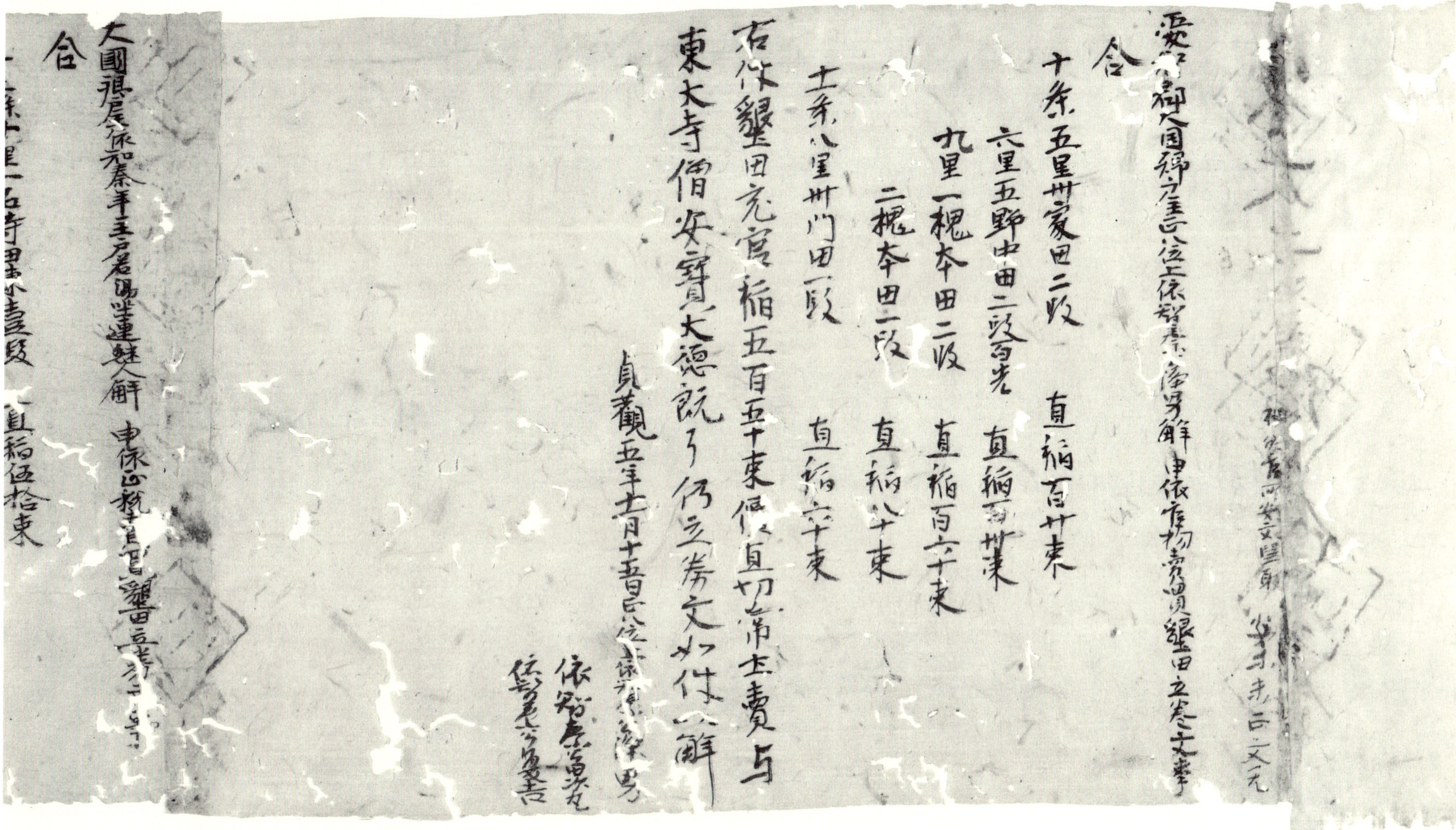
愛智郡大国郷戸主正八位上依知秦公浄男解　申依沽売墾田立券文事
合
十条五里卅家田二段　直稲百廿束
六里五野中田二段百歩　直稲百卅束
九里一槐本田二段　直稲百六十束
二槐本田一段　直稲八十束
十一条八里卅門田一段　直稲六十束
右依墾田充官稲五百五十束価直切常土売与
東大寺僧安寧大徳既了　仍立券文如件以解
貞観五年十一月十五日

（6）

近江国愛智庄立券文　5依知秦公浄男墾田売券　貞観五年十一月十五日

6 若湯坐連継人墾田売券

嘉祥元年十一月三日

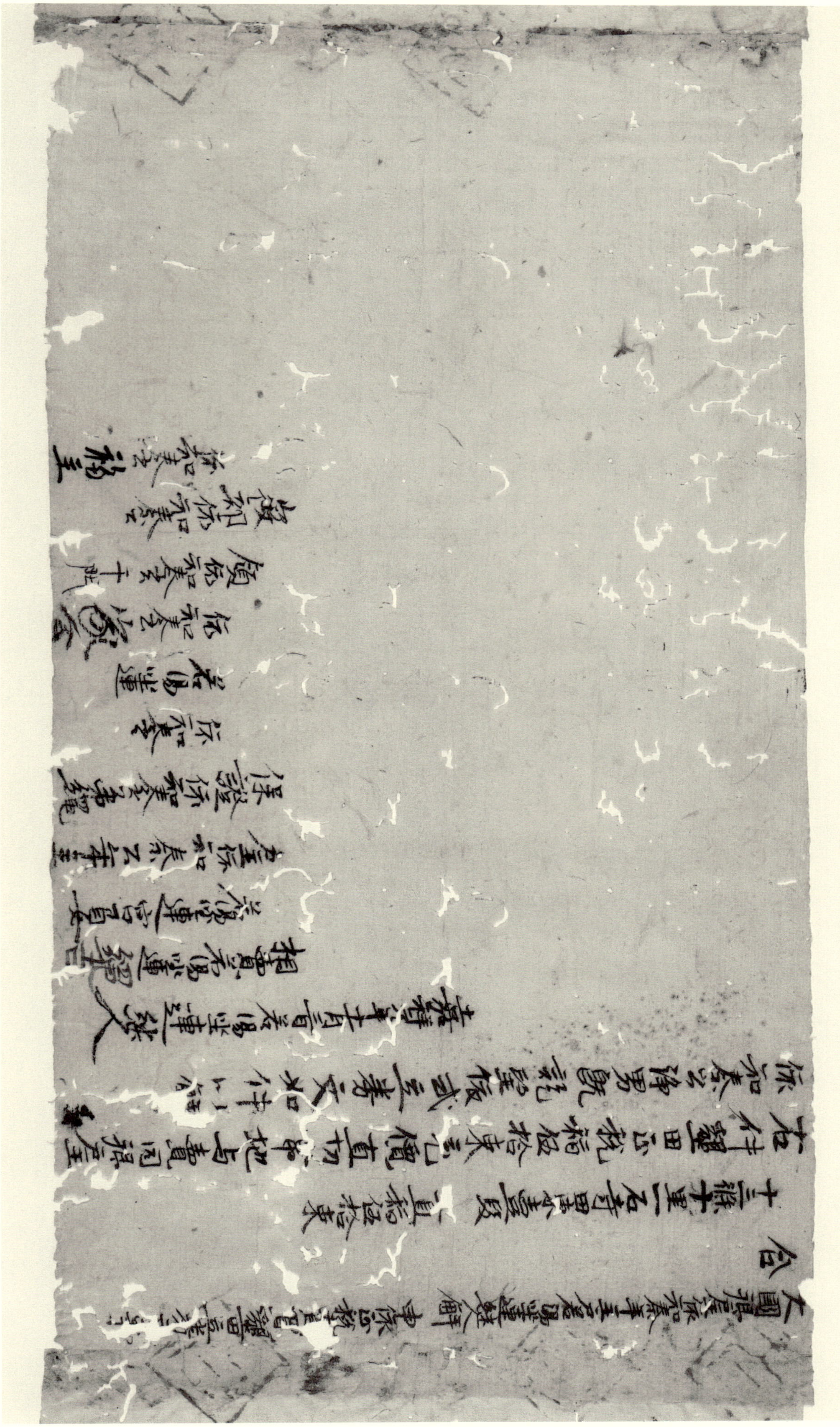

（7）

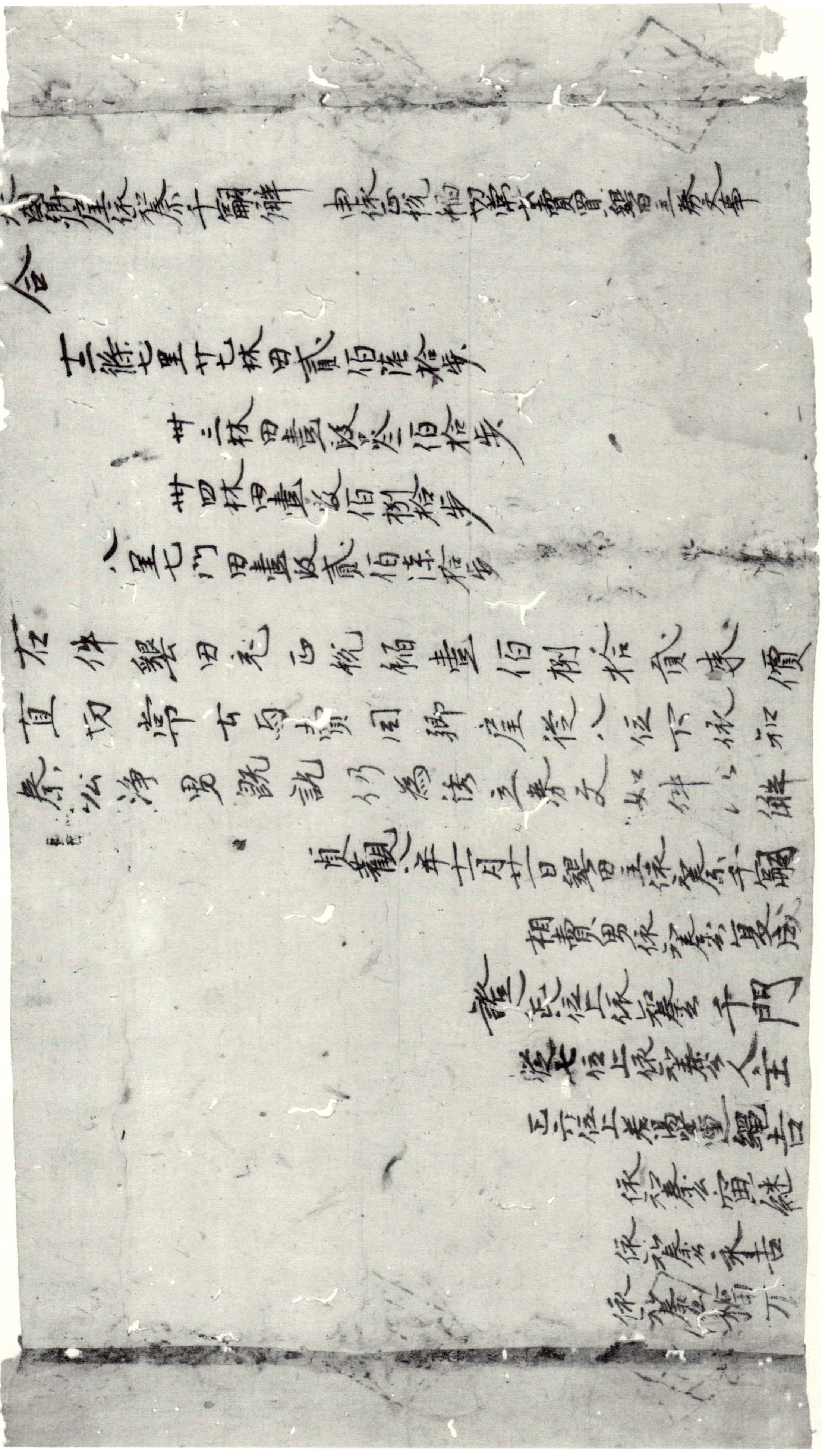

近江国愛智庄立券文　7依知秦千嗣墾田売券　貞観八年十一月二十一日

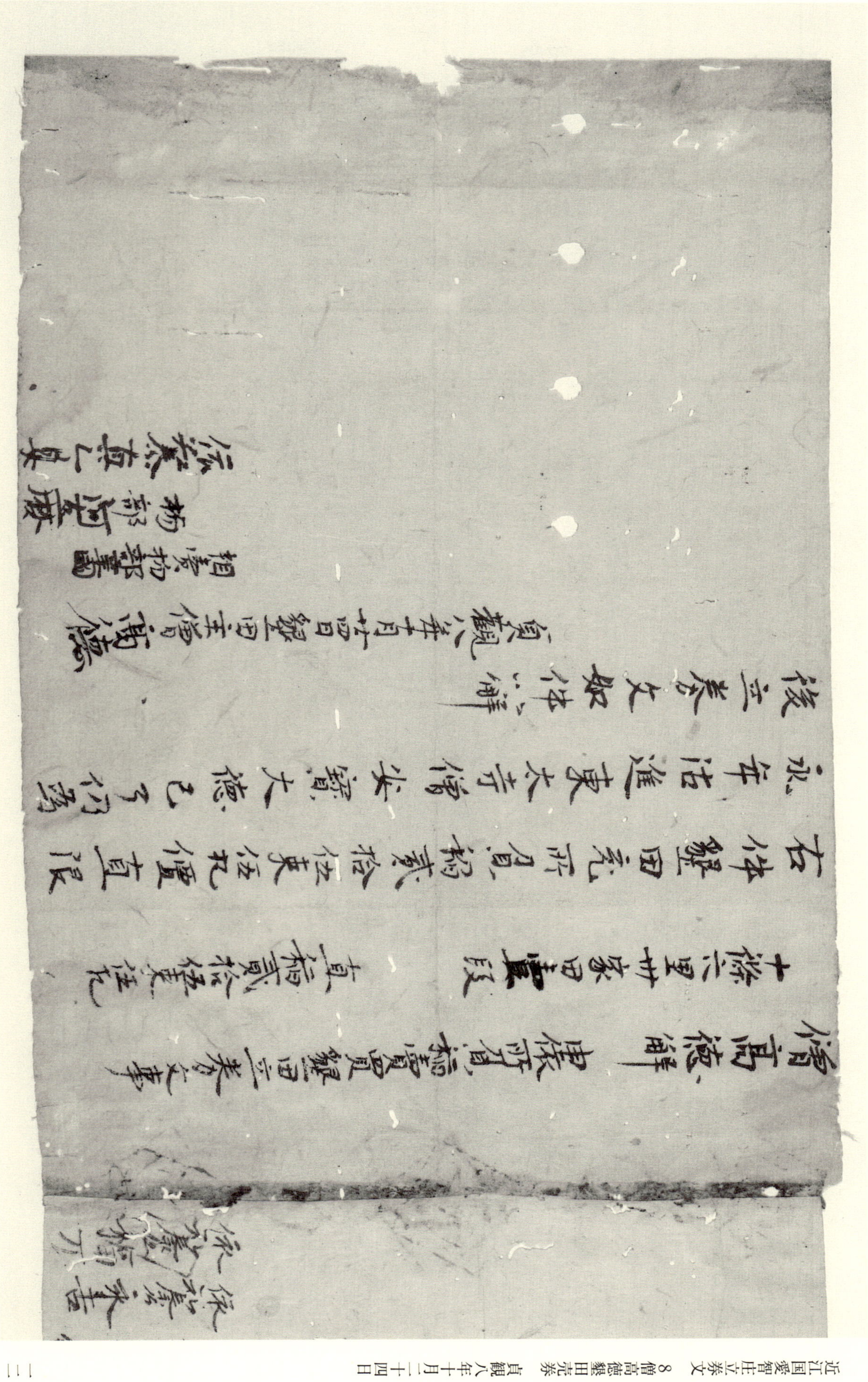

(9)

近江国愛智庄立券文

8 僧高徳墾田売券　貞観八年十月二十四日

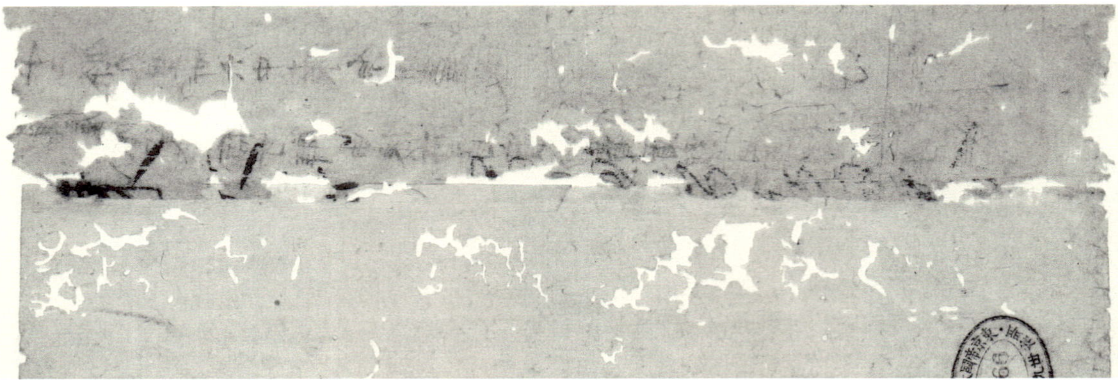
(表紙)—(1)

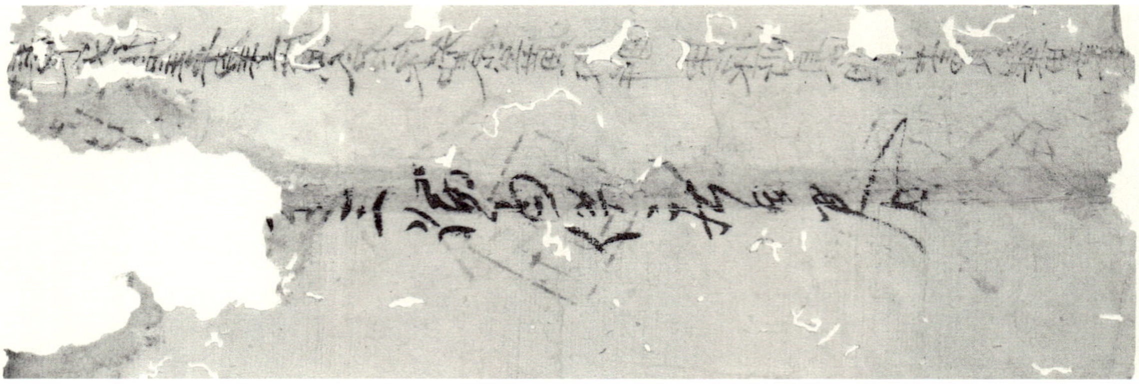
(1)—(2)

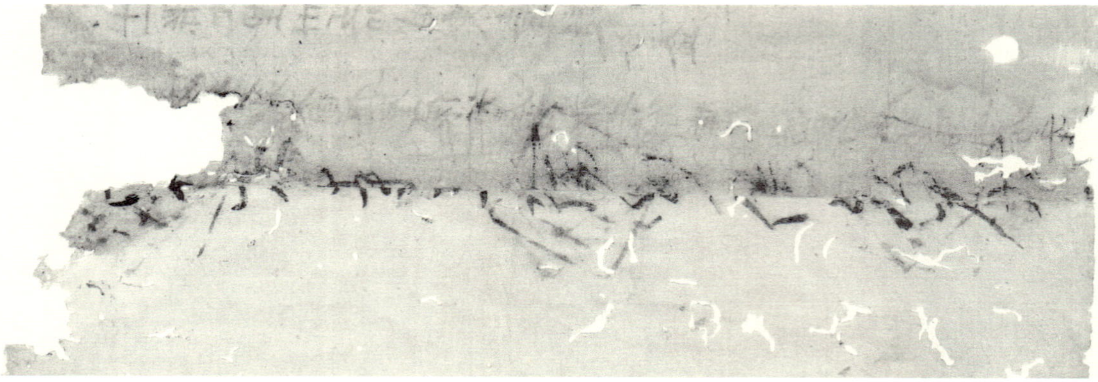
(2)—(3)

(4)—(5)

(8)—(9)

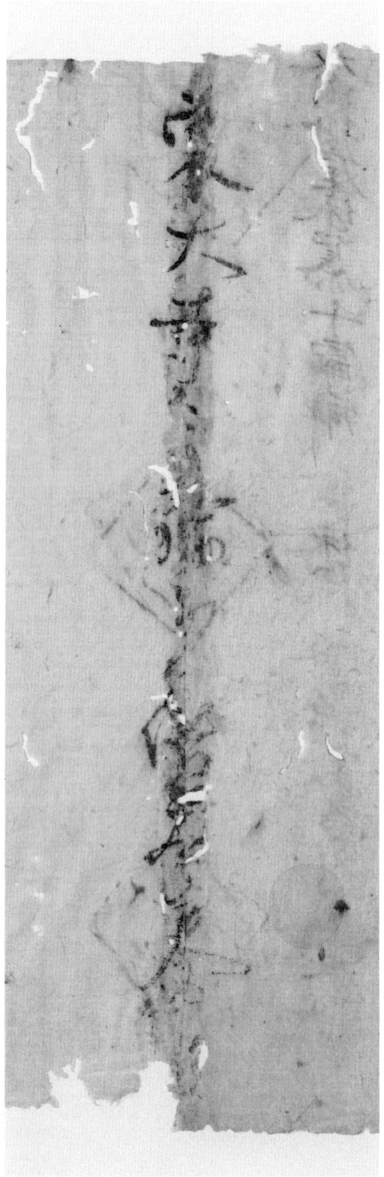

(7)—(8)

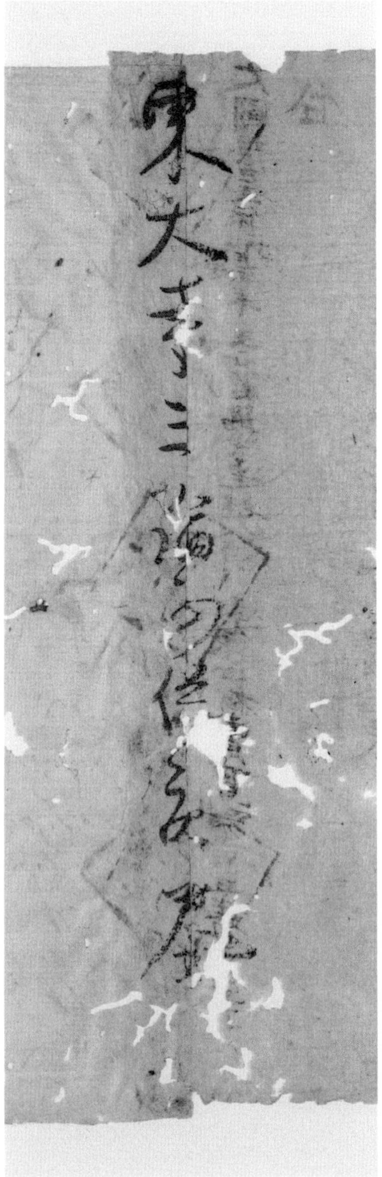

(6)—(7)

(5)—(6)

# 尾張国郡司百姓等解文

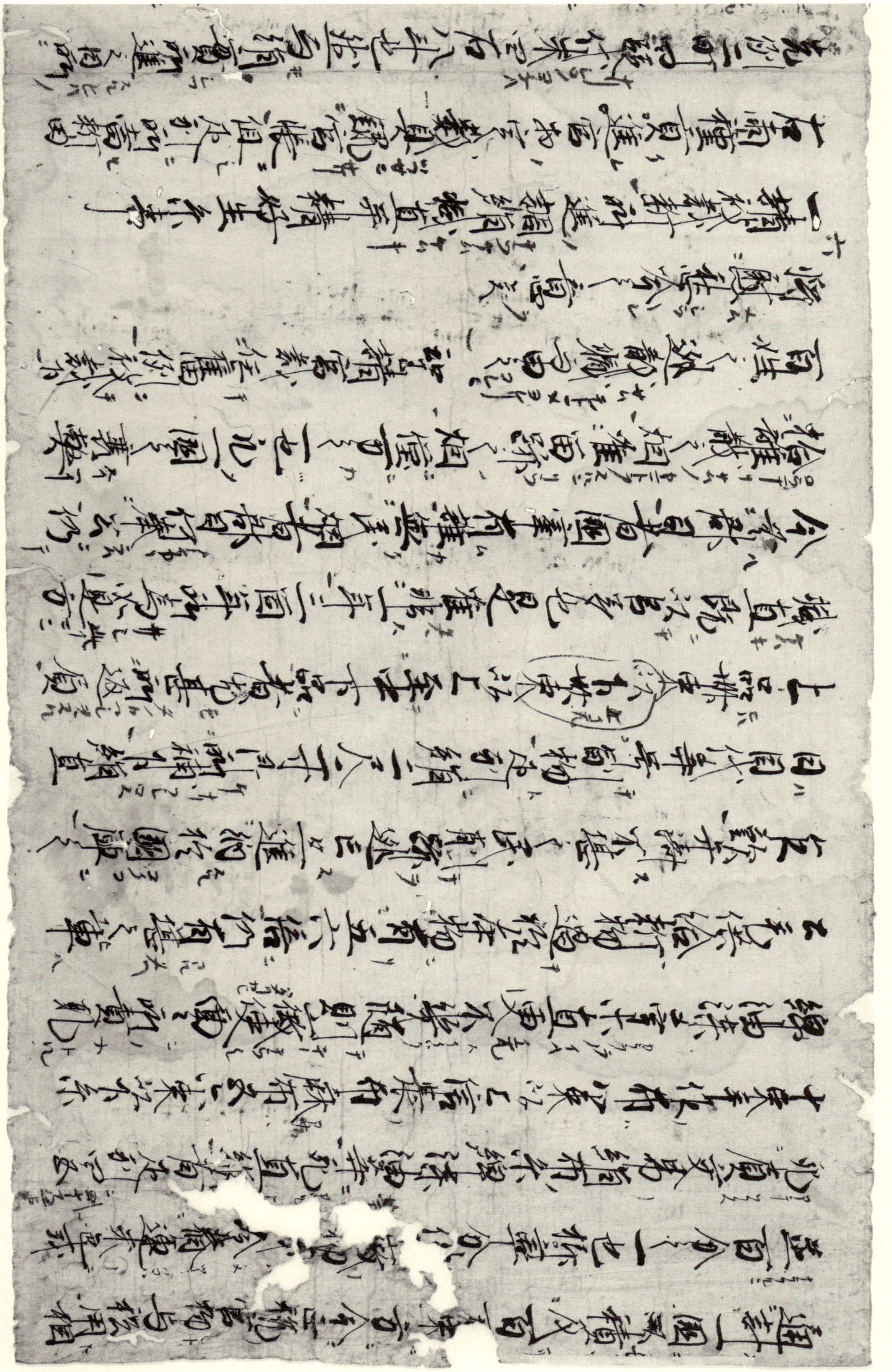

（1）

尾張国郡司百姓等解文　第五条・第六条

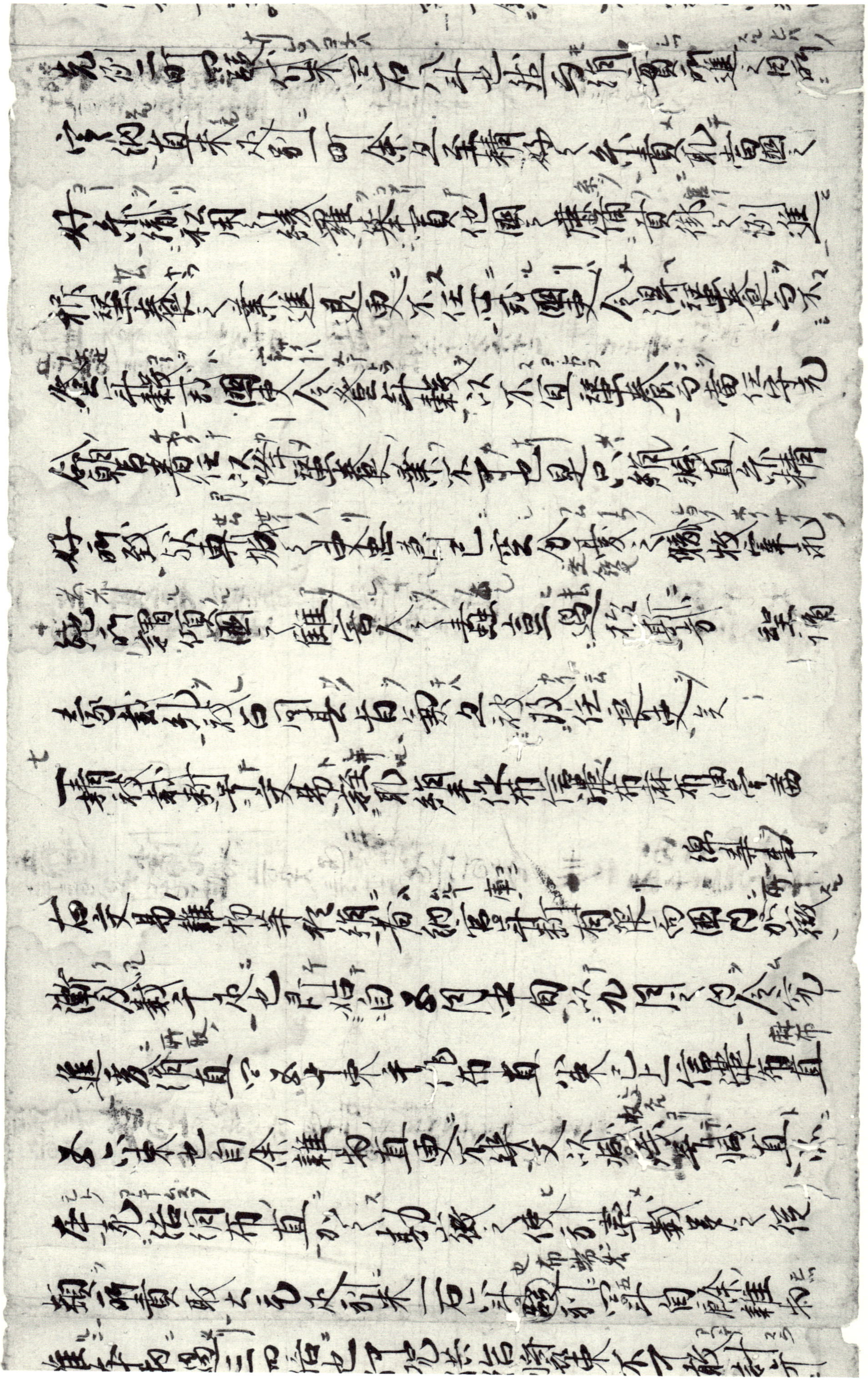

尾張国郡司百姓等解文　第七条

類所責取、段別米一石二斗五升、自餘雜物
唯本物過三四倍也、何况、供給將來不可敢計、并
濟此非法、相向沽却先祖之所財、賤子孫之存
命、責代文妻之衣裳并愛子之寒温凡絶一衾之
貪利、逐絶百姓之世途、天朝人民、頭眉泣歎、郡司
浪人歎嗟悲愁、既由不足國宰。望請被裁
斷、且有非法之譴責矣

八
一 請被裁斷、以代々之國宰附新古預布并米穎等
　自郡司百姓、胆責取事
右、古物等寔雖歸各撰、而有古要實也、仍代々國
宰更無所徴、其由何者、或負名死去及四五十年
或負名逃散、已數千余人也、而當任守元命朝臣以
去年三月中旬、撰幹了之使、差暴惡之人、令勘
責、如刀境往古舊代所不徴也、而自郡司之許
諸内負累皆悉模取、絶人民之烟種、所由差
八寬陵乱一二家之困、致騒於十二十所、濟進一
而種之日、取責於二三倍、國云職而緣是
爰郡司百姓雖此憩、陳不安之由於國底、猶施策

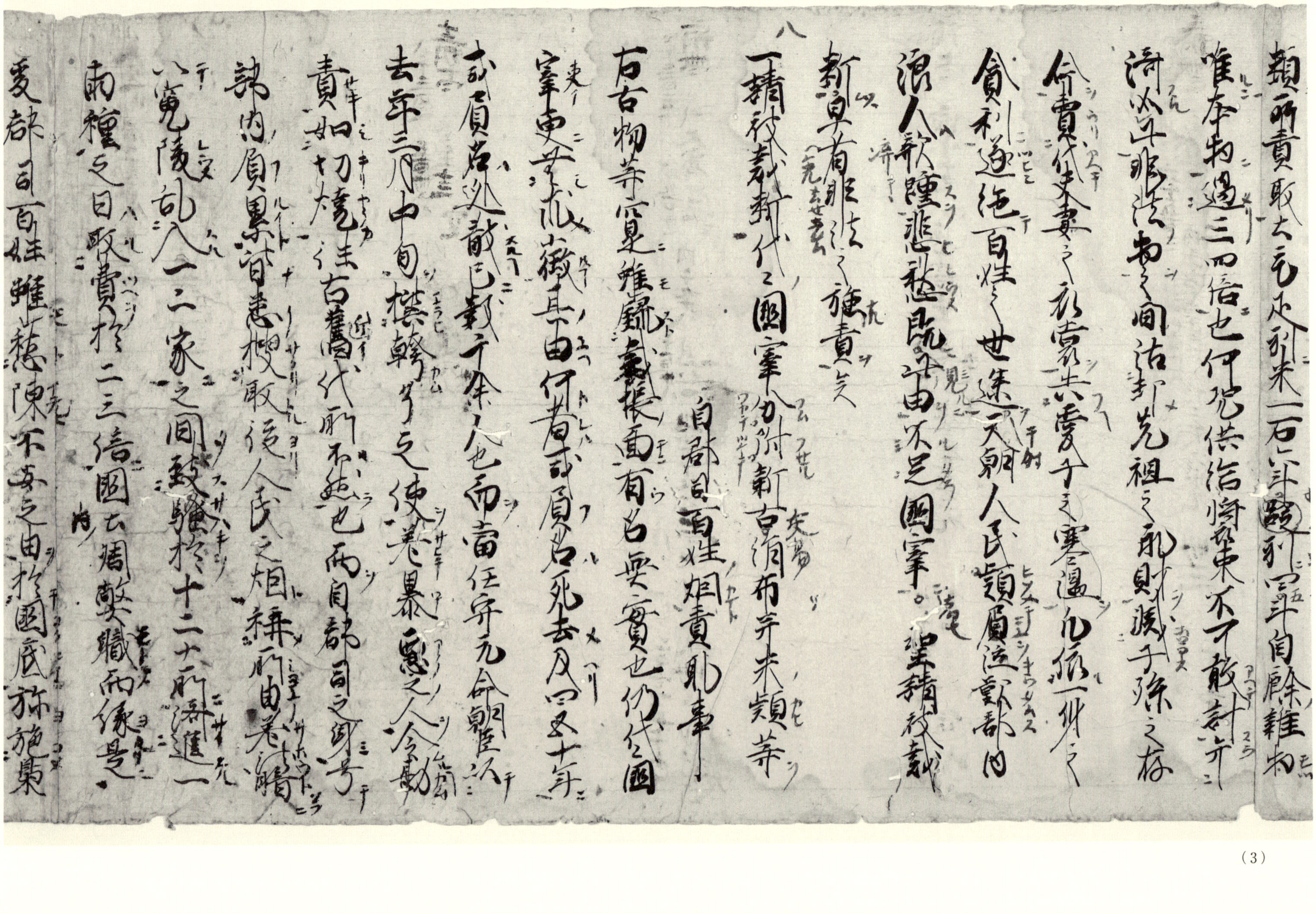

（3）

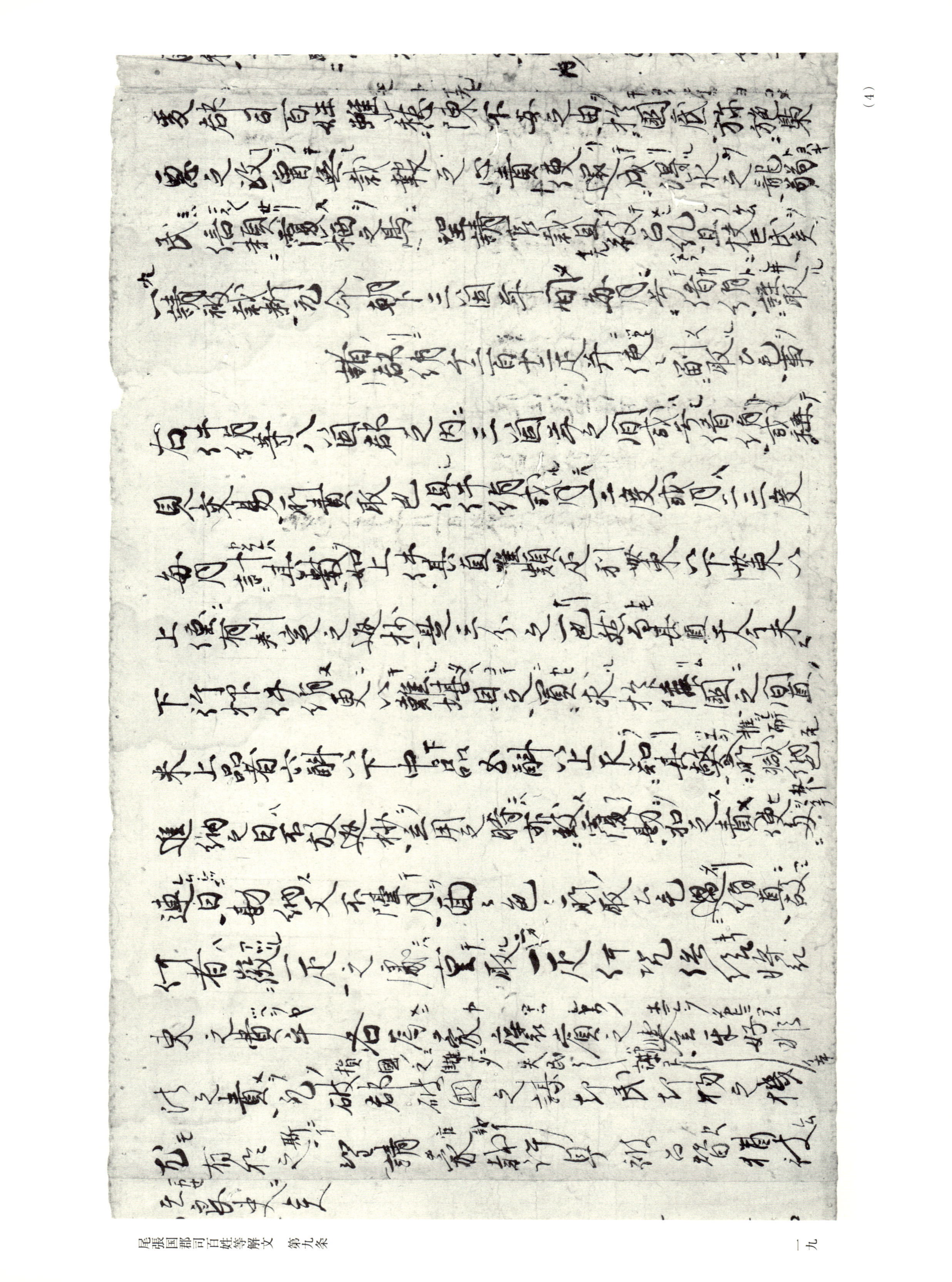

尾張国郡司百姓等解文　第九条

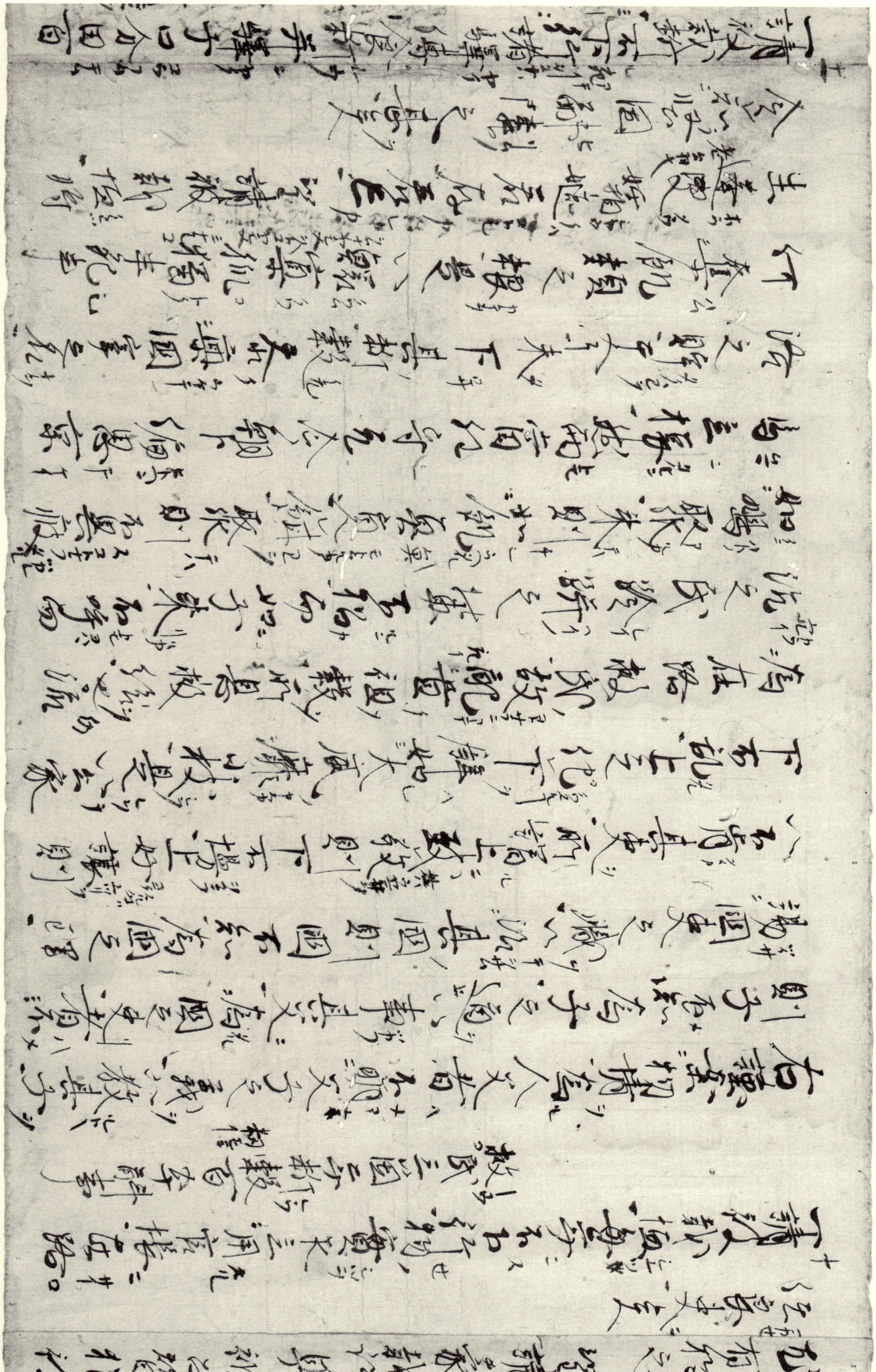

(5)

尾張国郡司百姓等解文　第十条

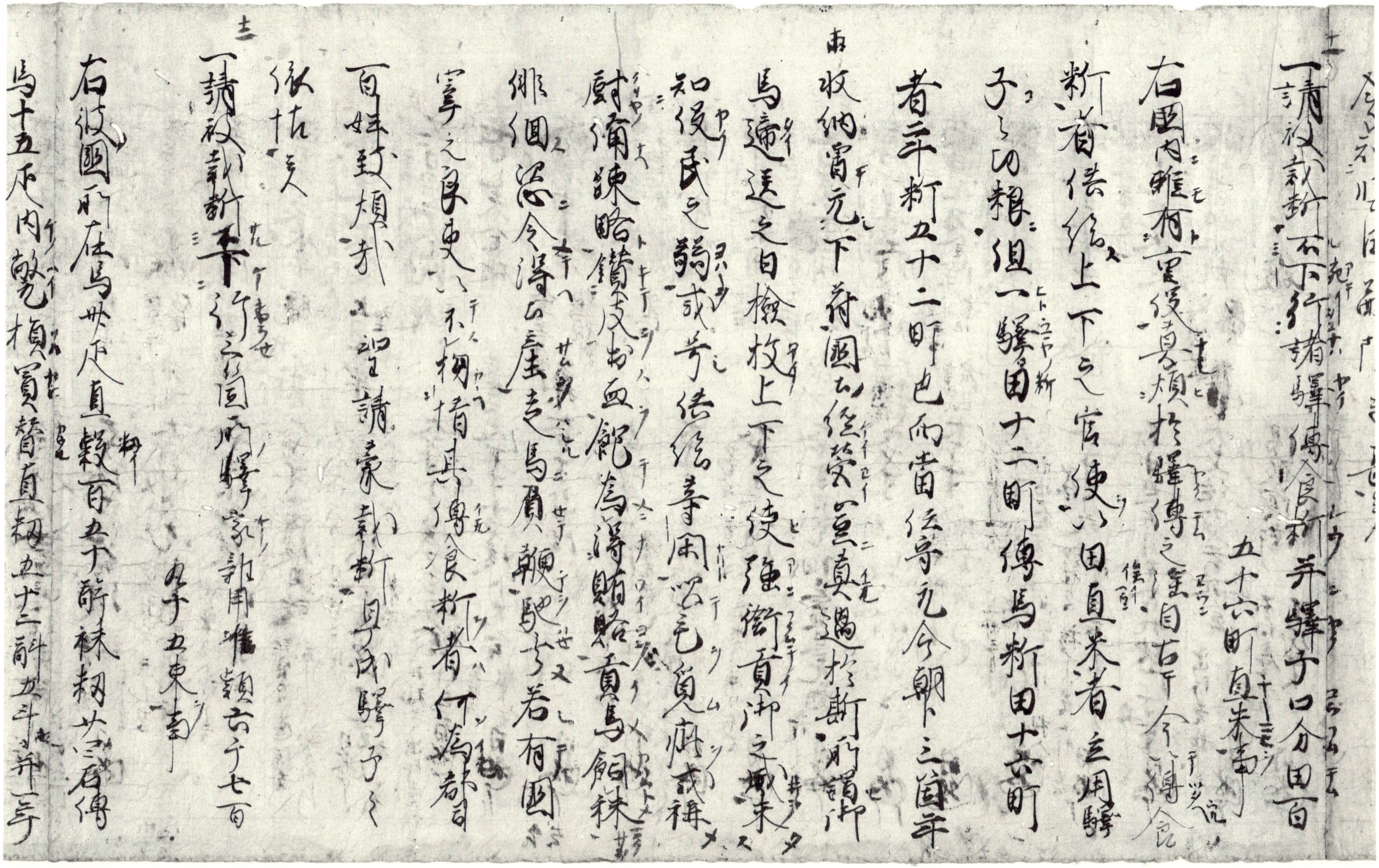

（6）

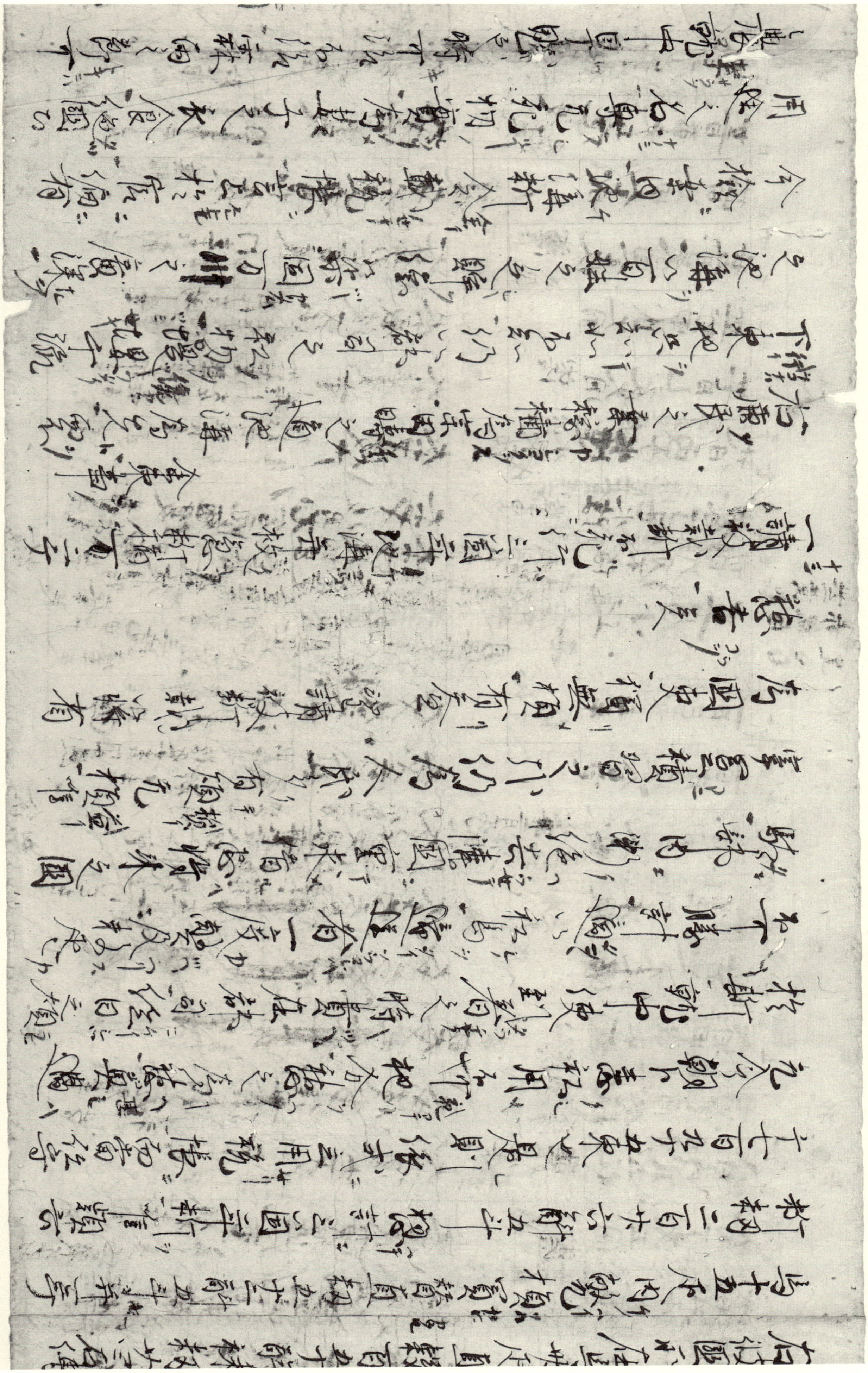

尾張国郡司百姓等解文　第十三条

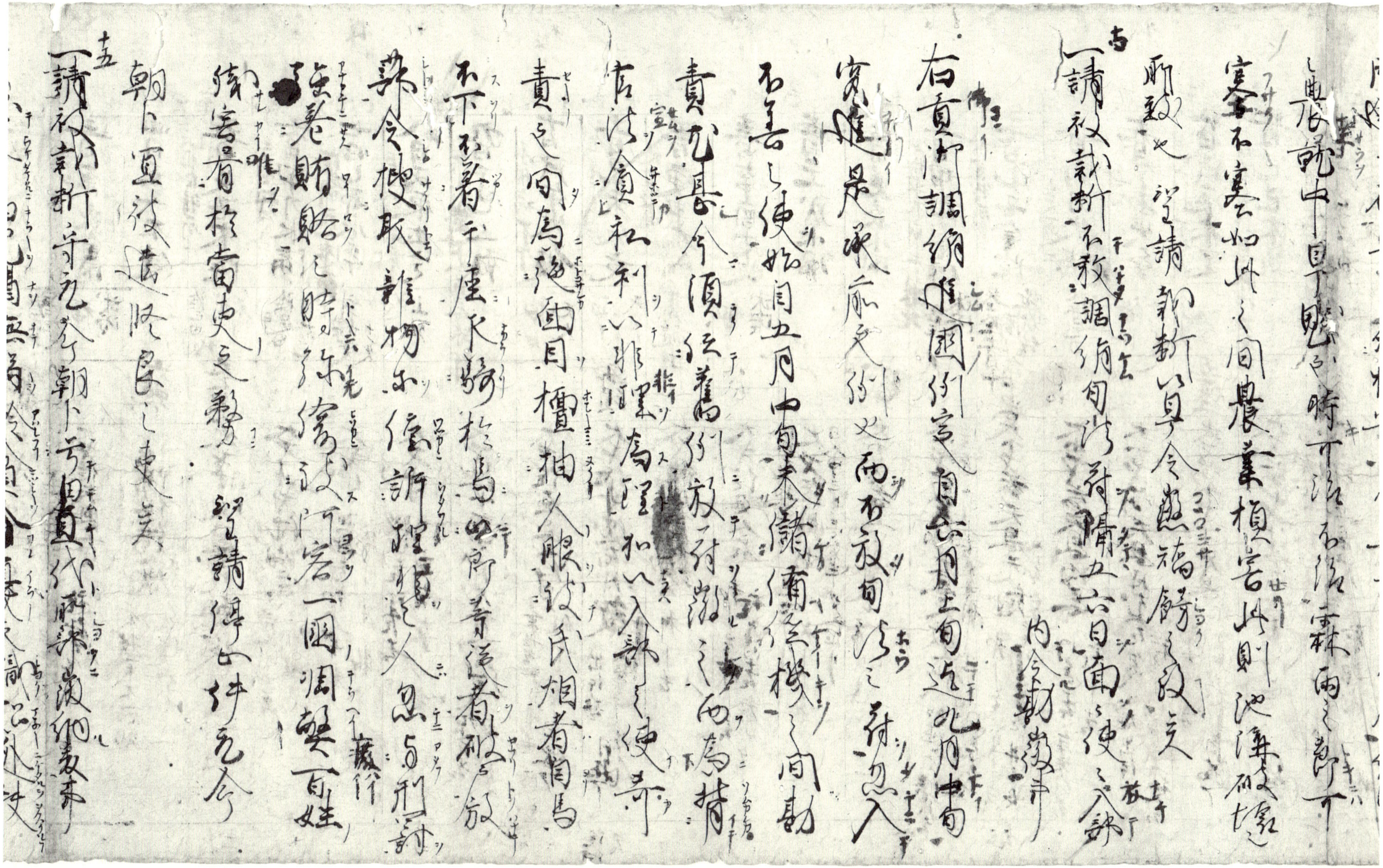

（8）

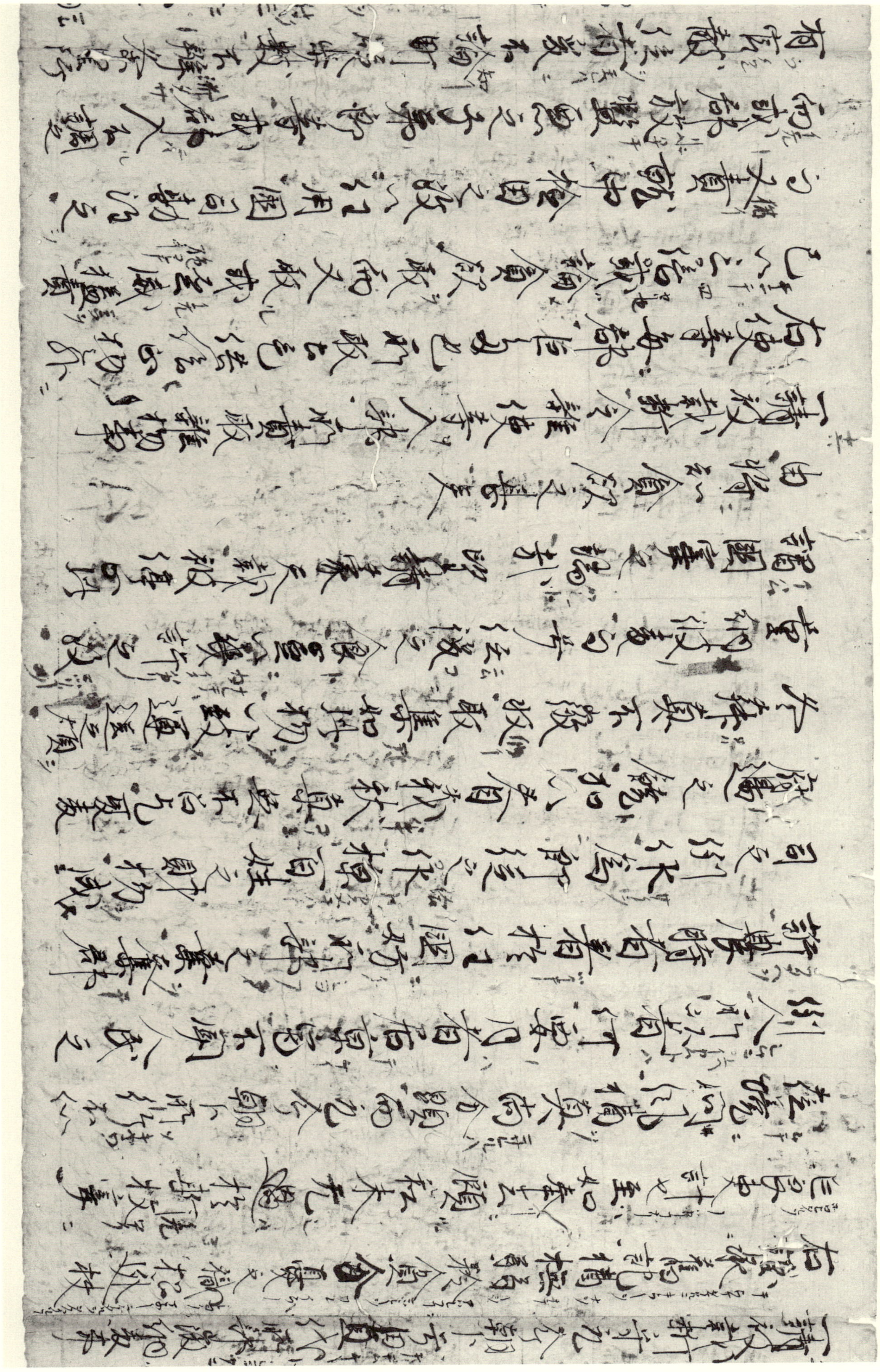

（9）

(10)

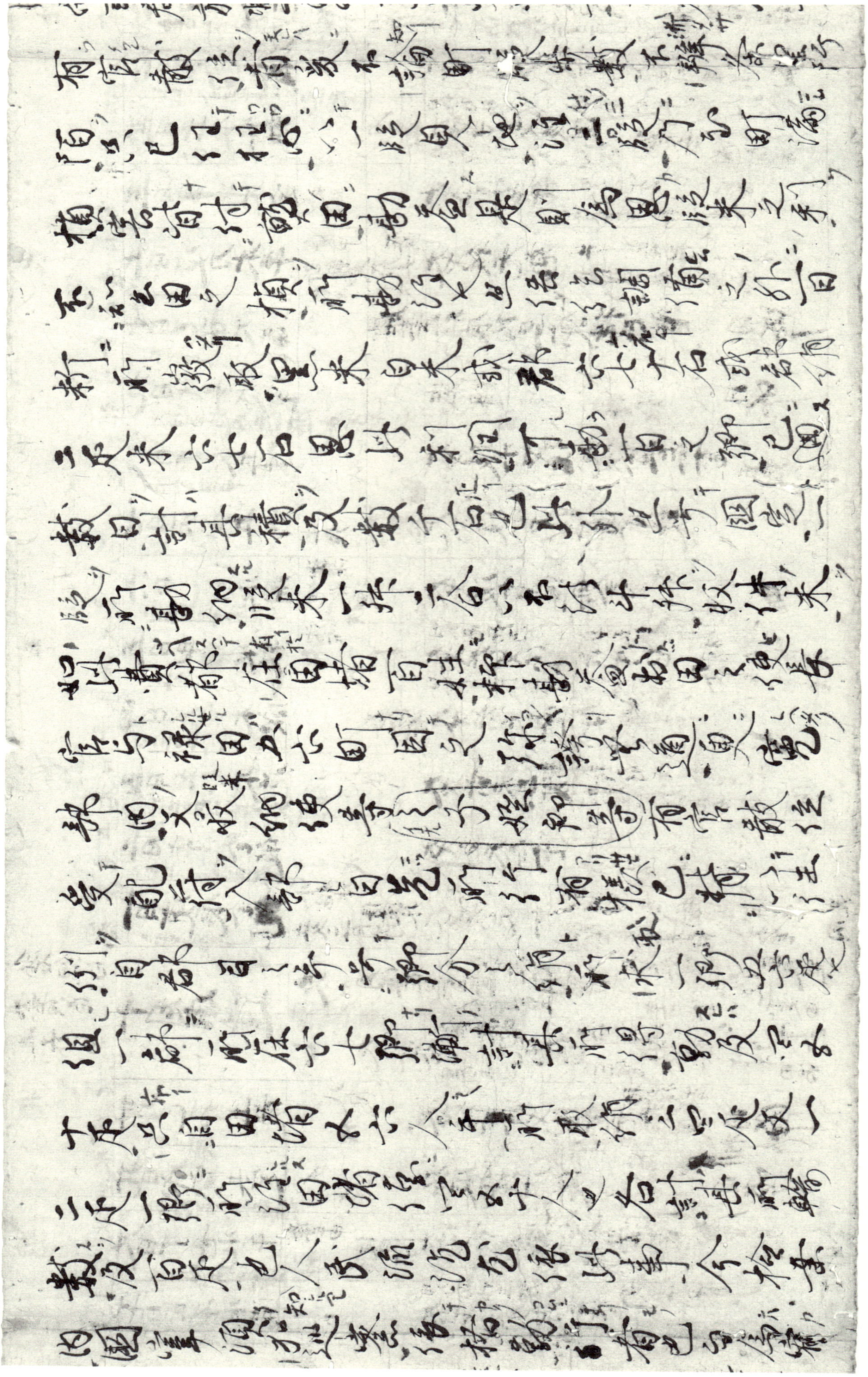

尾張国郡司百姓等解文　第十六条

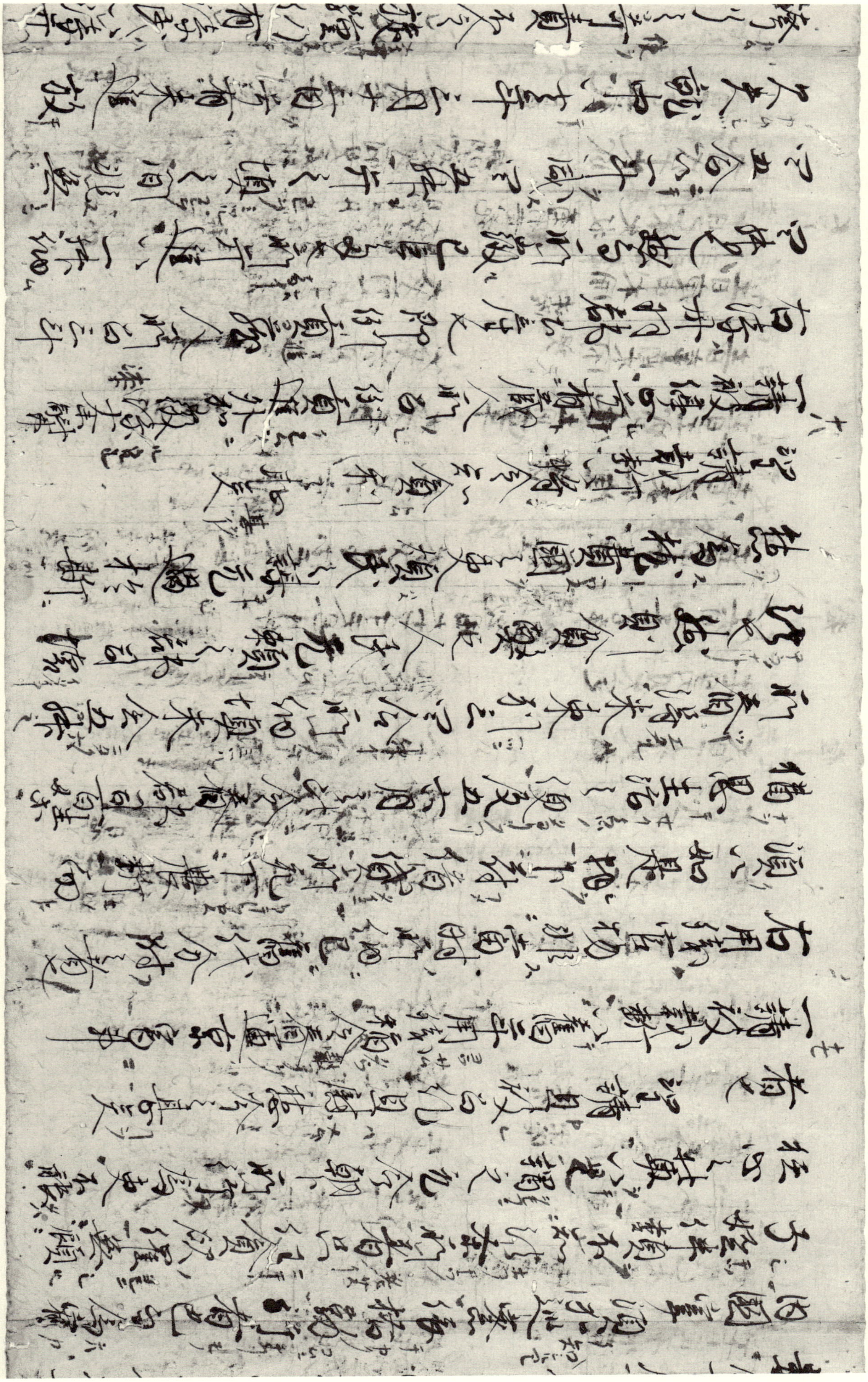

(11)

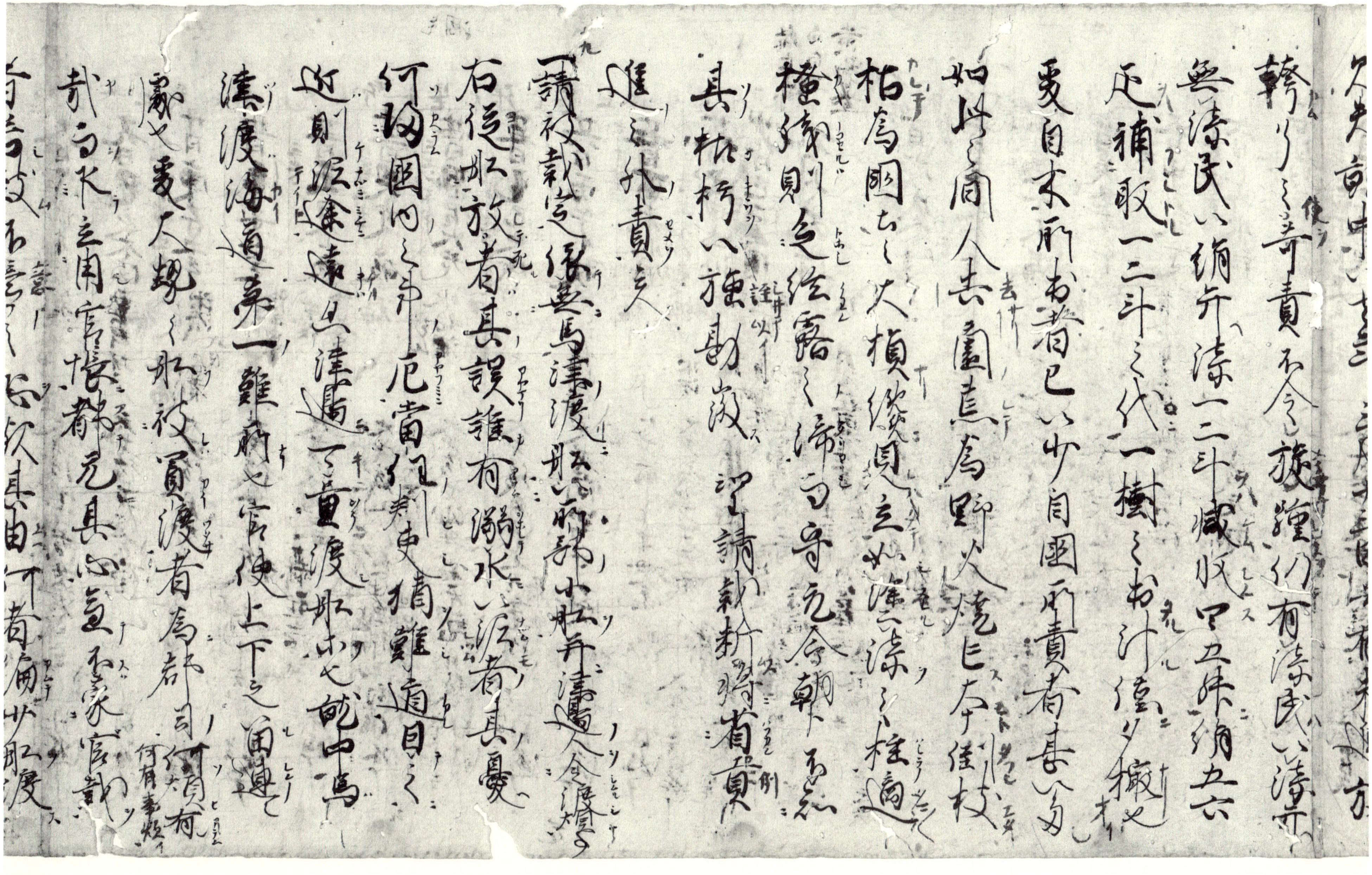

尾張国郡司百姓等解文　第十九条



(12)

(13)

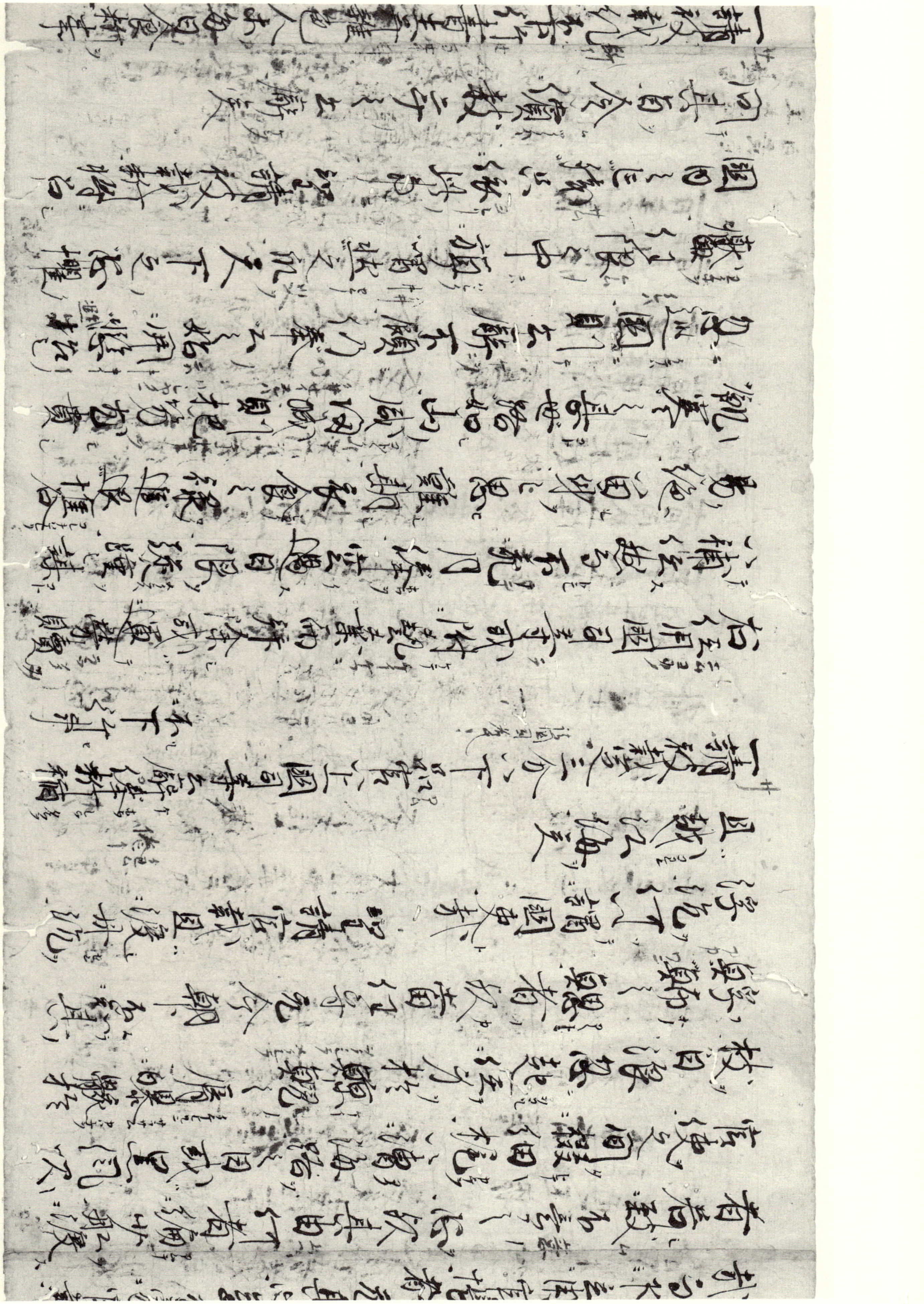

尾張国郡司百姓等解文　第二十条

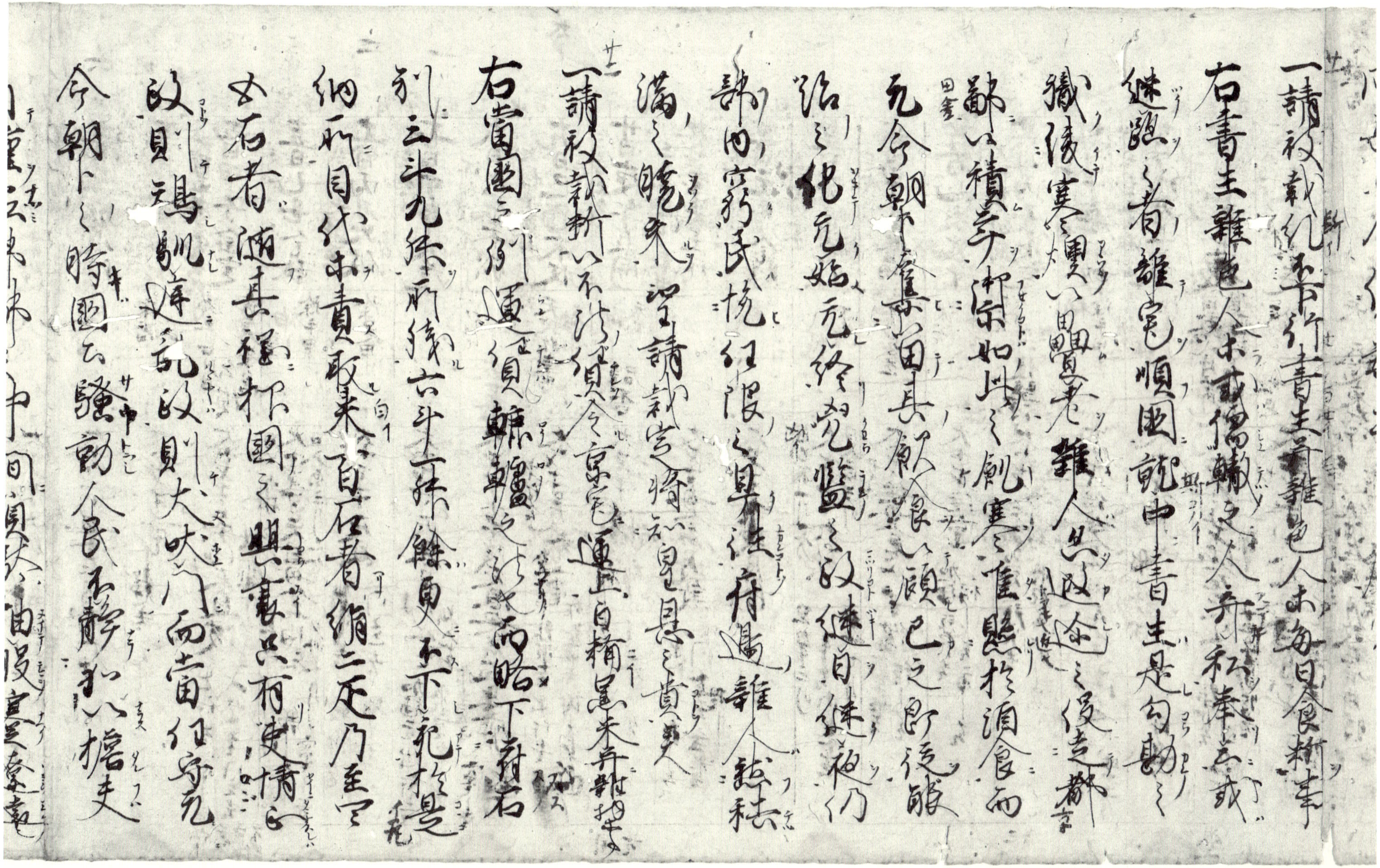

尾張国郡司百姓等解文　第二十一条・第二十二条

(14)

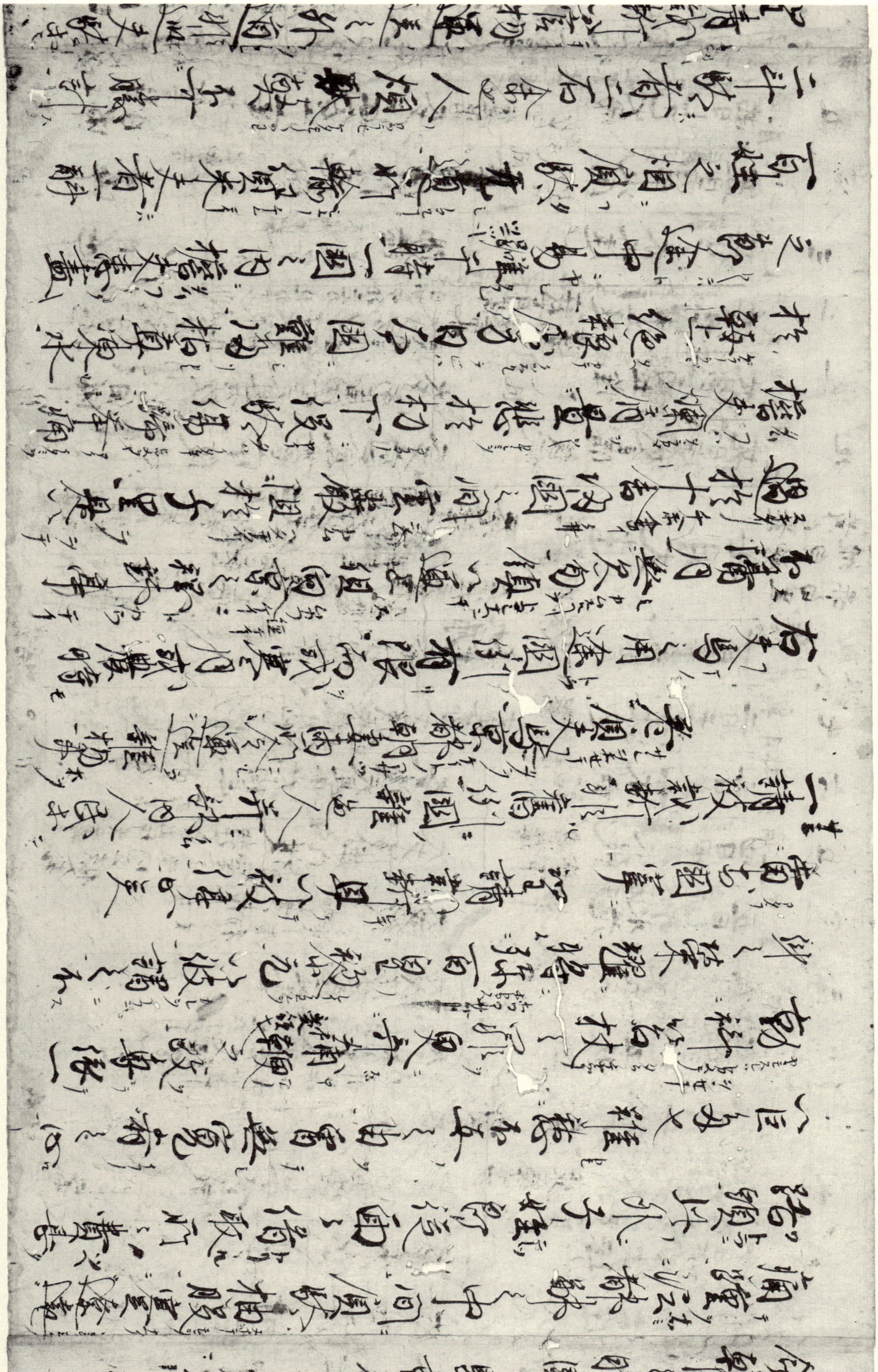
(15)

尾張国郡司百姓等解文　第二十四条

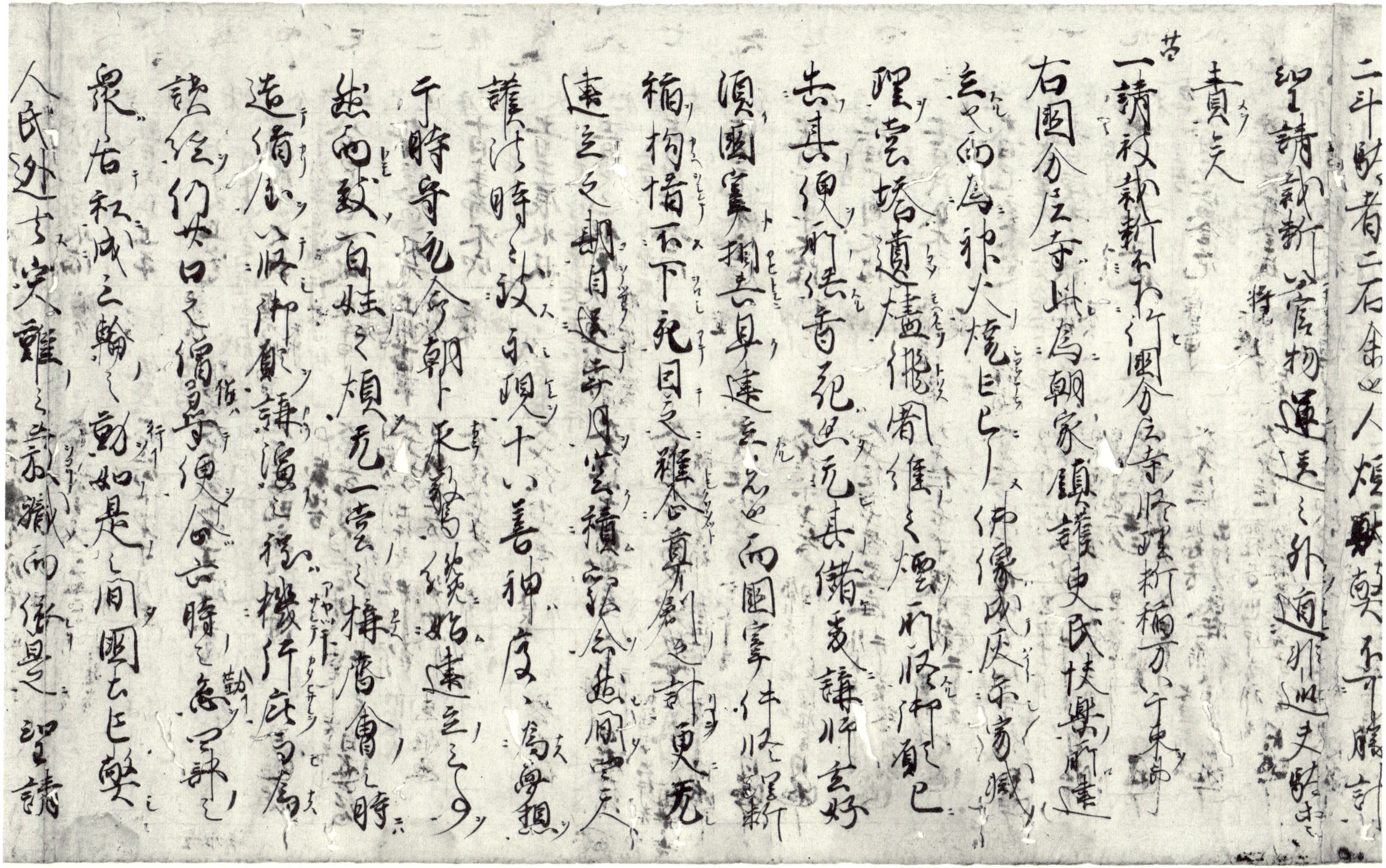



(16)

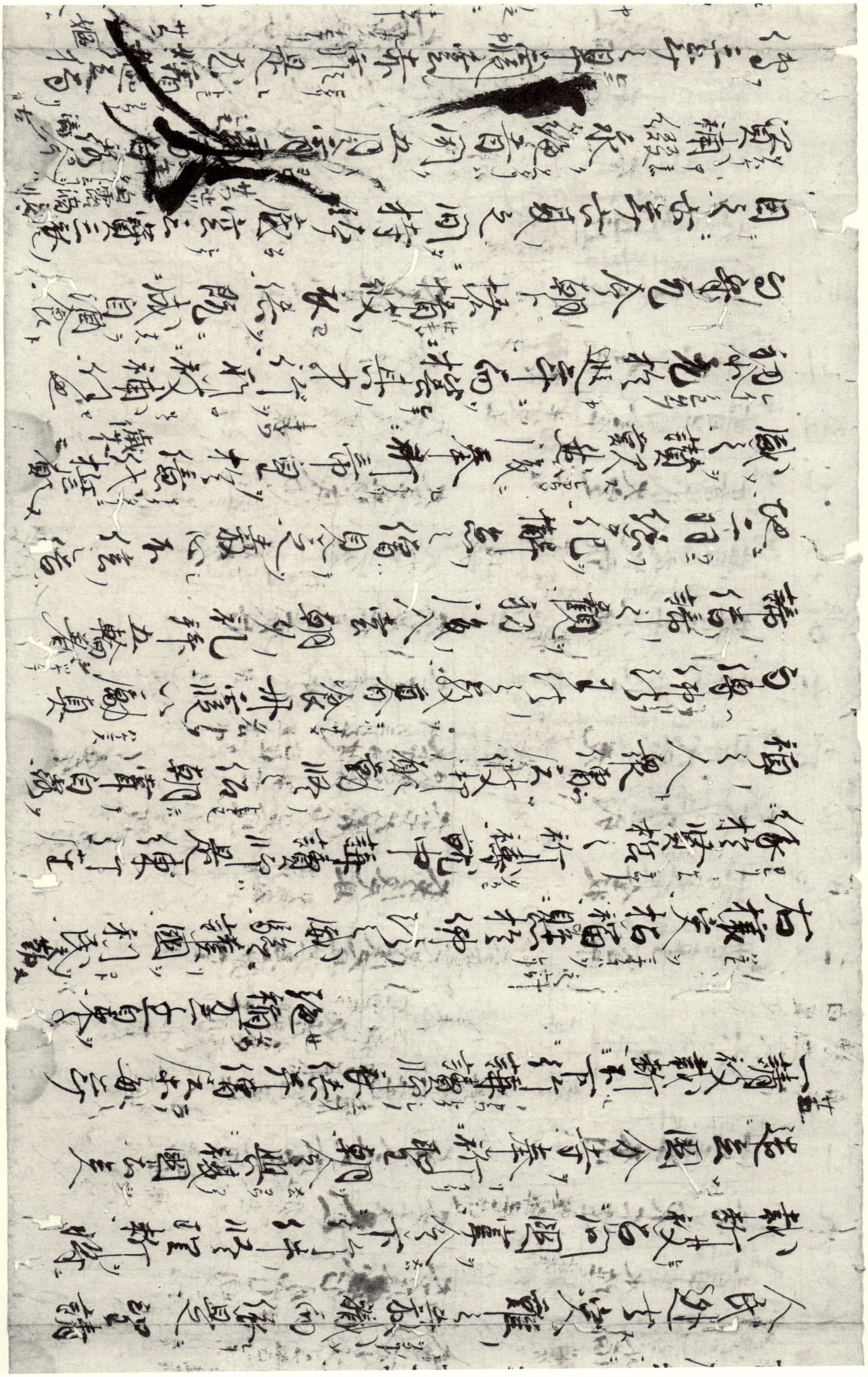

(17)

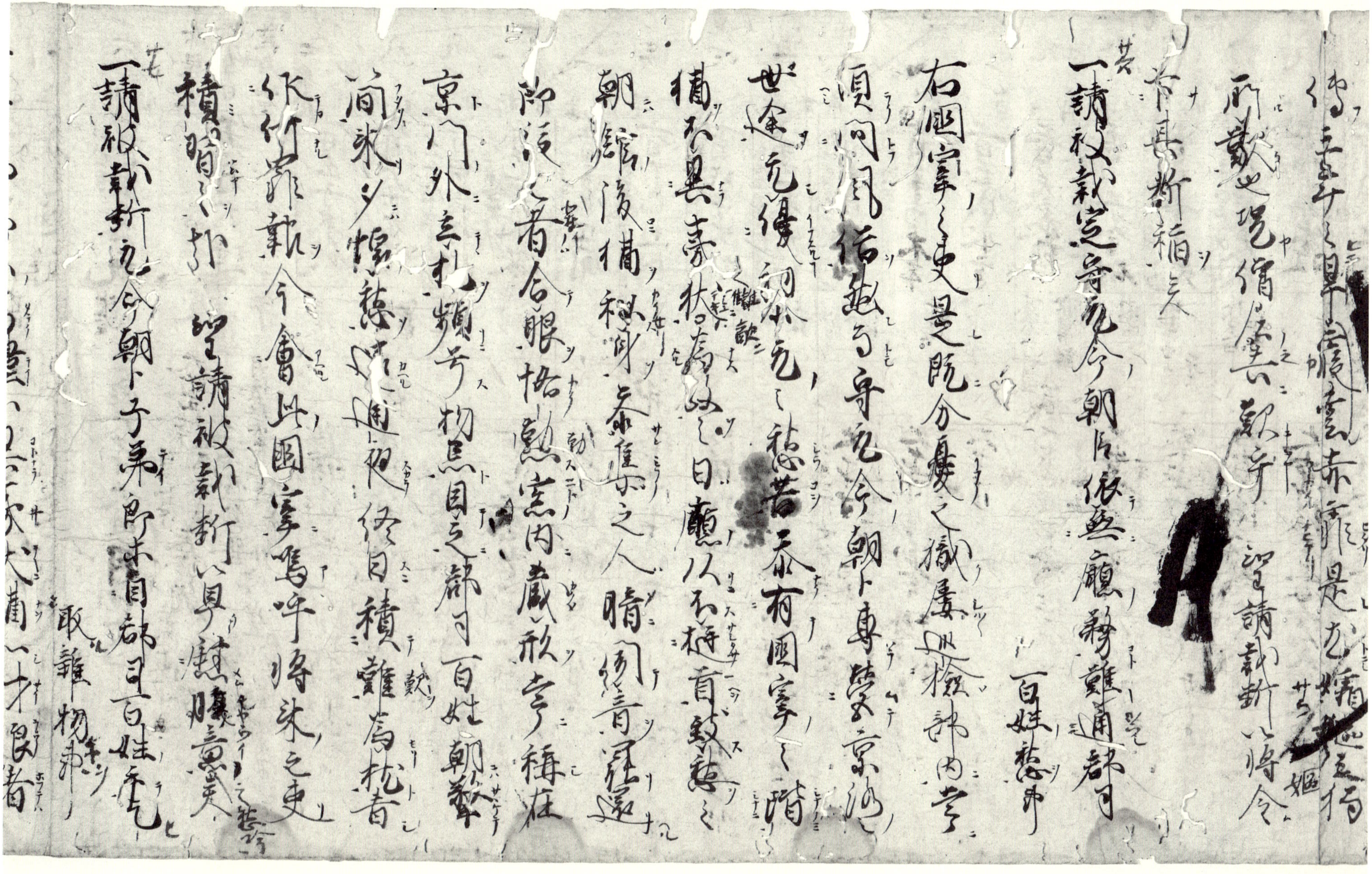

(18)

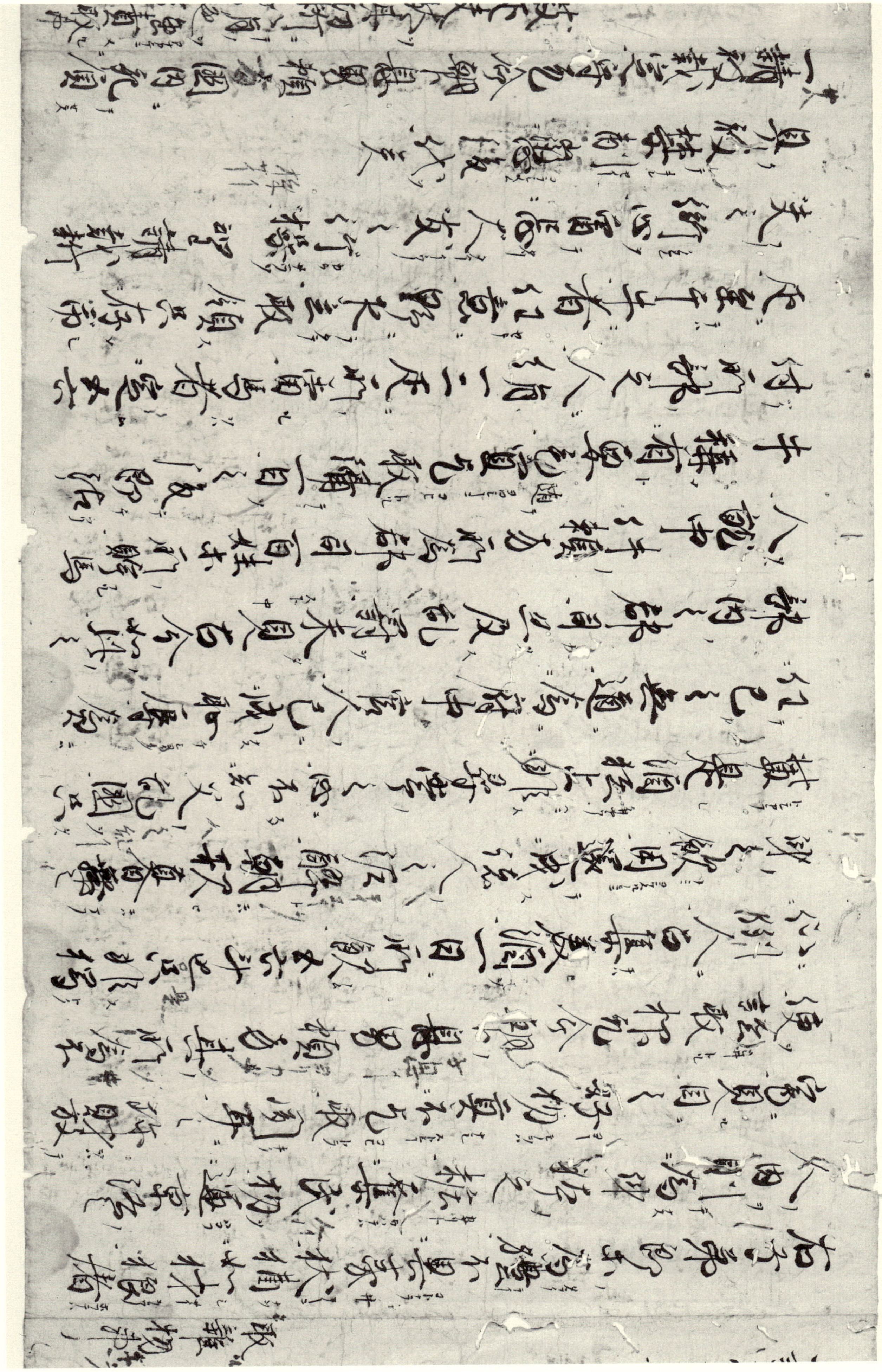

(19)

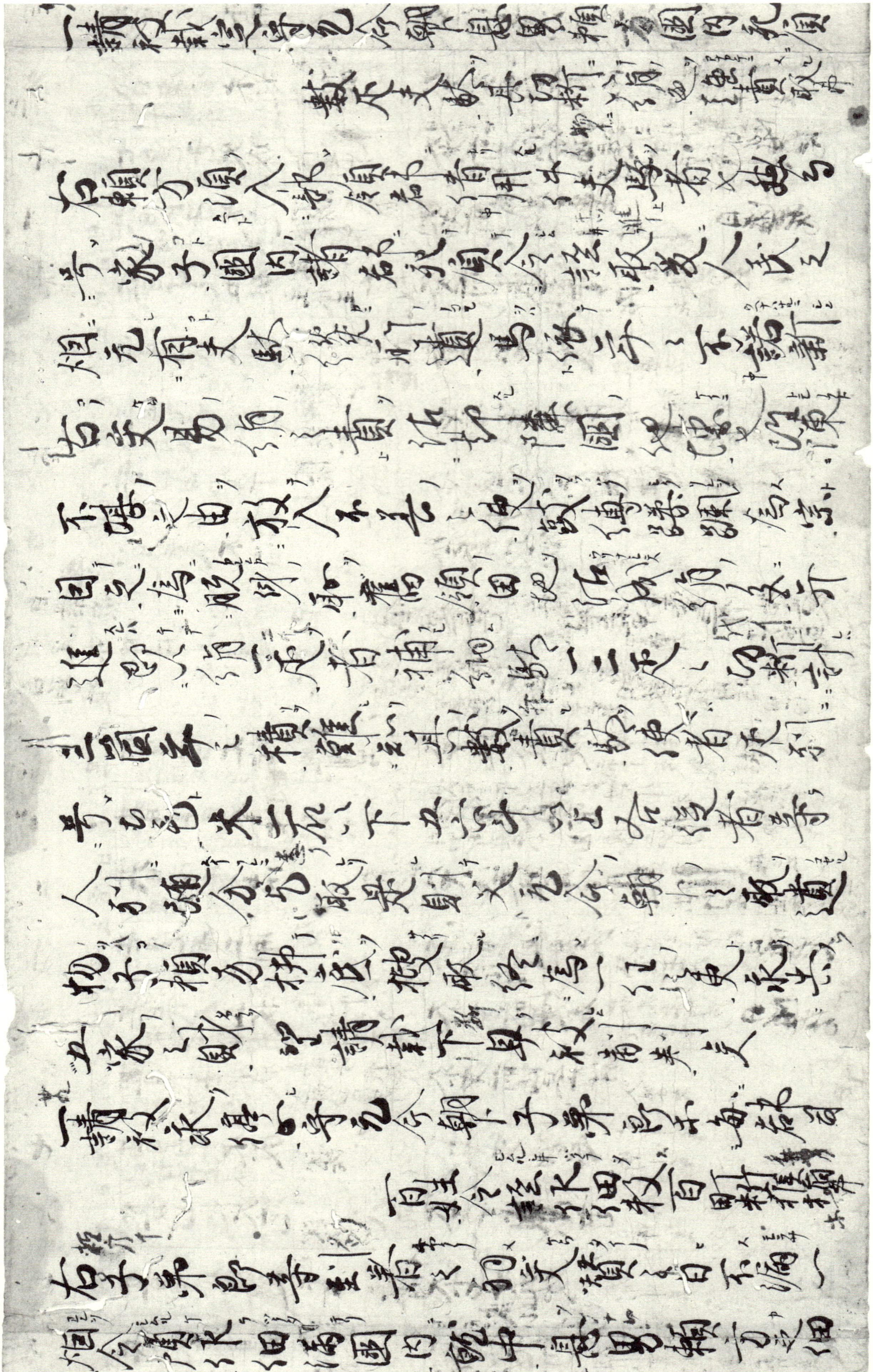

尾張国郡司百姓等解文　第二十九条

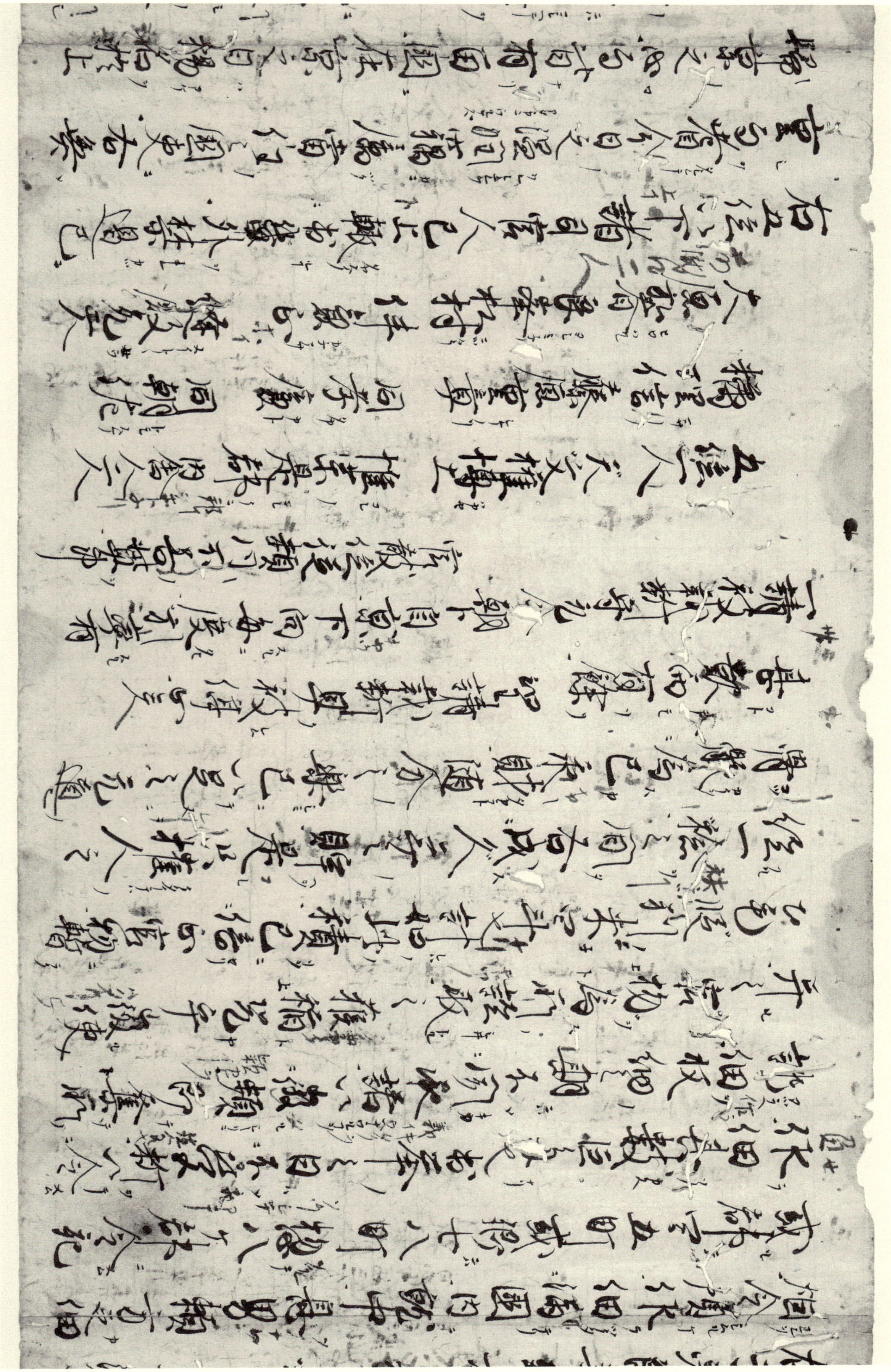

(21)

尾張国郡司百姓等解文　第三十条

右[illegible]
烟今須佃満国内既中息男頼方之佃
或郡三五町或郷七八町惣八ヶ郡令耙
作佃長数巨多也於挙日不受新八令
耕佃収納朝不闕承諸以徴頼節蹇所
斗ゝ官物為所謂取ゝ獲稲苧ゝ復使
以毛段別米穀斗也計如此積已倍而官物輸
纔一稔之間否成父子之賊是以権人之
骨髄為己私財随分之楽已以足之元道
長歎而有餘　望請裁断早被停止之
廿
一請被裁断守元命朝臣自京下向毎度引率有
官散位従類同不善輩事
五位一人　天文権博士　惟宗是邦　内舎人二人
橘理信　藤原重貞　同孝広　同輔佐
大原奉(?)良峯松村　伴象(?)正　随兵卅人
右五位以下諸司官人已上輙出畿外禁遏已
重而今日之漏聞寓属官(?)任之国吏呑呉(?)
帰京之心而皆有田園在京之日揚於上

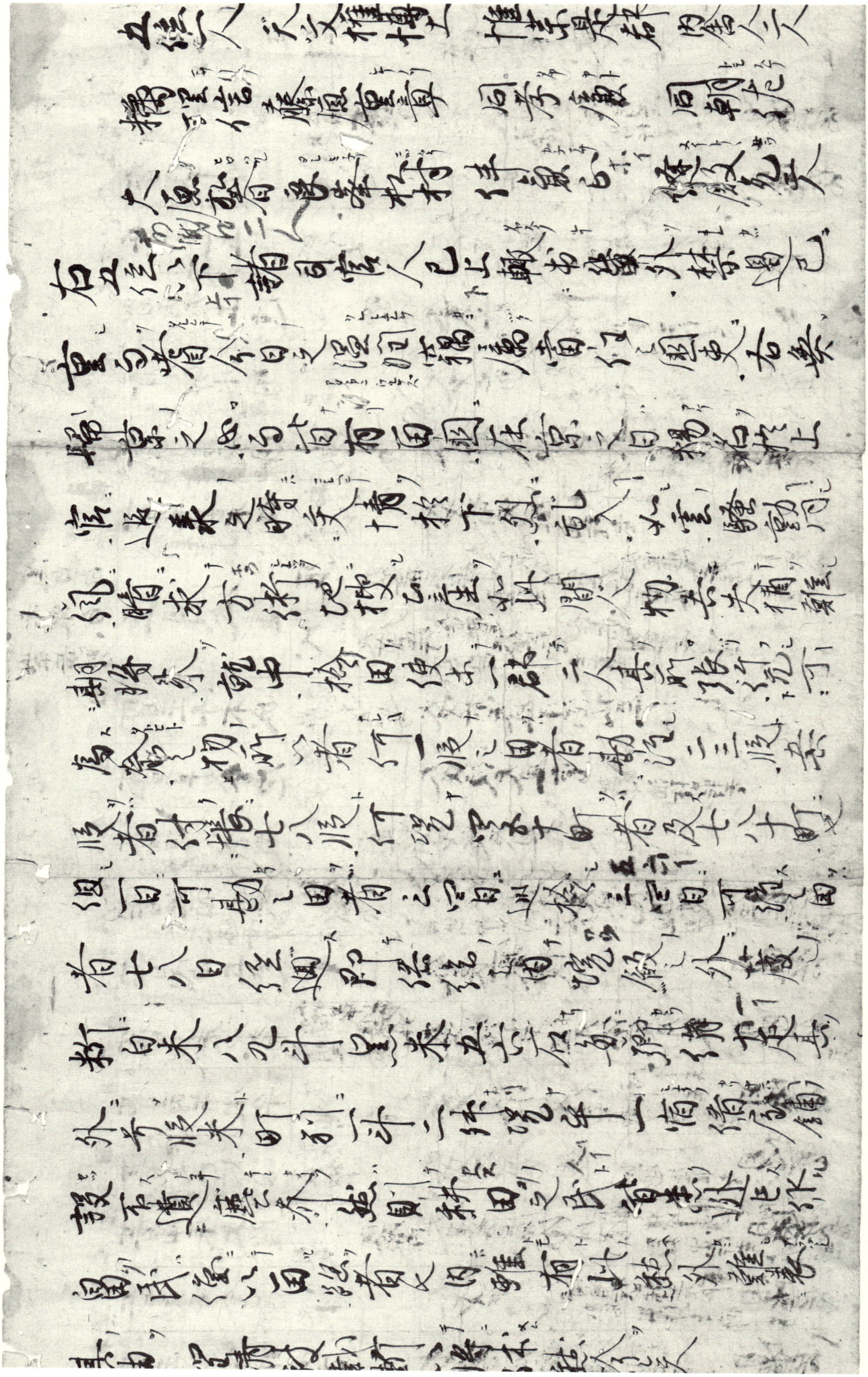

(22)

尾張国郡司百姓等解文　第三十条

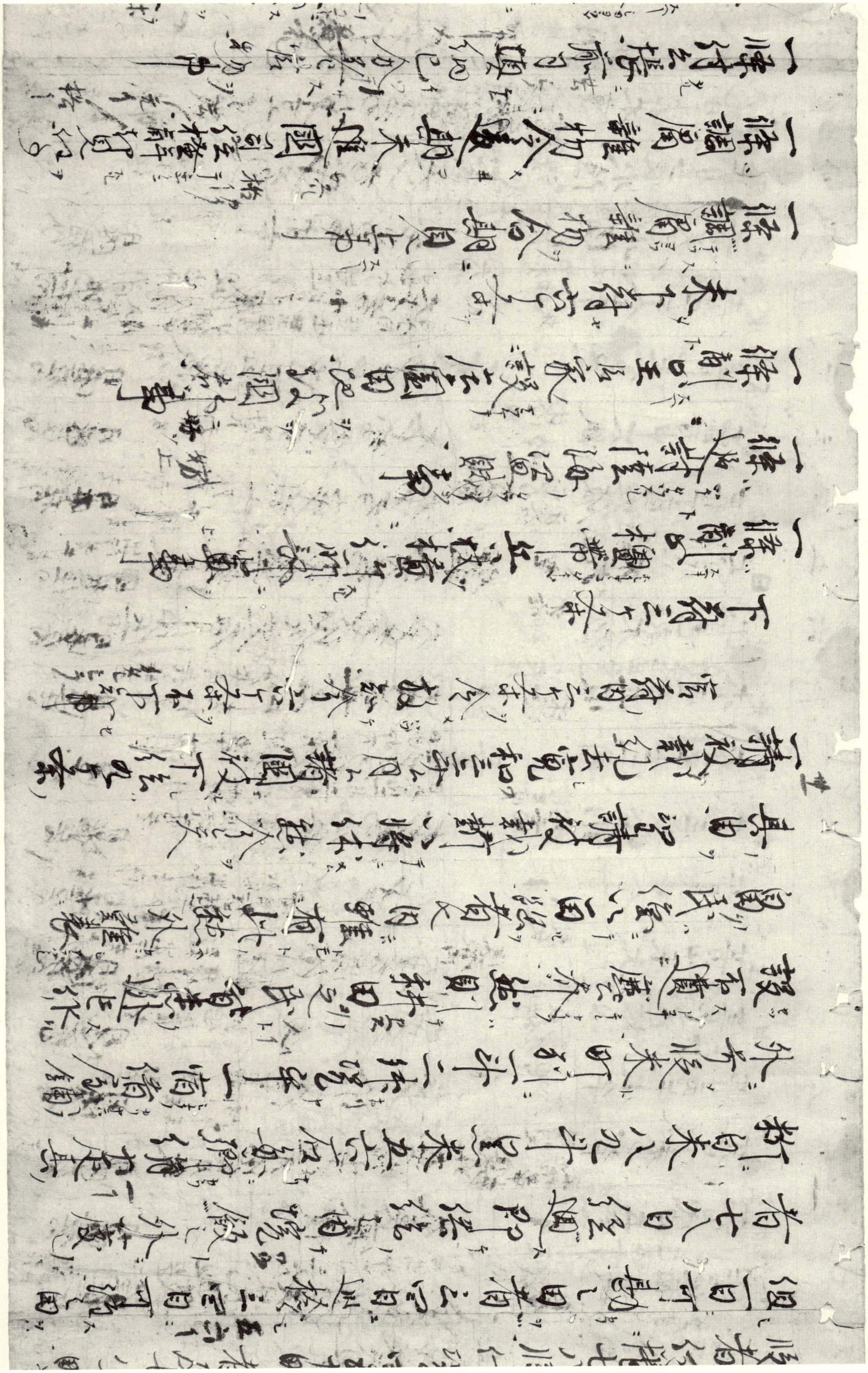

(23)

尾張国郡司百姓等解文　第三十一条

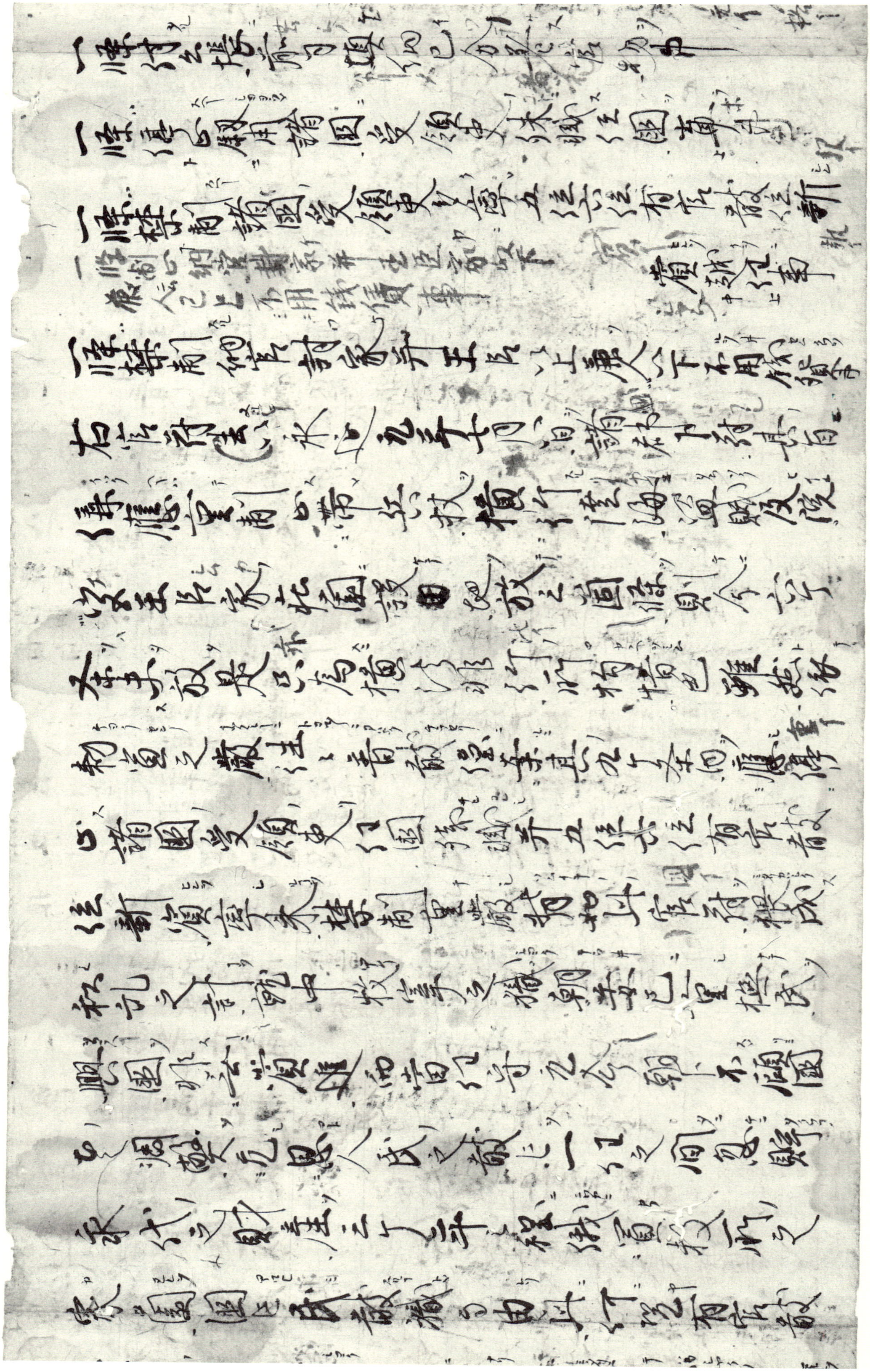

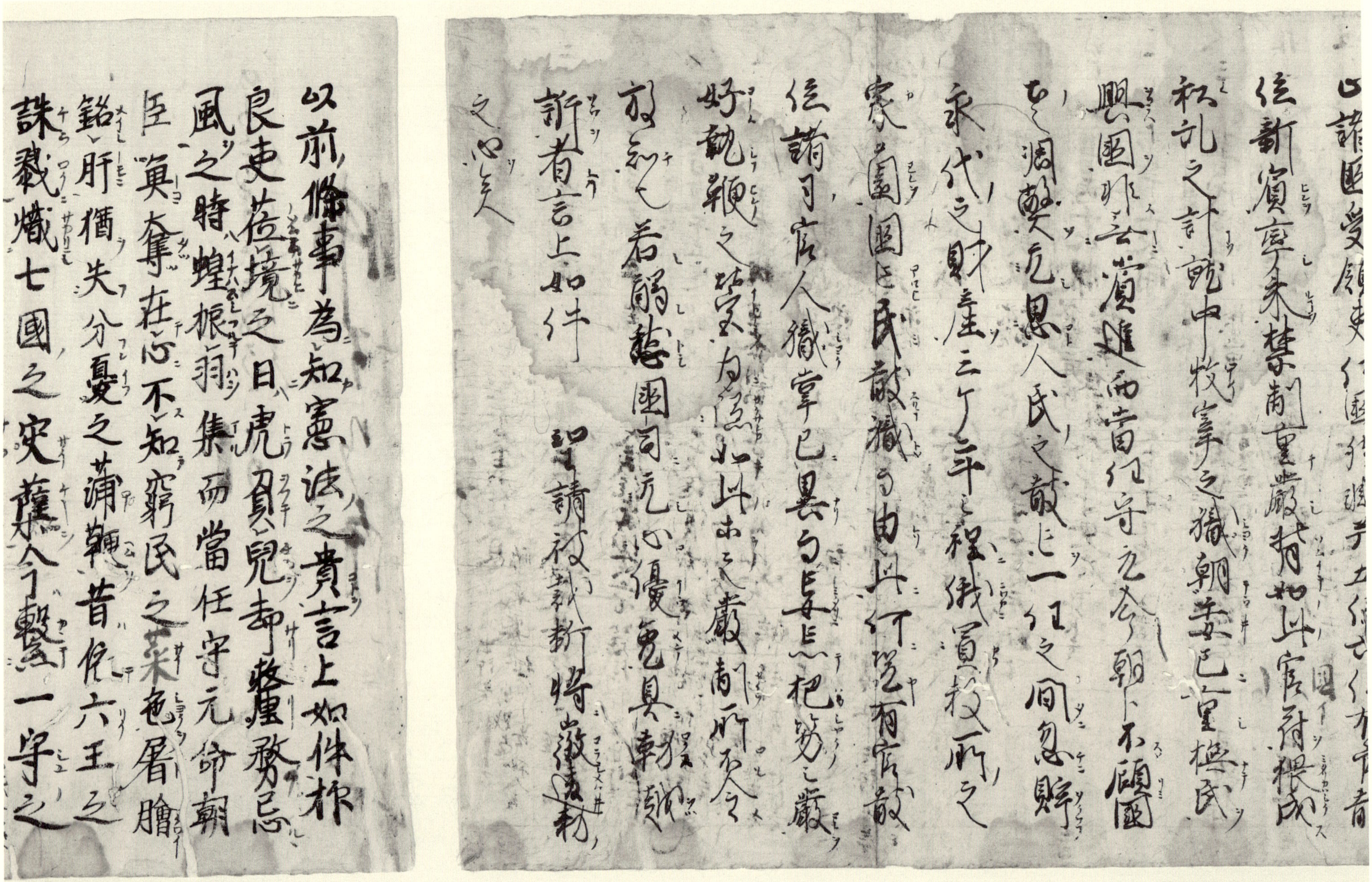

(25)

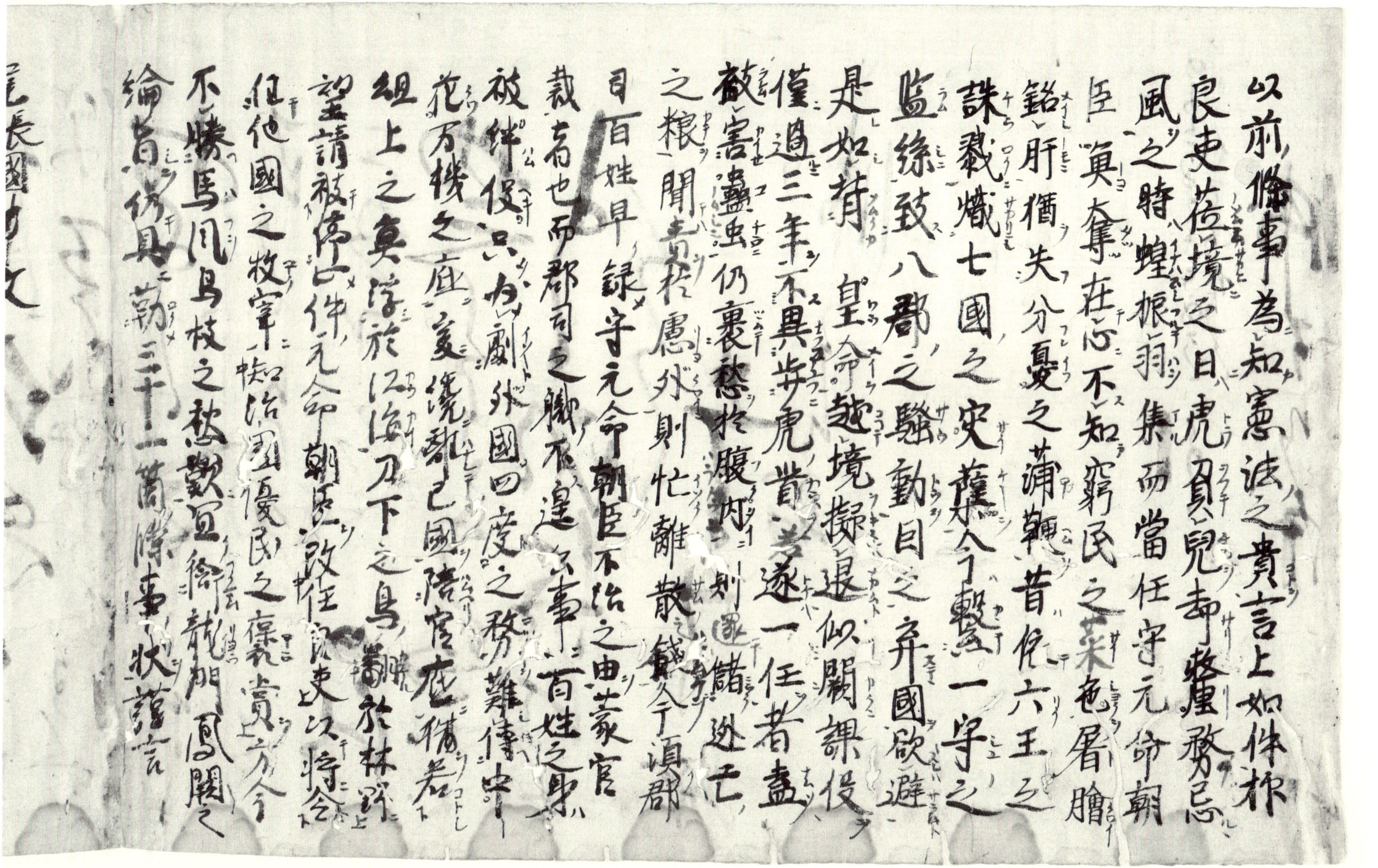
以前條事為知憲法之貴言上如件抑
良吏莅境之日虎負兒却蟊蠹務忌
風之時蝗振羽集而當任守元命朝
臣眞奪在心不知窮民之菜色眉膽
銘肝猶失分憂之蒲鞭昔倪六王之
誅戮殲七國之史蘧今擊一宇之
監絲致八郡之騷動自之弁國欲避
是如背皇命越境擬退似闕課役
僅過三年不與岸虎背遂一任者盡
敵害蠹虫仍裏愁於腹肉則逃亡
之粮聞於愚外則忙離散錢今須郡
司百姓早録守元命朝臣不治之由並豪官
裁者也而郡司之職不遑公事百姓之身
被伴役只為劇外國四度之務難傳忠
花万機之庭爰澆亂己國陪官庭猶若
組上之魚浮於江海刀下之鳥翔於林野
望請被停止件元命朝臣改任良吏以將令
但他國之牧宰知治國優民之褒賞今
不勝馬風鳥枝之愁歎宜為龍門鳳闕之
綸旨仍具勒三十一箇條事状謹言
尾張國[illegible]文

尾張国郡司百姓等解文

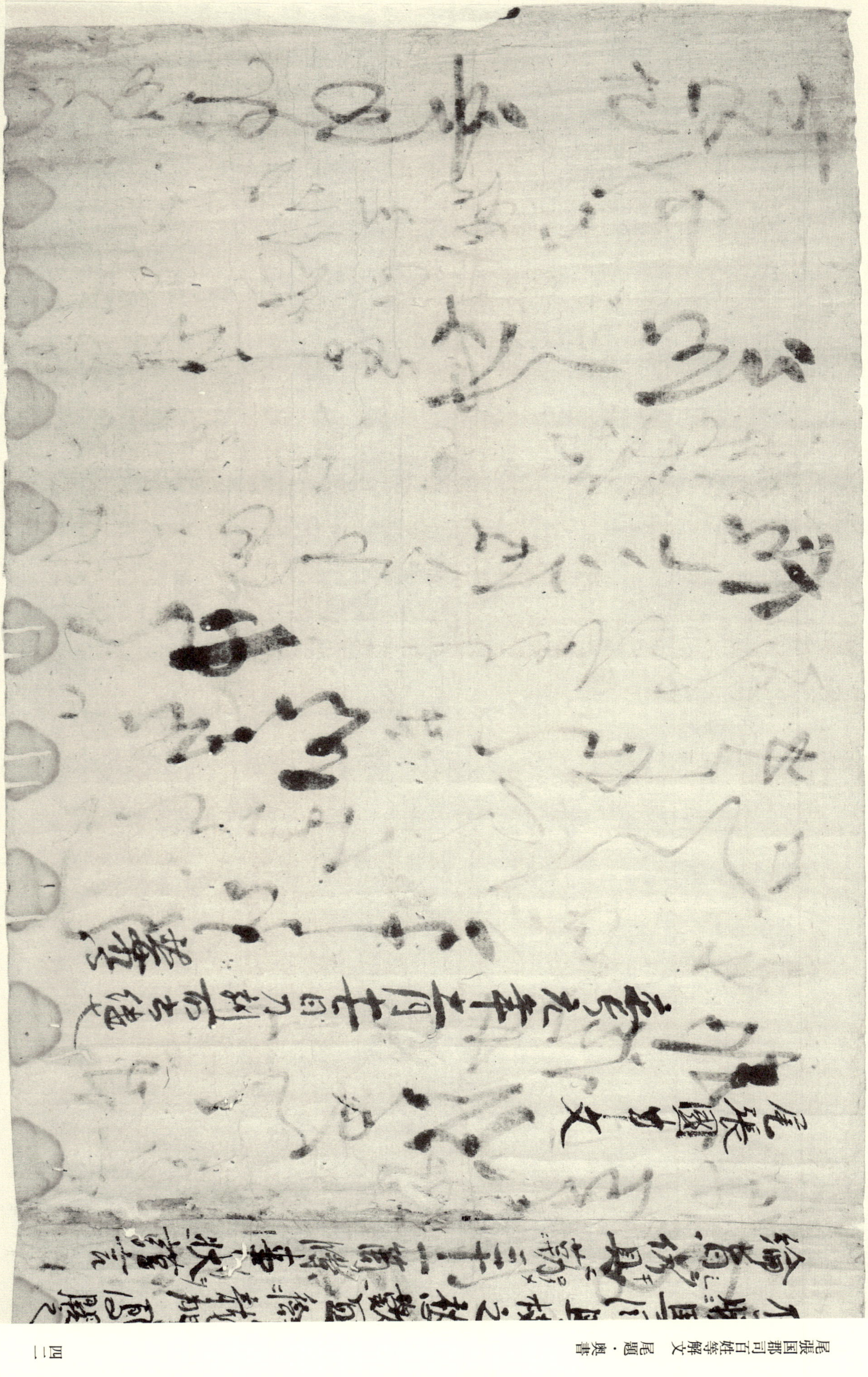

尾張国郡司百姓等解文　尾題・奥書

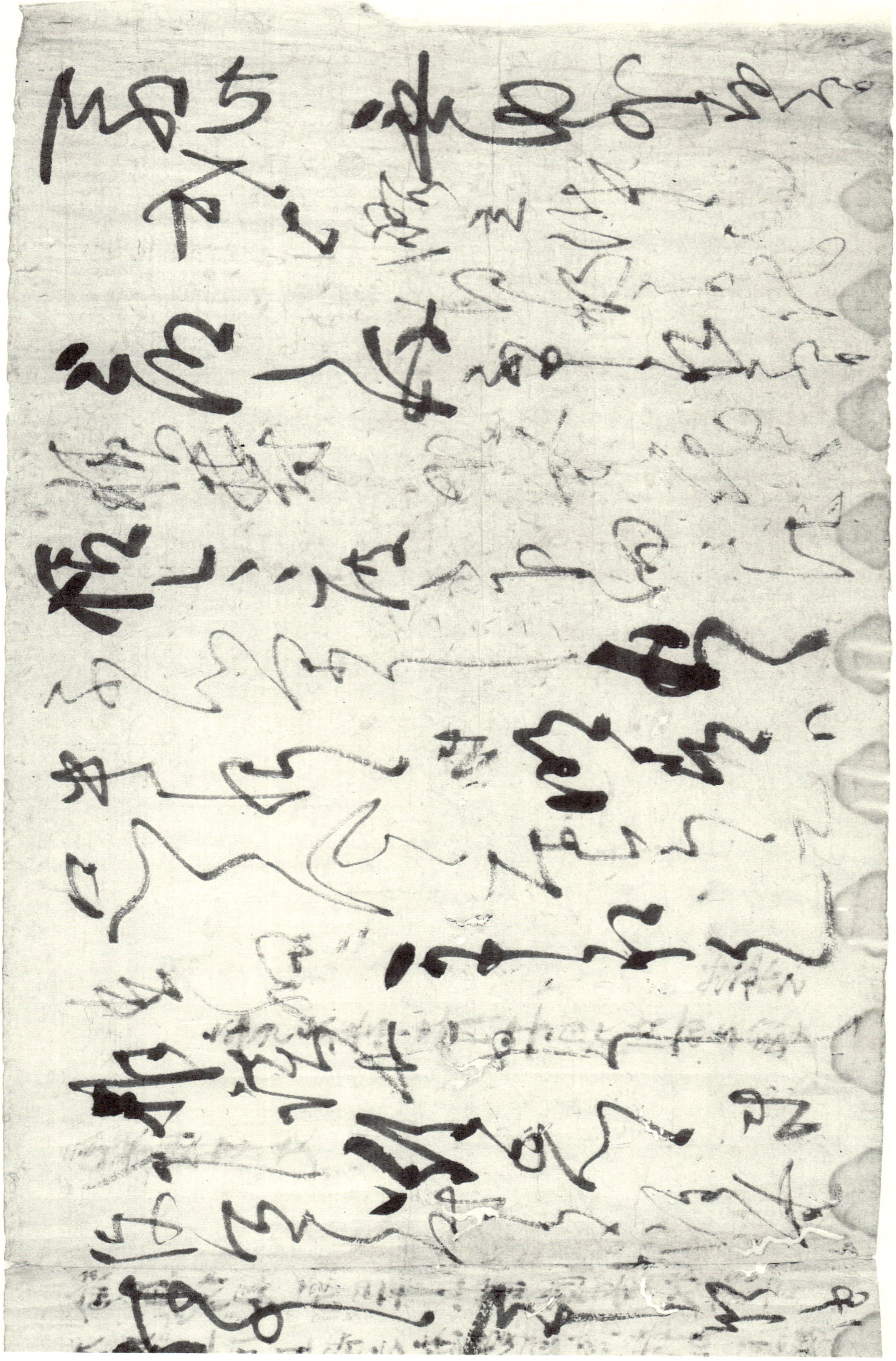

尾張国郡司百姓等解文 紙背　消息

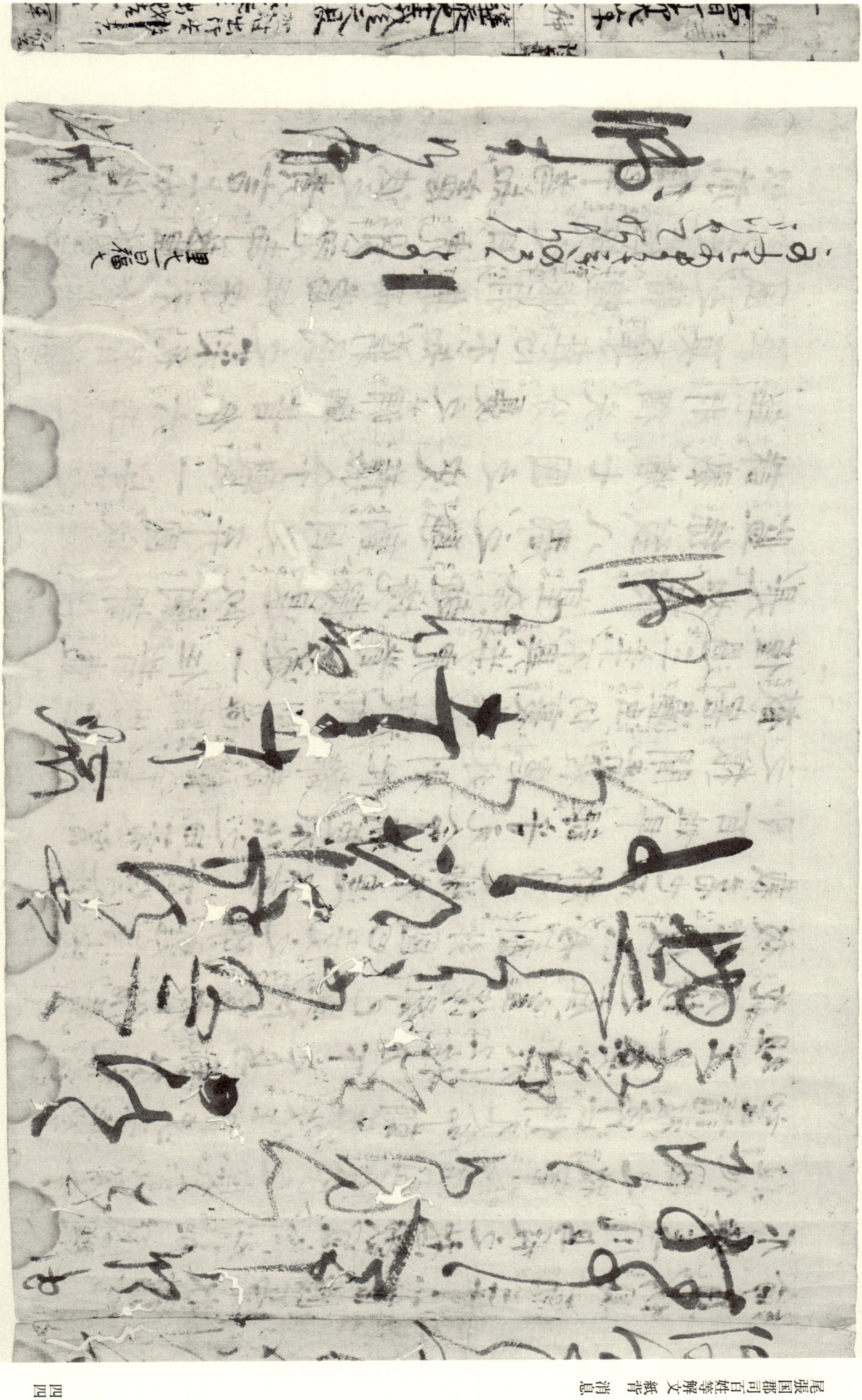

尾張国郡司百姓等解文紙背
消息

(25)

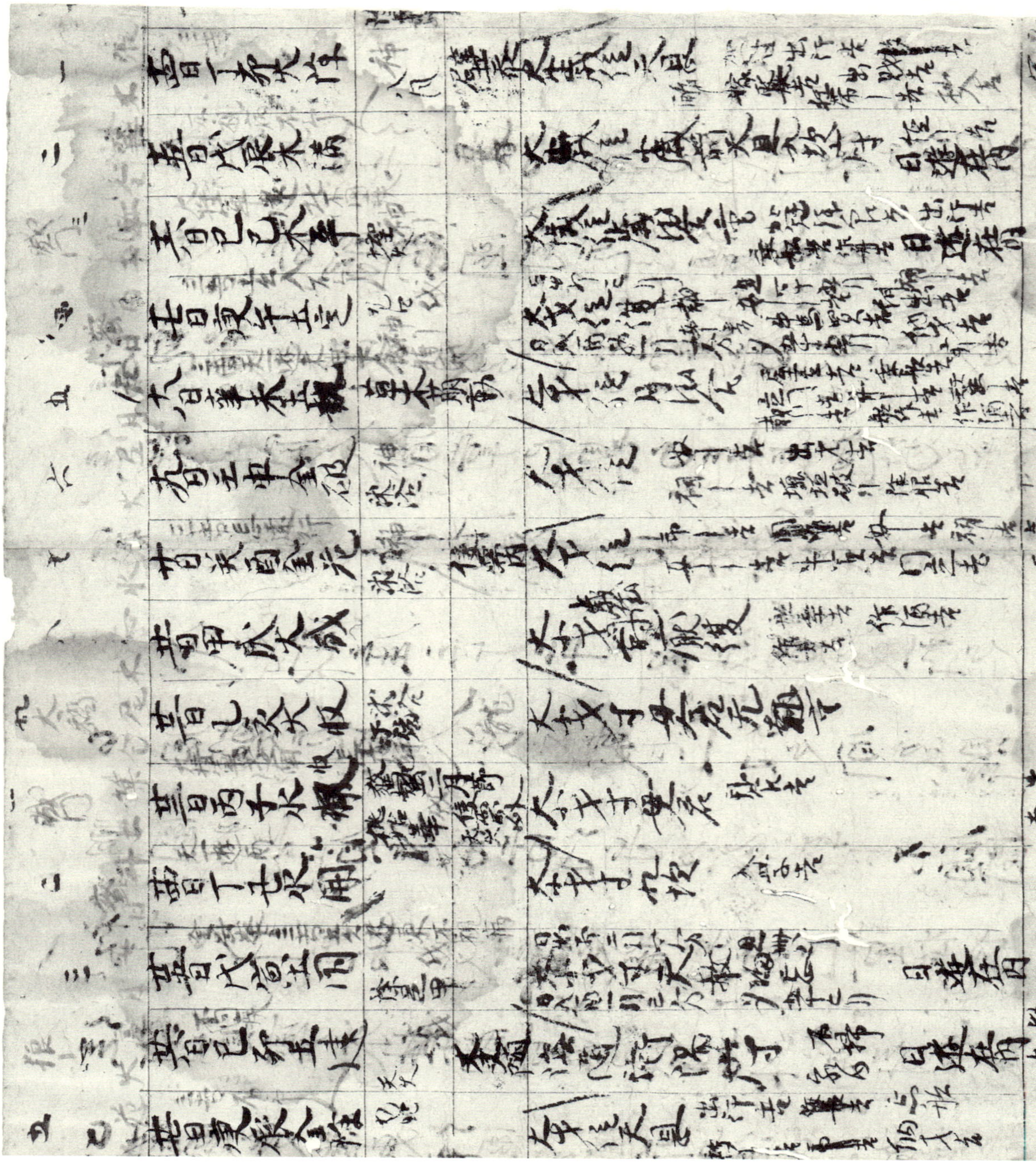

尾張国郡司百姓等解文　紙背　嘉元二年具注暦　正月

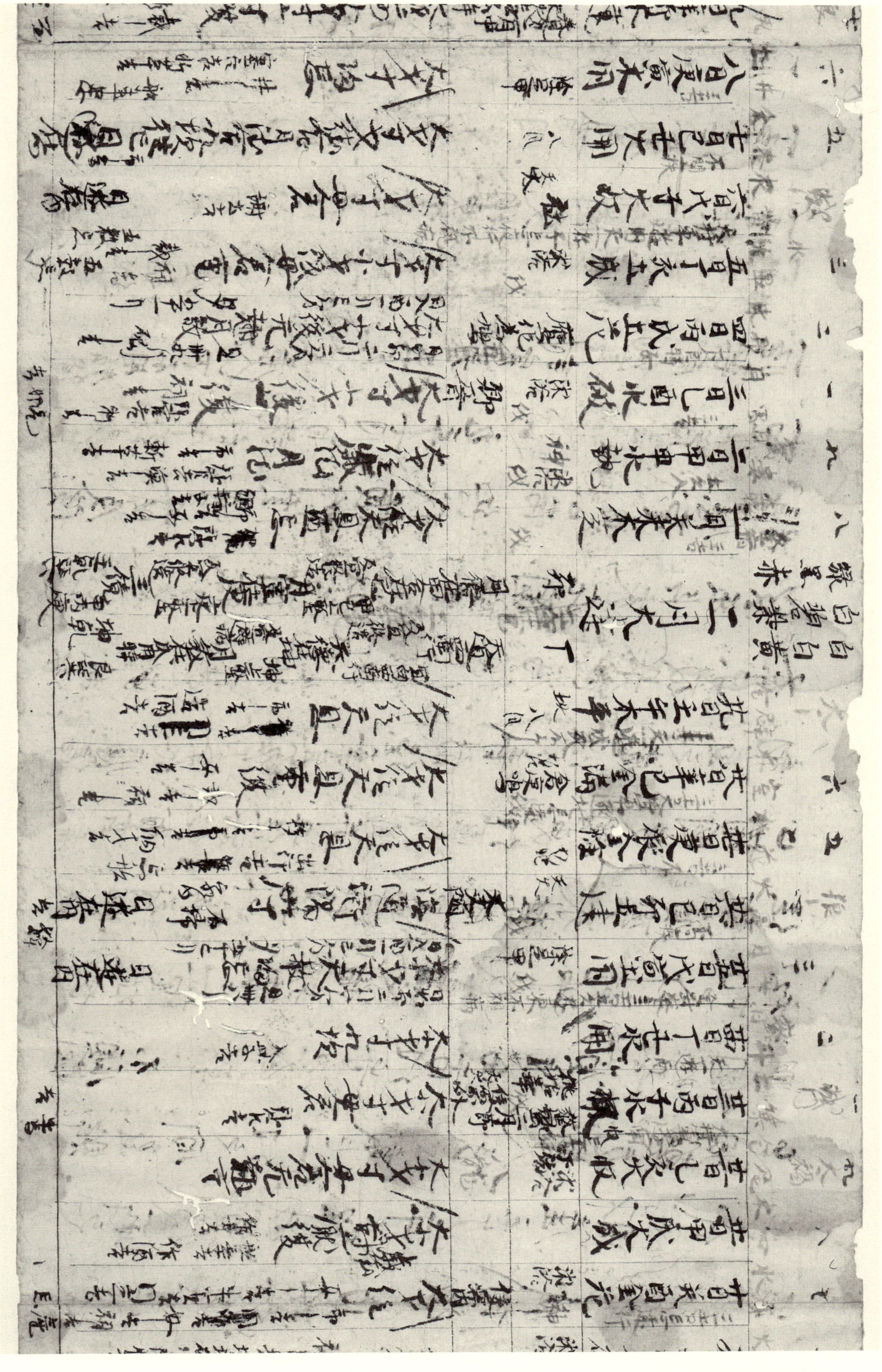

(24)

尾張国郡司百姓等解文　紙背　嘉元二年具注暦　二月

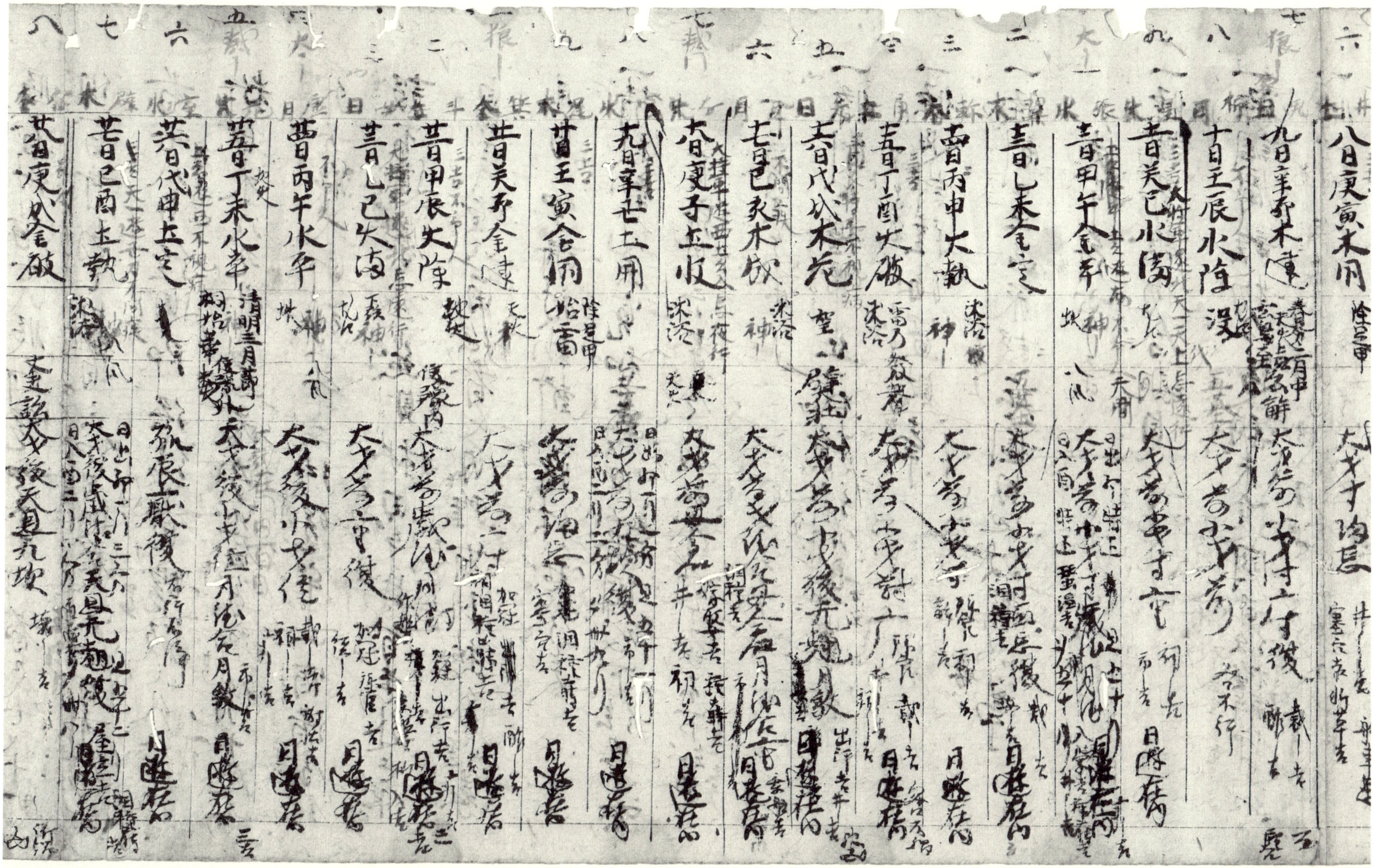

尾張国郡司百姓等解文 紙背　嘉元二年具注暦　二月



(23)

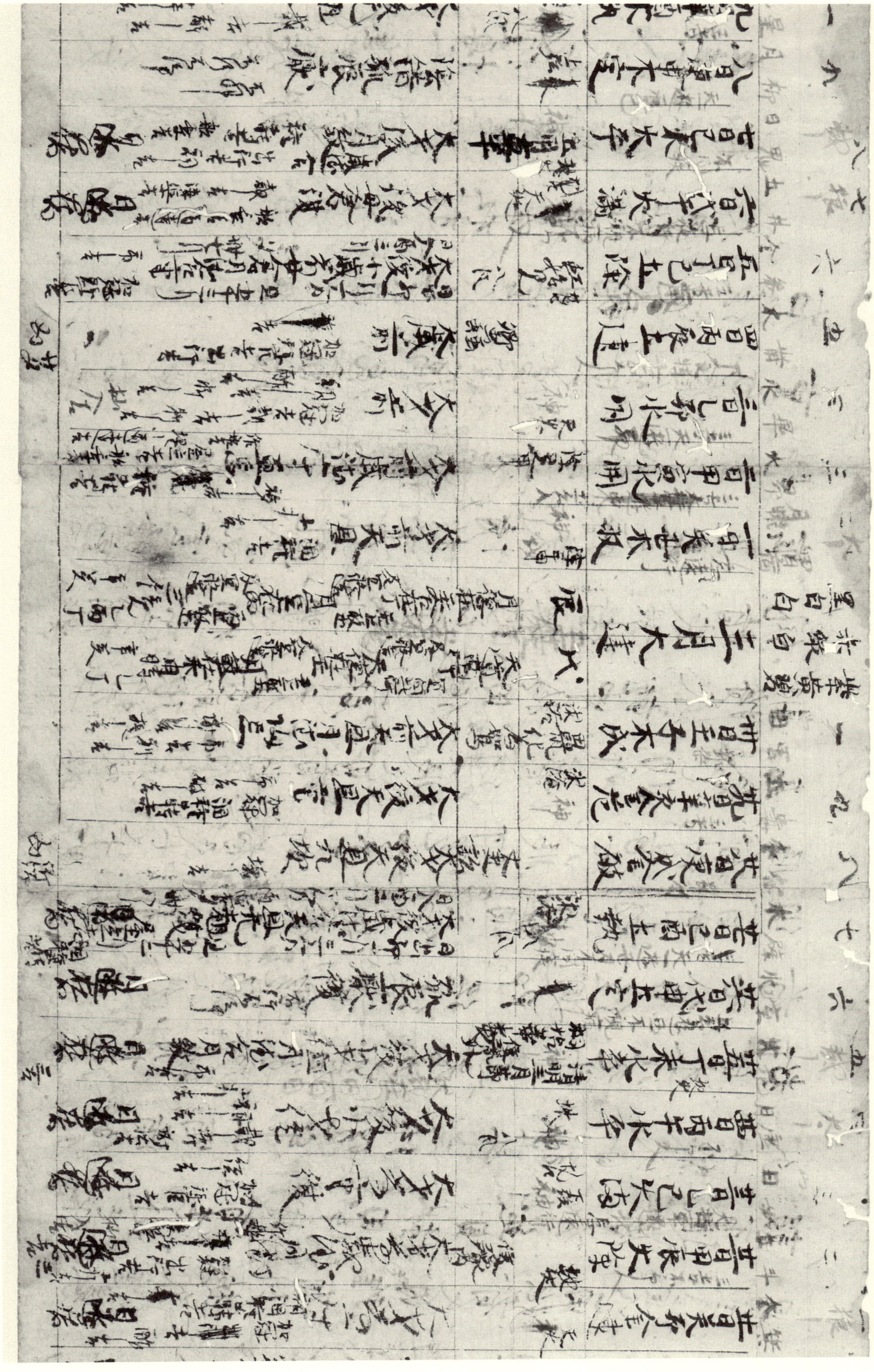

(22)

尾張国郡司百姓等解文　紙背
嘉元二年具注暦　三月

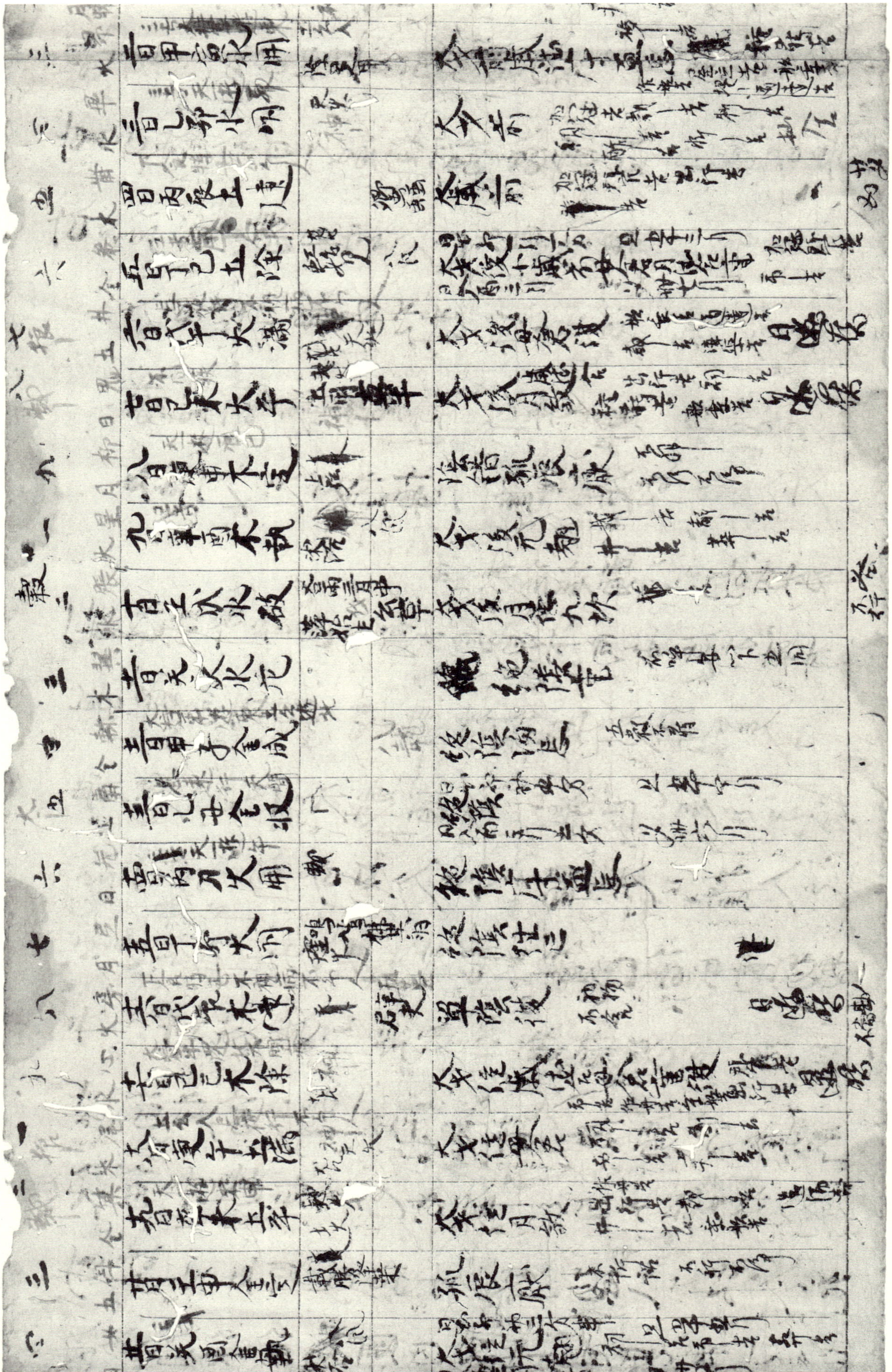

尾張国郡司百姓等解文　紙背　嘉元二年具注暦　三月

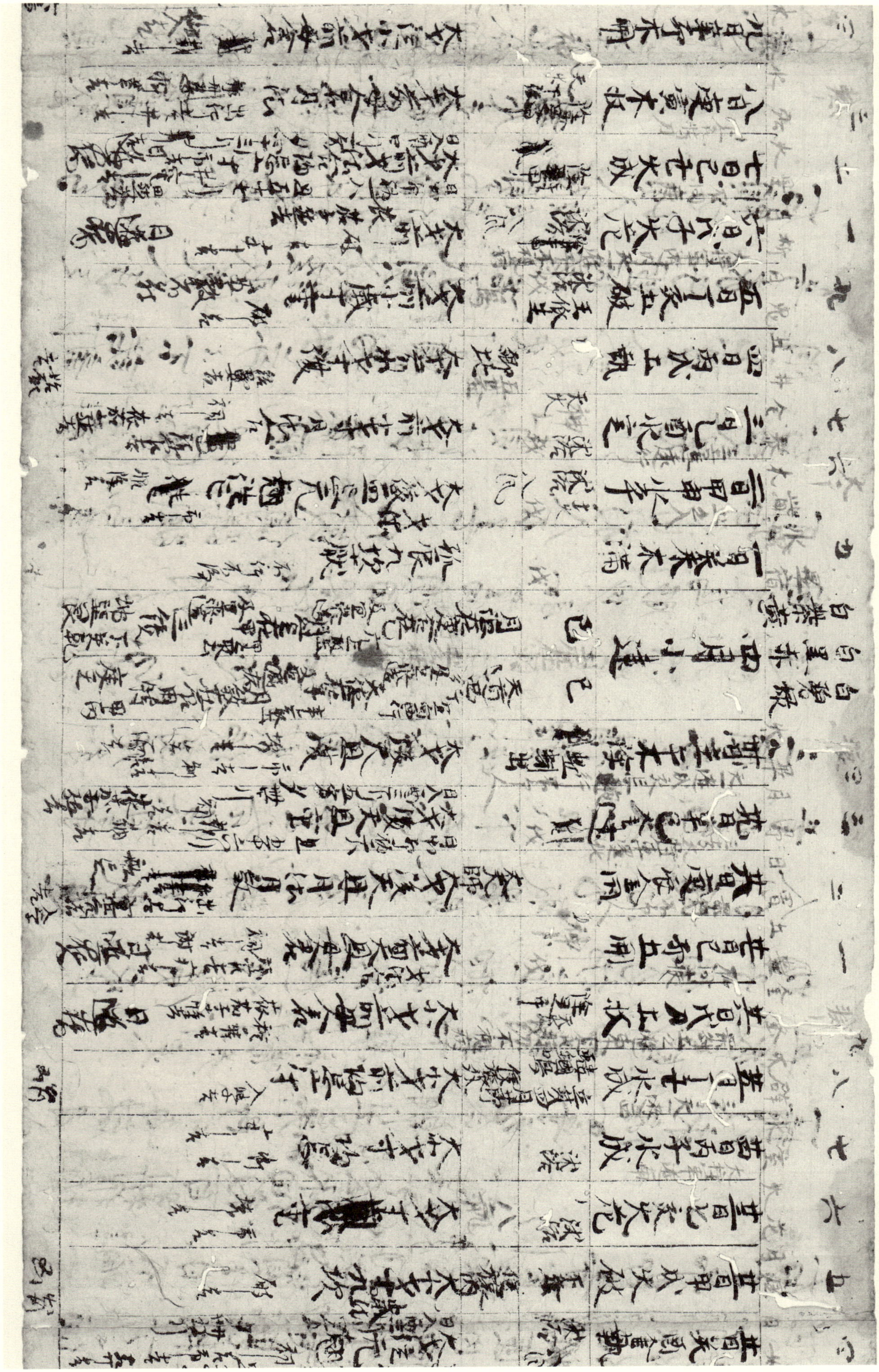

尾張国郡司百姓等解文　紙背
嘉元二年具注暦　四月

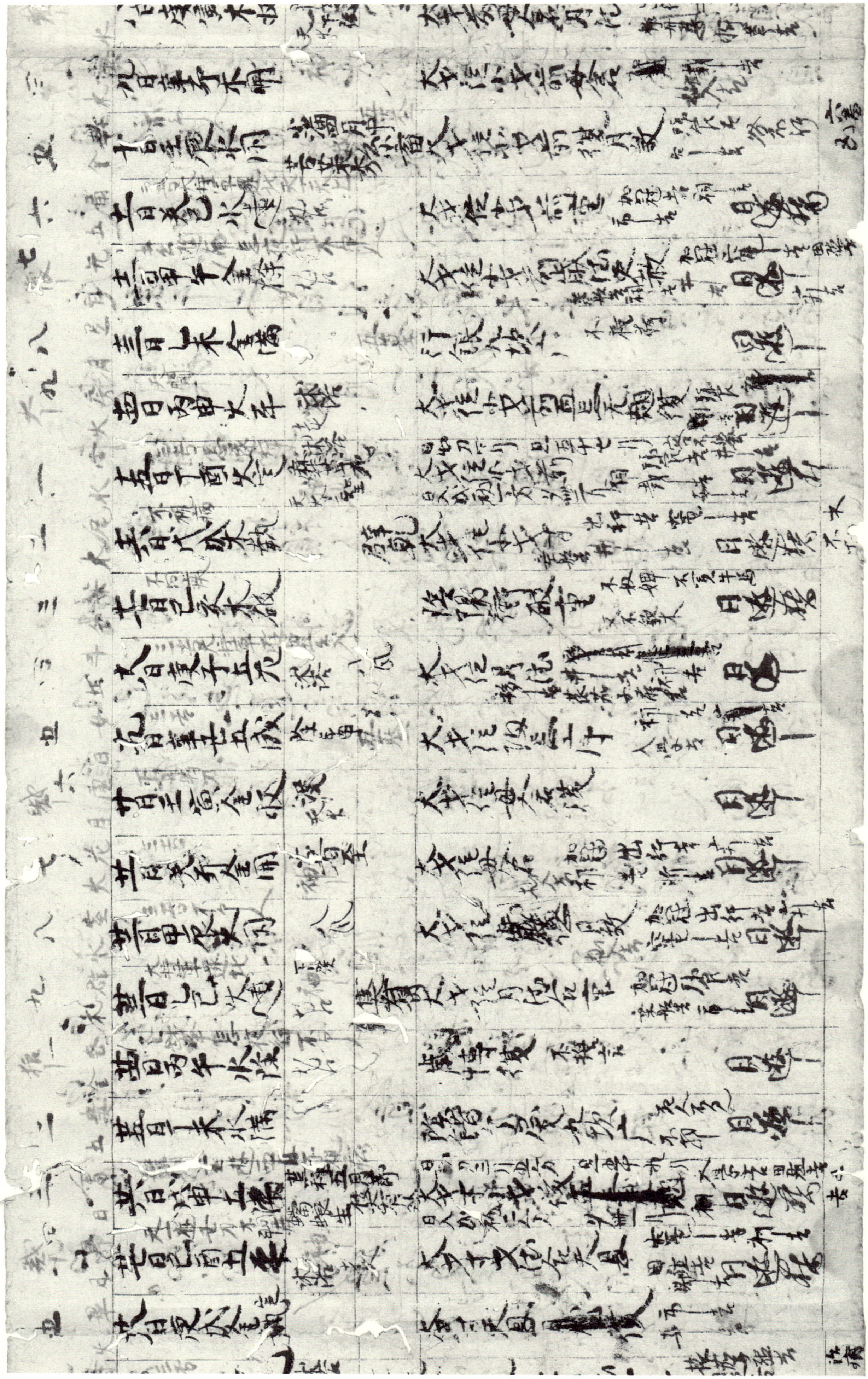

尾張国郡司百姓等解文　紙背　嘉元二年具注暦　四月

尾張国郡司百姓等解文紙背
嘉元二年具注暦
五月

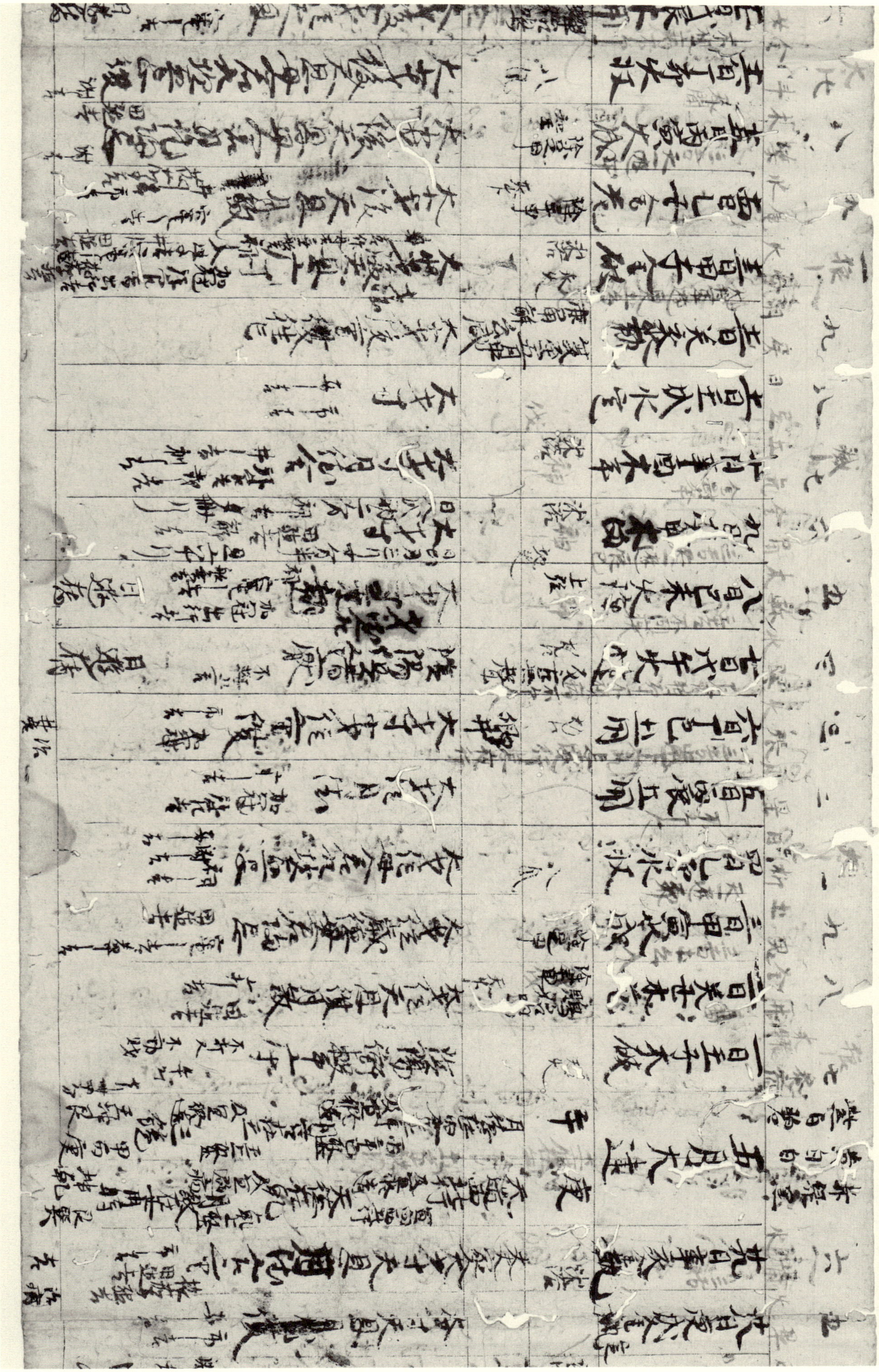

(18)

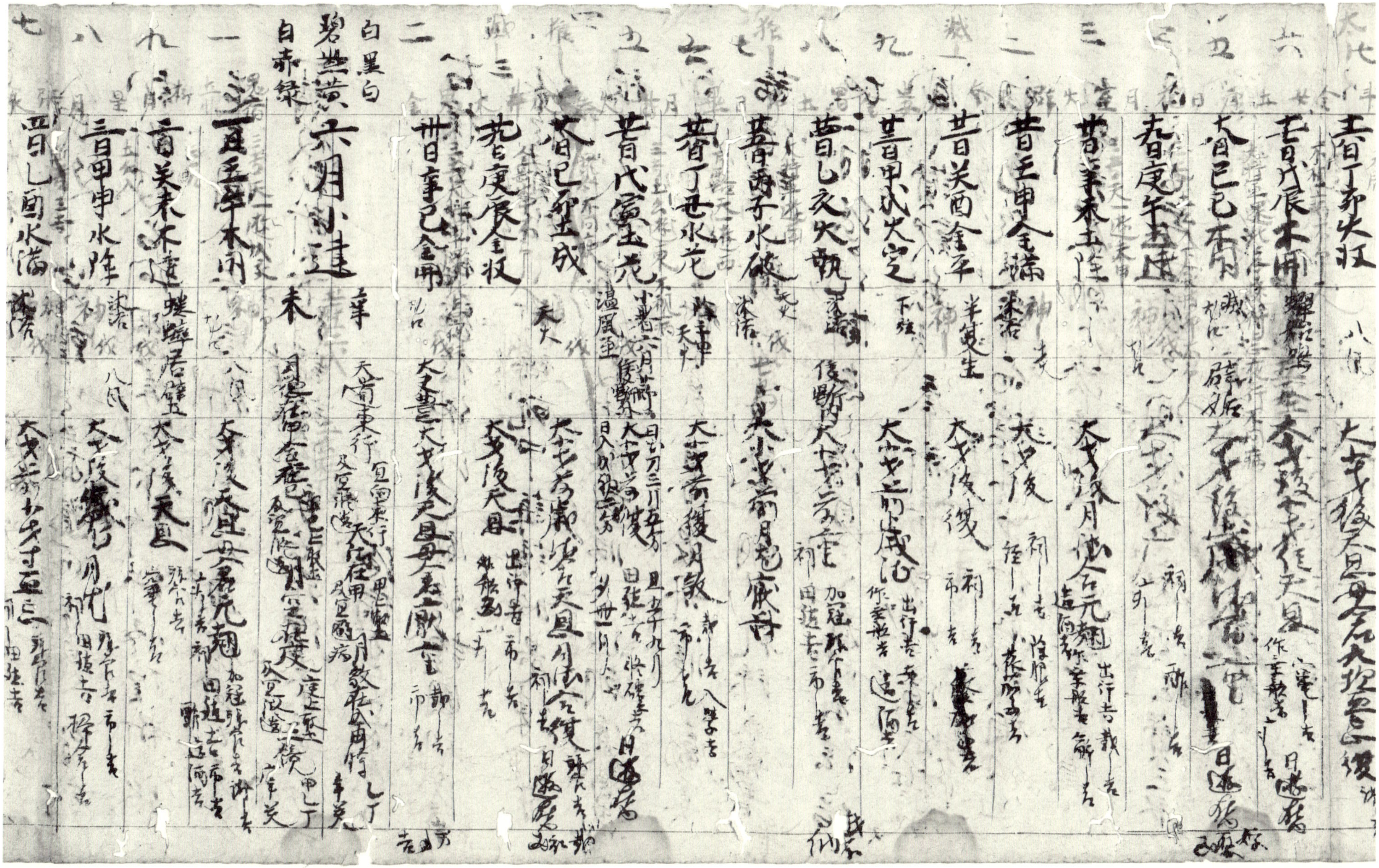

尾張国郡司百姓等解文　紙背　嘉元二年具注暦　六月

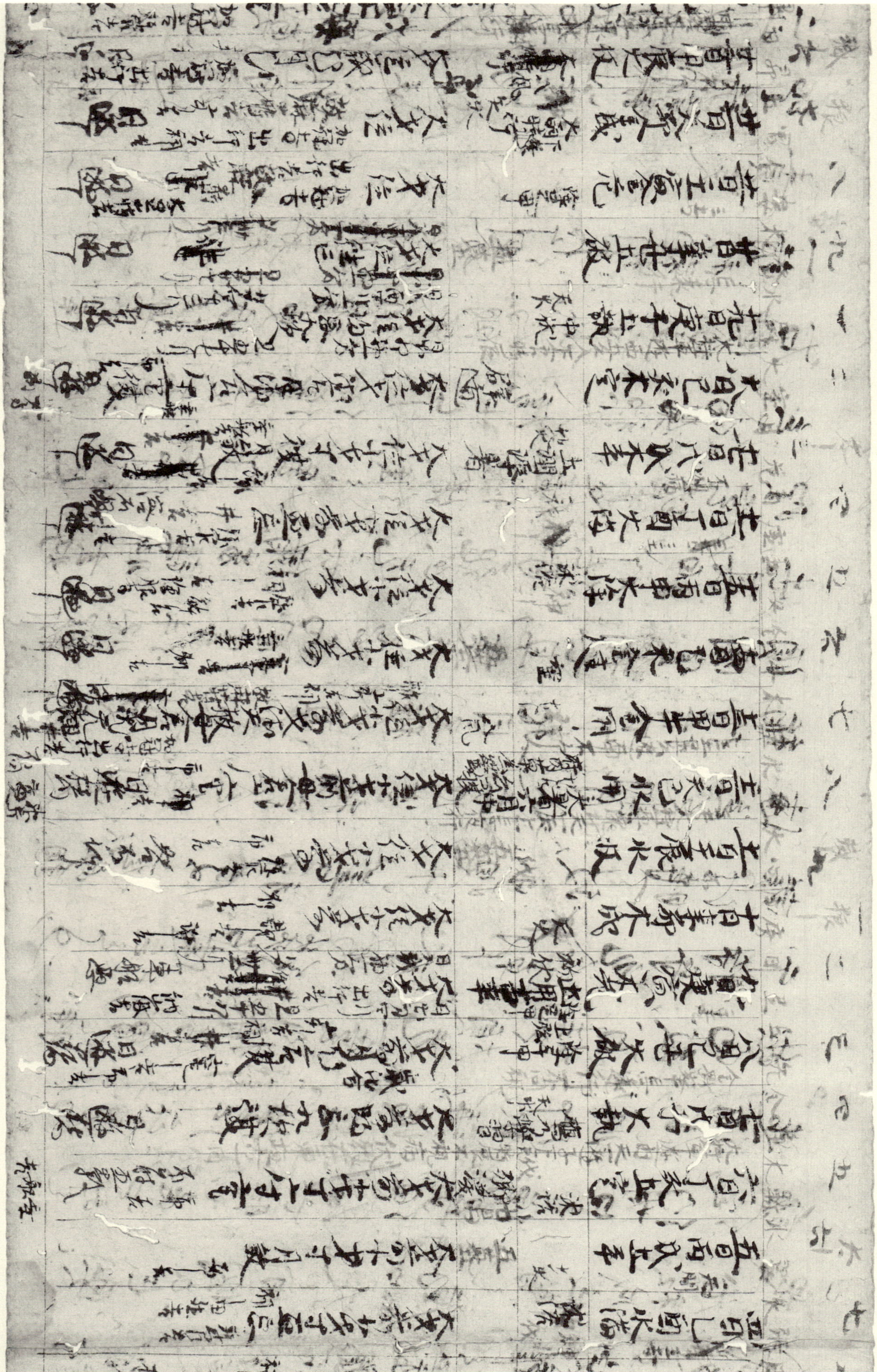
(16)

尾張国郡司百姓等解文　紙背　嘉元二年具注暦　六月

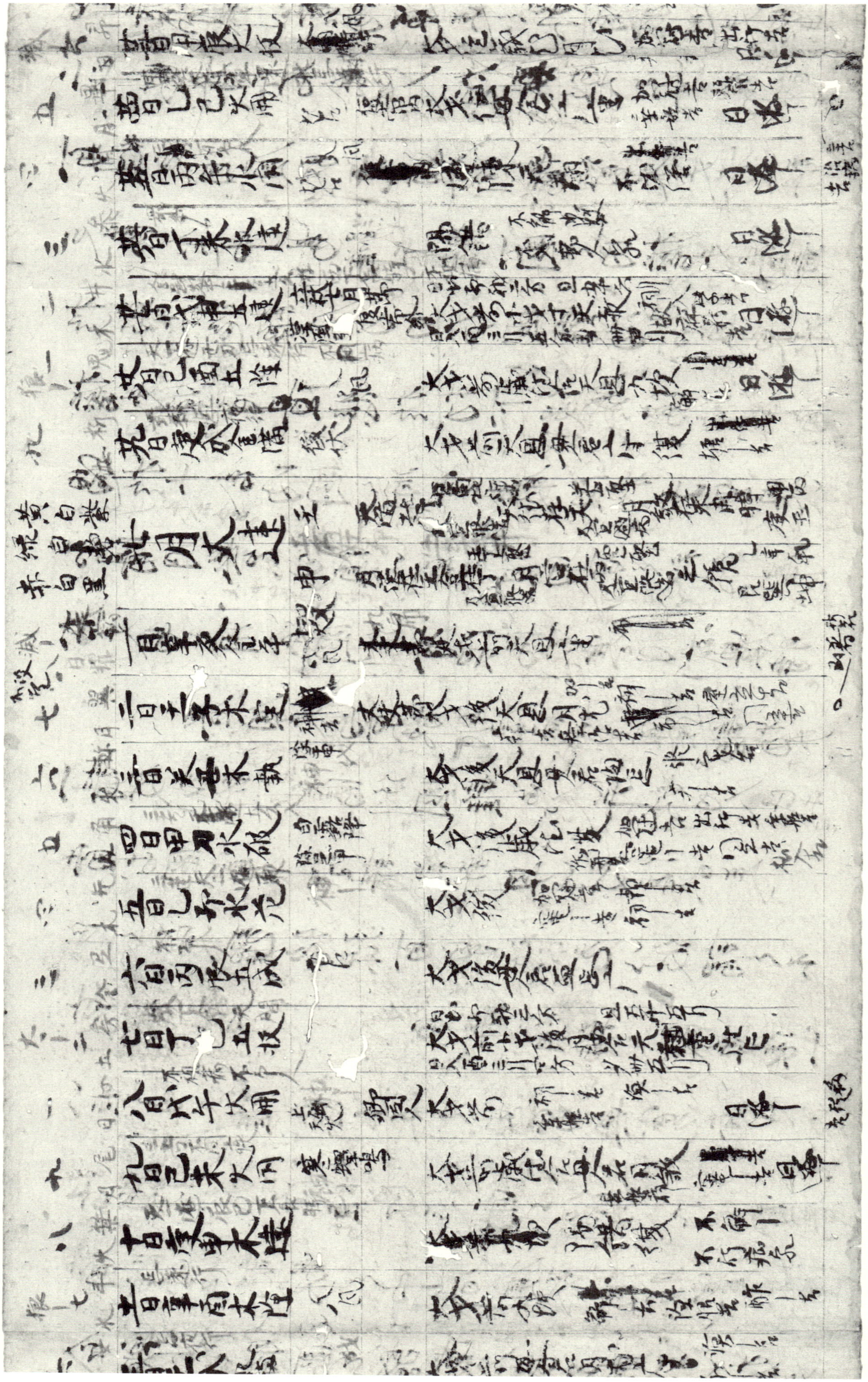

尾張国郡司百姓等解文　紙背　嘉元二年具注暦　七月

(14)

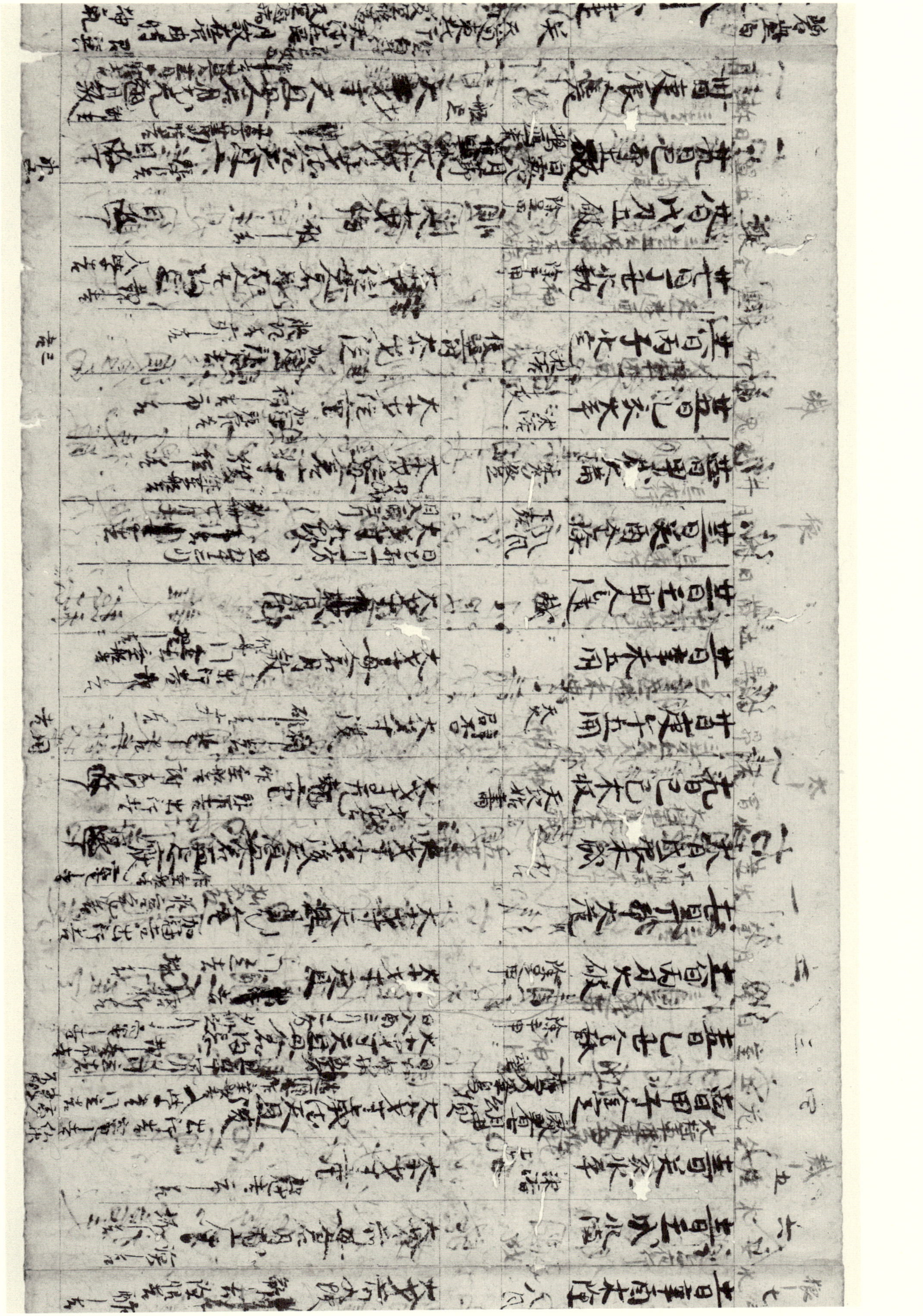

尾張国郡司百姓等解文　紙背

嘉元二年具注暦　七月

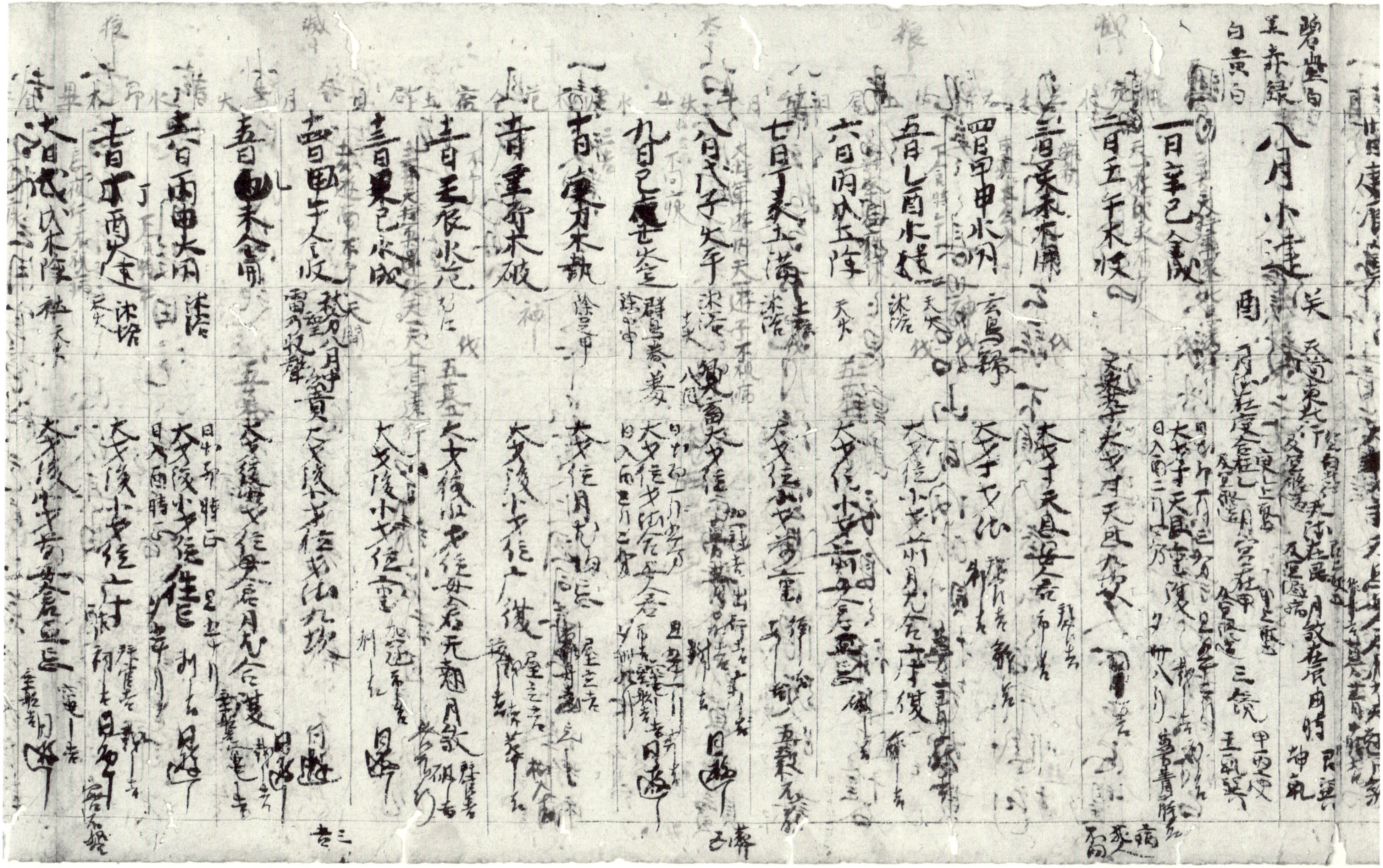

尾張国郡司百姓等解文　紙背　嘉元二年具注暦　八月

(13)

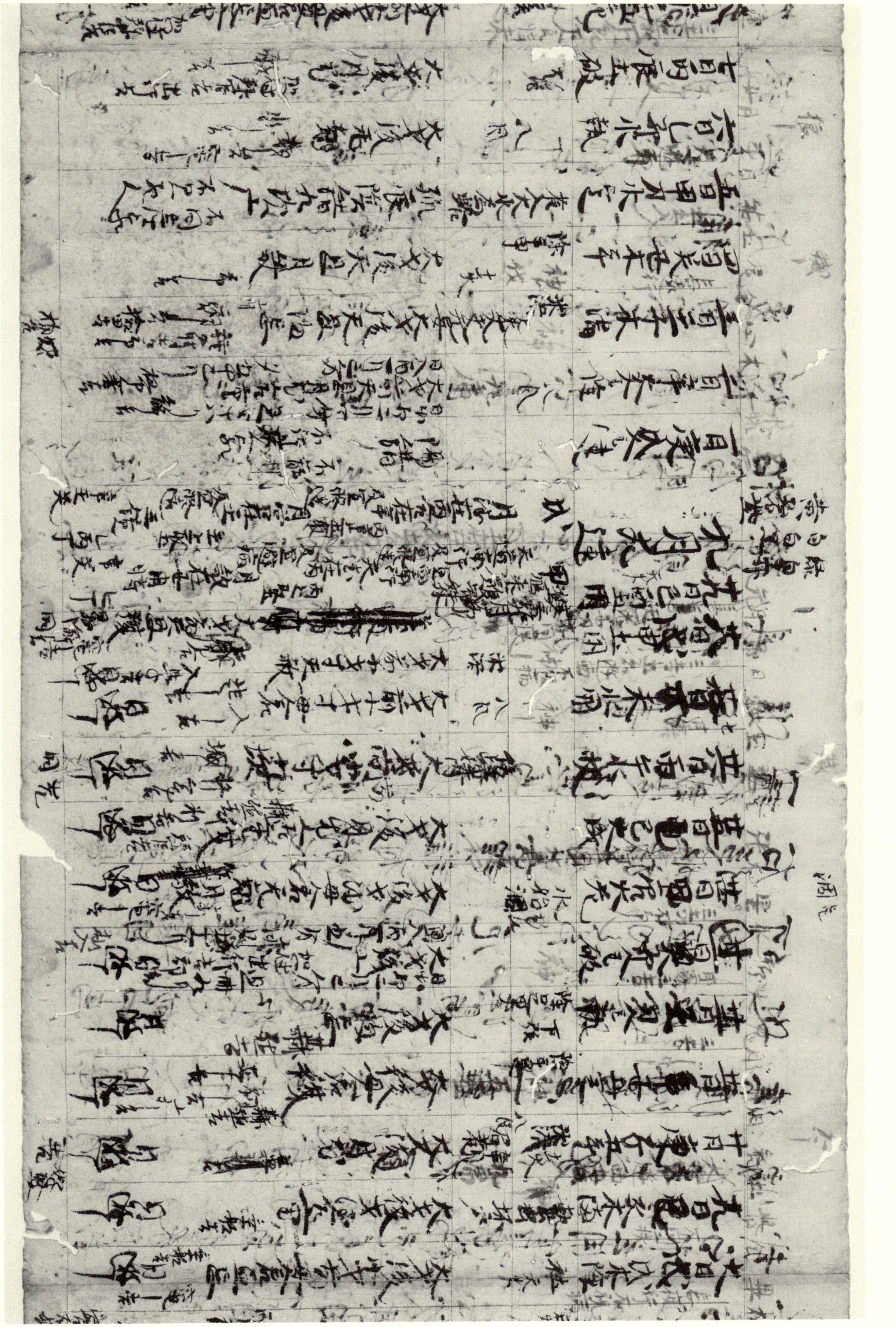

(12)

尾張国郡司百姓等解文紙背　嘉元二年具注暦　九月

(11)

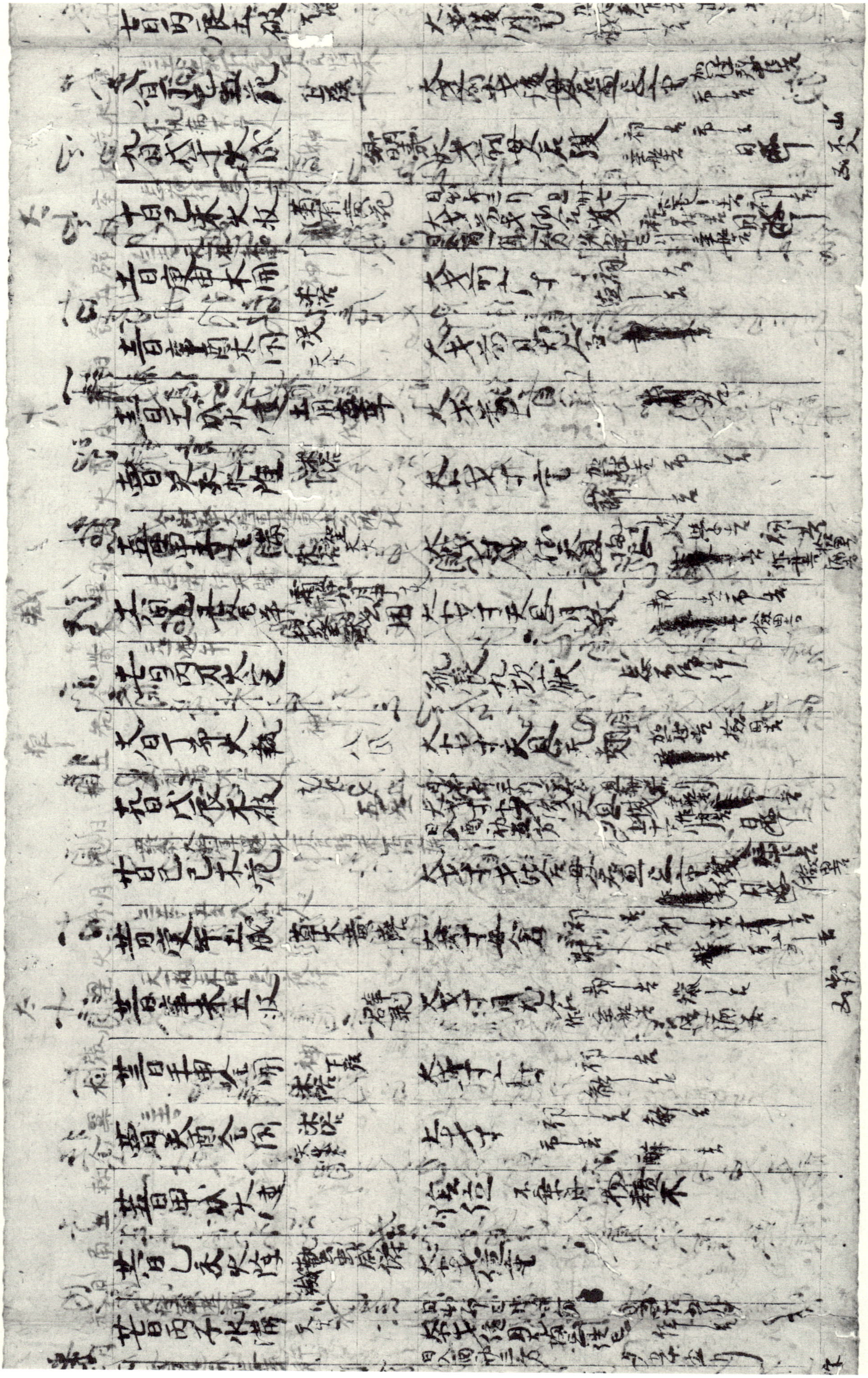

尾張国郡司百姓等解文　紙背　嘉元二年具注暦　九月

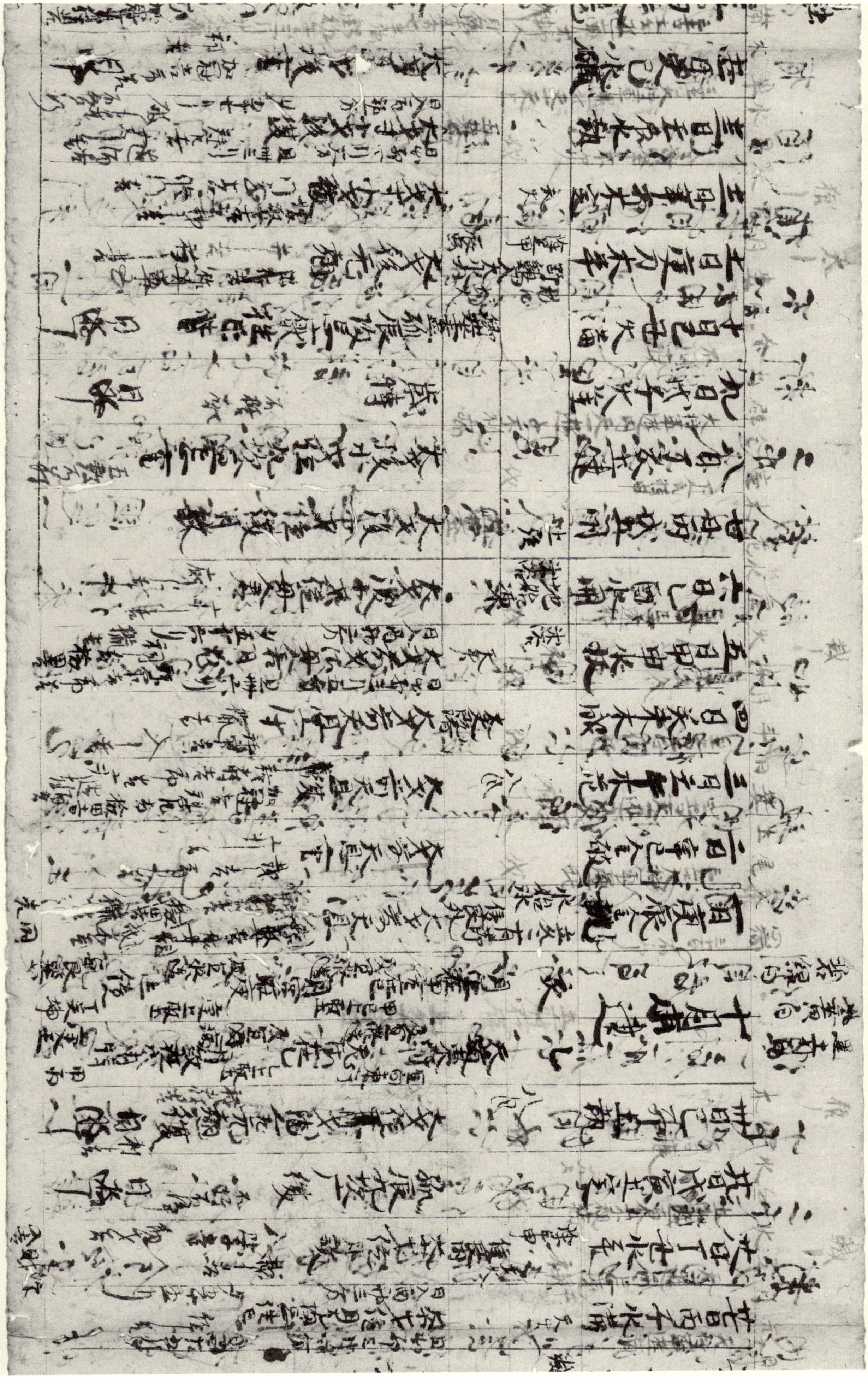

(10)

尾張国郡司百姓等解文紙背　嘉元二年具注暦　十月

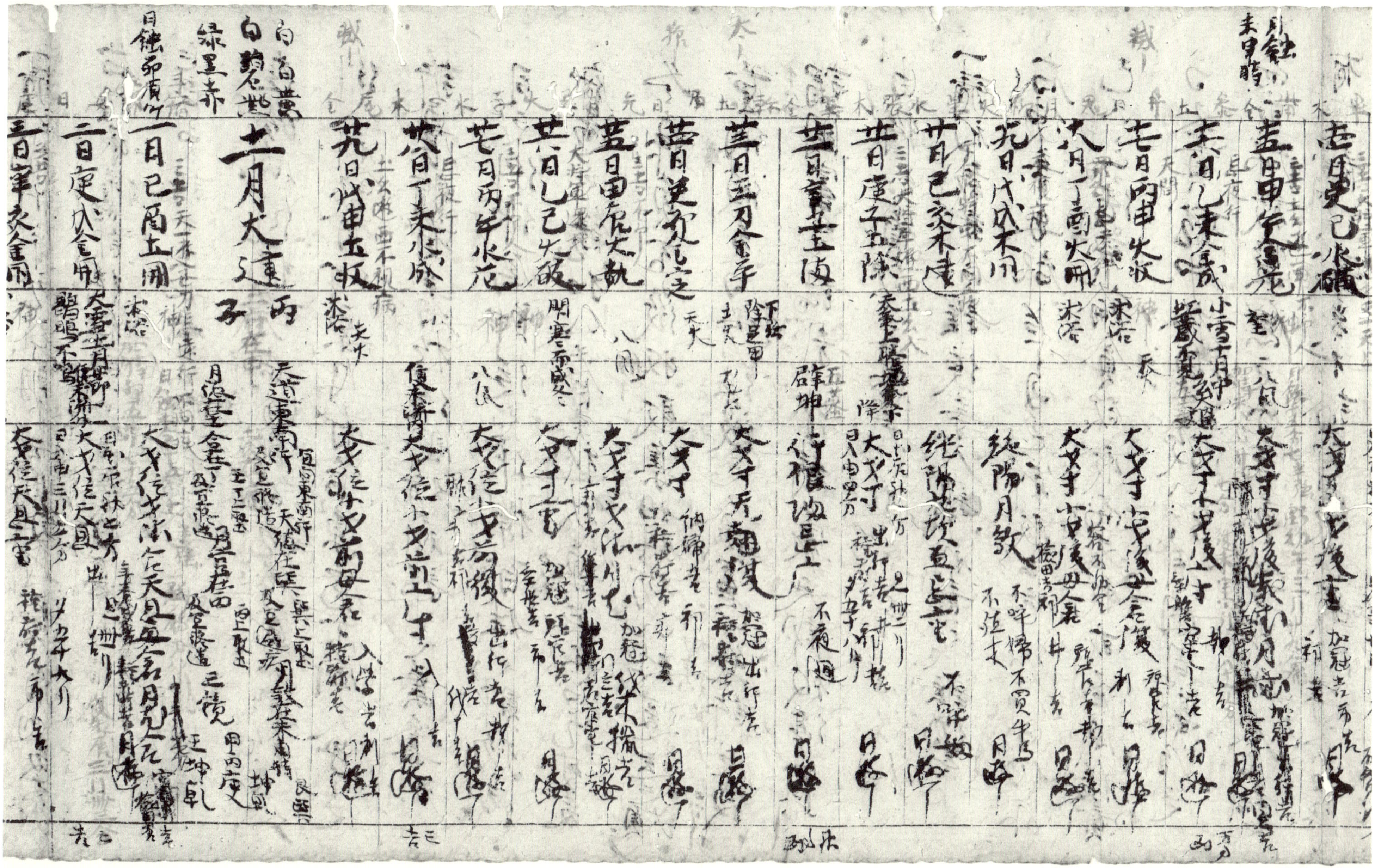

尾張国郡司百姓等解文　紙背　嘉元二年具注暦　十一月

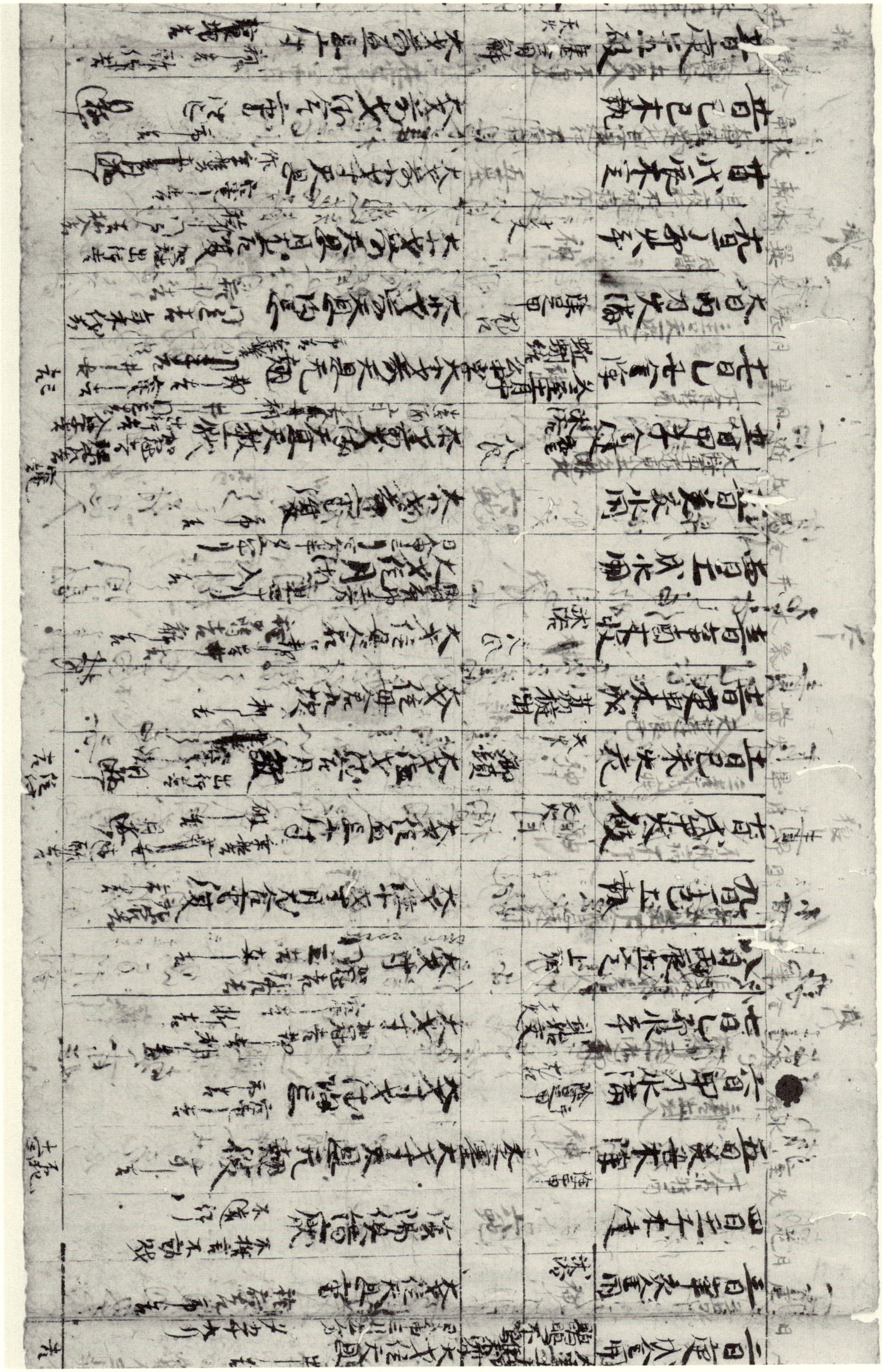

尾張国郡司百姓等解文
紙背　嘉元二年具注暦　十一月

（8）

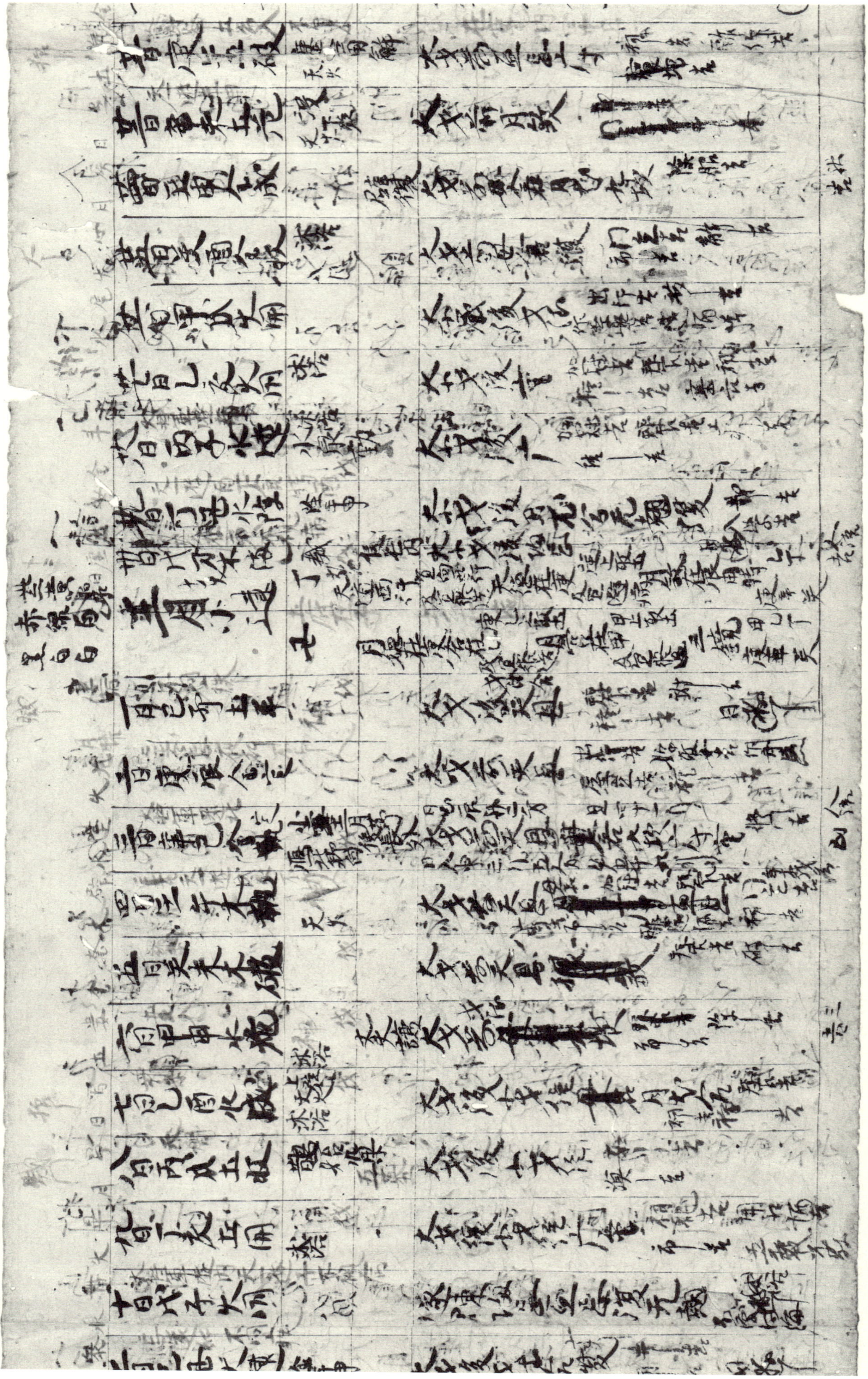

尾張国郡司百姓等解文　紙背　嘉元二年具注暦　十二月

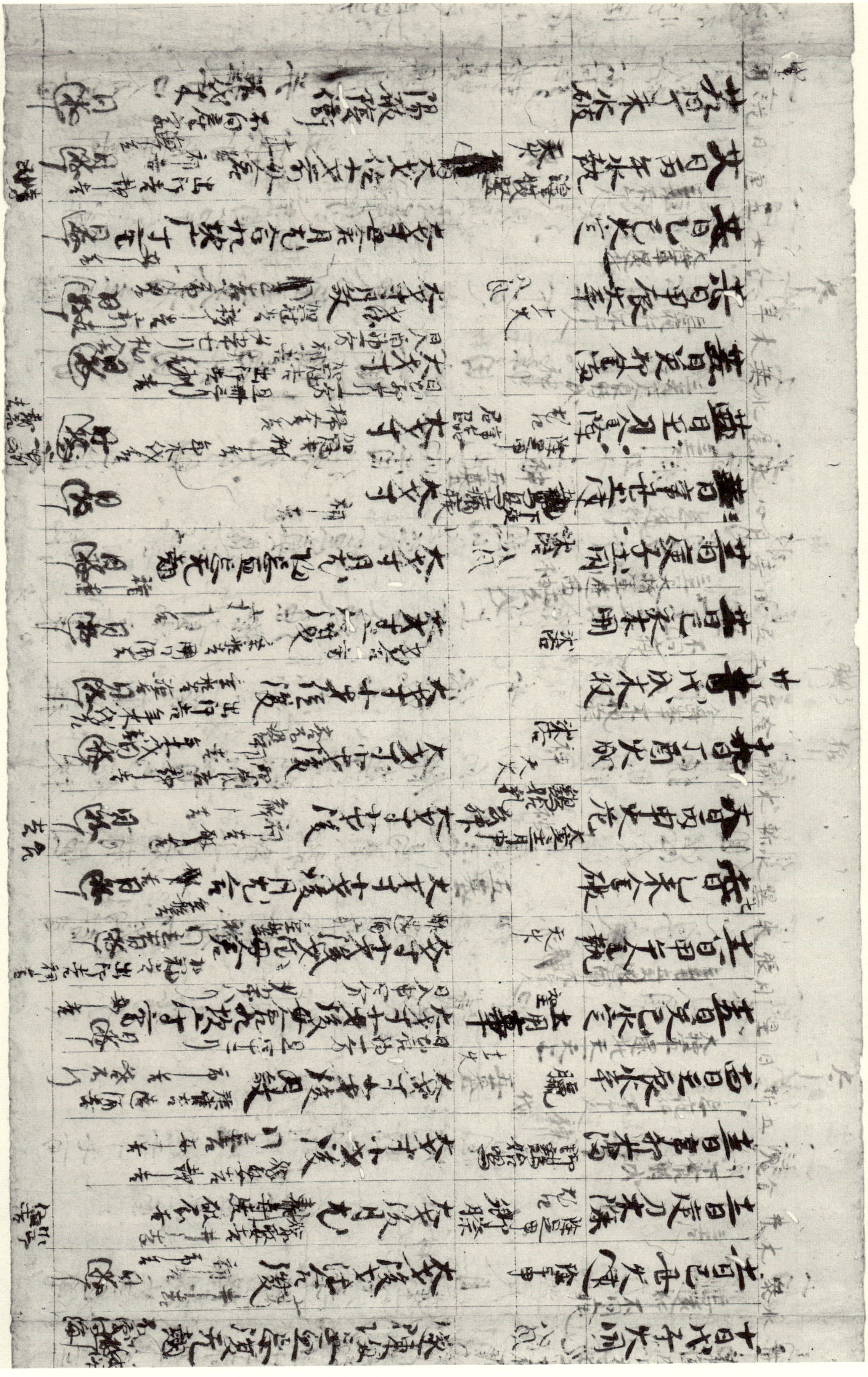

尾張國郡司百姓等解文　紙背
嘉元二年具注暦　十二月

（6）

（5）

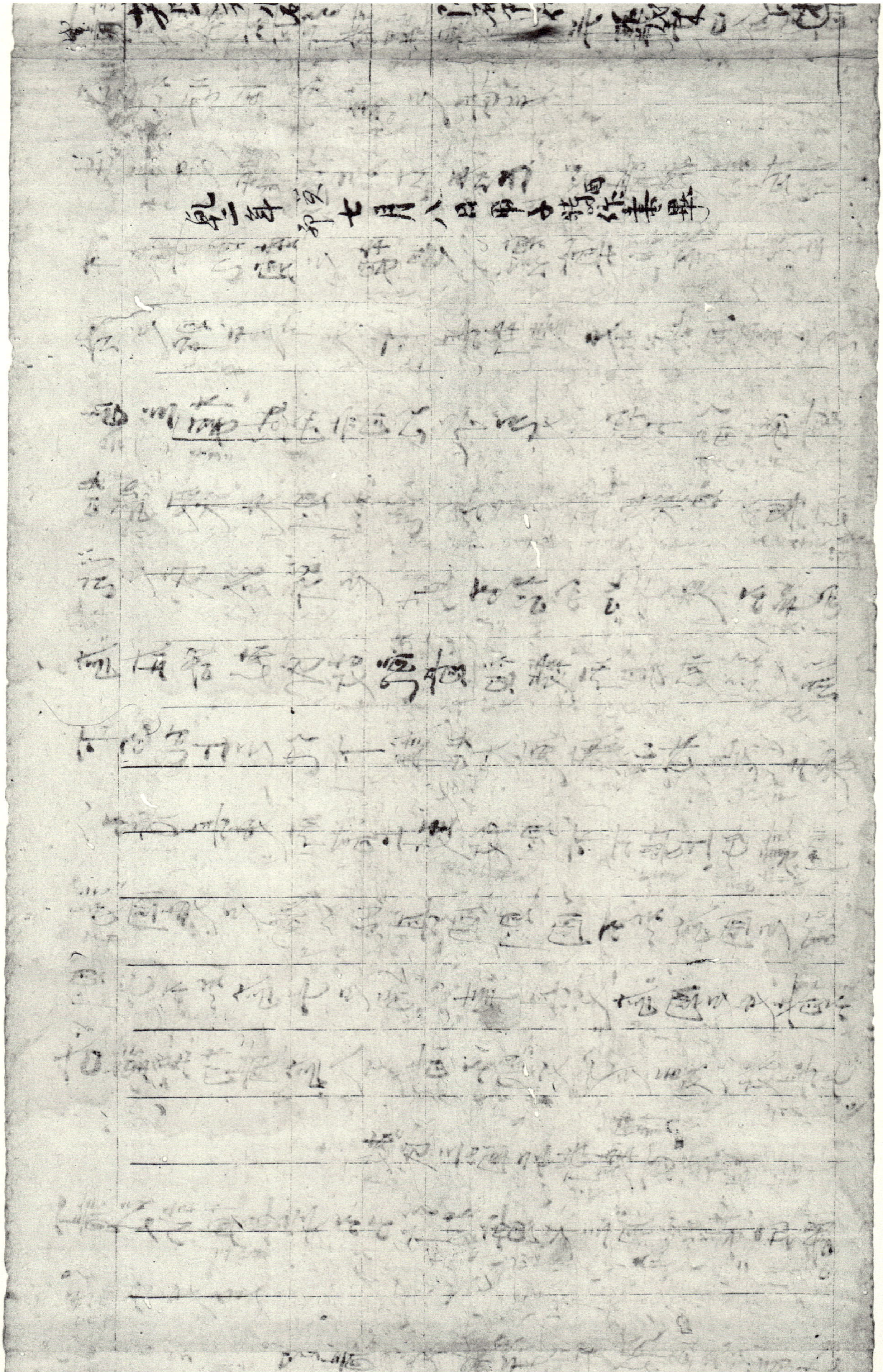

尾張国郡司百姓等解文　紙背　嘉元二年具注暦

（4）

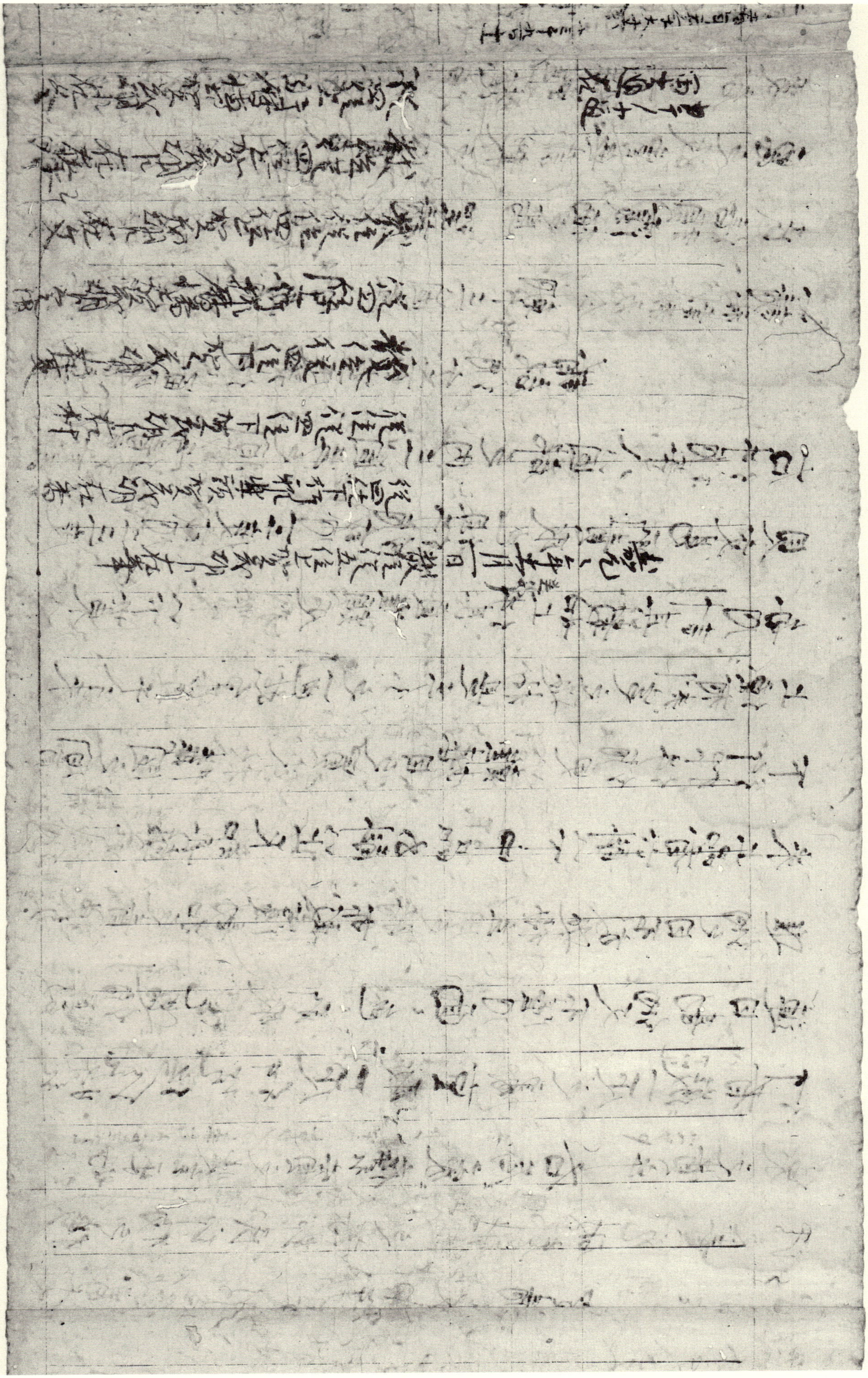

尾張国郡司百姓等解文紙背　嘉元二年具注暦　暦跋

(3)

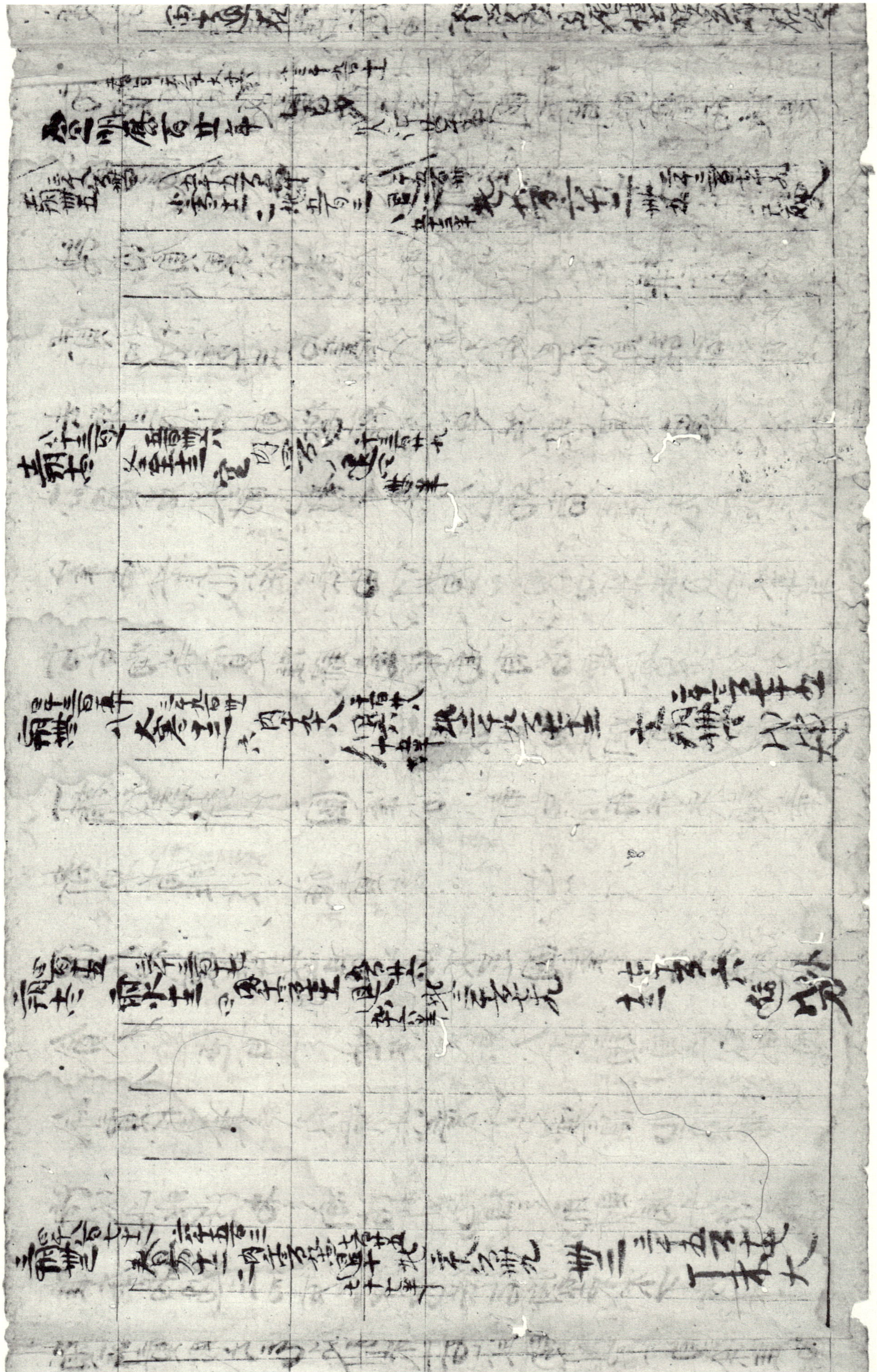

尾張国郡司百姓等解文　紙背　嘉元三年見行草

（2）

尾張国郡司百姓等解文　紙背　嘉元三年見行草

（1）

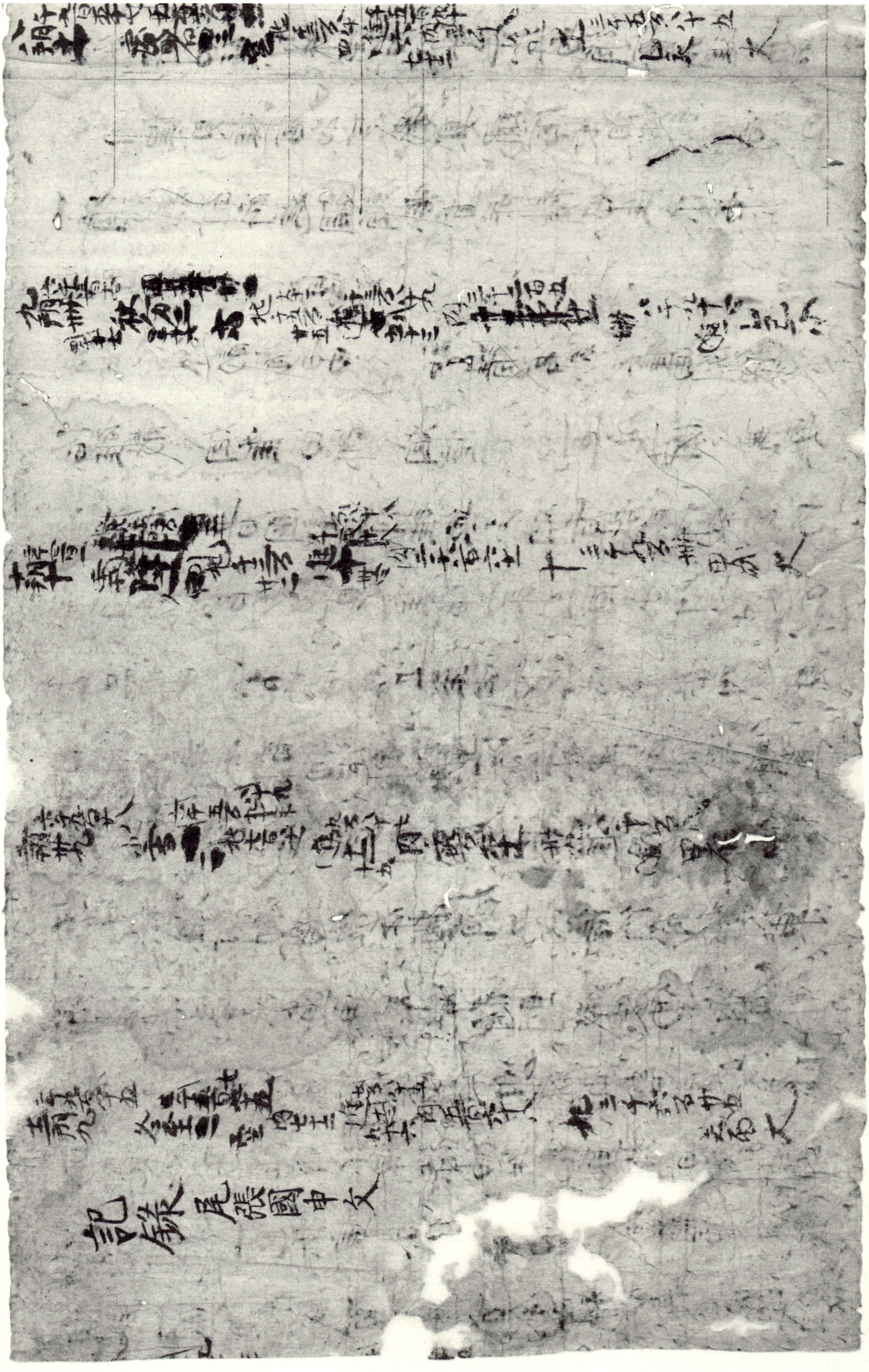

尾張国郡司百姓等解文　紙背　嘉元三年見行草

山辺姉子畠地売券

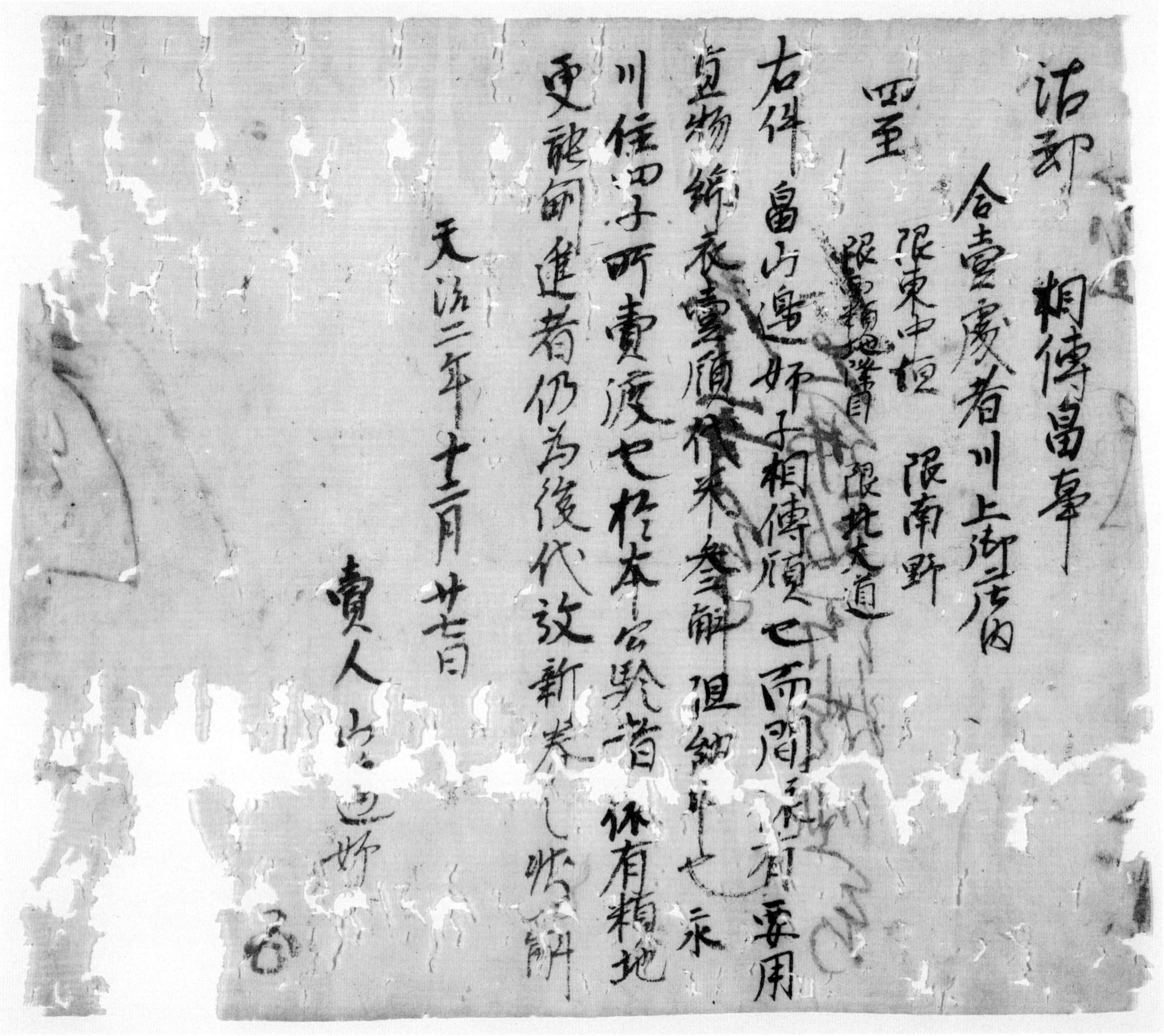
沽却　相傳畠事
合壹處者　川上御庄内
四至　限東中垣　限南野
限西精地堺　限北大道
右件畠　山邊姉子相傳領也　而間依有要用
直物絹衣壹領代米參斛　但細并也　永
川佐四子所賣渡也　於本公驗者　依有精地
更能副進者　仍為後代放新券之状　解
天治二年十二月廿七日
賣人　山邊姉

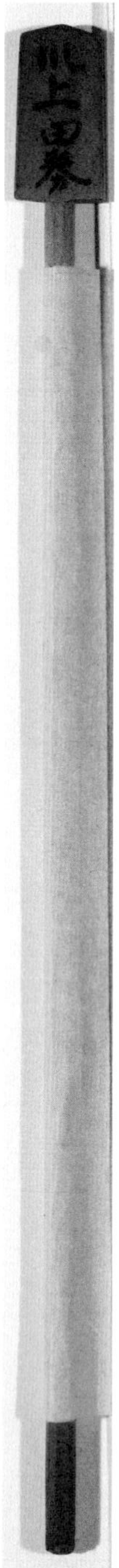
題籤軸表

題簽軸裏

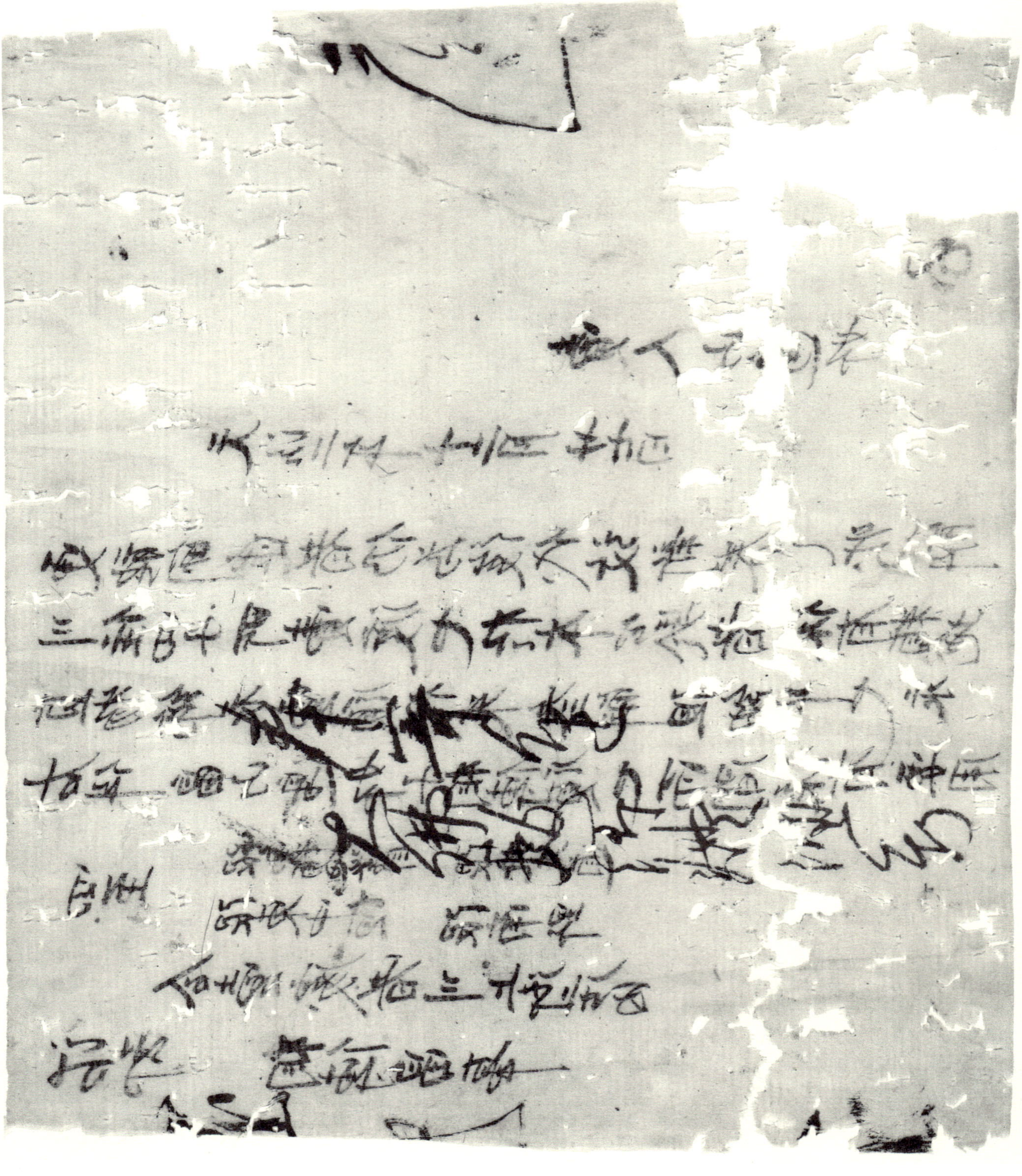

山辺姉子畠地売券　天治二年十二月二十七日　紙背

# 古 文 書 雑 集

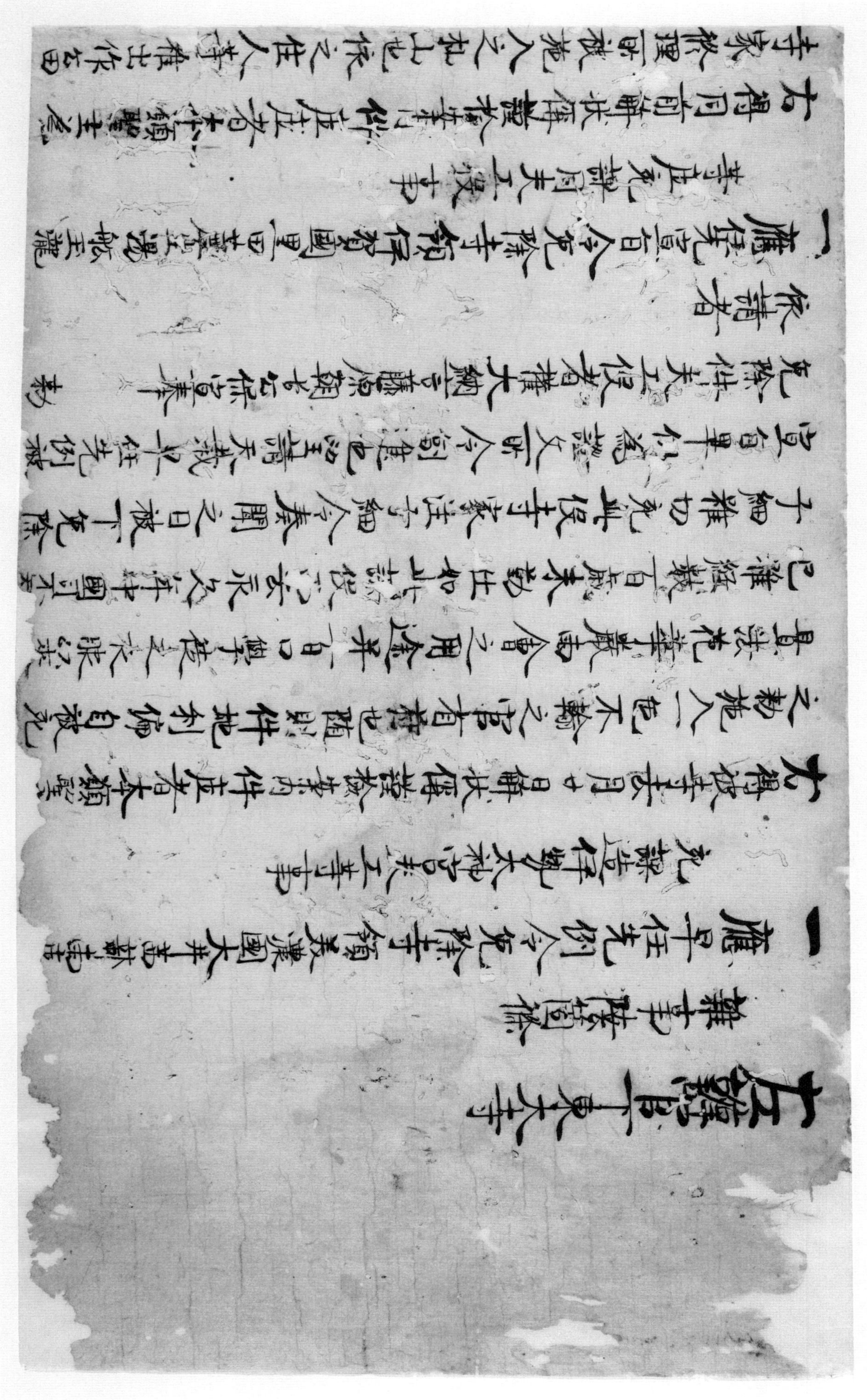

古文書雑集　1 宣旨（後欠）（嘉応元年八月十三日）

左辨官下東大寺
　雜事陸箇條
一 應早任先例令免除寺領美濃國大井茜部庄
　　免課造伊勢太神宮夫工等事
右得彼寺去月廿日解状偁謹検案内件庄者本願聖
之勅施入一色不輸之官省符也随則件地利偏自被充
是法花華嚴両會之用途并一百口學徒之衣服料
已雖經數百歳未勤仕如此之課役而去永久年中國司不弁
子細雖切充此役寺家注子細令奏聞之日被下免除
宣旨畢仍爲證文所令副進也望請天裁早任先例被
免除件夫工役者權大納言藤原朝臣公保宣奉　勅
依請者
一 應任先宣旨令免除寺領伊賀國黒田荘并湯舩玉瀧
　　寺庄免課同夫工役事
右得同前解状偁謹検案内件庄者本願聖主爲
寺家修理所被施入之杣山也依之住人等雖出作公田

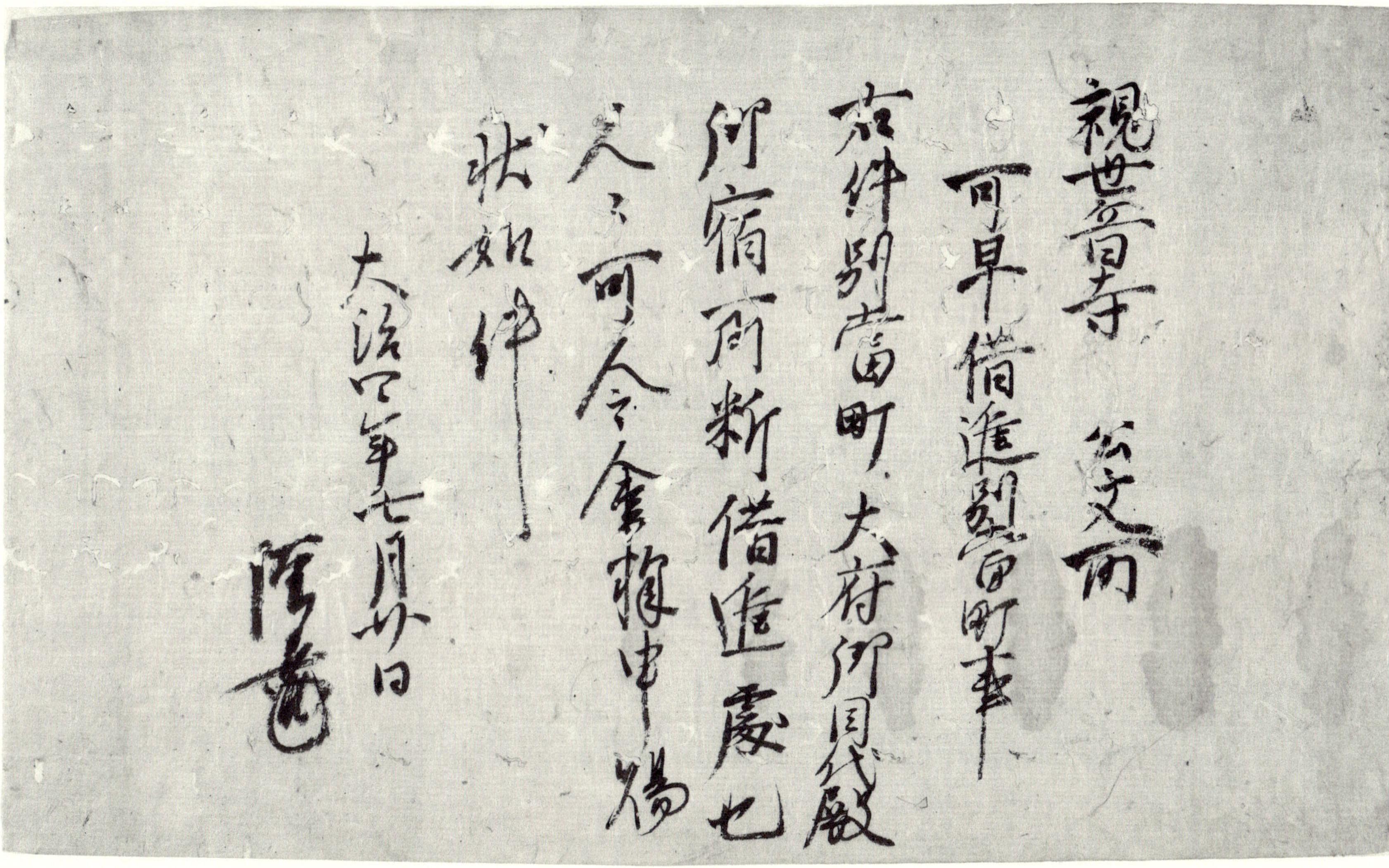

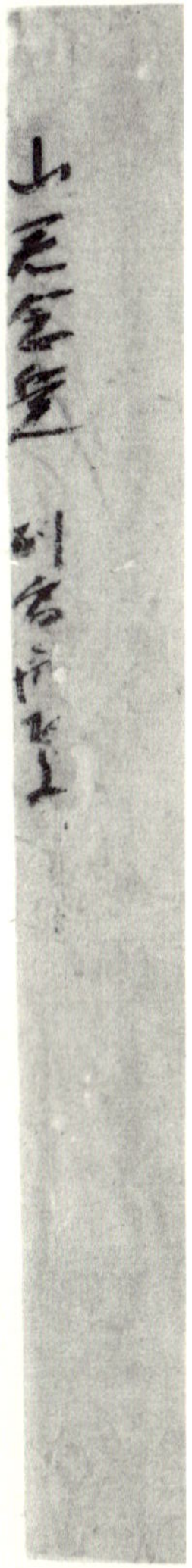

端裏書

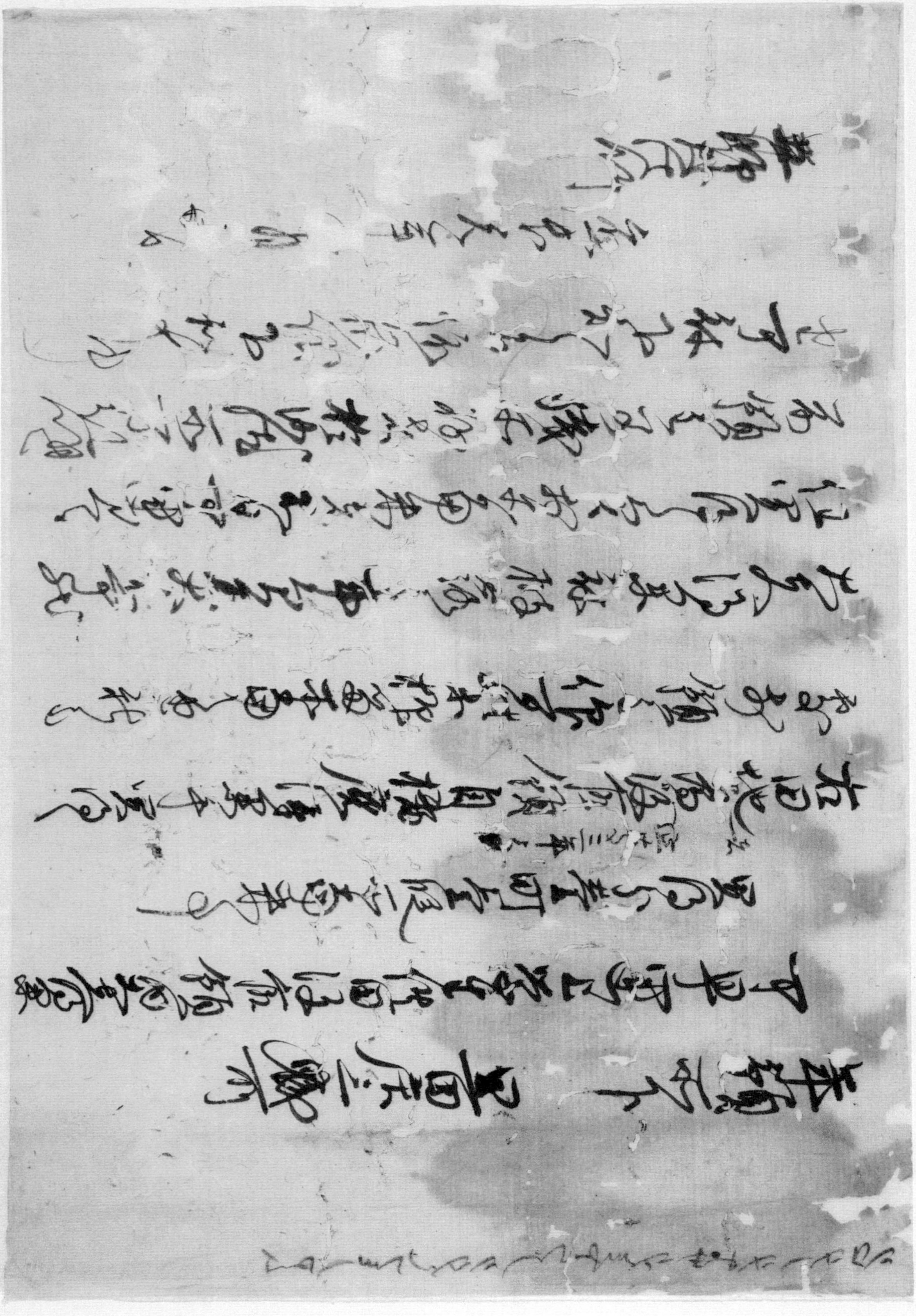

端裏書

古文書雑集
3 東大寺年預所下知状土代
応長元年八月十□日

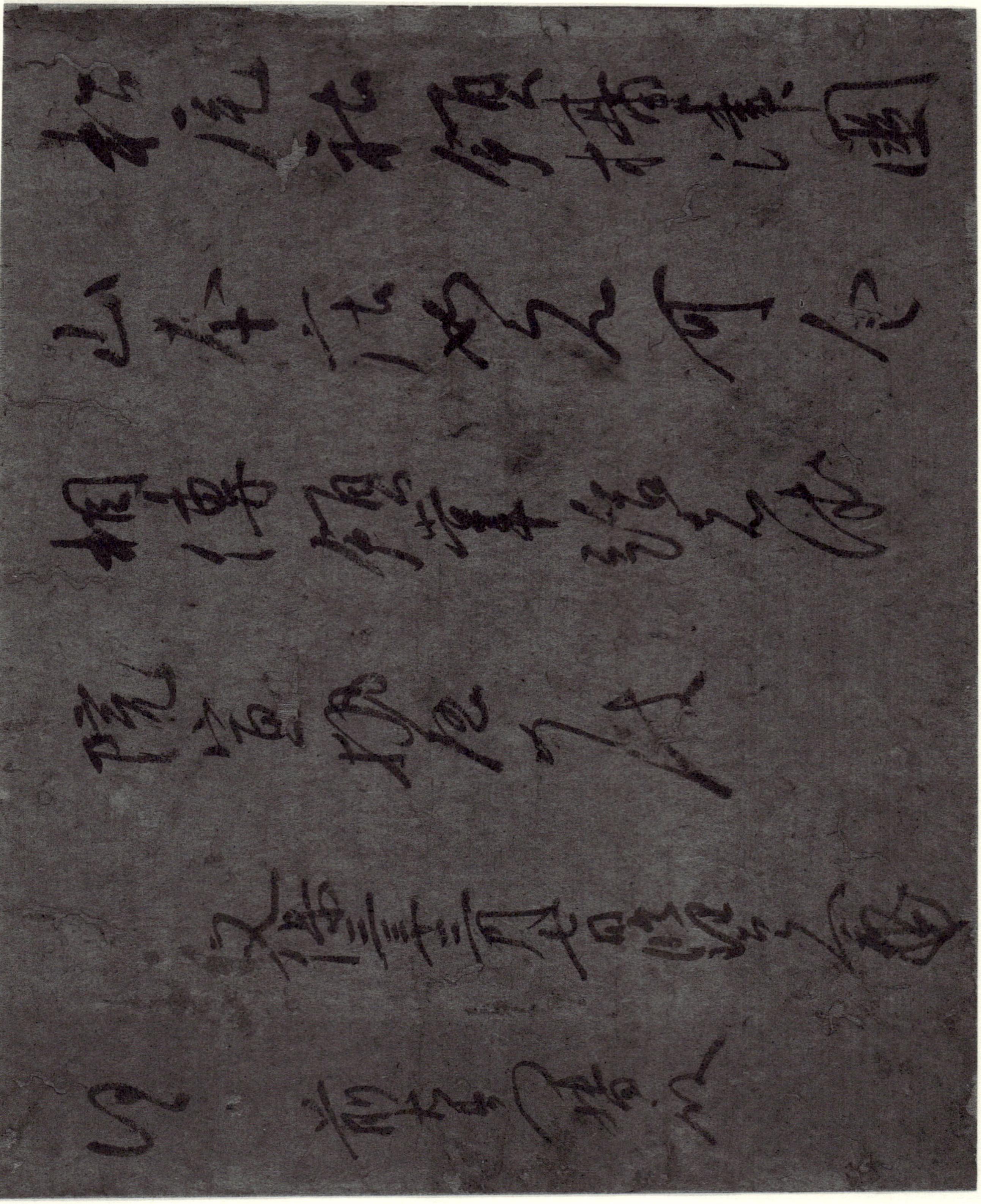

古文書雑集　4後宇多上皇院宣　文保三年三月七日

5 造東大寺長官藤原顕朝院宣副状　（建長元年）七月二十八日

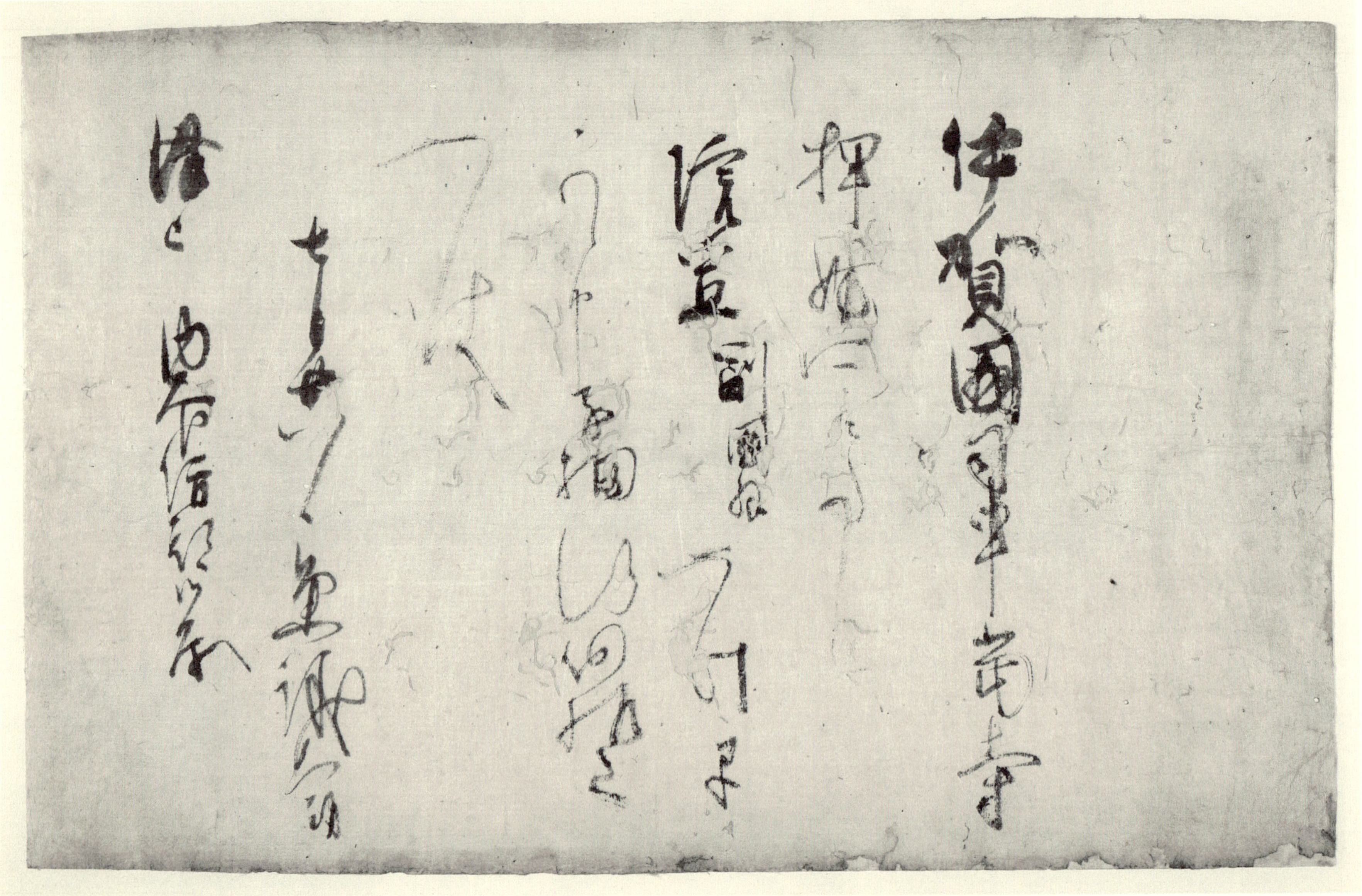

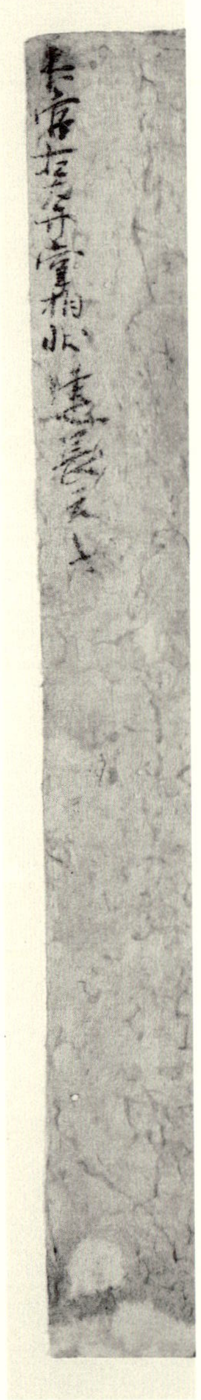

端裏書

端裏書

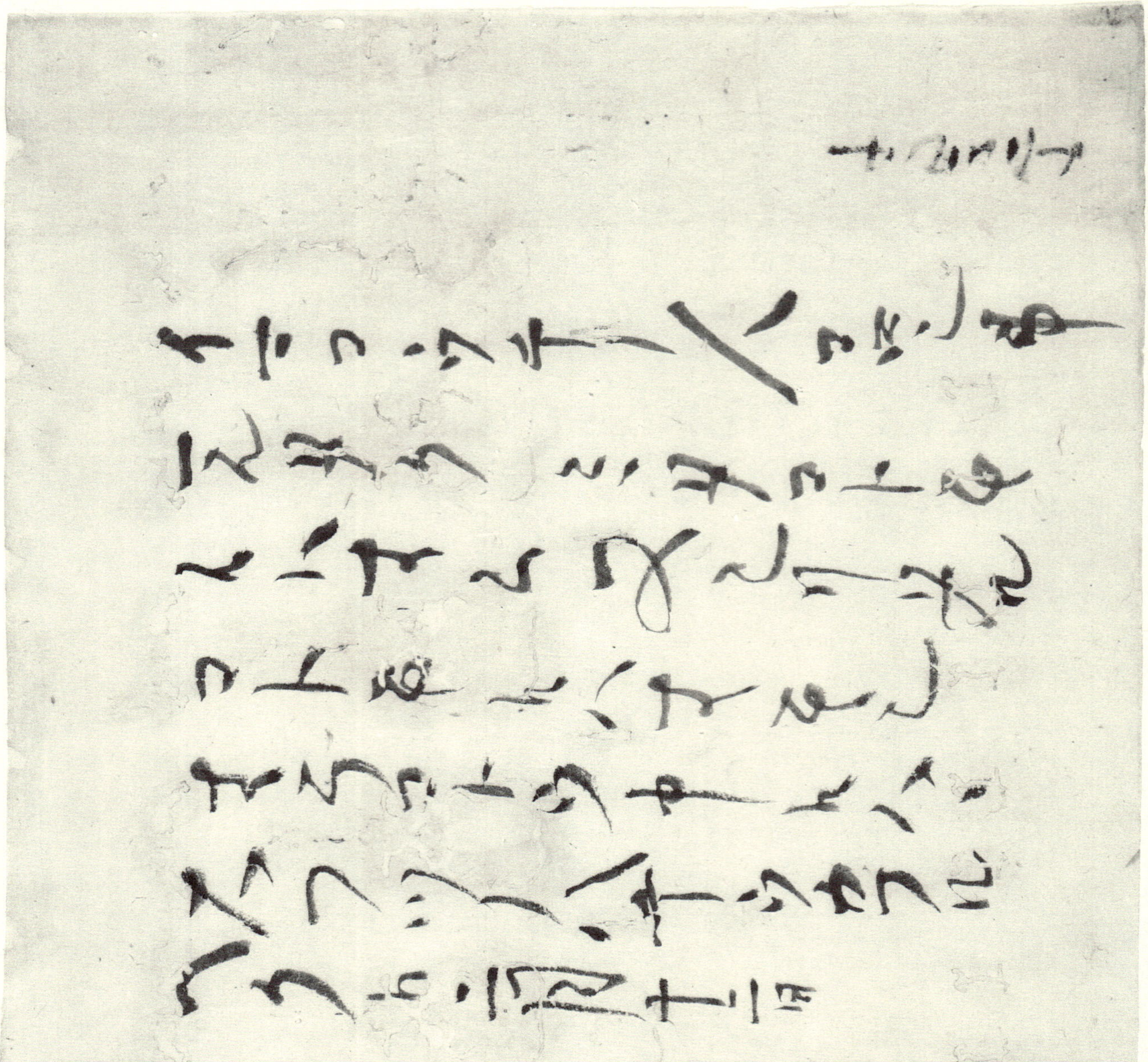

7　ふんごせいけ衛門太郎請文　十月十五日

端裏書

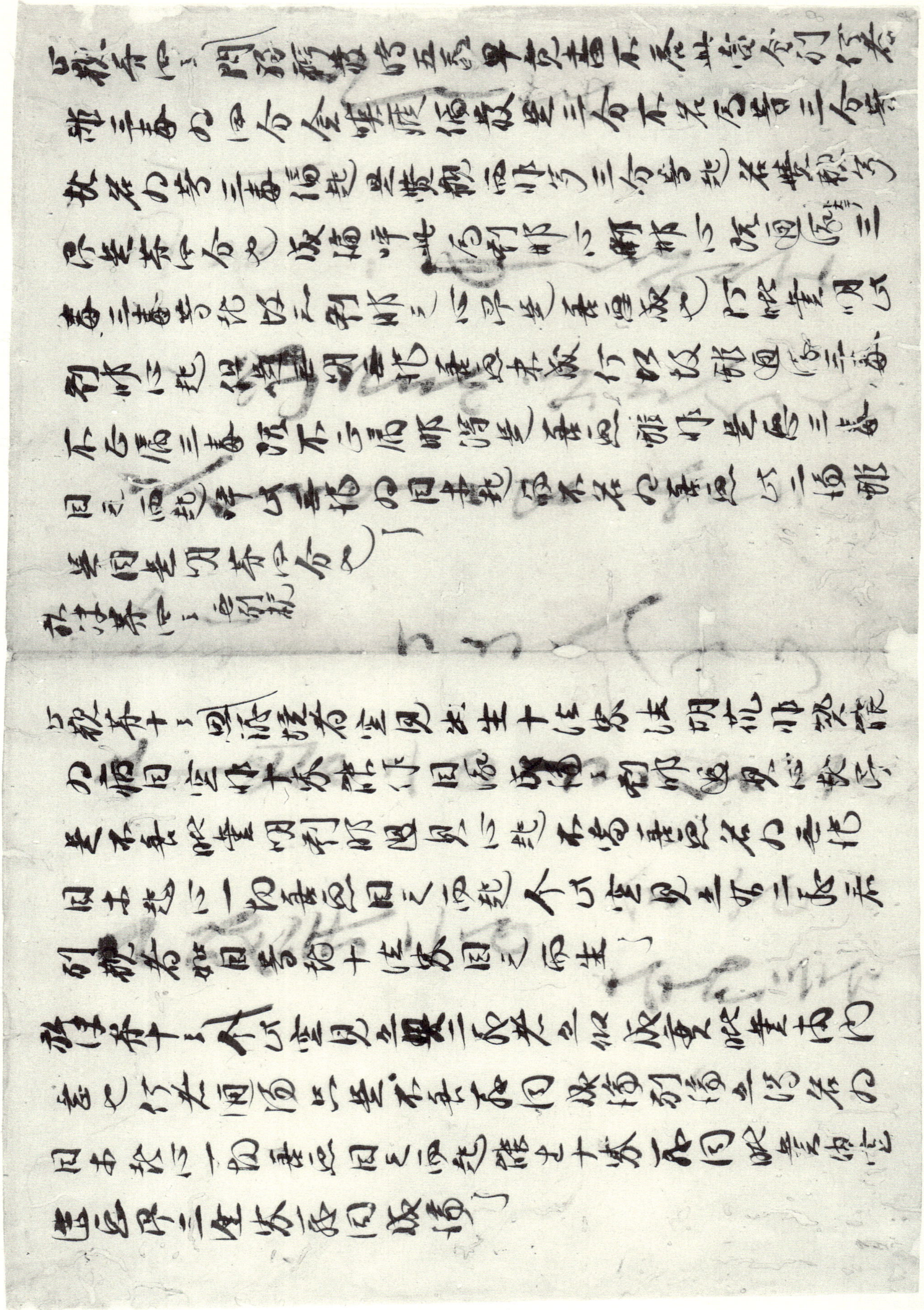

古文書雑集　8宗性筆聖教（断簡）

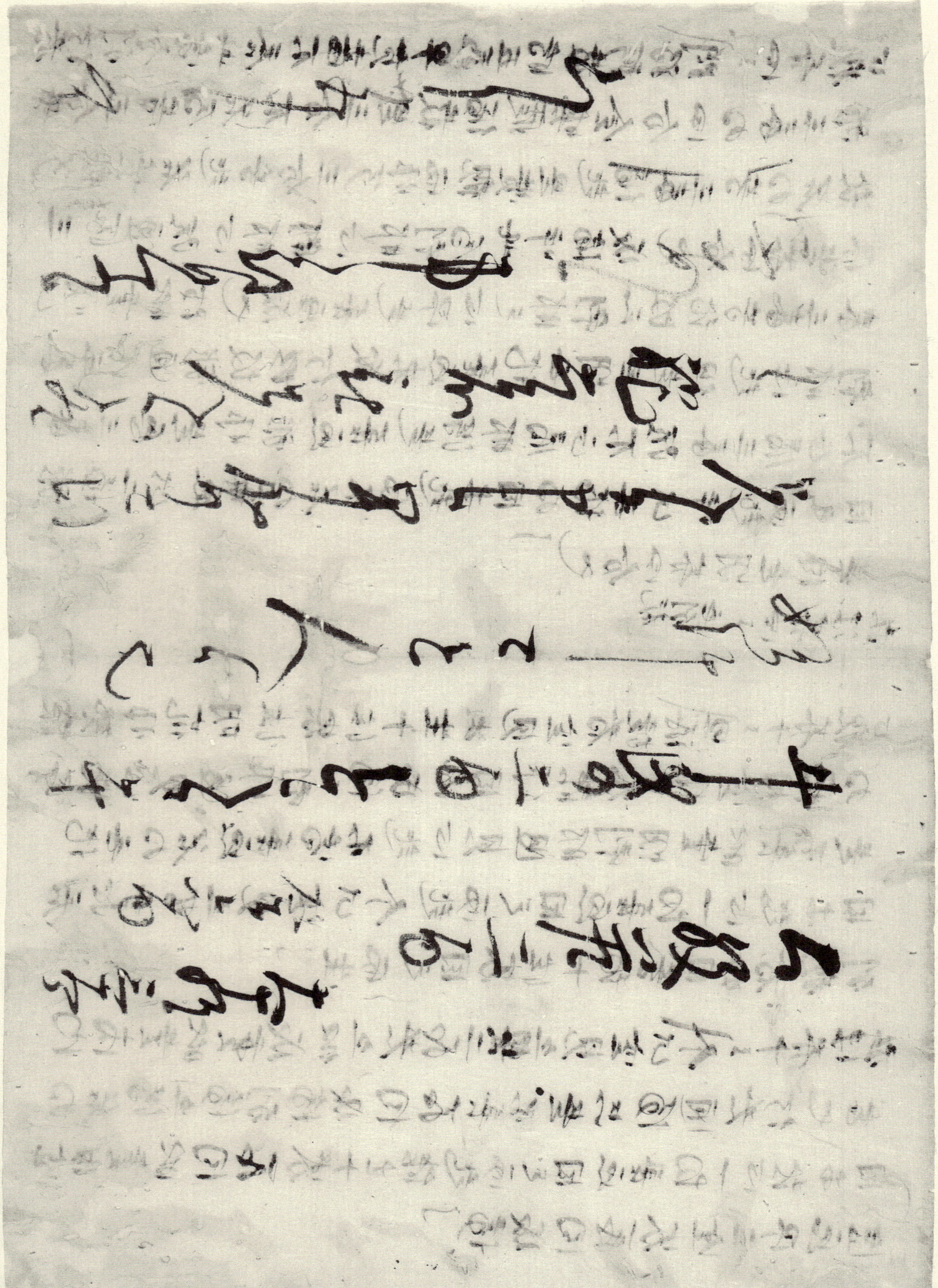

古文書雑集
8 宗性筆聖教 紙背 某書状 六月二十五日

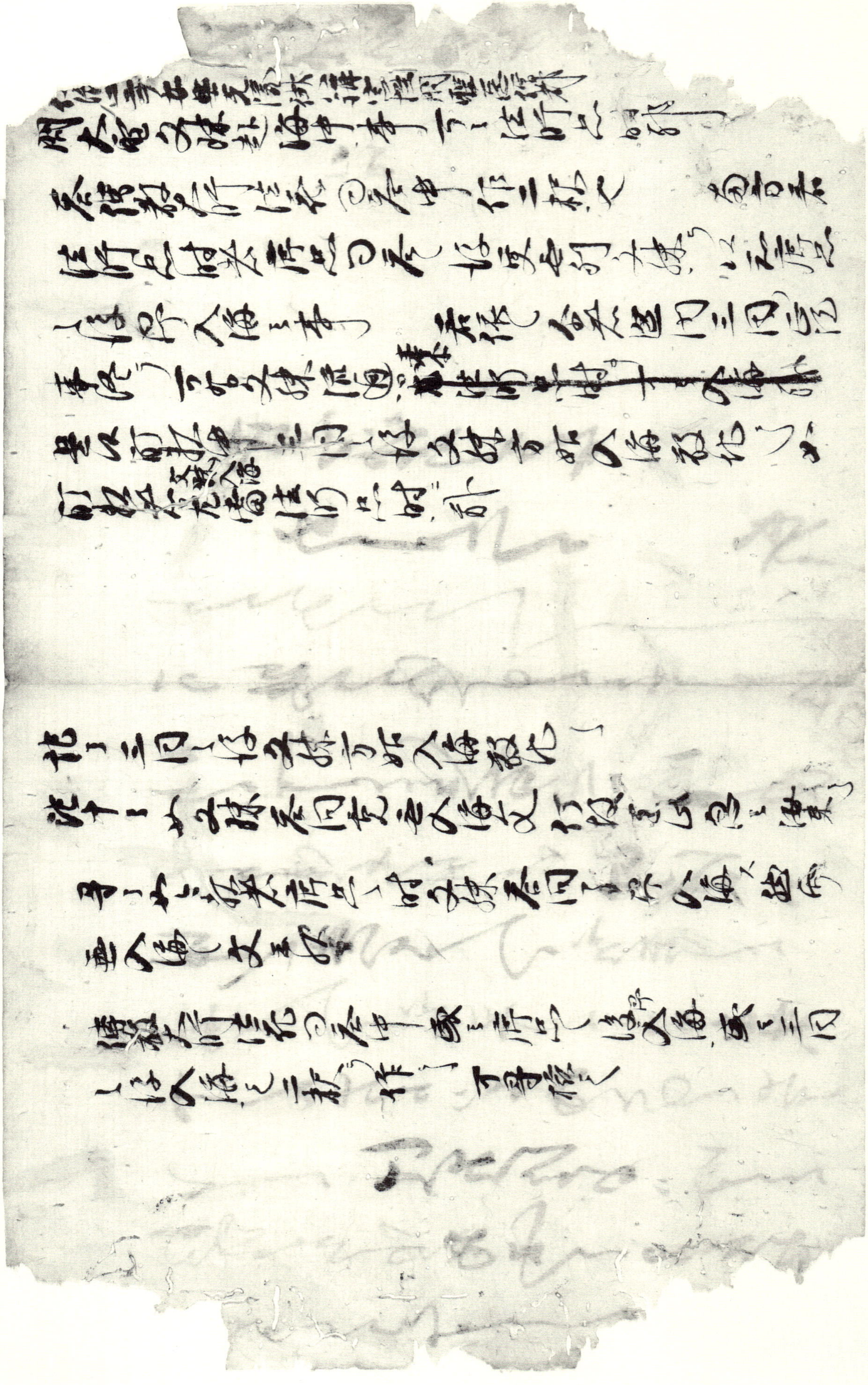

古文書雑集　9宗性筆聖教（断簡）

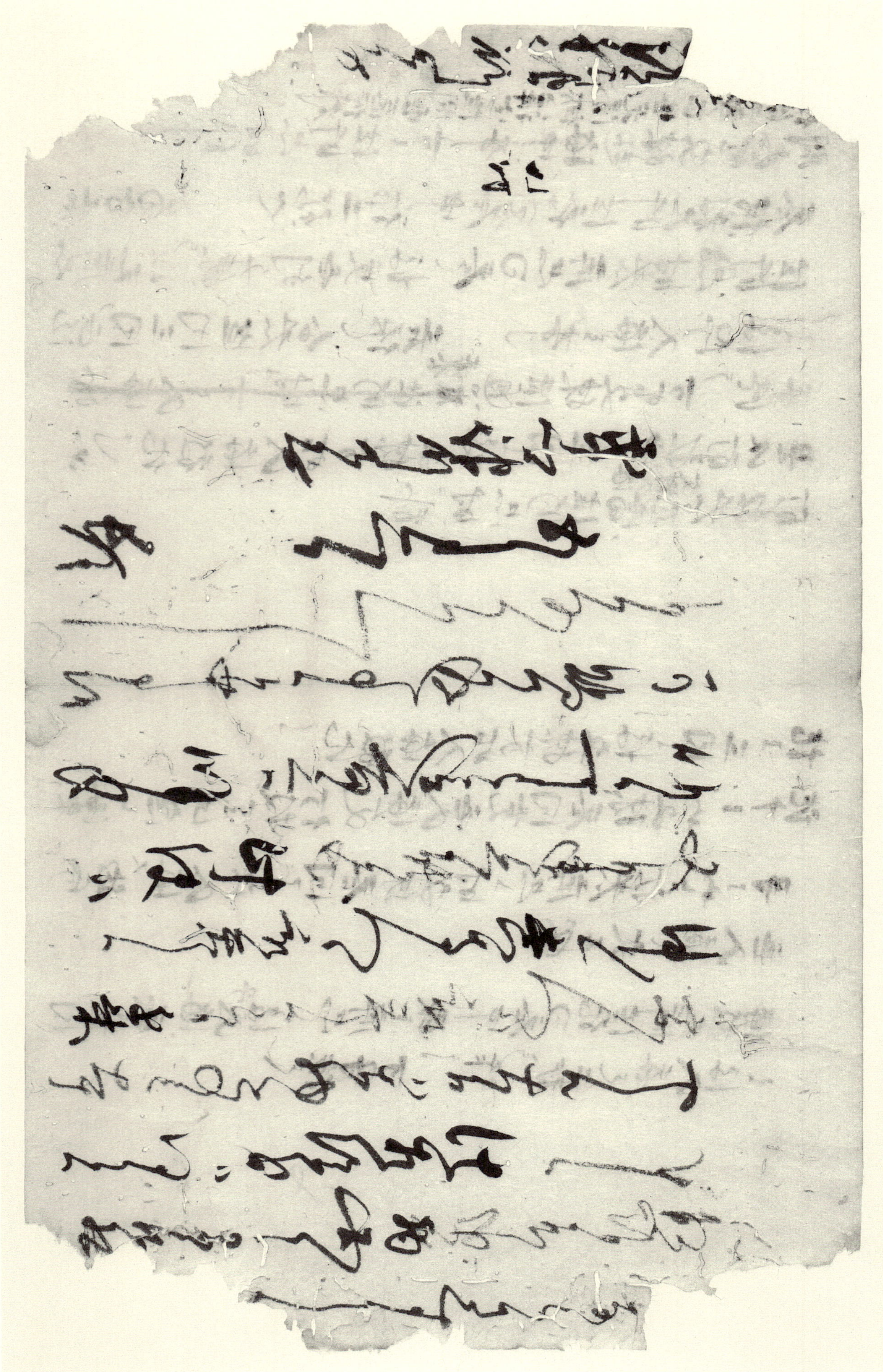

古文書雑集
9 宗性筆聖教　紙背
僧長隆書状（前欠）　五月二日

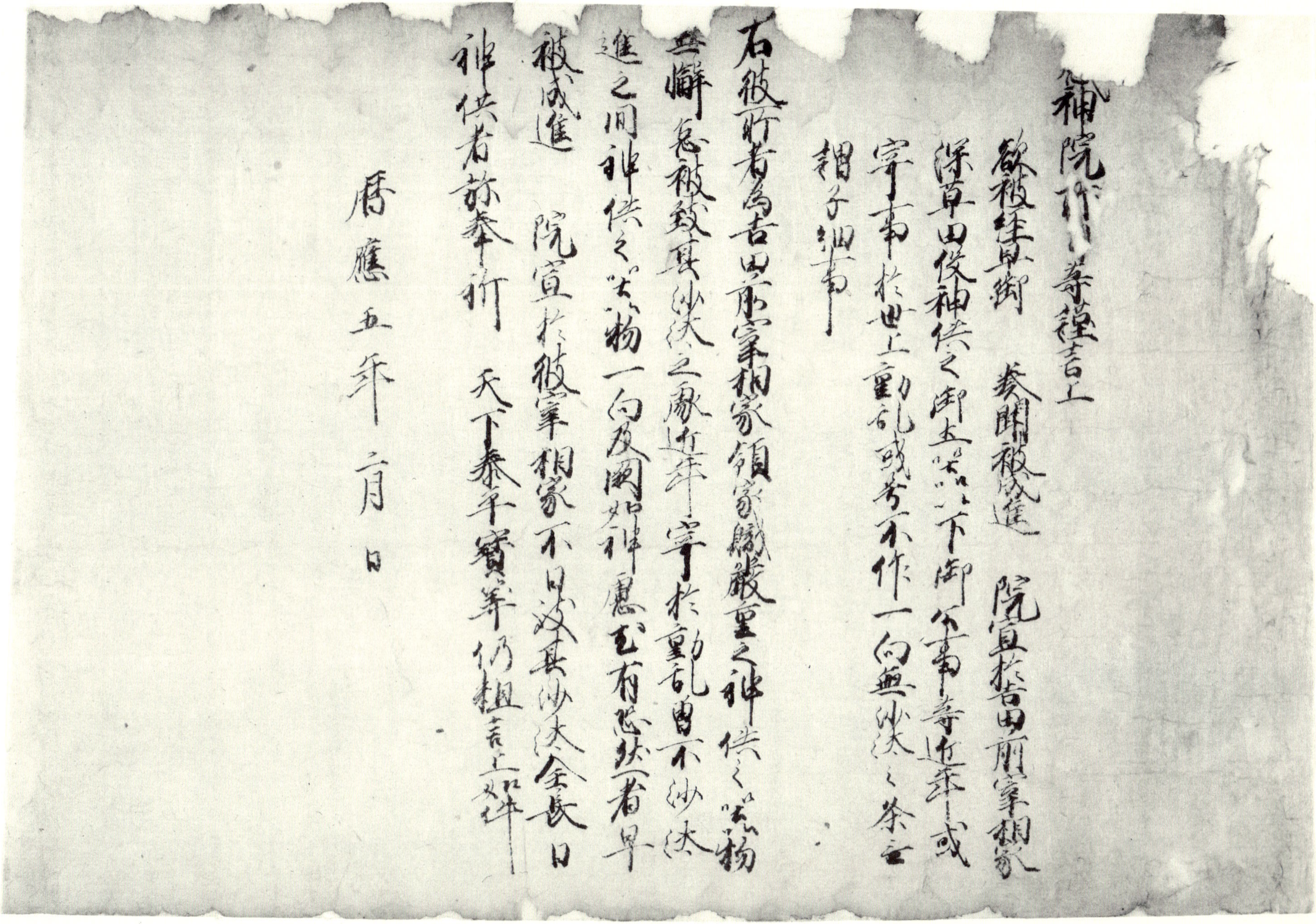
感神院所司等謹言上
欲被経早御　奏聞被成進　院宣於吉田前宰相家
深草田役神供之御土器以下御下行事等近年或
寄事於世上動乱或号不作一向無沙汰之条無
謂子細事
右彼所者為吉田前宰相家領厳重之神供之物
無懈怠被致其沙汰之処近年寄事於動乱曽不沙汰
進之間神供之物一向及闕如神慮尤有恐者哉早
被成進　院宣於彼宰相家不日致其沙汰全長日
神供者弥奉祈　天下泰平宝祚仍粗言上如件
暦応五年二月日

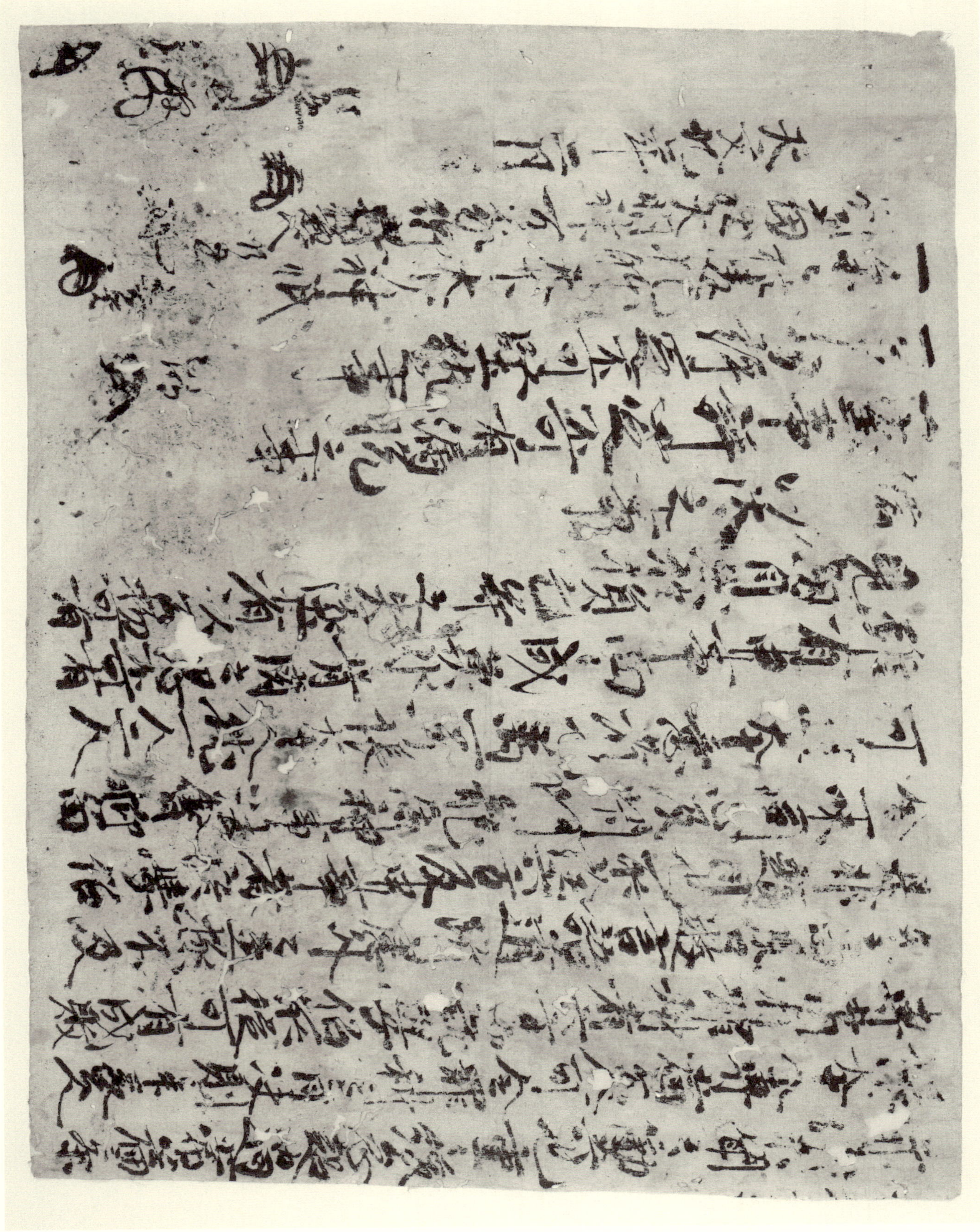



11　興福寺学侶等連署起請文（前後欠）　天文九年二月日

古文書雑集　11興福寺学侶等連署起請文　紙背　東大寺八幡宮牛玉宝印

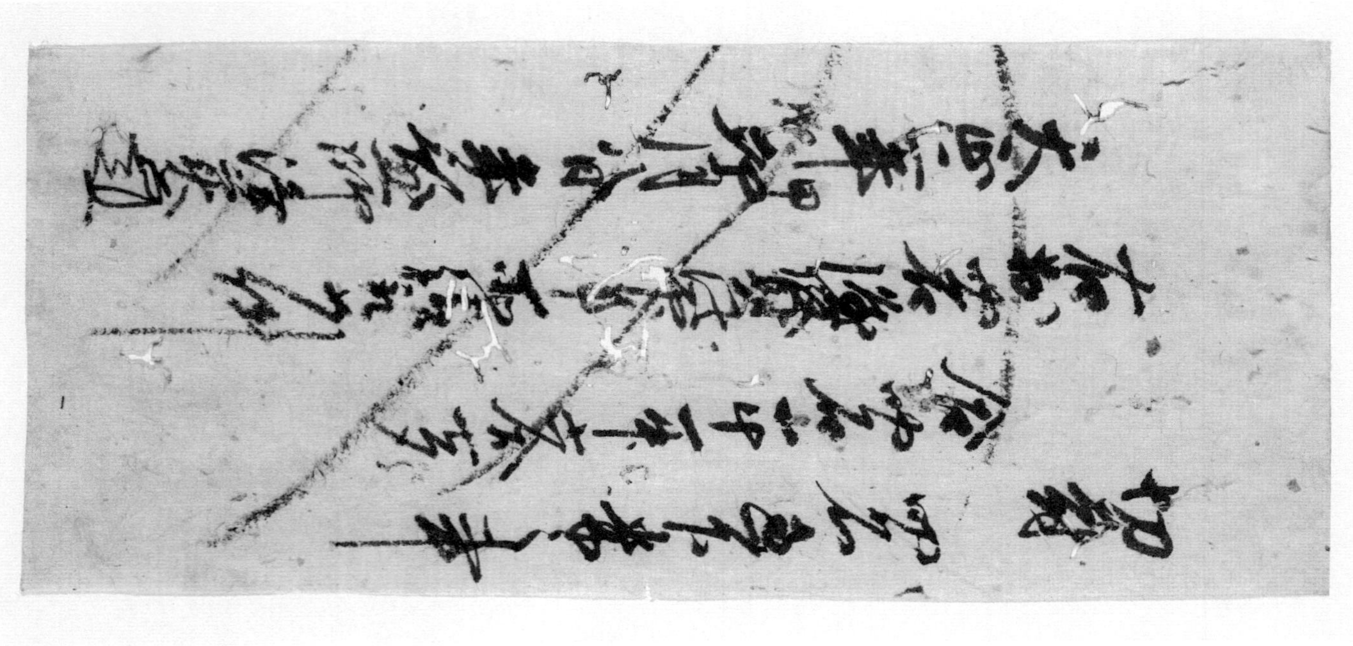

古文書雑集

12 河上荘四名過下米切符　天正二年卯月八日

東大寺古文書

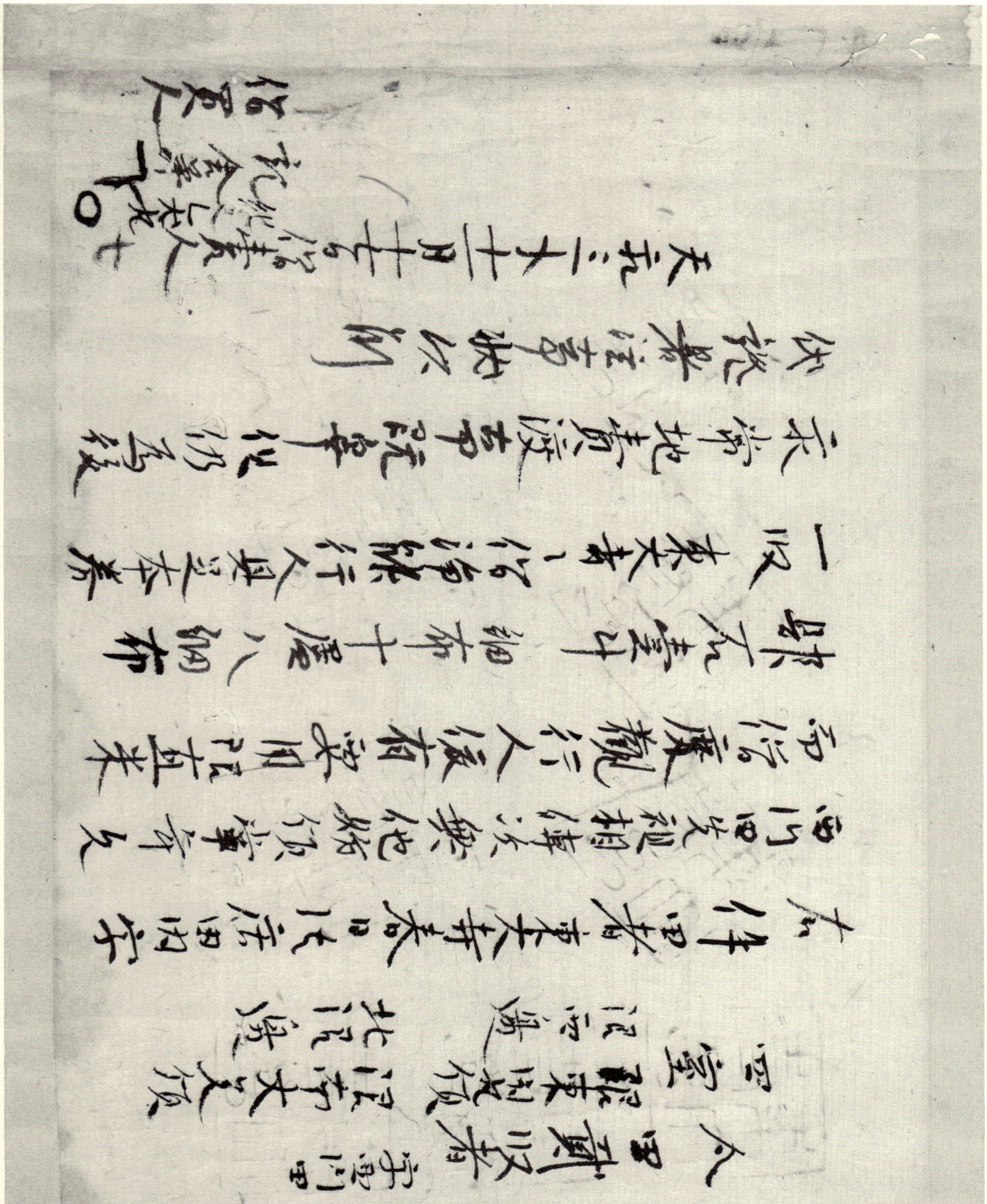

（1）

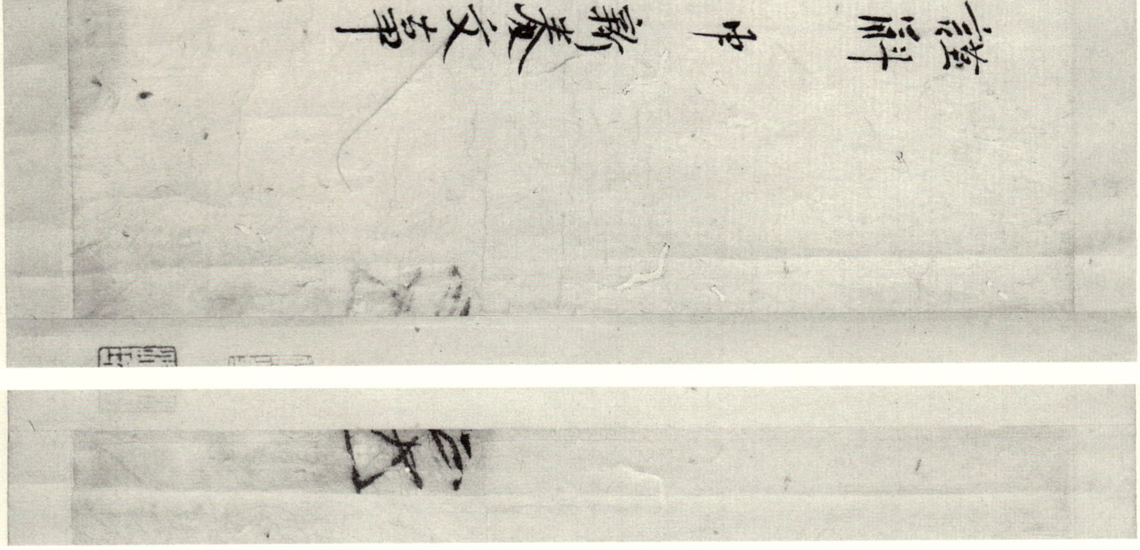

継目裏

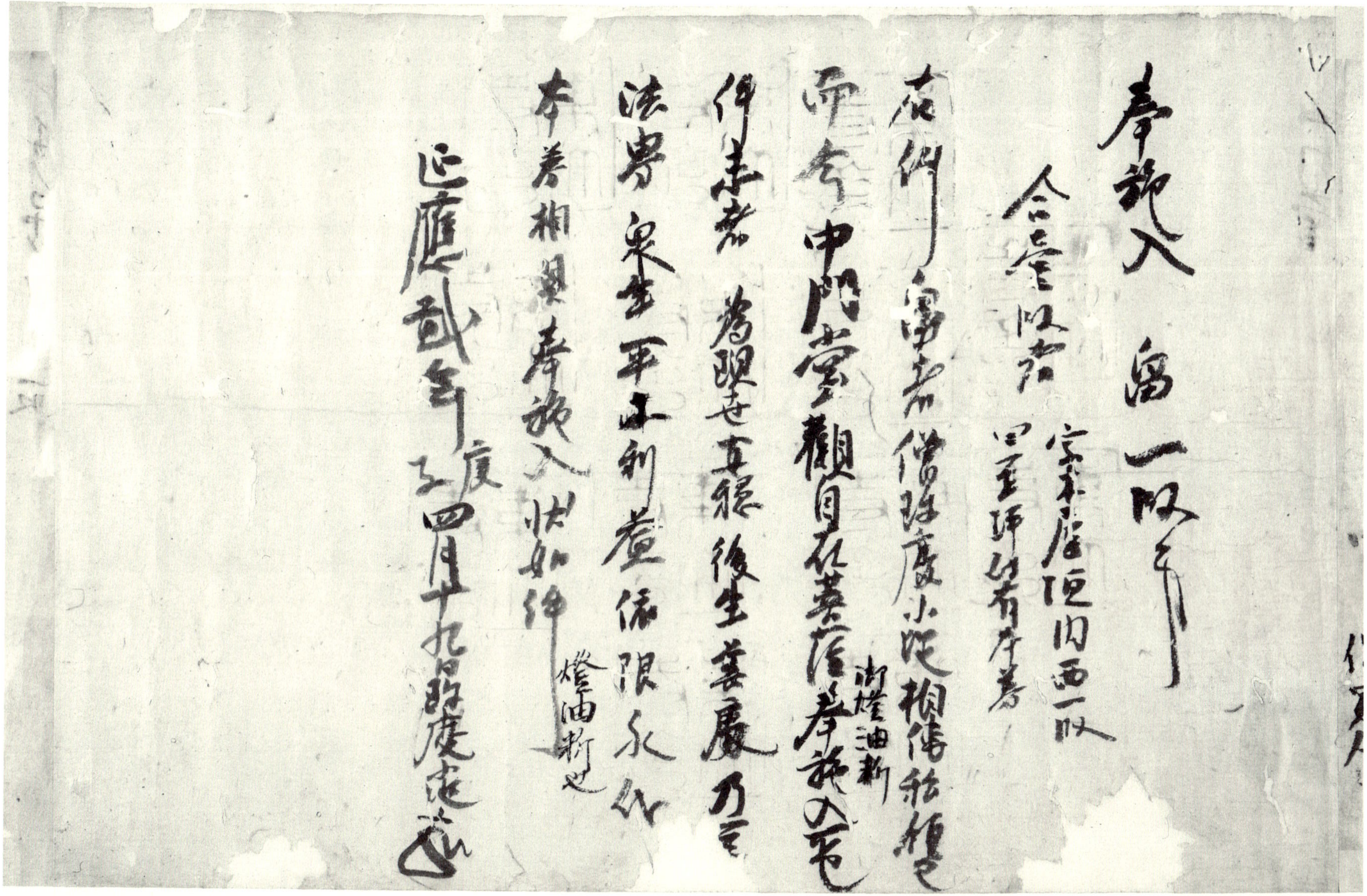
奉施入　畠一段事
合壱段者　在東大寺恒円西一段
四至東限有本券
右、件畠者、僧珍慶小綱相伝私領也、
而今中門堂観自在菩薩奉施入也、御燈油料
件畠者、為現世息災、後生菩提、乃至
法界衆生平等利益、仍限永代
本券相具、奉施入状如件、燈油料也
延応弐年庚子四月十九日　珍慶（花押）

（2）

端裏書

継目裏

3 東大寺中門堂衆畠地売券　康元元年十二月二十六日

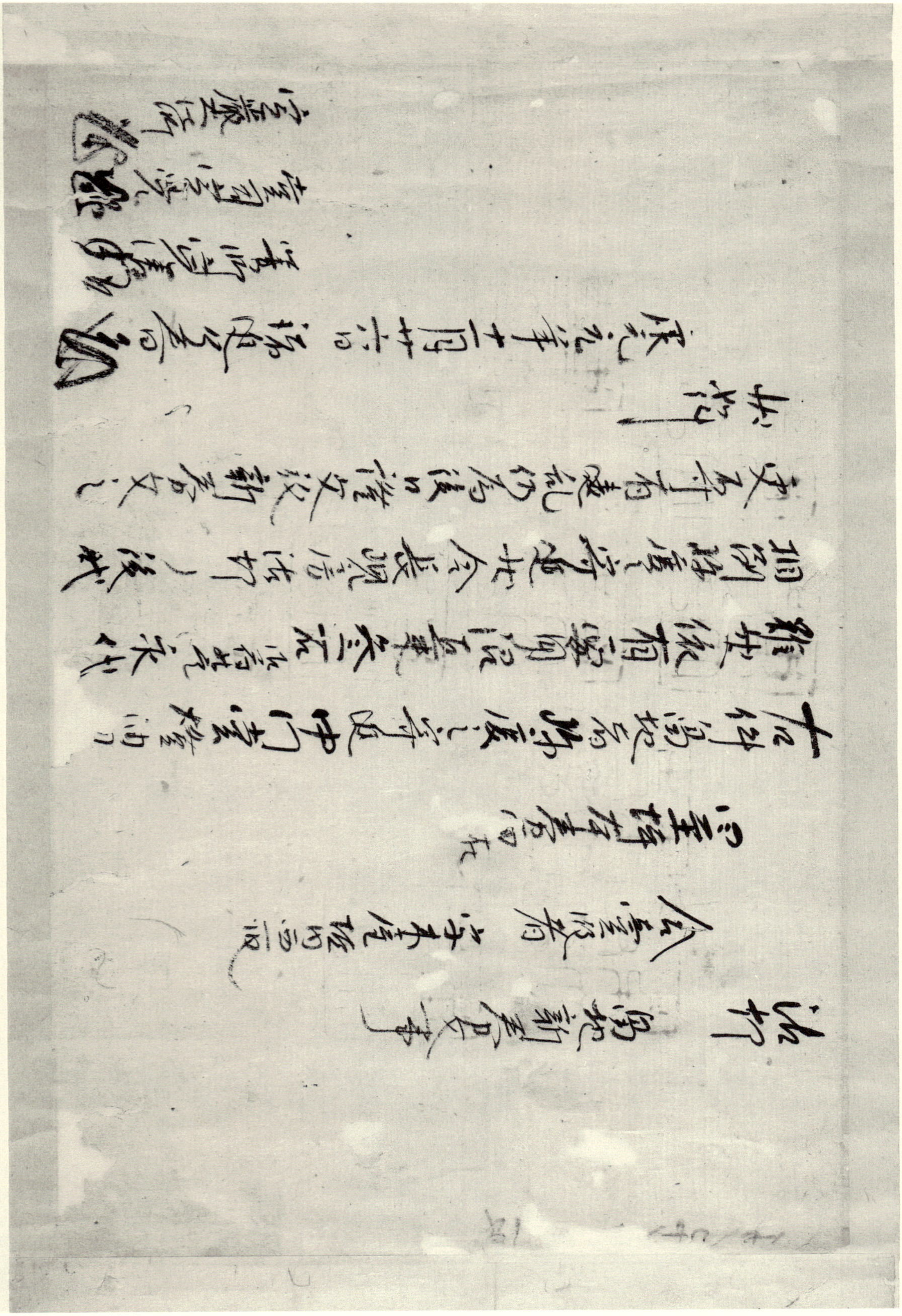

（3）

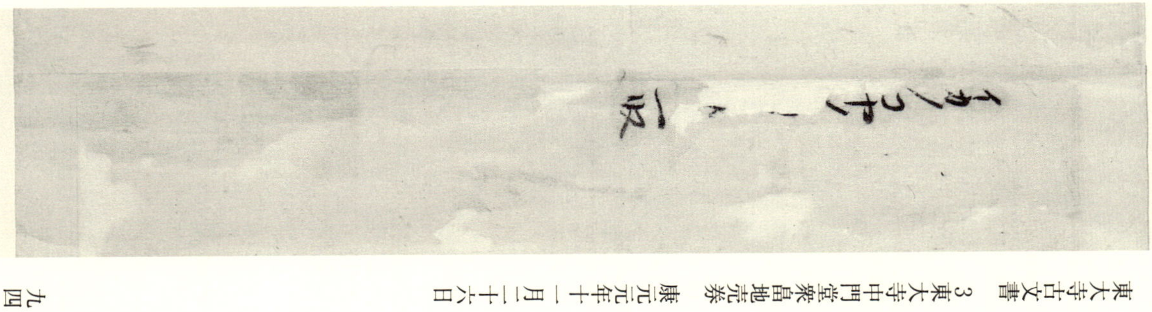

端裏書

沽却　東大寺北築垣外門東角敷地事
合壱所
四至在本券面
但見于武蔵法眼龍分之状
右件地者、先師大[illegible]淨業　慶春先祖
相傳之私領也、而依為門弟妙音丸所充給明
白也、雖然依有要用、直米限五斛
相副本券一所、合沽却于尾張淨業御房
慶顯實正也、但於先師手継之状者、依為惣目
録不能進之、具[illegible]、向後更不
有他妨之状如件
正和元年五月　日　賣人妙音丸（花押）
僧實慶（花押）
僧慶舜（花押）
僧慶清（花押）
宗慶之[illegible]（花押）

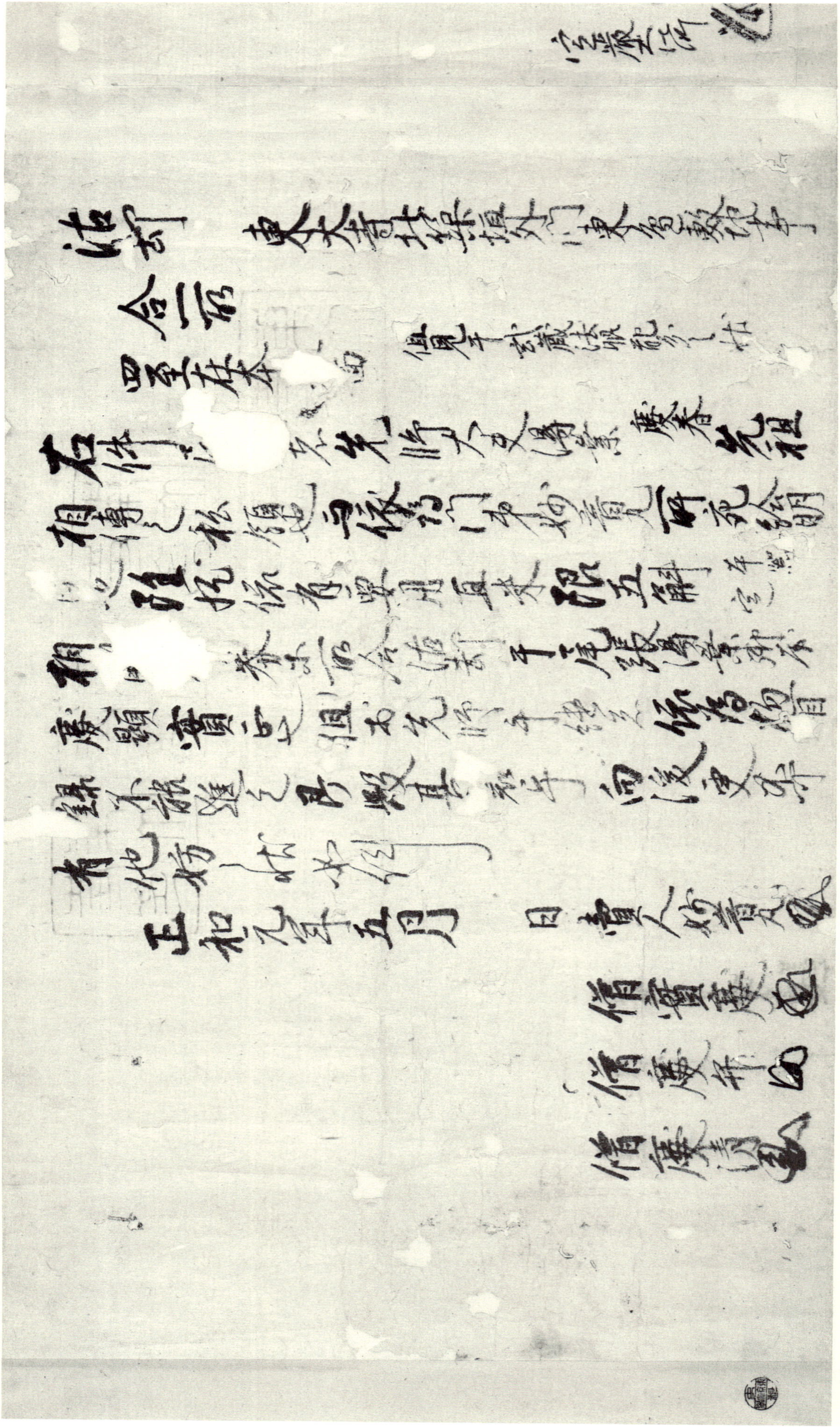

（4）

（4）

東大寺古文書
4 妙音丸敷地売券
正和元年五月日
紙背

# 東大寺田券

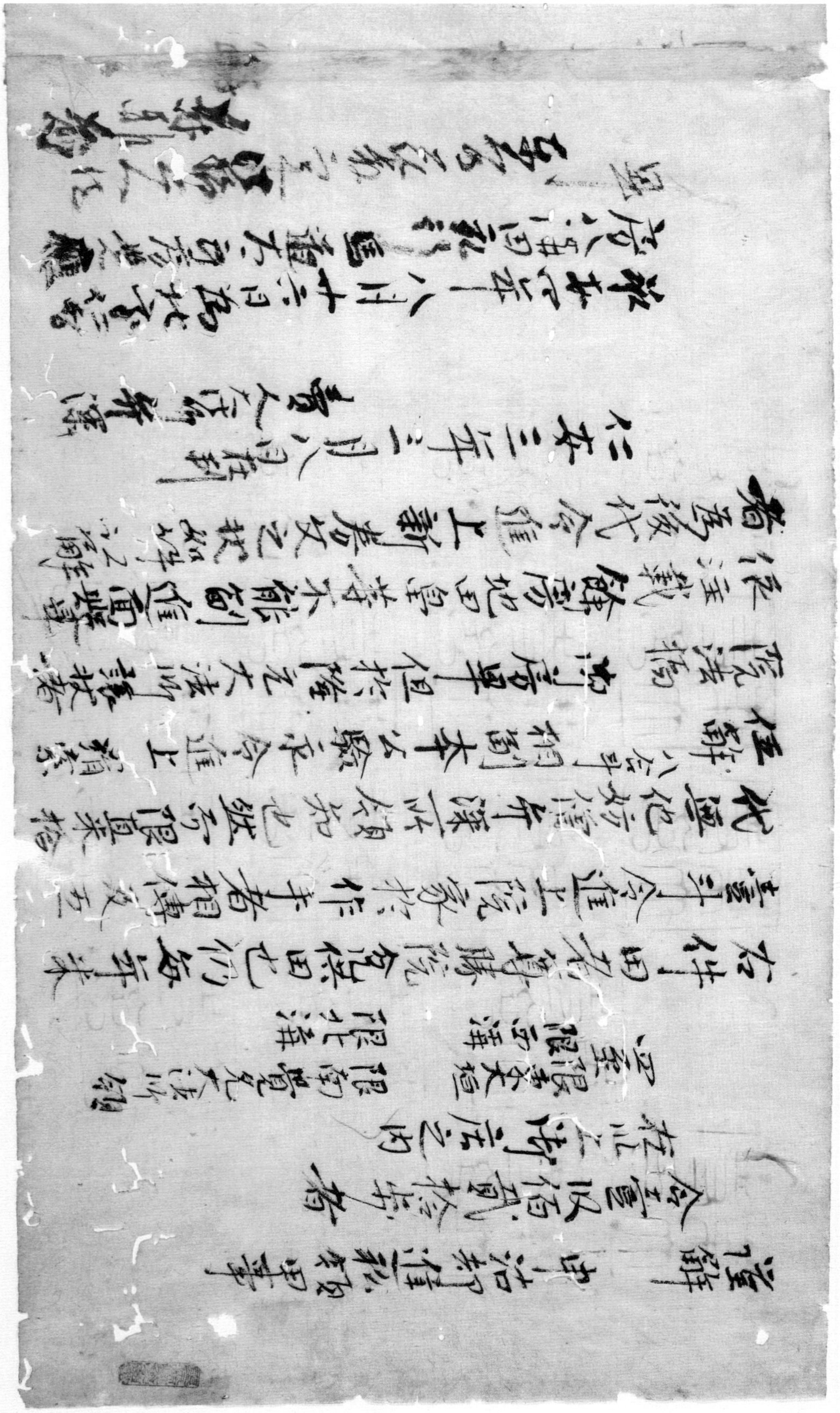
（1）

継目裏

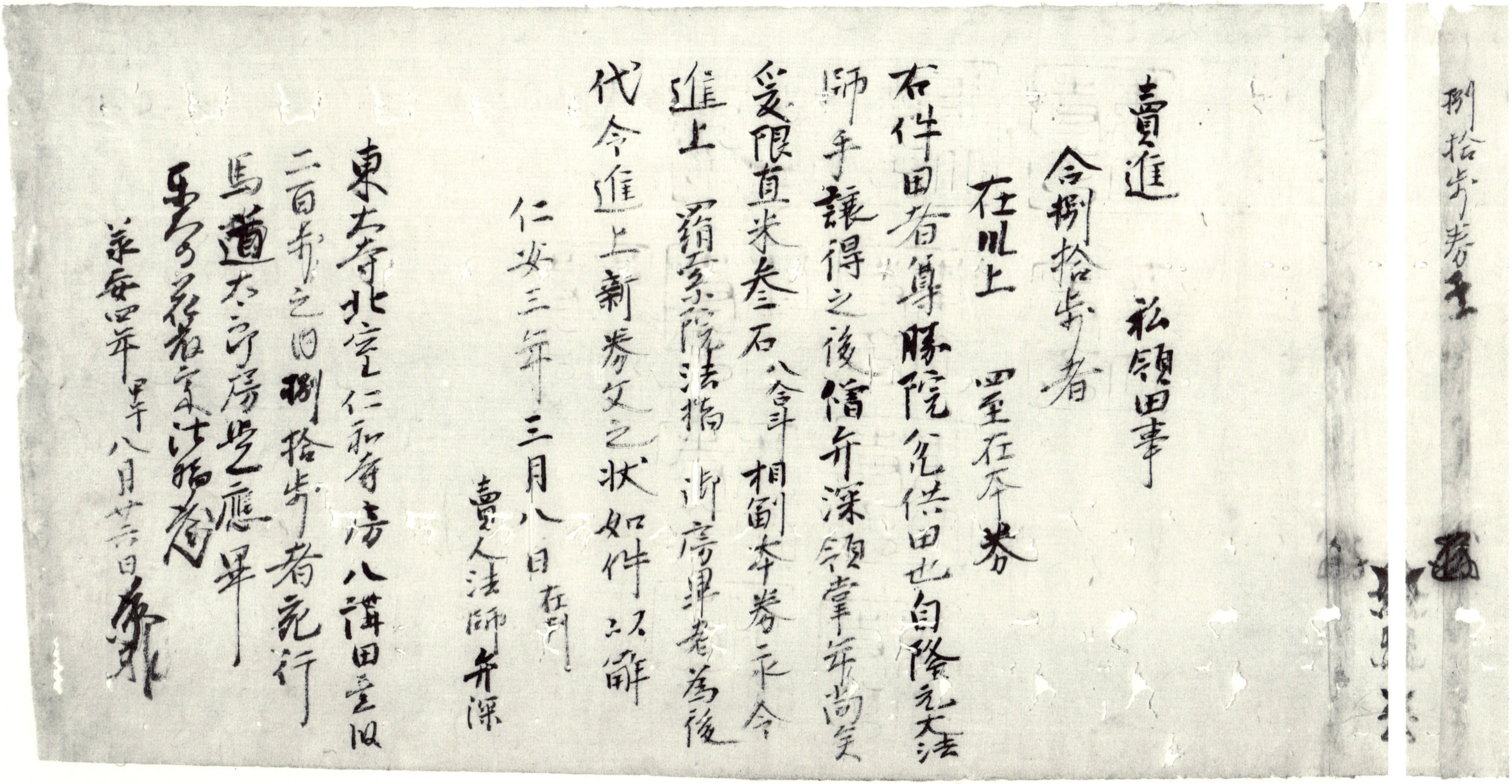
賣進　私領田事
合捌拾歩者
在帆上　四至在本券
右件田者尊勝院[illegible]
師手譲得之後、僧弁深領掌年尚矣、
爰限直米参石八合斗、相副本券一通、永令
進上羂索院法橋御房畢、為後
代令進上新券文之状如件、以解
仁安三年三月八日　在判
賣人法師弁深
東大寺北室仁和寺房八講田壹段
二百歩之内捌拾歩者、充行
馬道太郎房也、應畢
[illegible]八月廿六日
捌拾歩券一

（2）

継目裏

# 源範頼下文

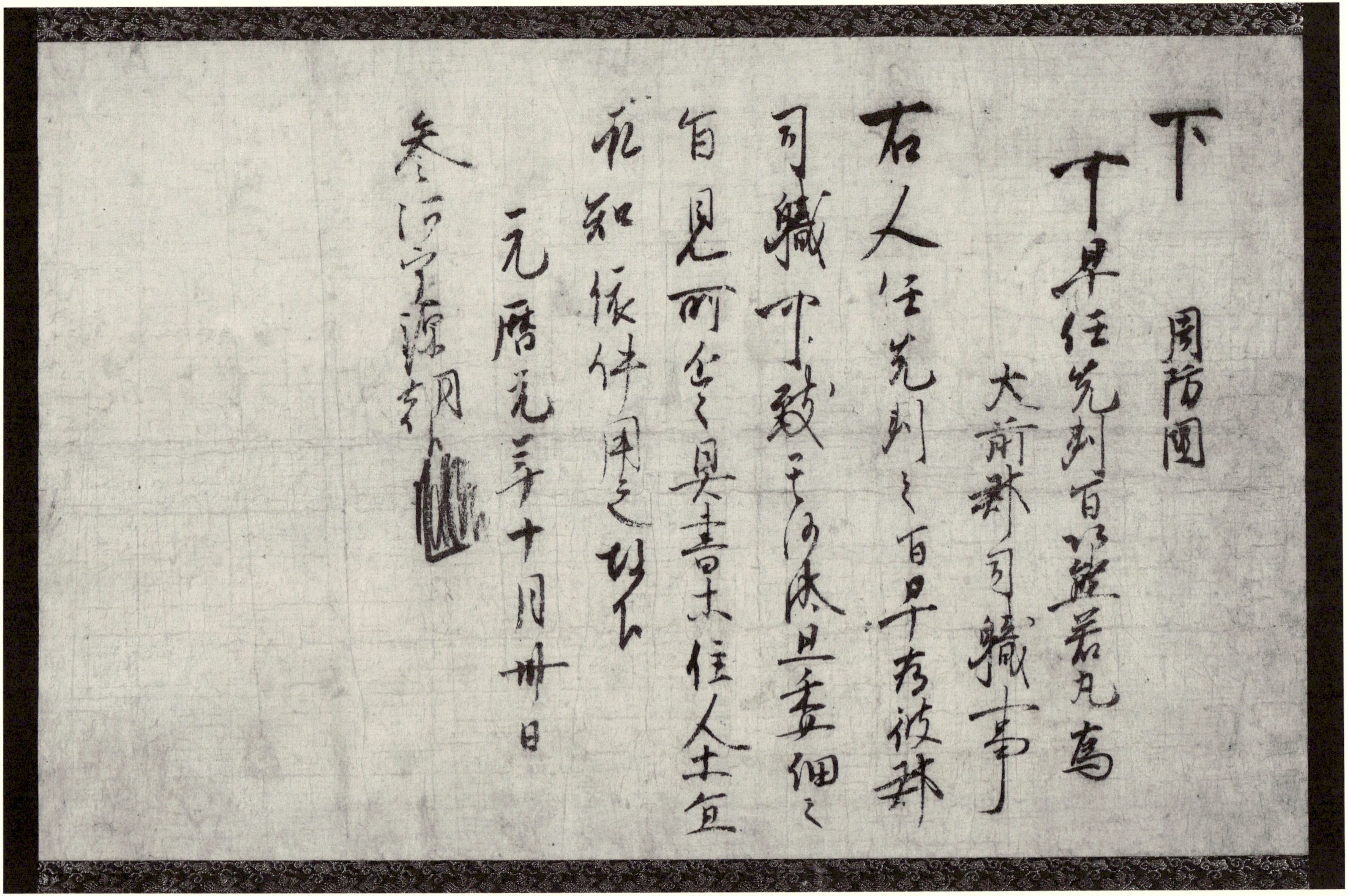


源範頼下文　元暦元年十月三十日

# 山城国西観音寺文書

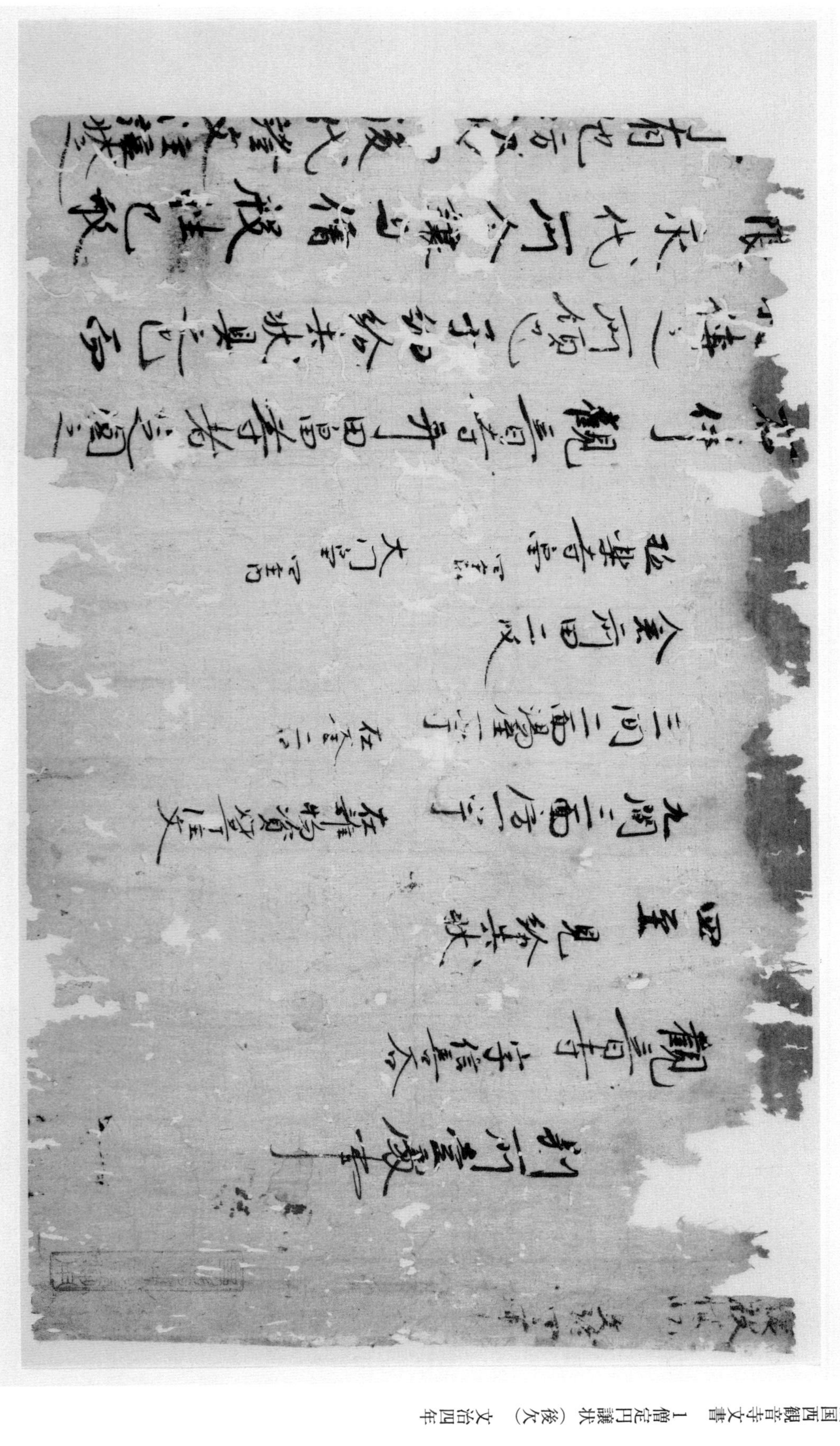

継目裏

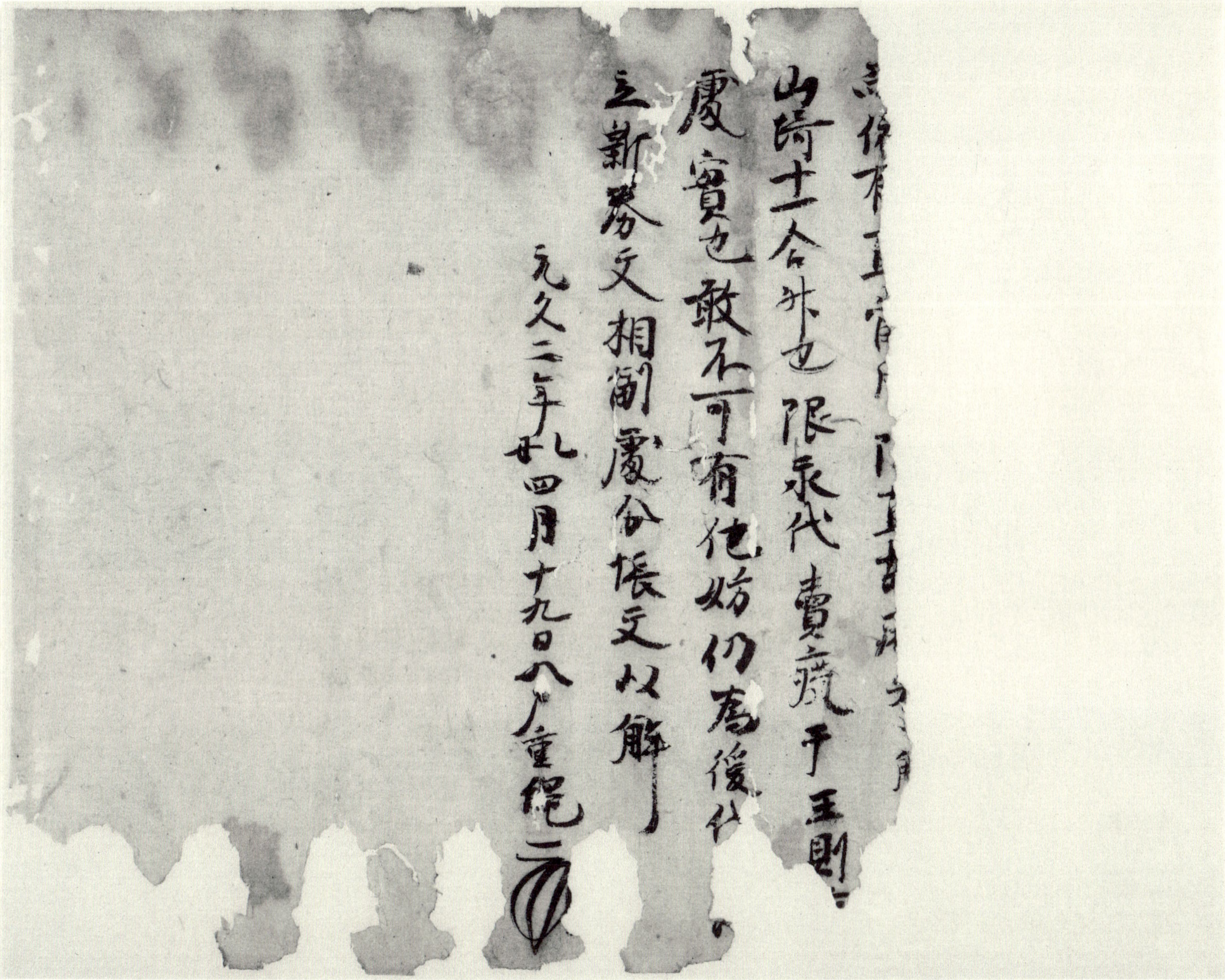
[illegible]
山崎十一合外也　限永代賣渡于王則
處實也　敢不可有他妨　仍為後代
之新券文相副處分帳文以解
元久二年乙丑四月十九日八戸重縄

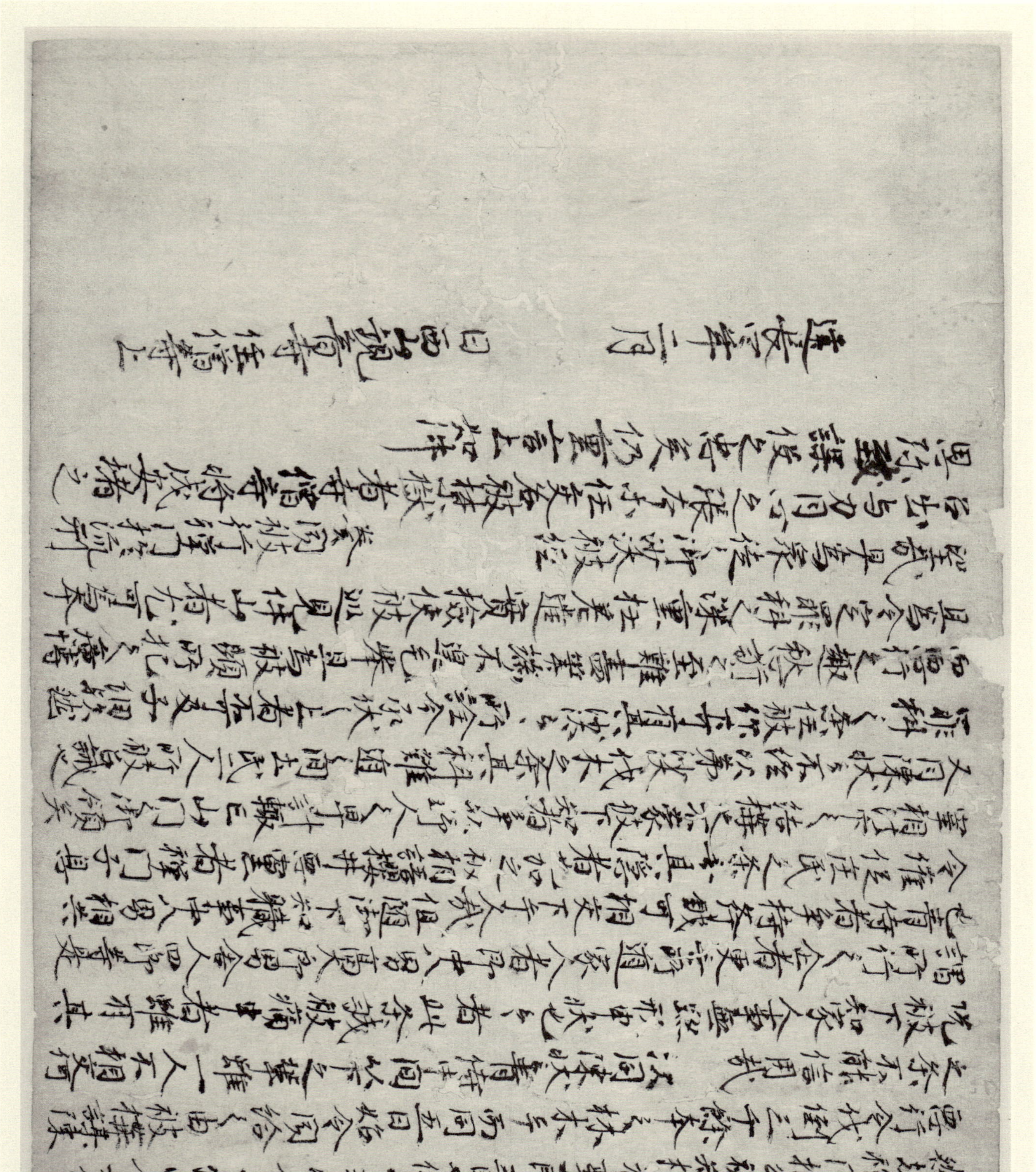

建長四年二月　日

西山観音寺住僧等上

山城国西観音寺文書

3 西山観音寺住僧等言上状（前欠）　建長四年二月日

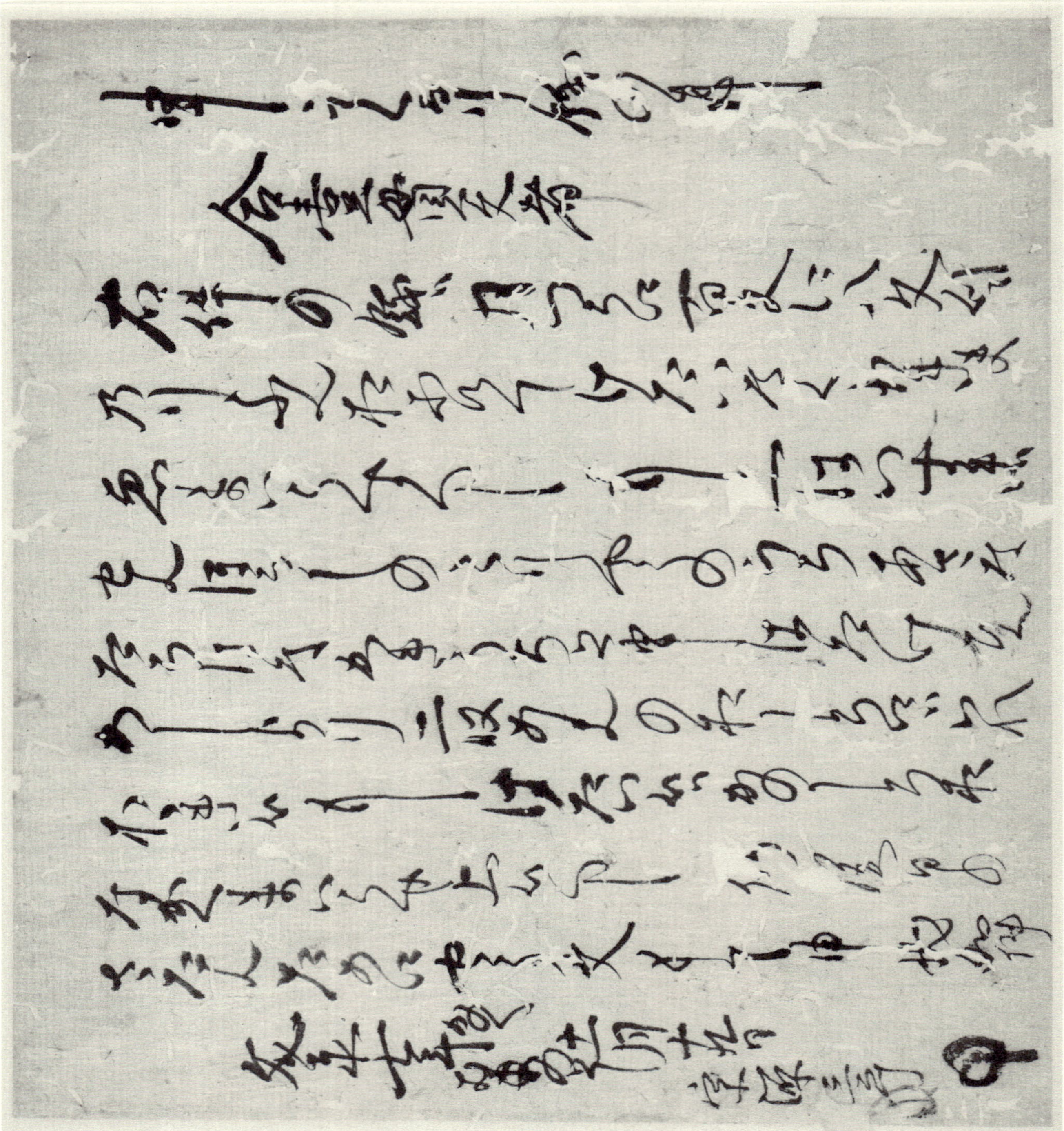

継目裏

山城国西観音寺文書　4源三郎借銭状　文永七年十一月十九日

山城国西観音寺文書

5 比丘尼仏性畠売券　文永九年十二月七日

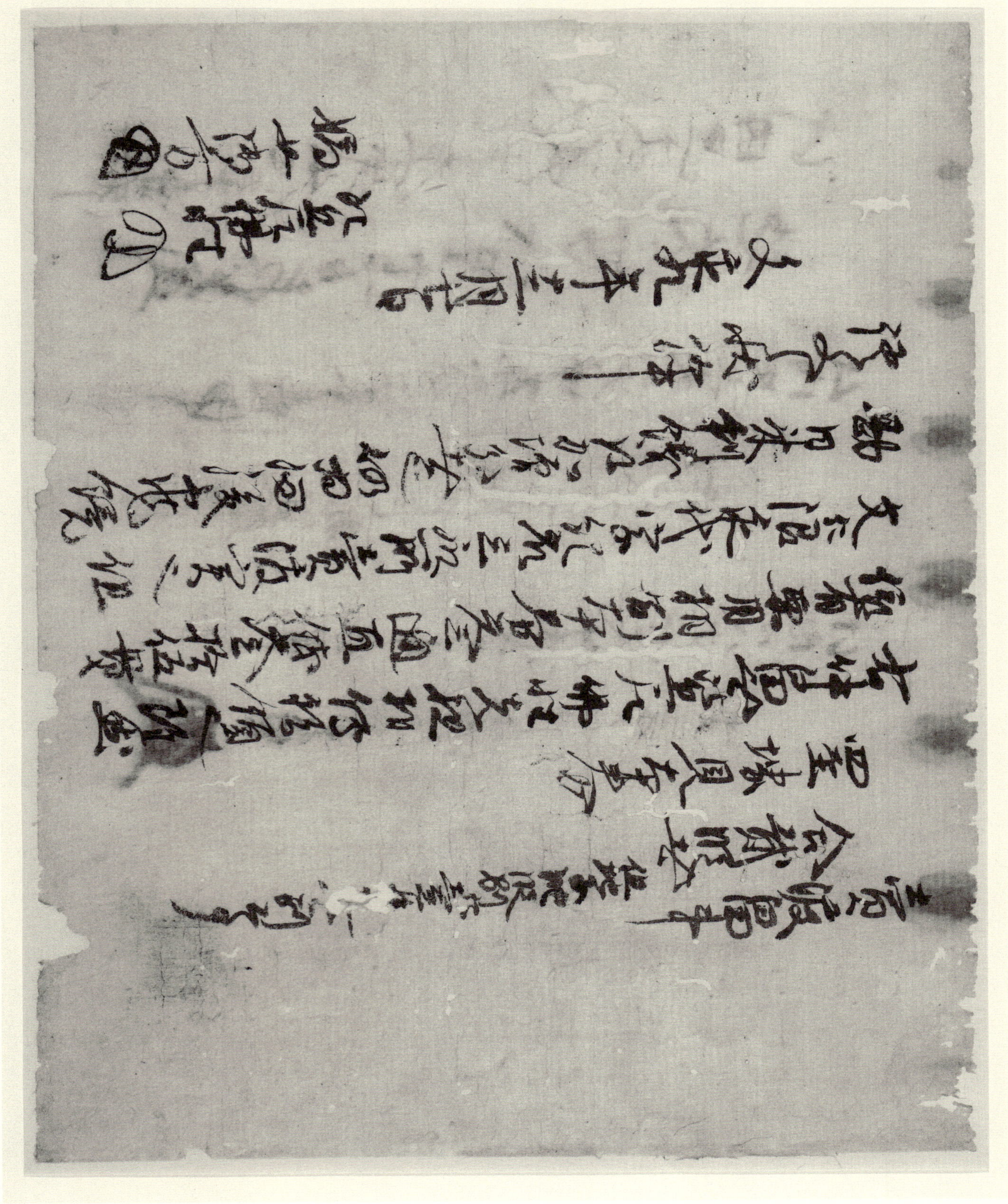

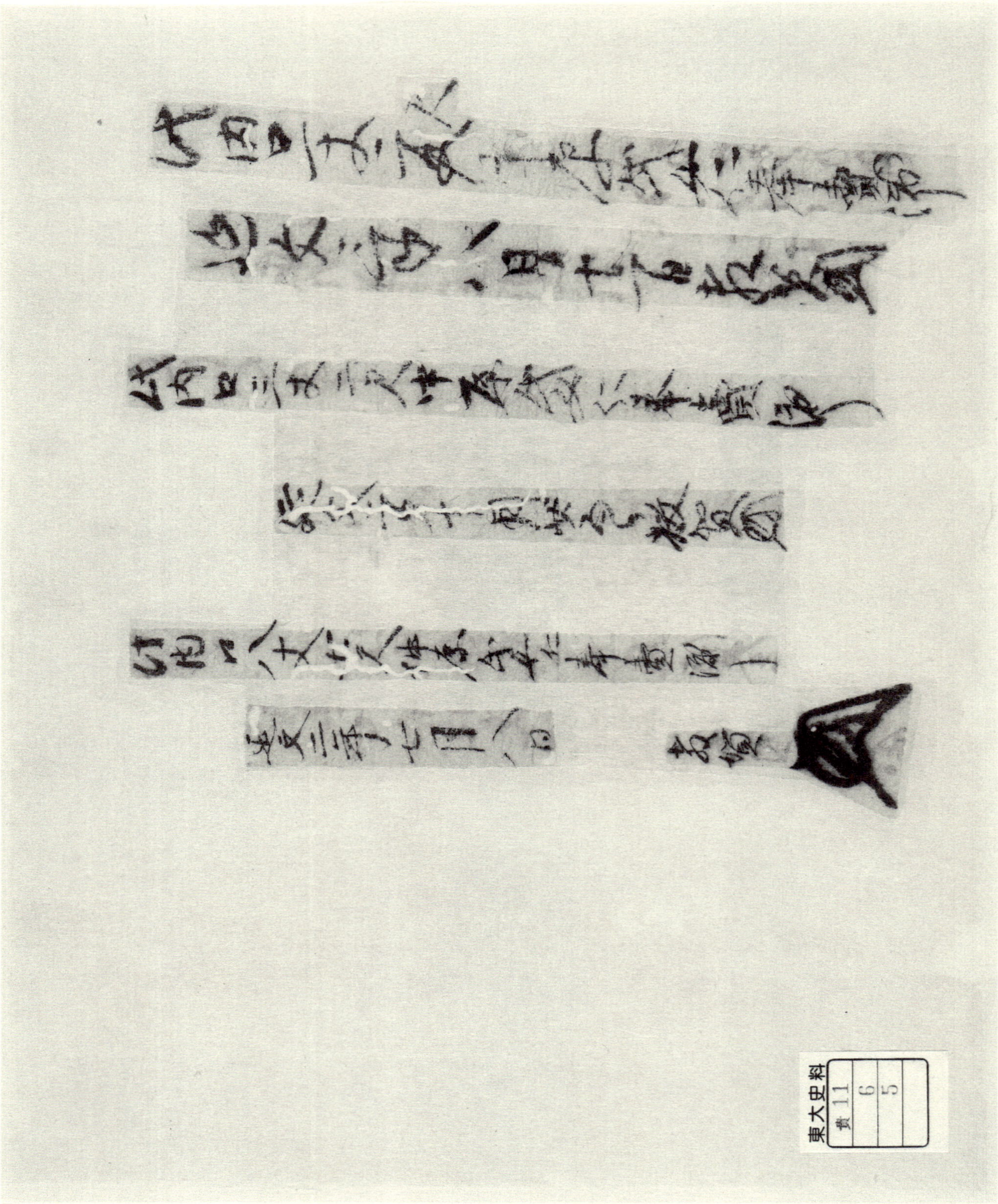

山城国西観音寺文書　5比丘尼仏性畠売券　文永九年十二月七日　紙背

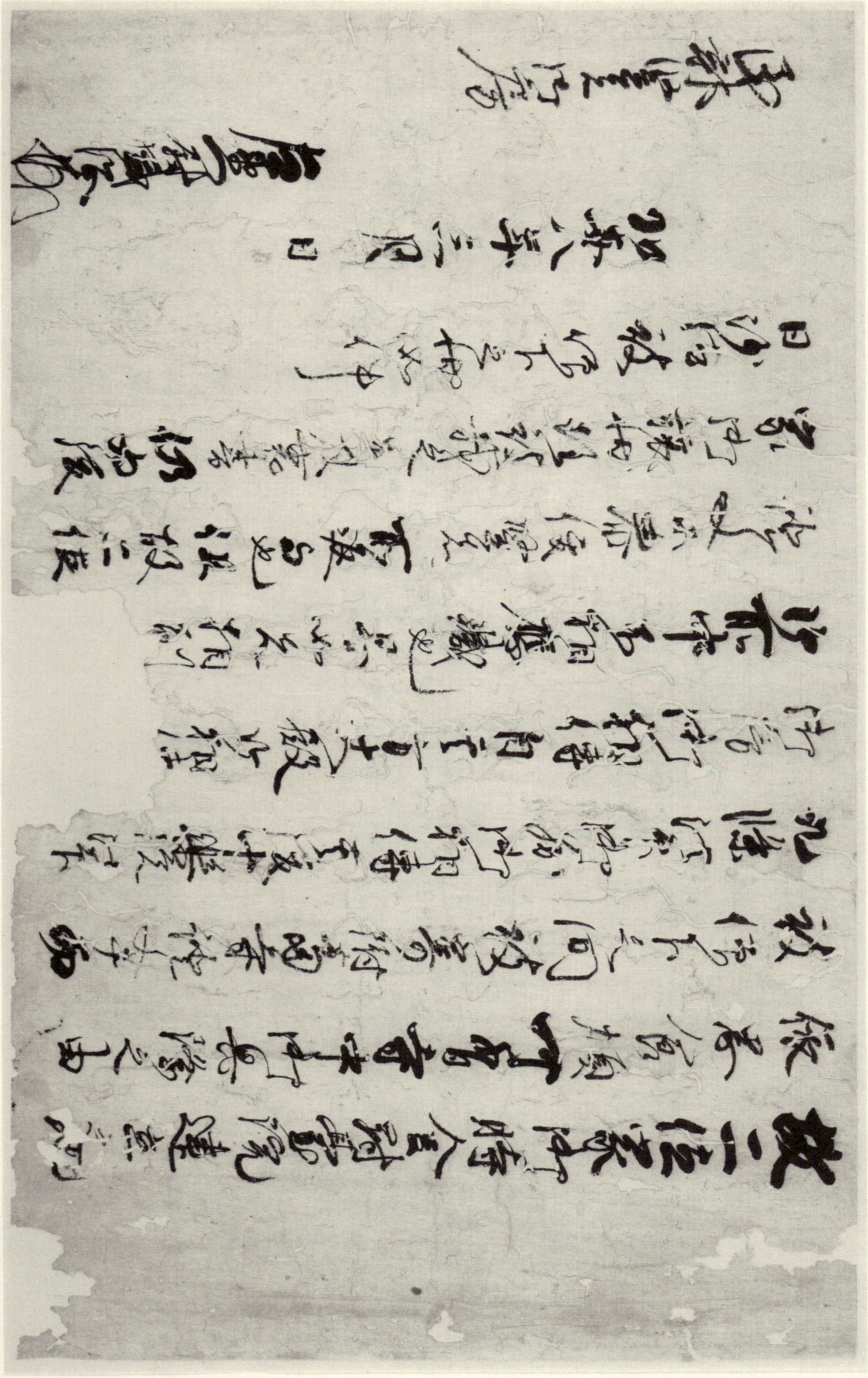

山城国西観音寺文書
6　左衛門尉盛綱奉書　弘安八年三月日

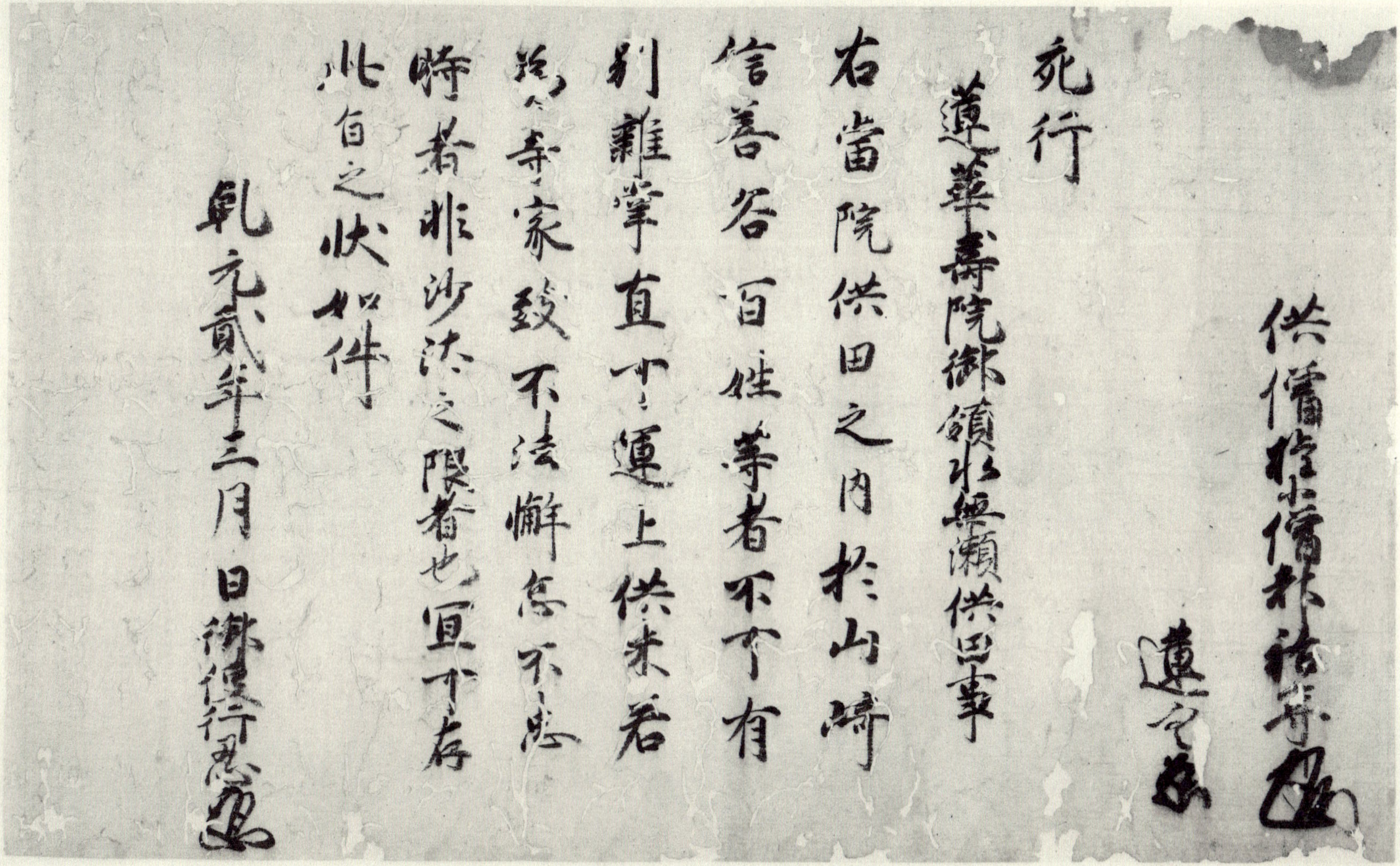

端裏書

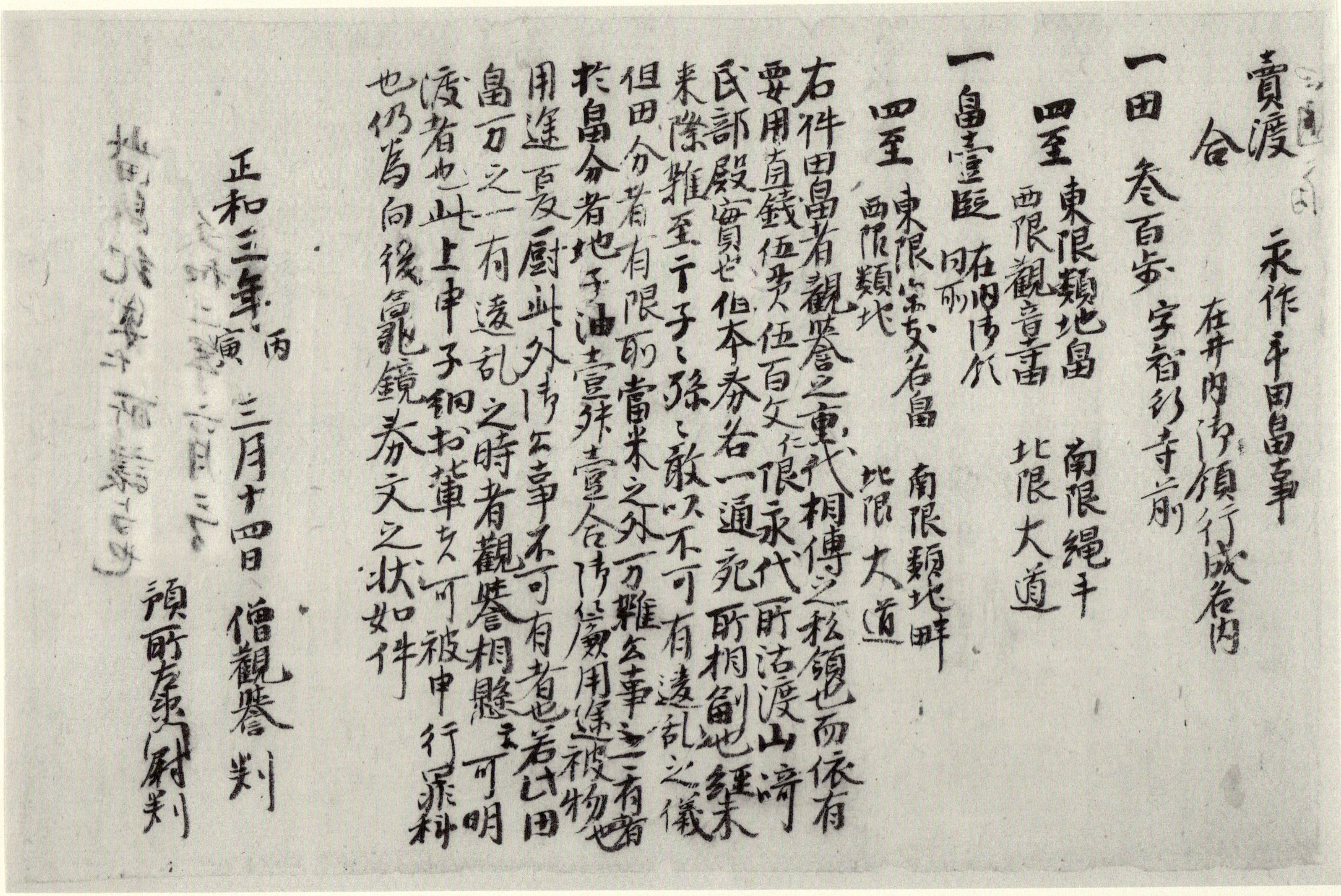


山城国西観音寺文書　8僧観誉田地売券案　正和三年三月十四日

山城国西観音寺文書　8僧観誉田地売券案　正和三年三月十四日　紙背

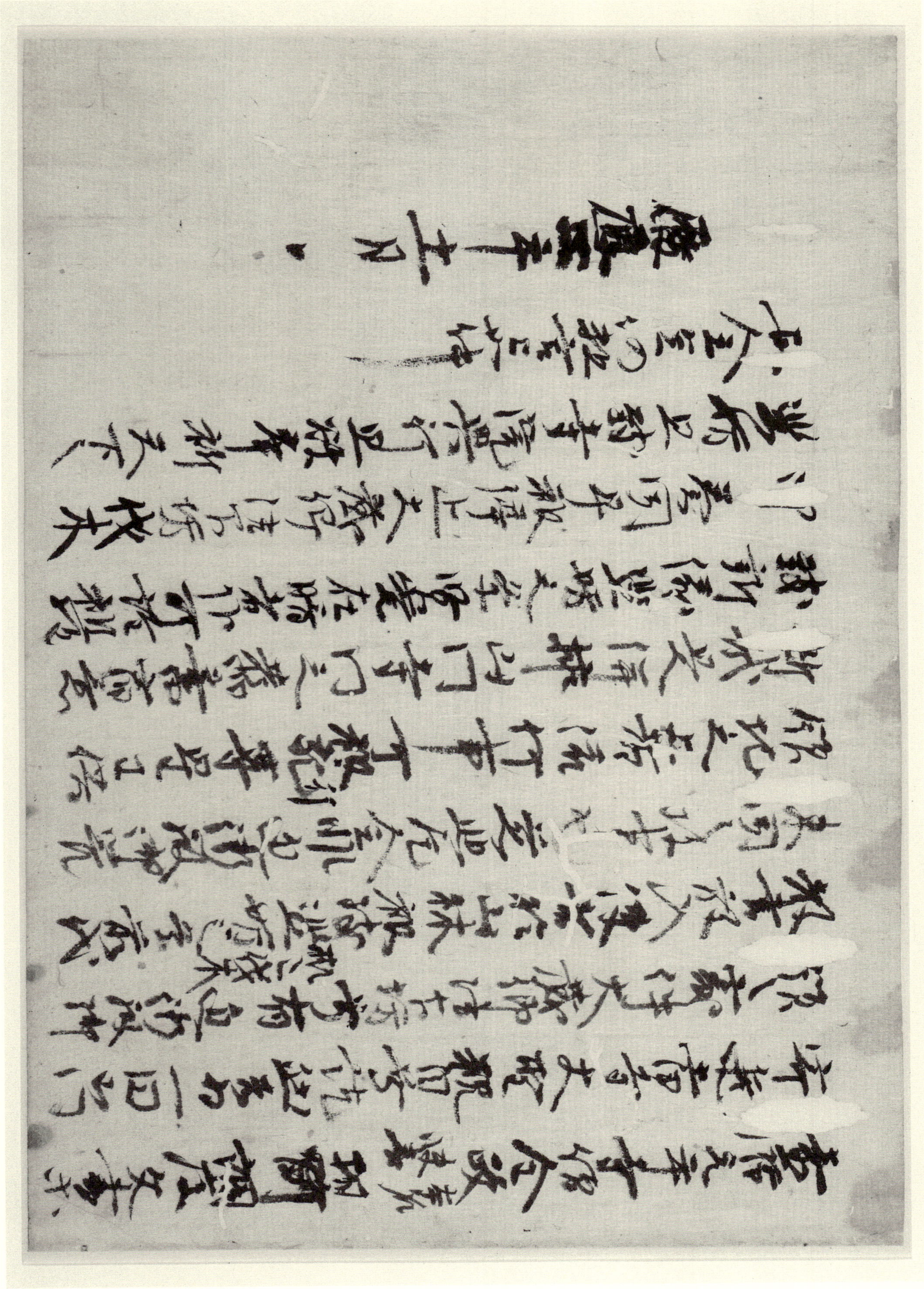

山城国西観音寺文書
9 某言上状案 暦応二年十一月日

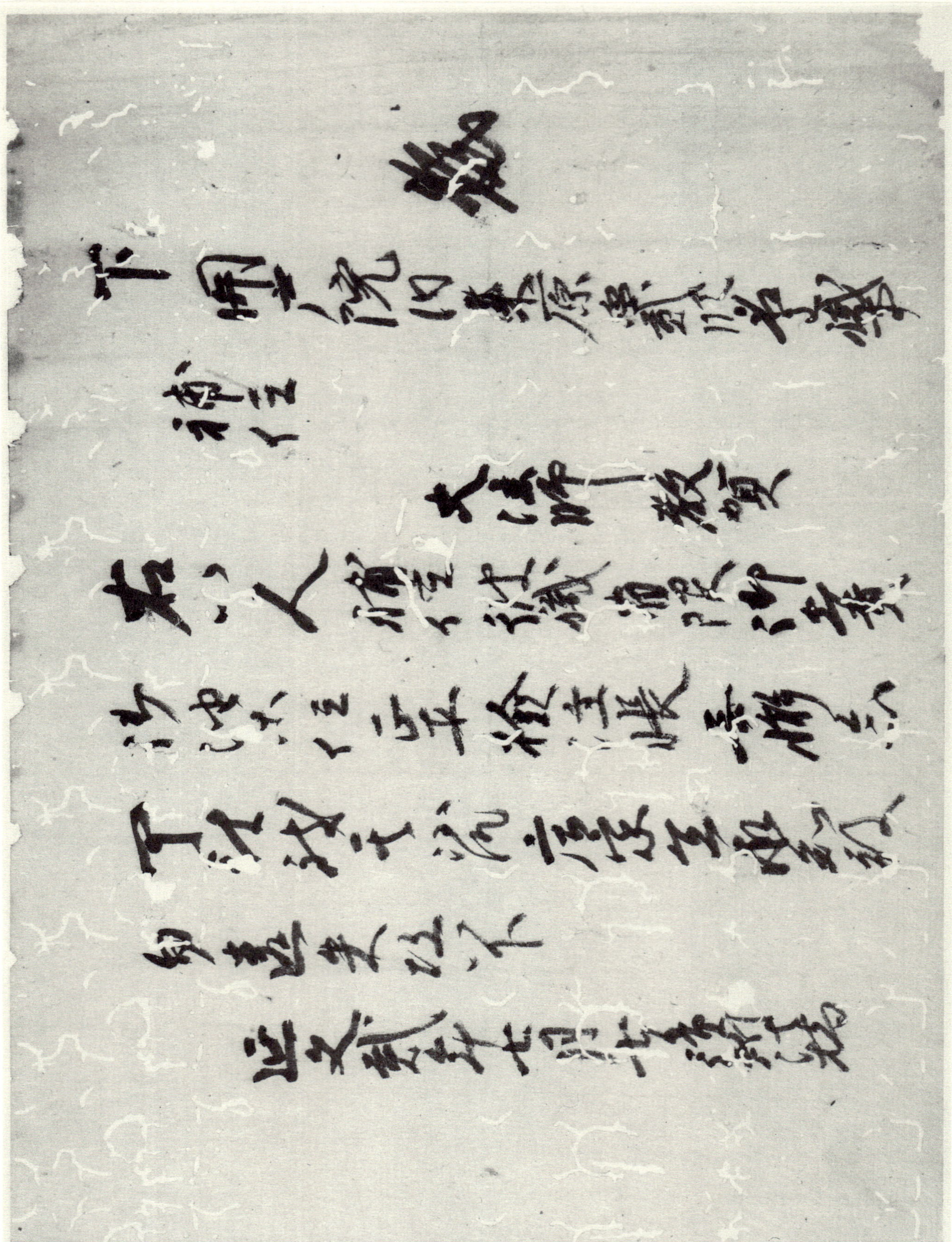

山城国西観音寺文書　10関戸院内名主職補任状　延文二年七月七日

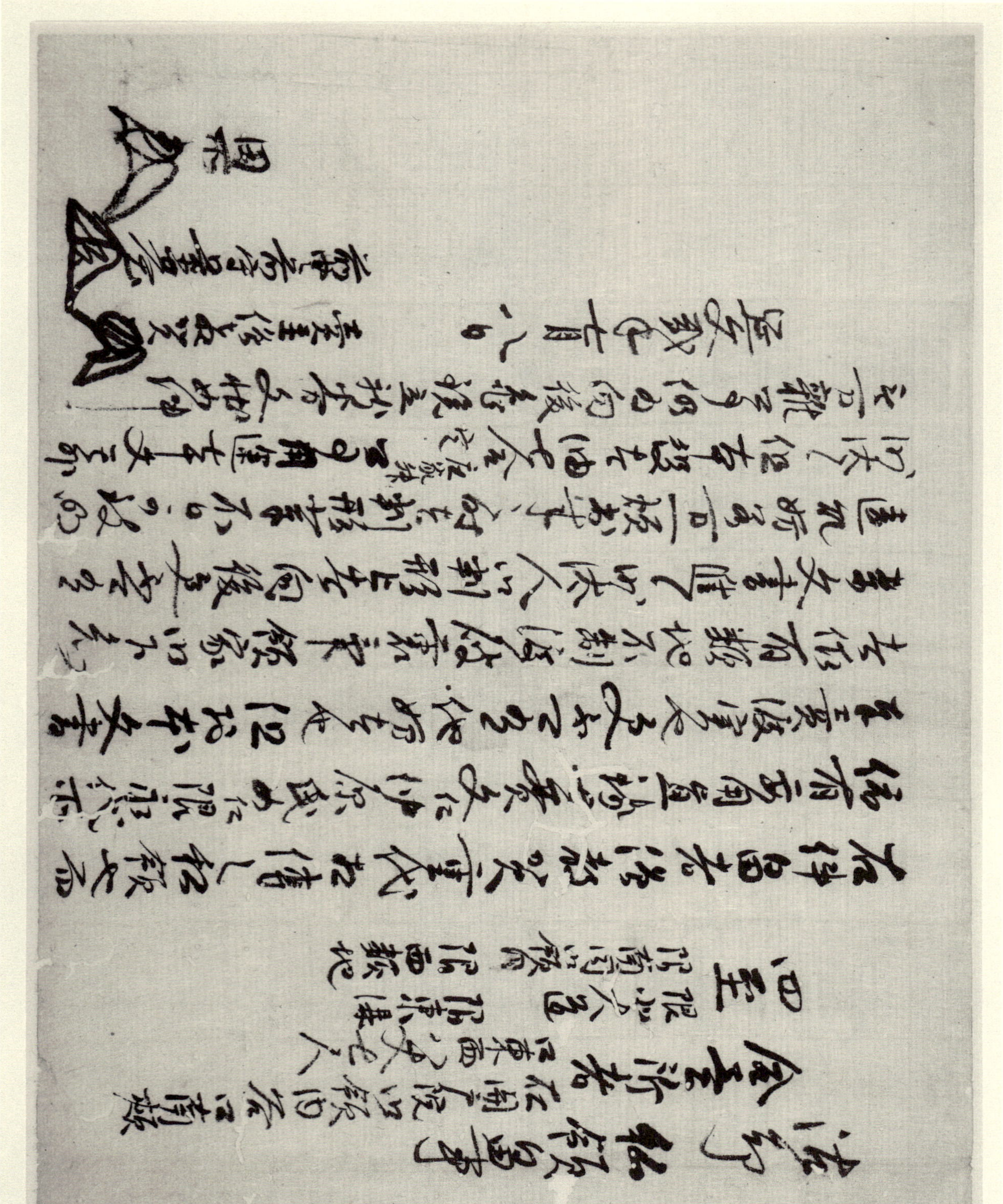

端裏書

山城国西観音寺文書

口僧教賢畠売券

延文二年七月八日

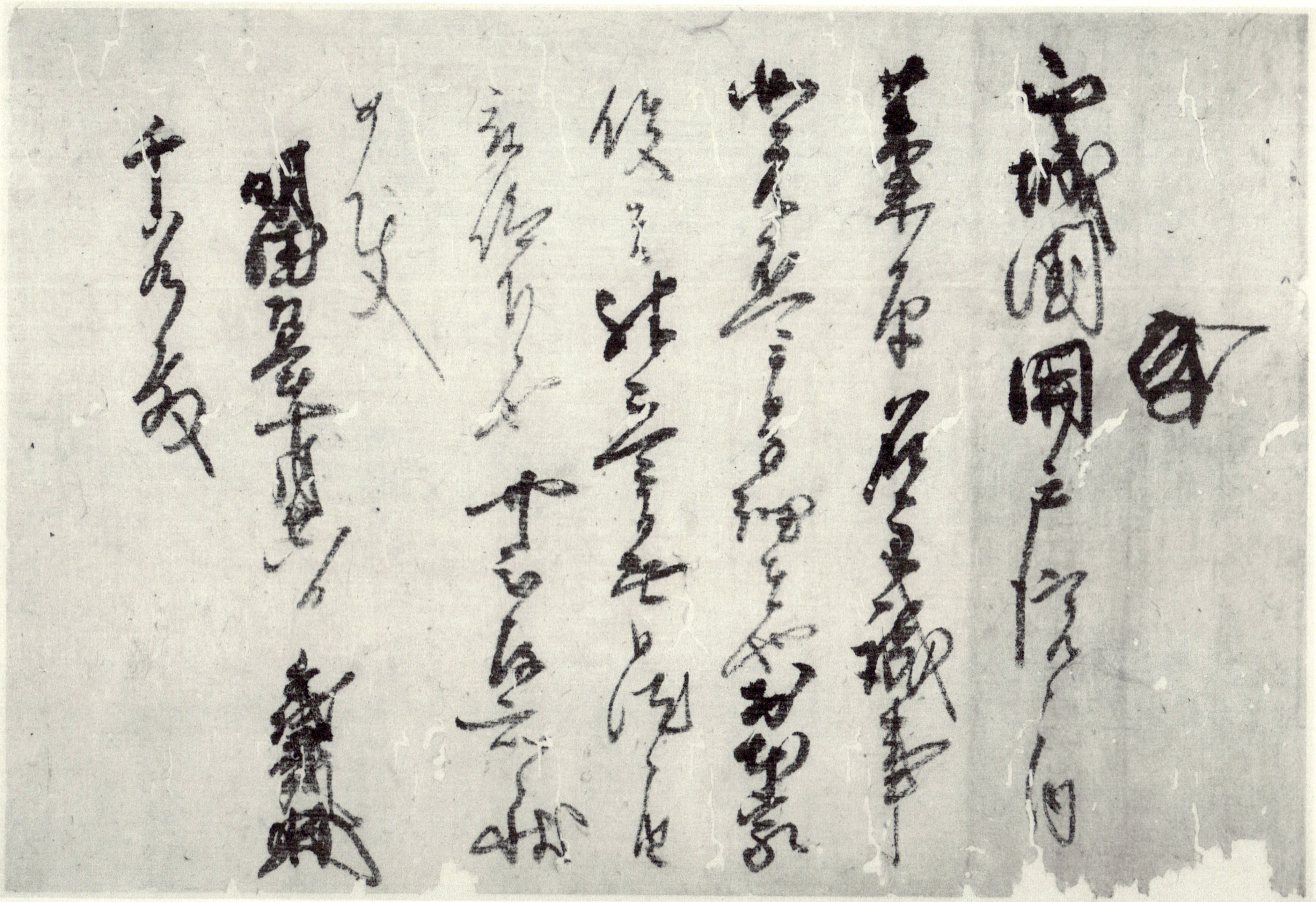

山城国西観音寺文書　12関戸院内名主職安堵状　明徳元年十月二十八日

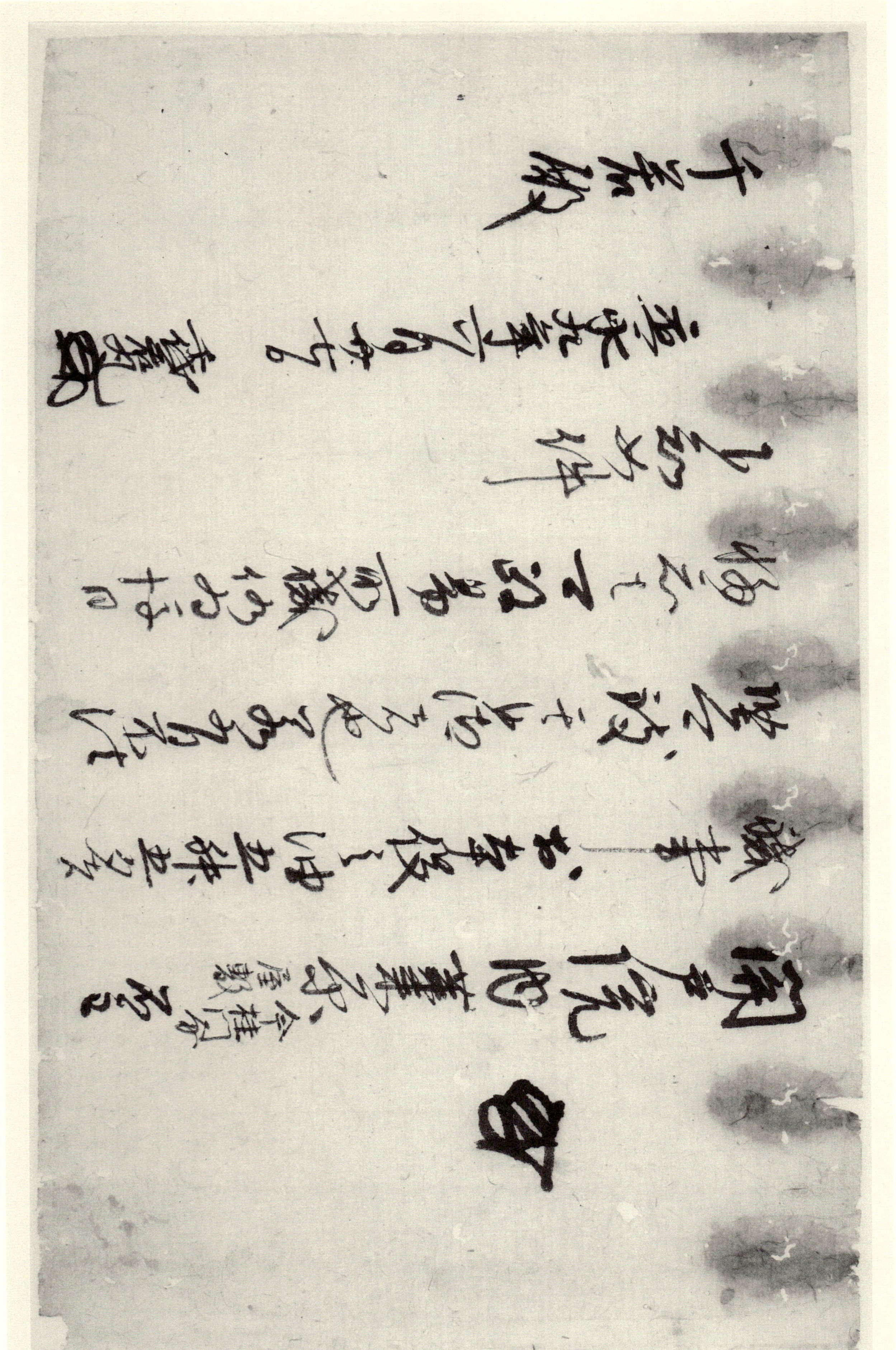

山城国西観音寺文書
13 閑戸院内名主職安堵状
応永九年六月二十七日

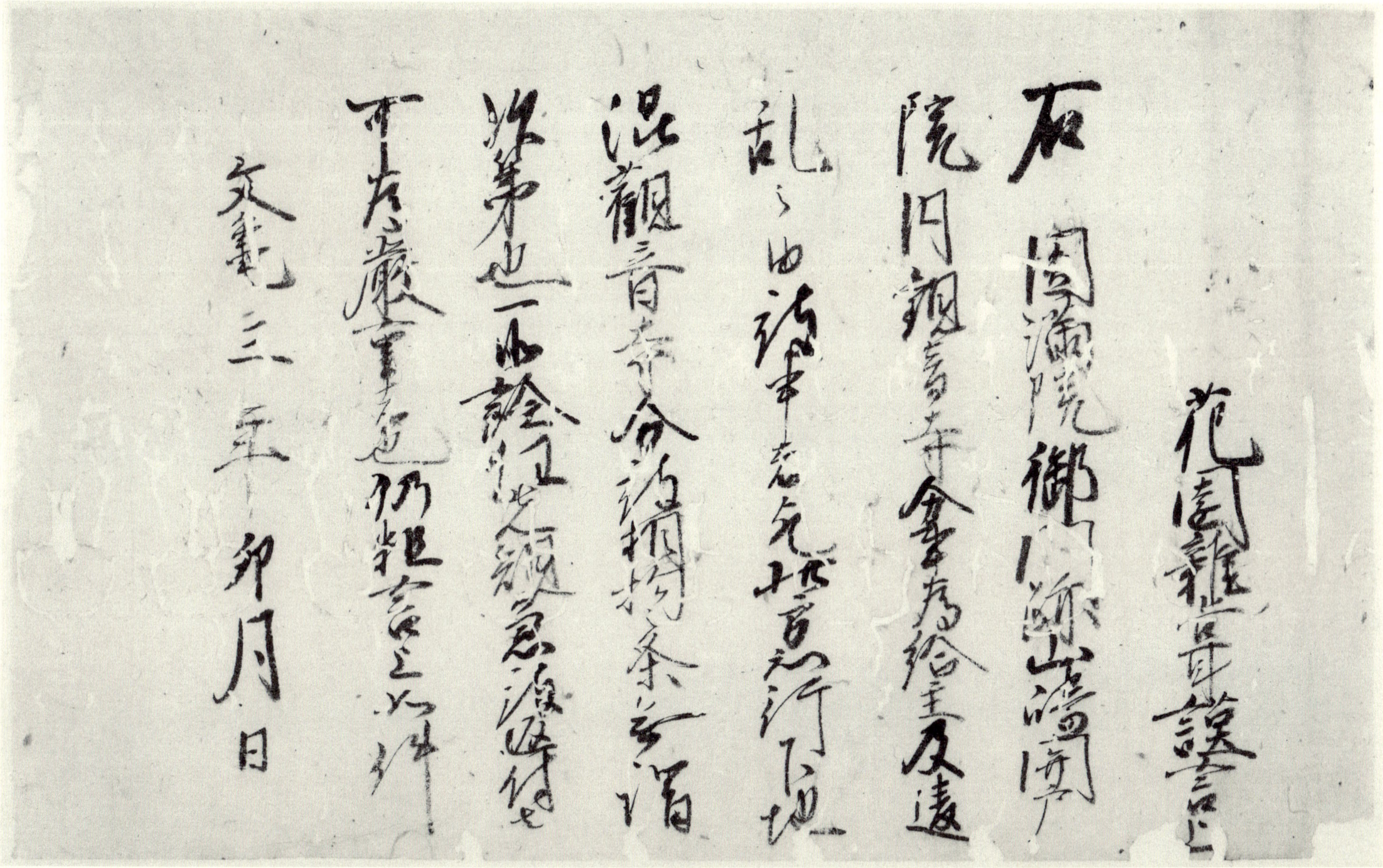

山城国西観音寺文書　14園城寺大心院雑掌言上状　文亀三年卯月日

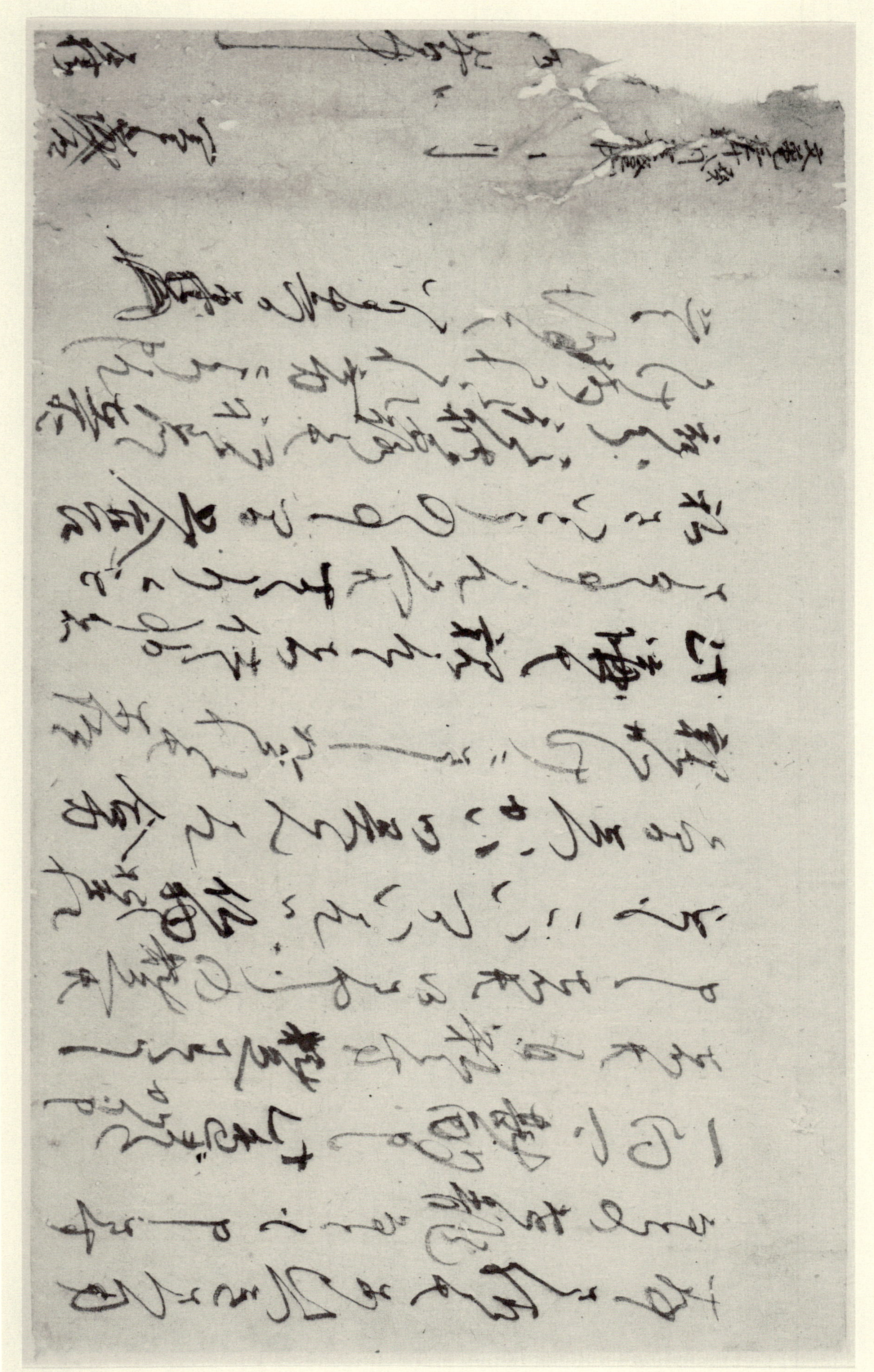

山城国西観音寺文書
15 関戸山城入道椿書状
（文亀三年）八月十六日

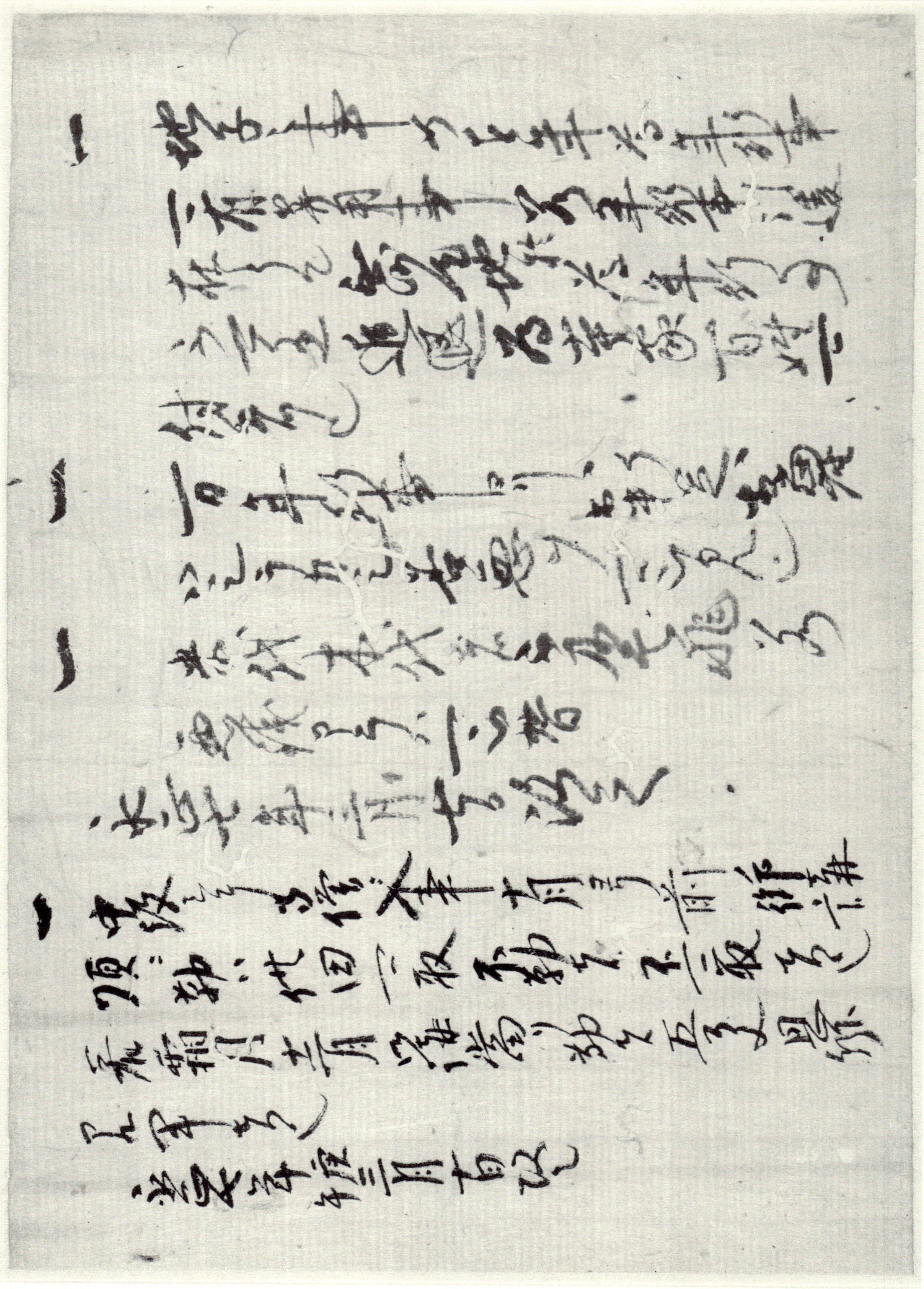

山城国西観音寺文書　16西観音寺寺僧規式　永正七年三月十日

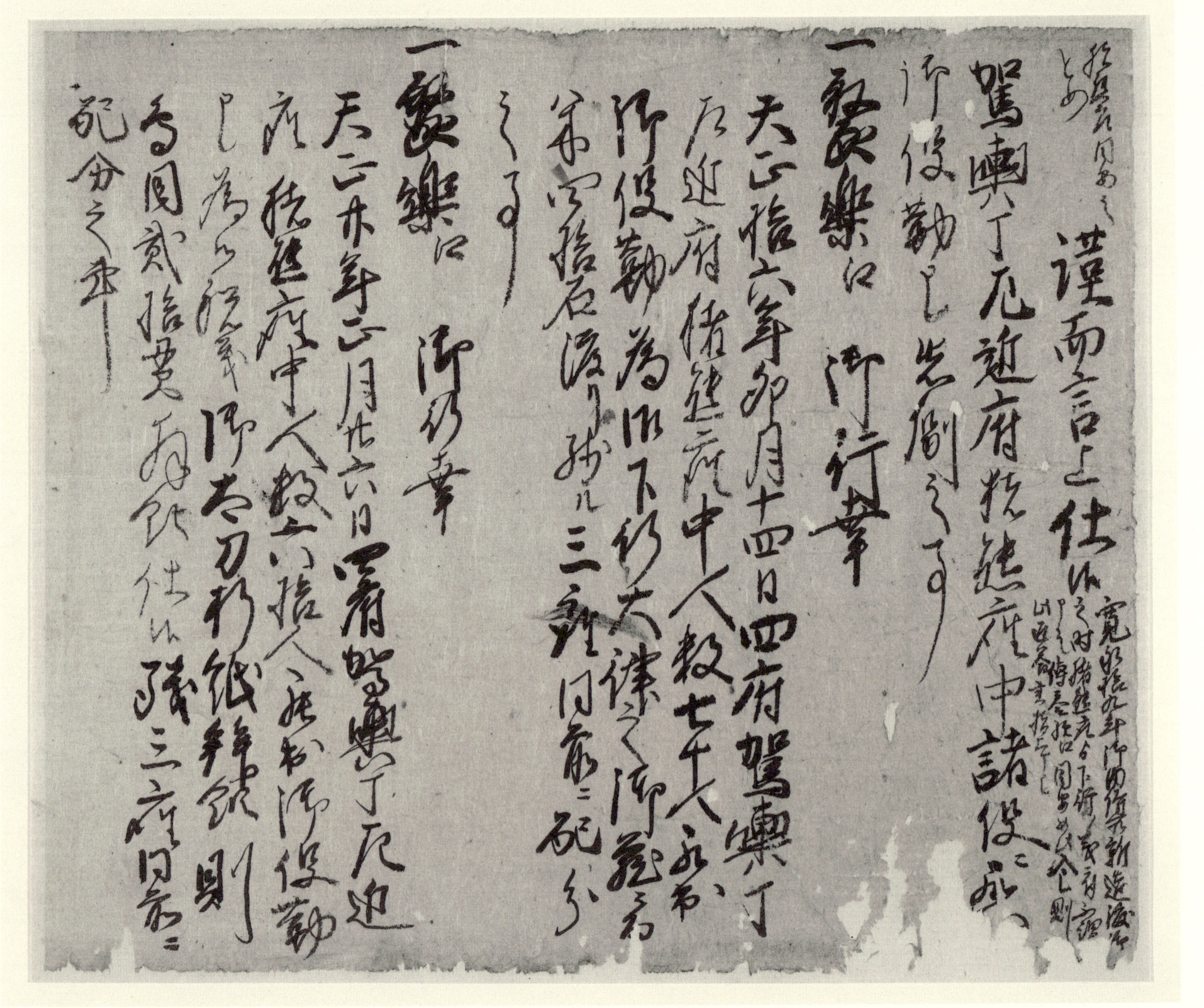

山城国西観音寺文書　17 駕輿丁猪熊座諸役勤仕先例覚　寛永十九年

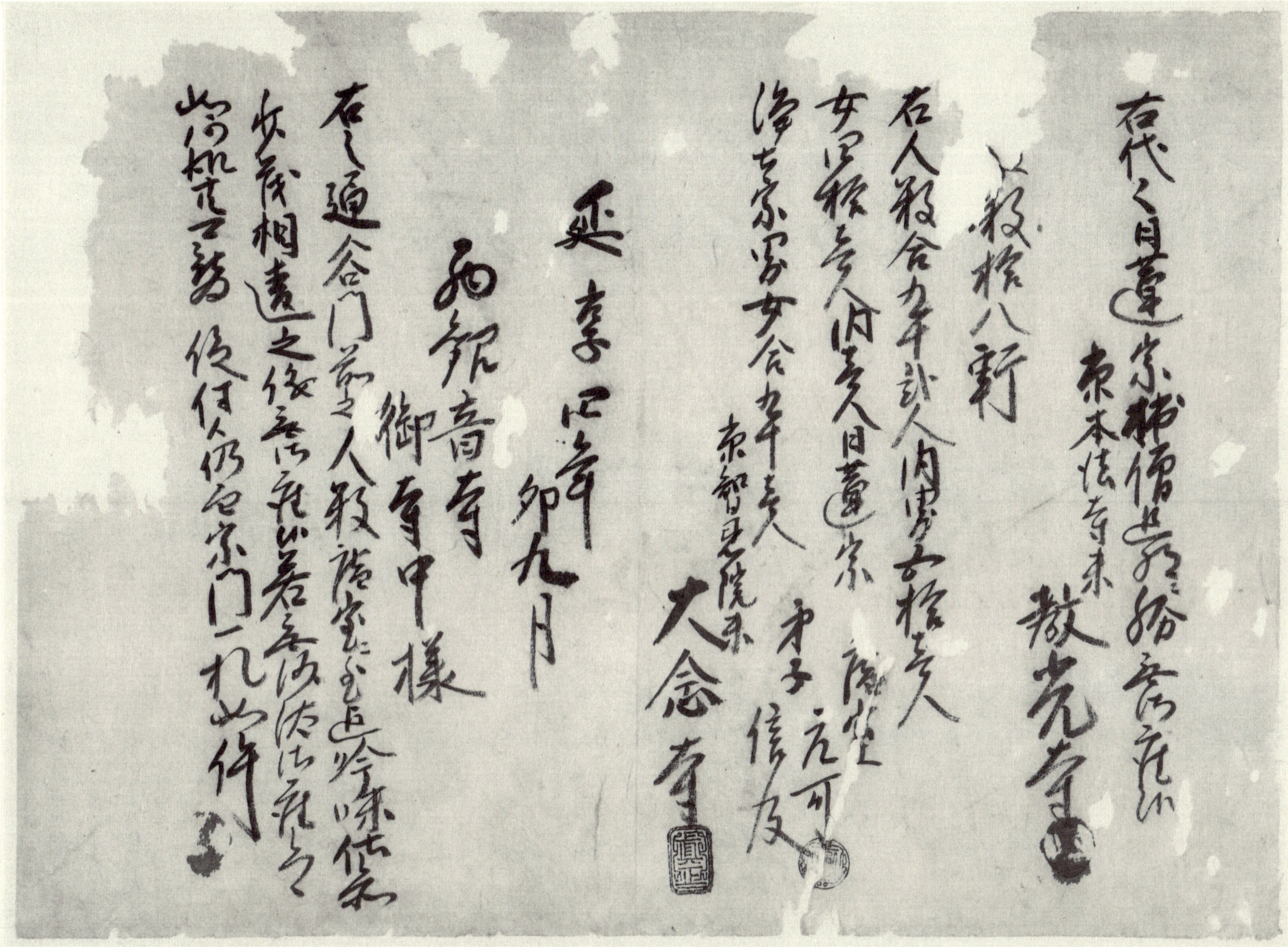

山城国西観音寺文書　18宗門改帳（断簡）　延享四年九月

# 源頼朝下文

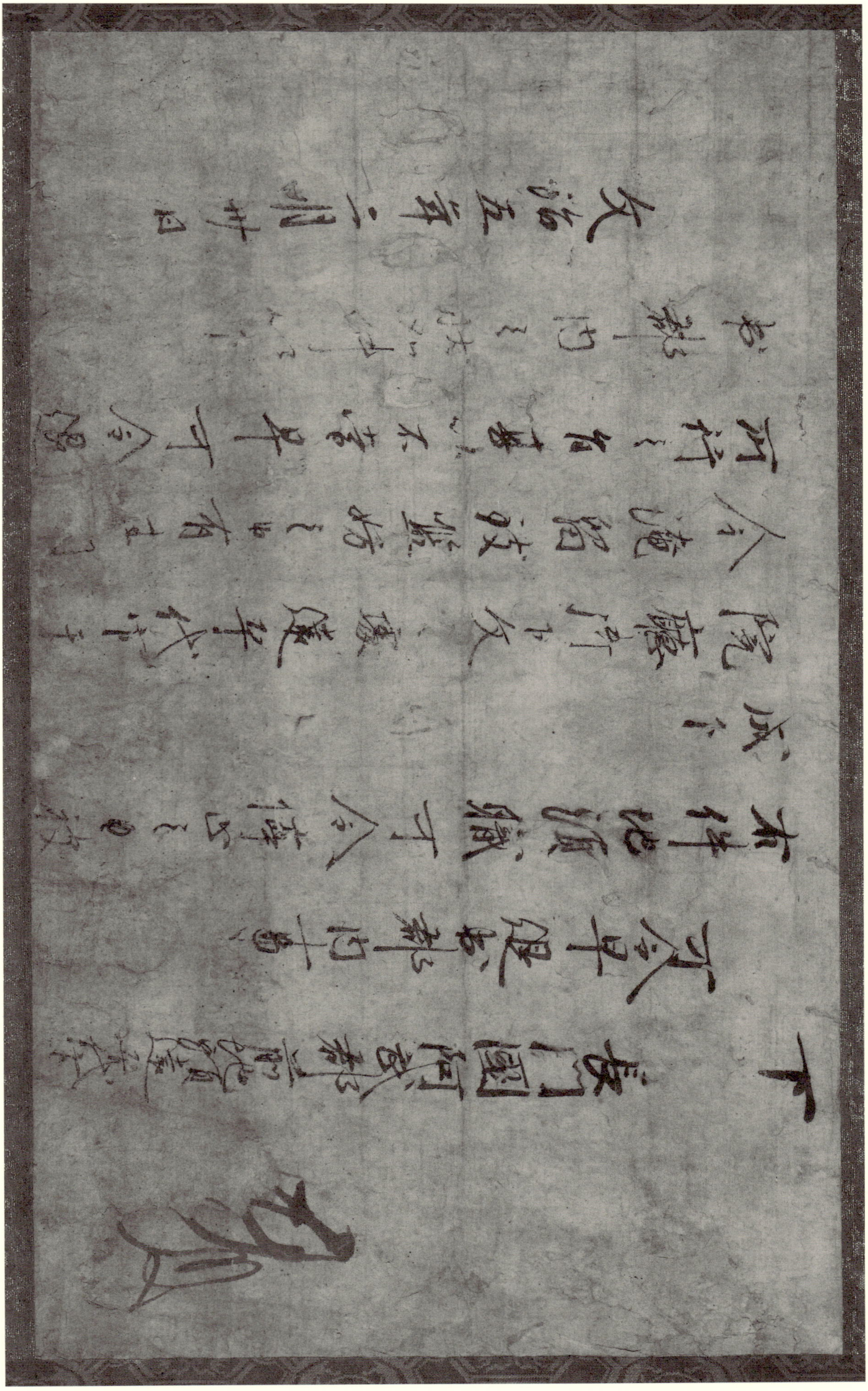

源頼朝下文　文治五年二月三十日

# 太政官牒

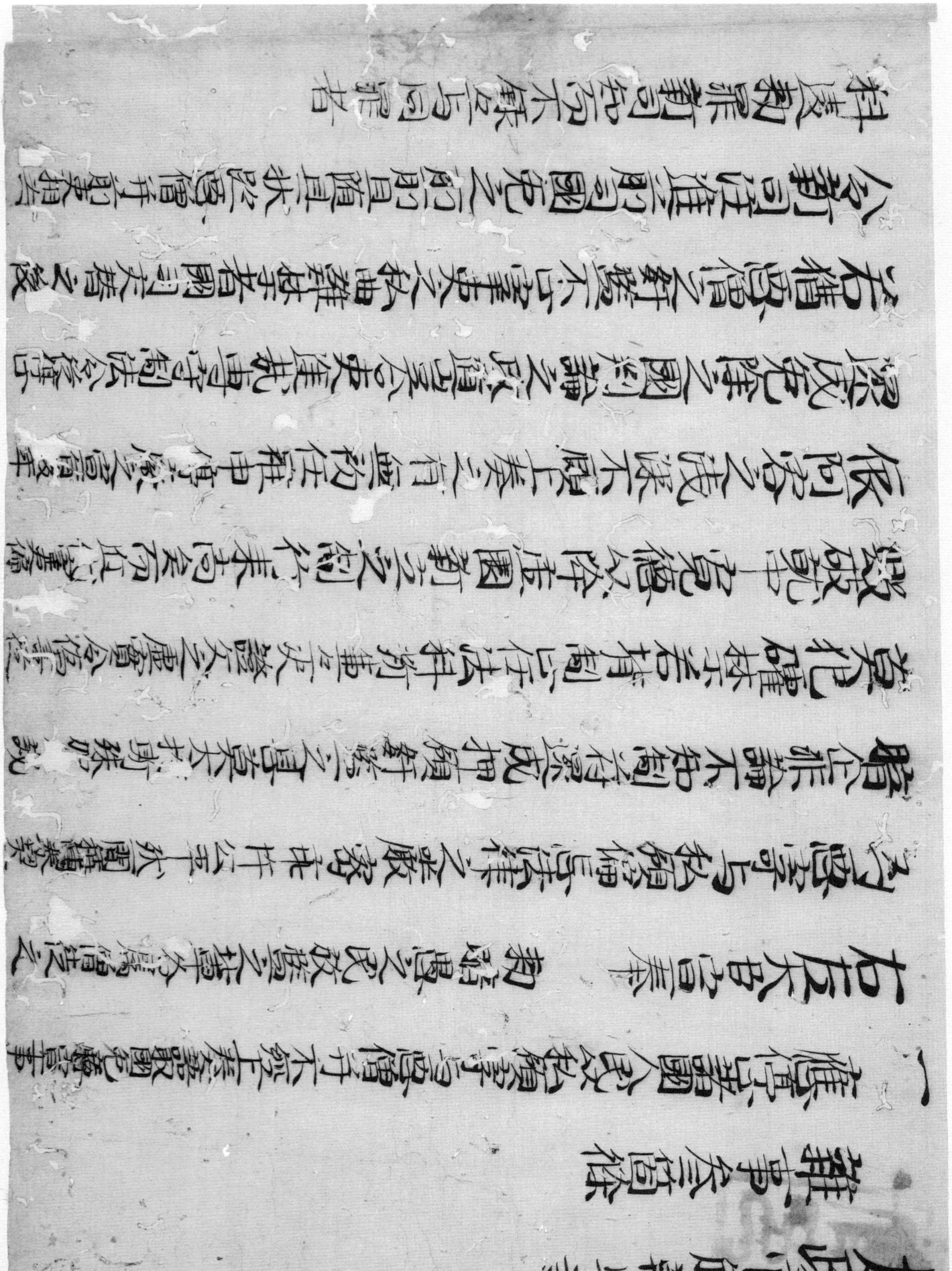

（1）

端裏書

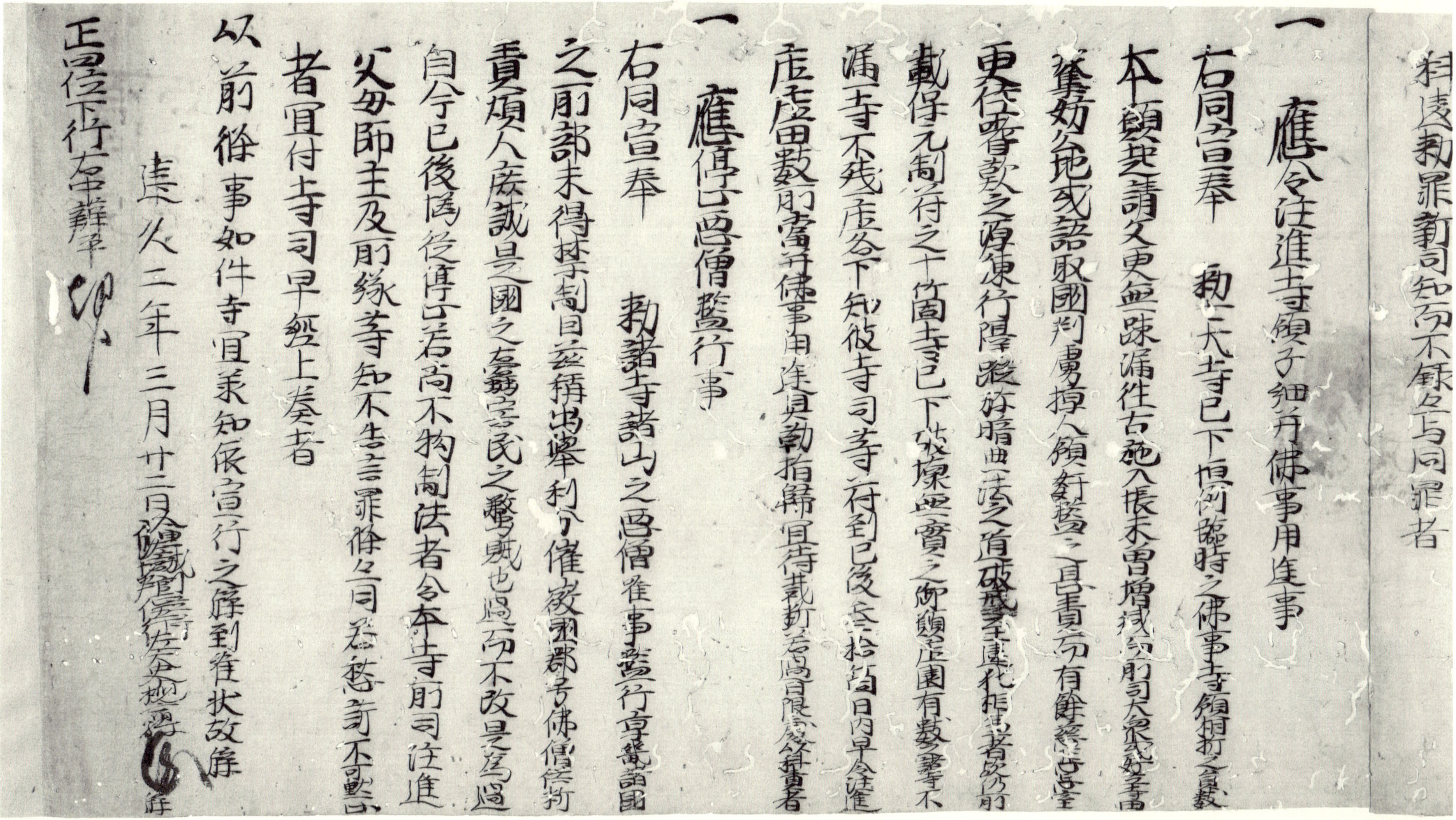
科違勅罪、新司知而不録、亦与同罪者

一 応令注進寺領子細并仏事用途事

右同宣奉 勅、大寺已下恒例臨時之仏事、寺領相折之員数、本願起請文更無疎漏、往古施入帳未曾増減、而前司大衆[illegible][illegible]妨絶、或語取国判、虜掠人領、[illegible]、且責而有餘[illegible]、更任[illegible]之[illegible]行[illegible]、[illegible]之道破滅[illegible]者[illegible]、載保元制符之十箇寺已下、破壊無実之御願并庄園有数、寺不濫寺不残、庄各下知彼寺司等、符到已後五十箇日内、早令注進庄々田数并当寺仏事用途、且勘指帰、且待裁断、若過日限[illegible]者

一 応停止悪僧濫行事

右同宣奉 勅、諸寺諸山之悪僧濫行、[illegible]国之前、都未得其制、自茲称出挙利、催[illegible]郡[illegible]号仏僧[illegible]、責煩人庶、誠是国之蠹害、民之蠹賊也、過而不改、是為過、自今已後、悉従停止、若尚不拘制法者、令本寺前司注進、父母師主及前縁等、知不告言、罪條々同、若[illegible]不[illegible]者、宜付寺司早経上奏者

以前條事如件、寺宜承知、依宣行之、牒到准状、故牒

建久二年三月廿二日 [illegible]

正四位下行右中弁平[illegible]

太政官牒 建久二年三月二十二日

（2）

北野宮寺政所下文

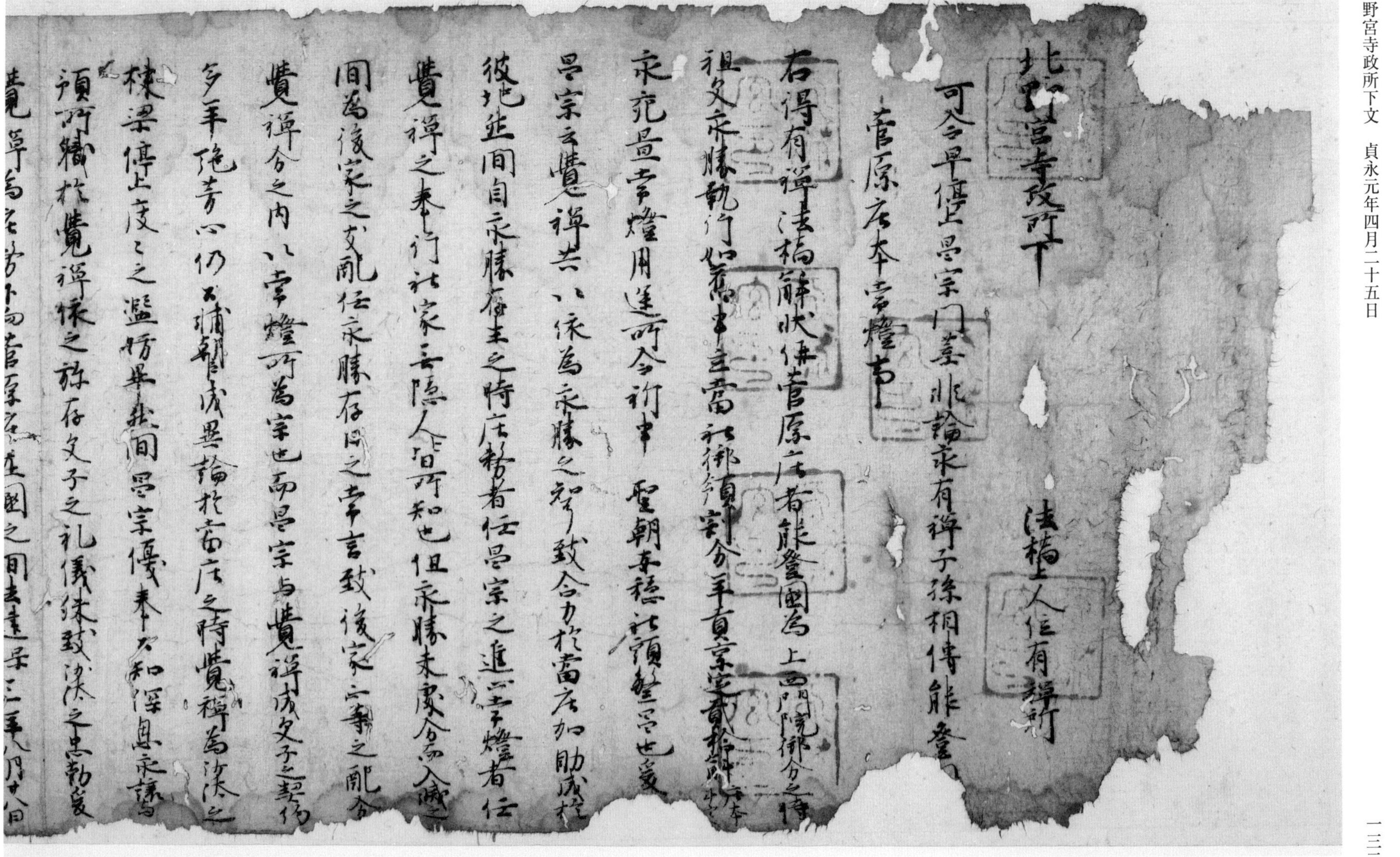

（1）

継目裏

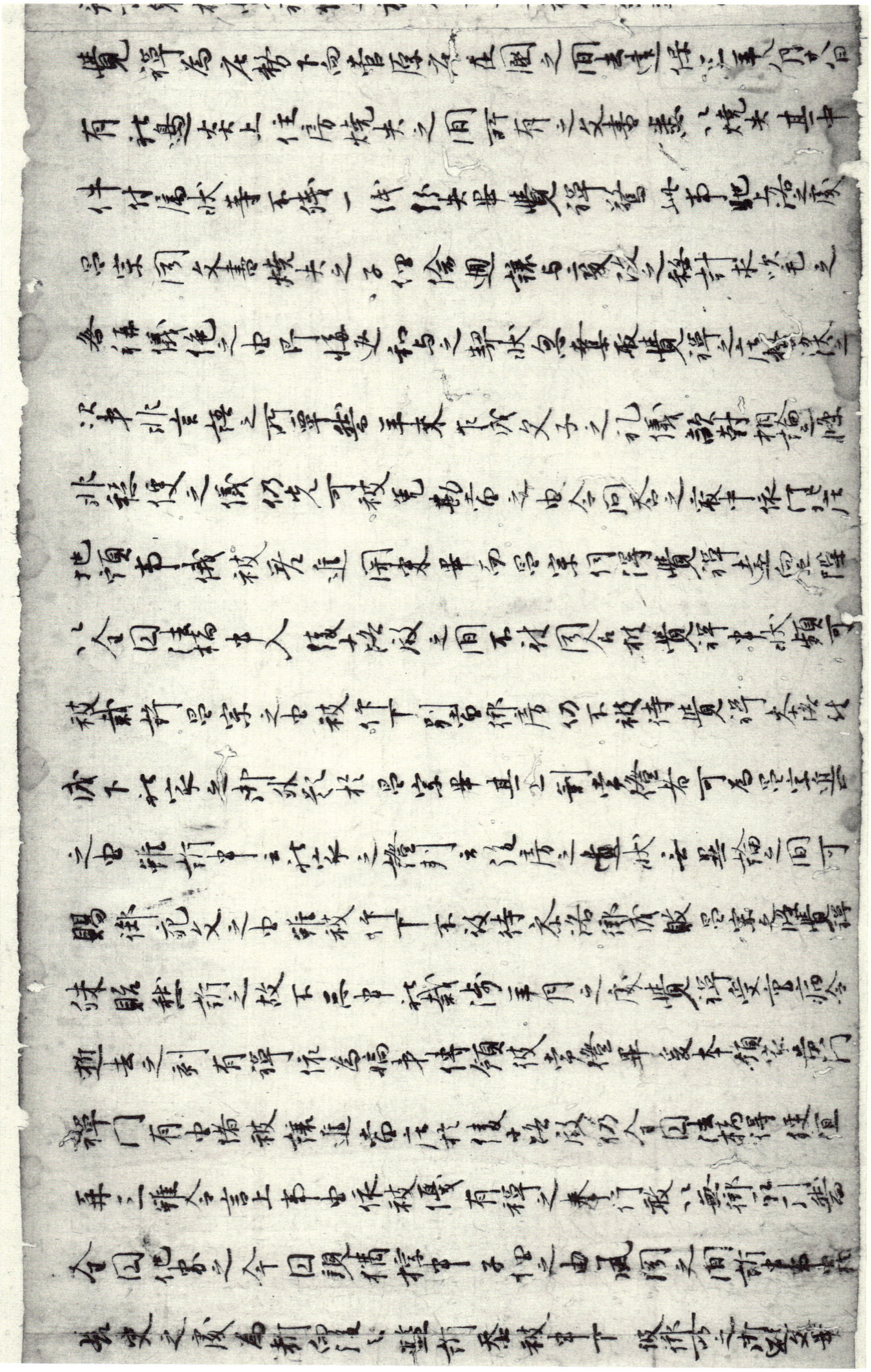

継目裏

北野宮寺政所下文　貞永元年四月二十五日

継目裏

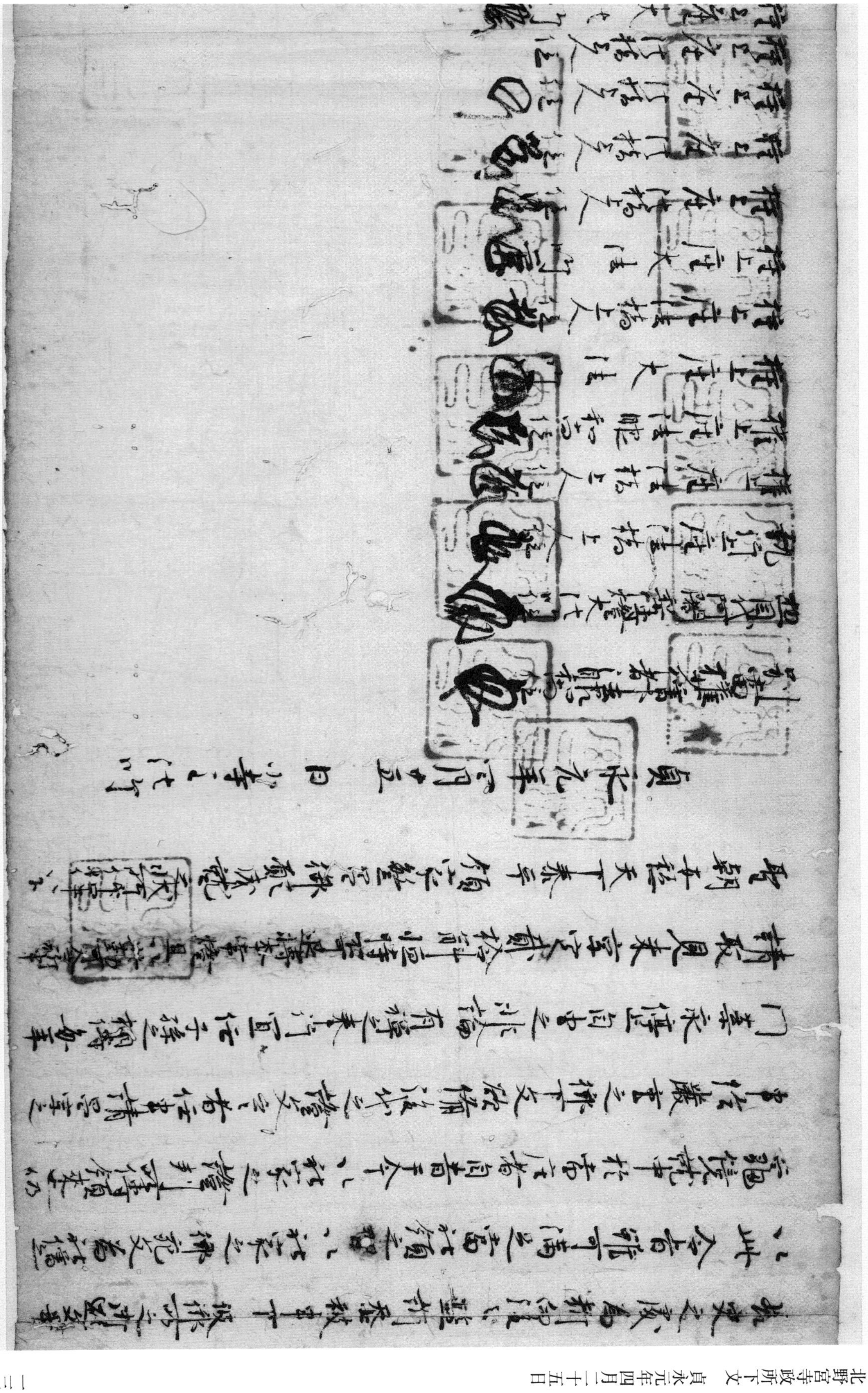

（3）

（4）

# 八幡宮寺政所供料充行状案

端裏書

八幡宮寺政所供料充行状案　天福元年七月七日

# 古文書　鎌倉・室町時代

古文書　鎌倉・室町時代
1 検非違使庁諸官評定文　元亨三年十月十二日

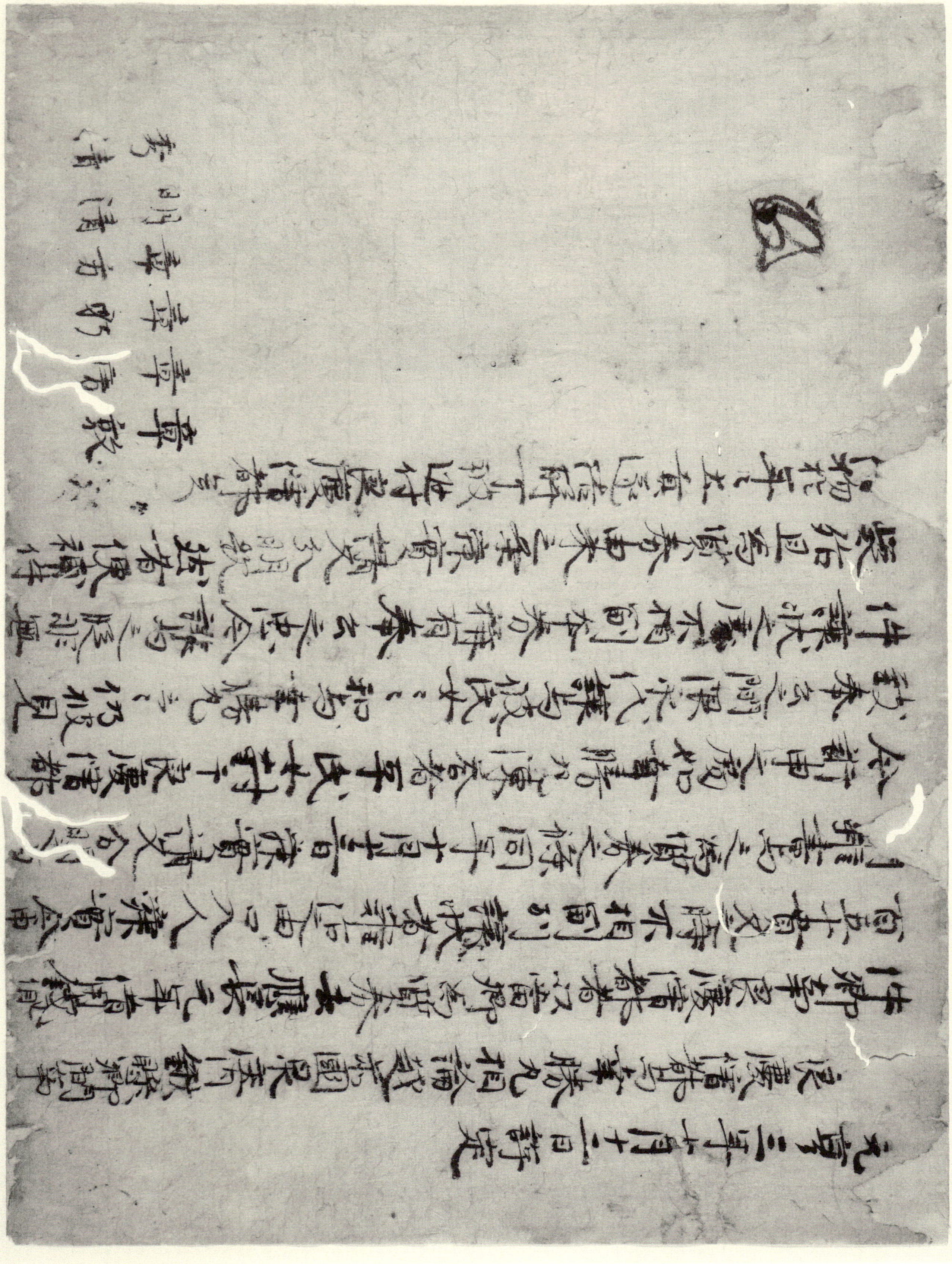

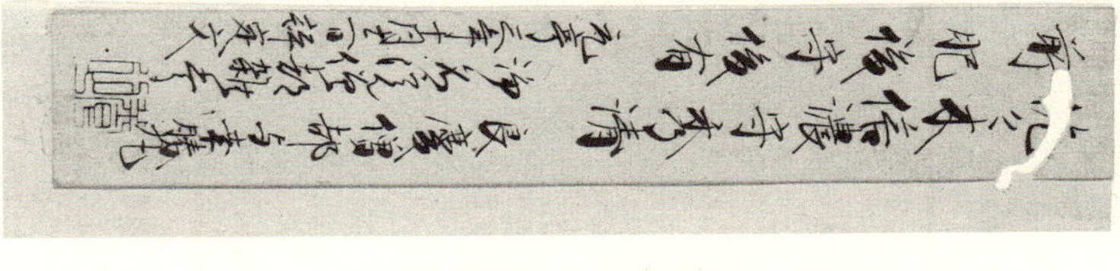

極札

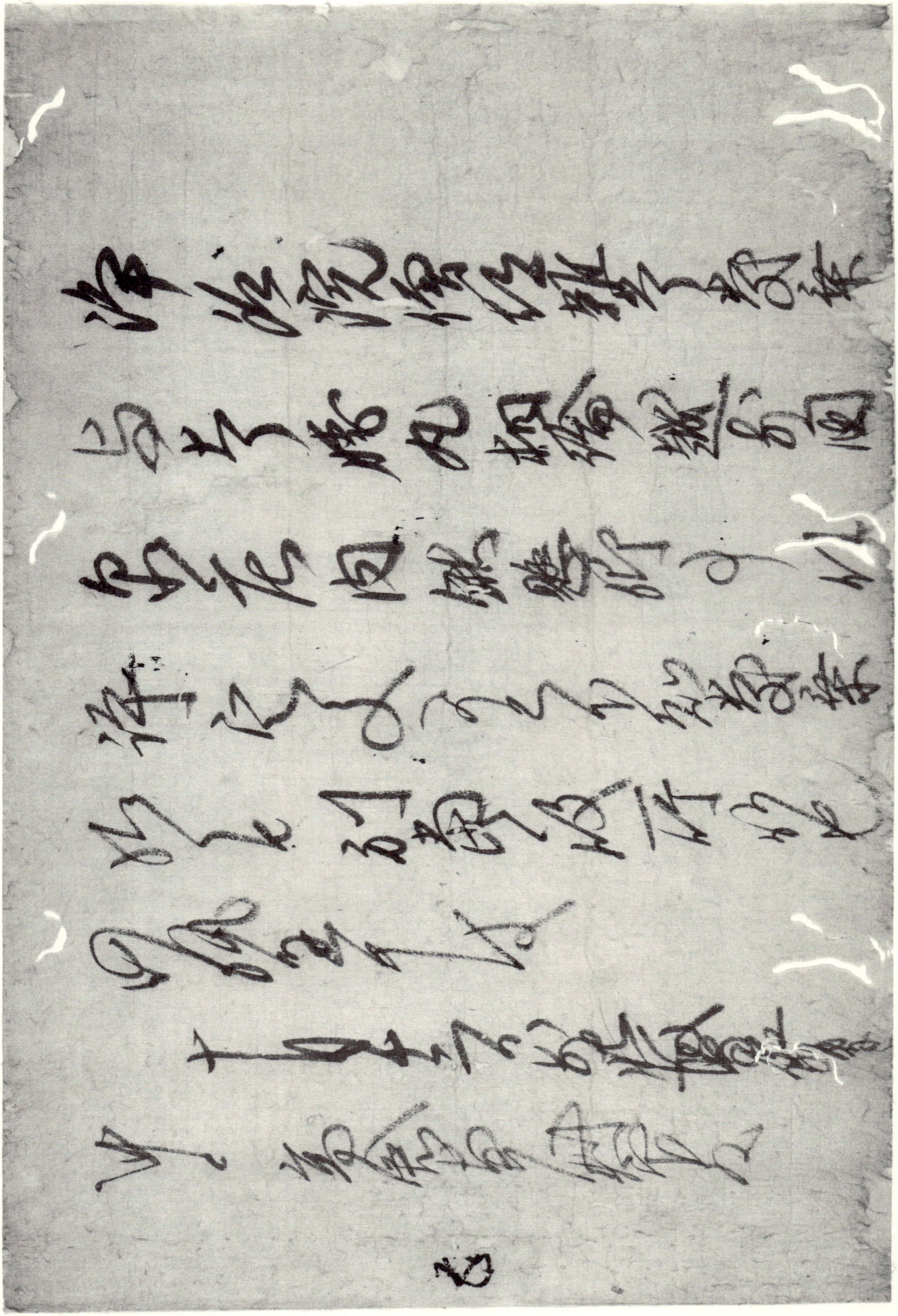

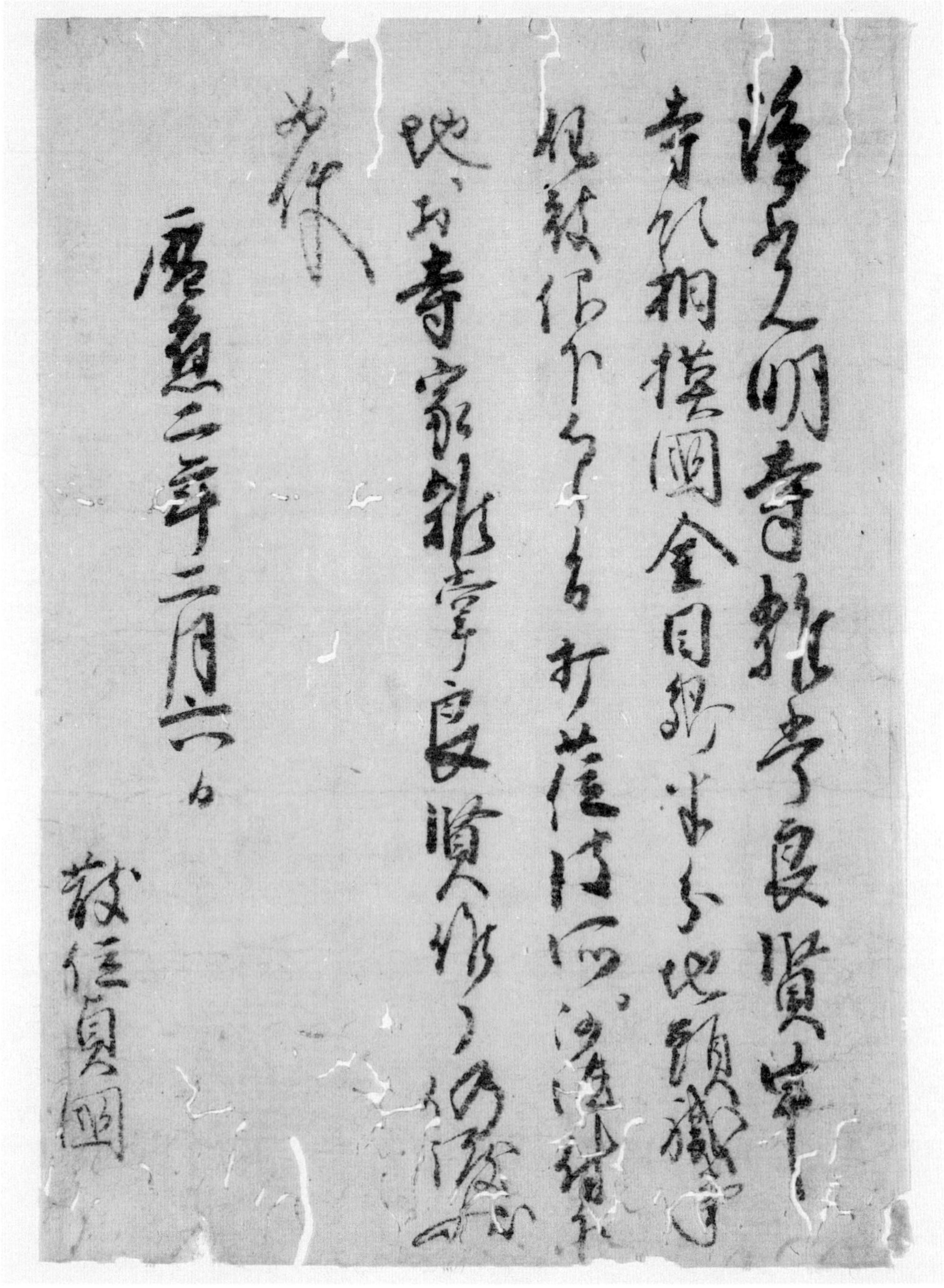

極札

端裏書

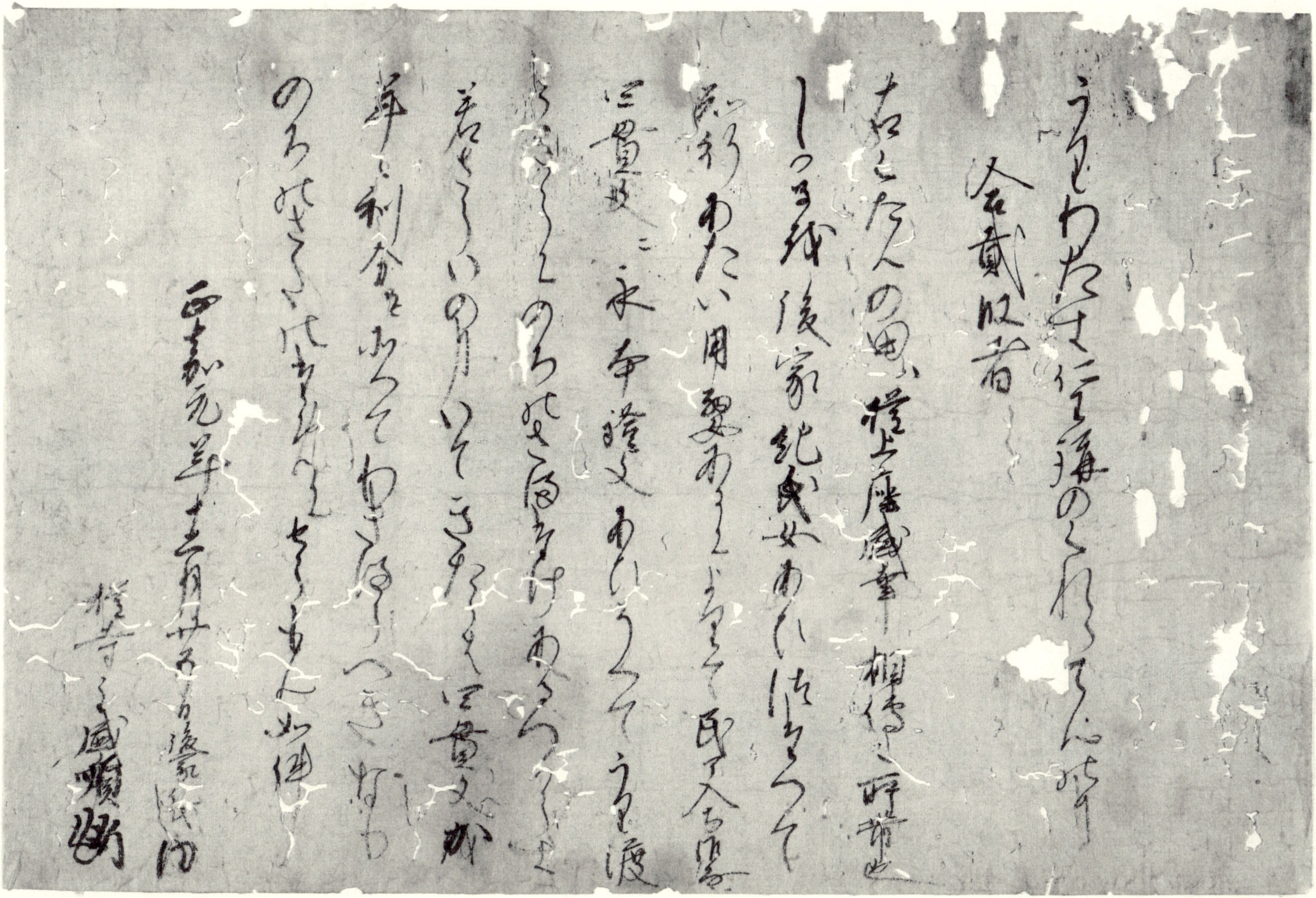

古文書　鎌倉・室町時代　4　権上座盛幸後家紀氏女田地売券　正嘉元年十二月二十五日

5 高宮末貞所米売券　寛正二年二月九日

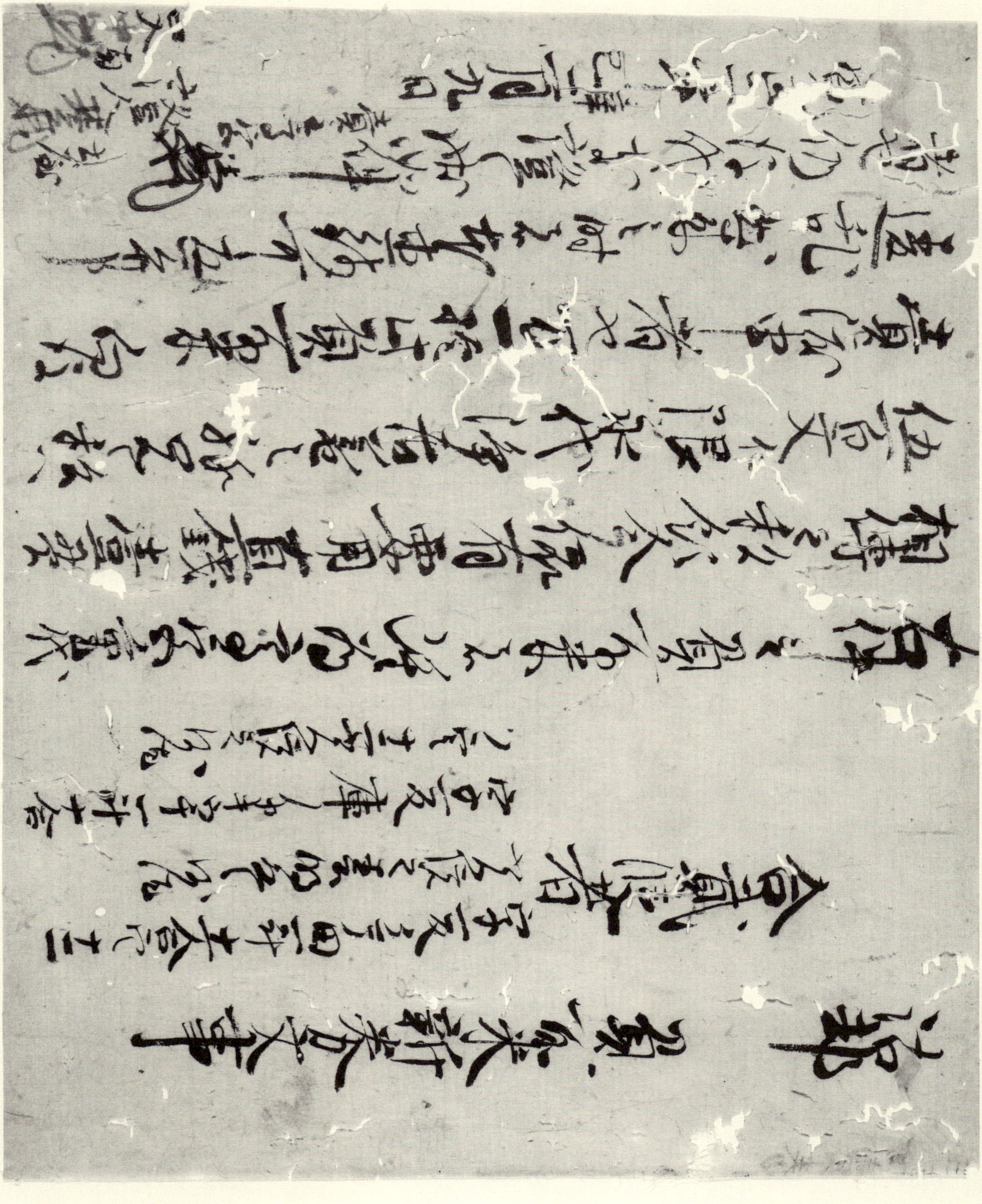

端裏書

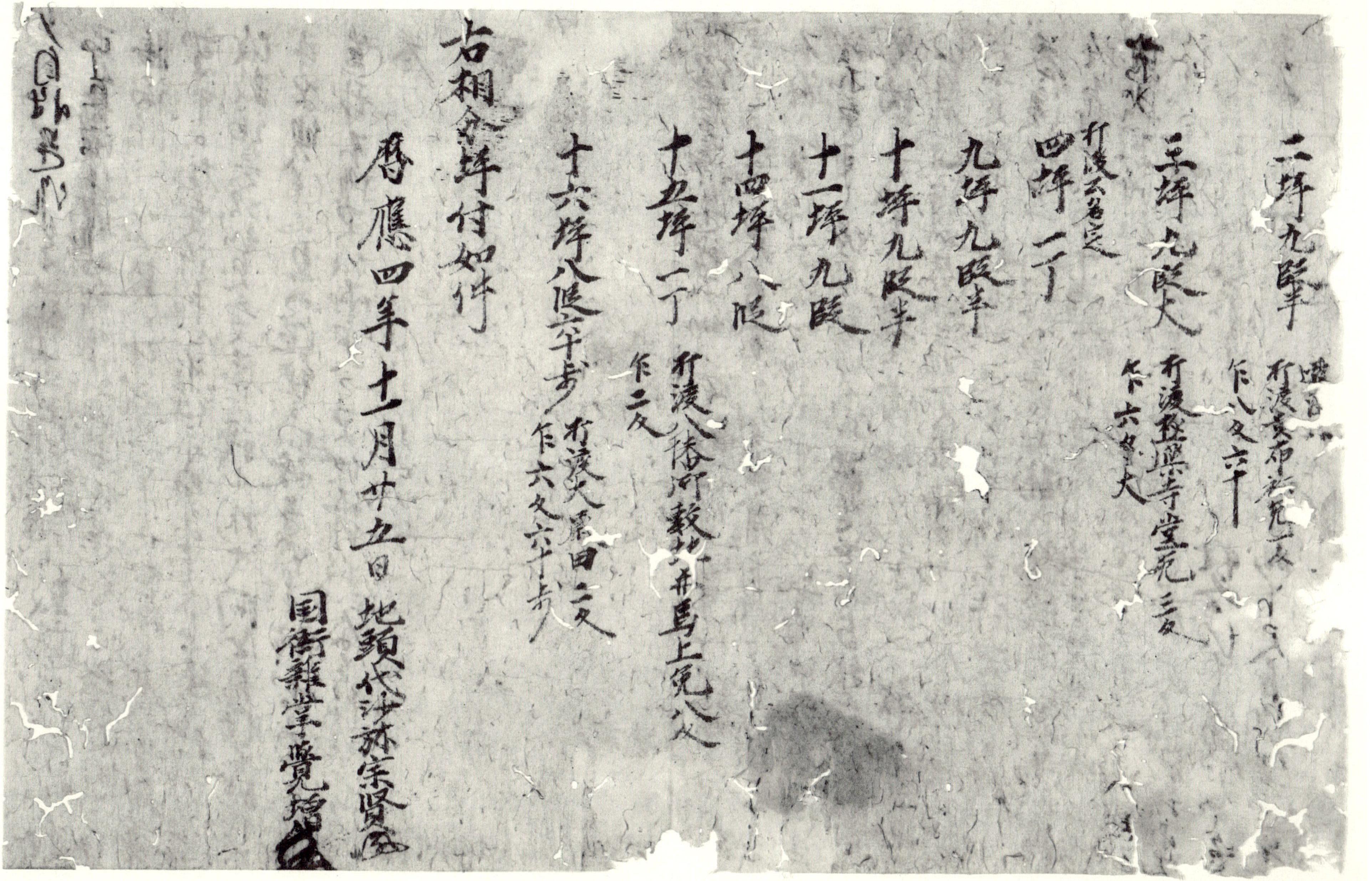

古文書　鎌倉・室町時代　6　周防国衙雑掌覚増・同与田保地頭代宗賢連署田地相分坪付（前欠）
暦応四年十一月二十五日

古文書　鎌倉・室町時代

6　周防国衙雑掌覚増・同与田保地頭代宗賢連署田地相分坪付（前欠）
暦応四年十一月二十五日
紙背　華厳演義鈔纂釈（断簡）

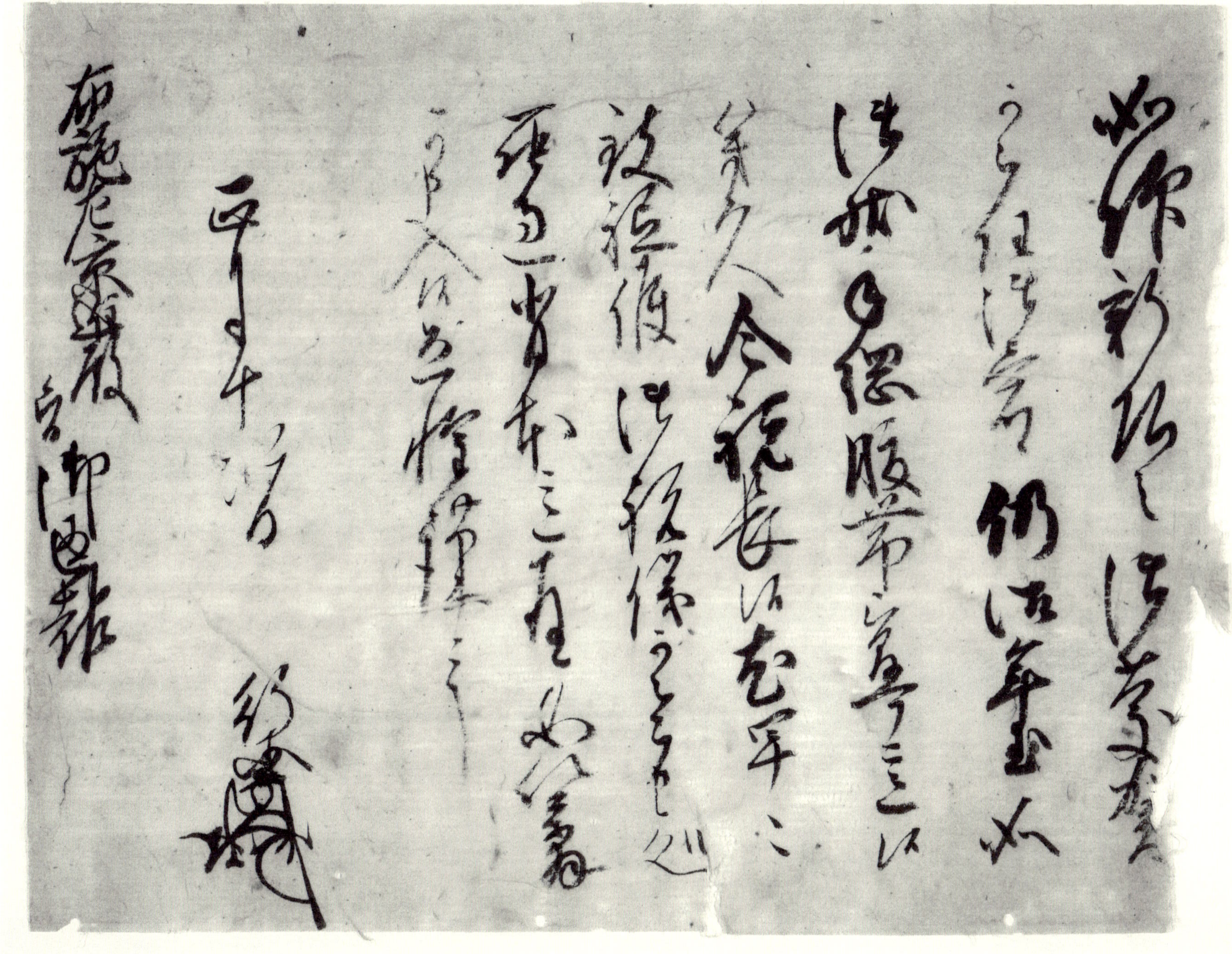

古文書　鎌倉・室町時代　7行国書状　正月十四日

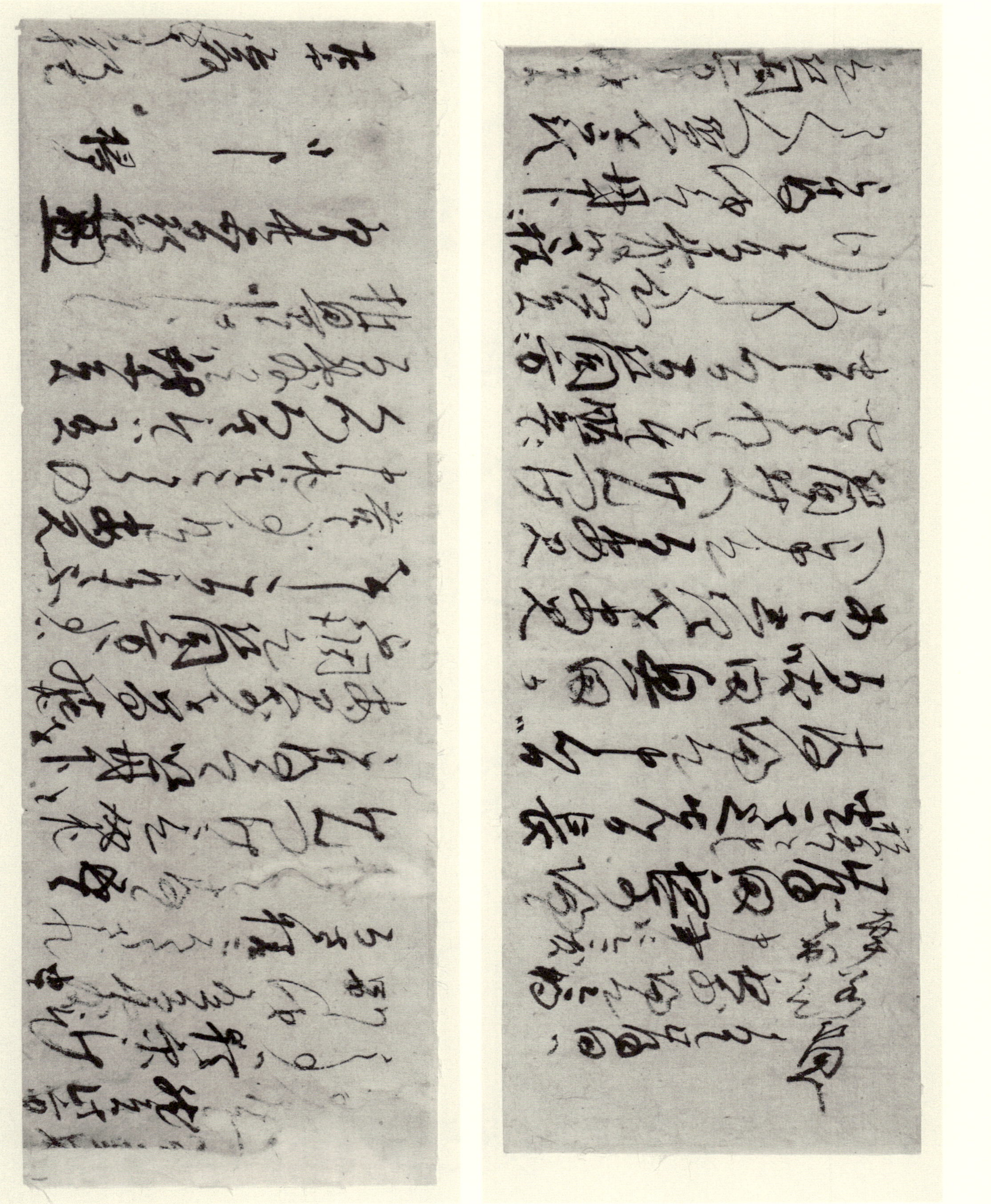

古文書
鎌倉・室町時代
8 布施行種書状
卯月二十五日

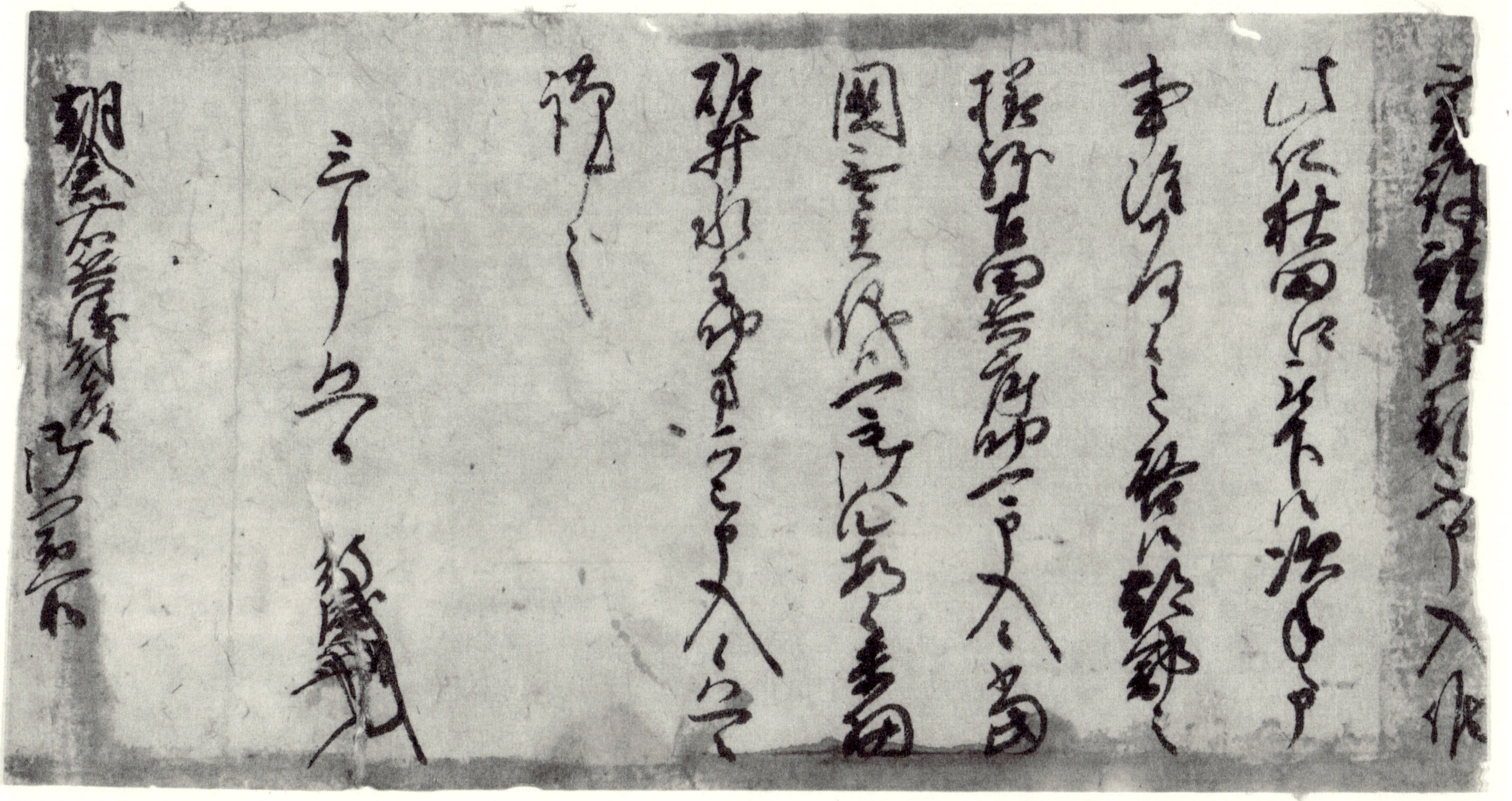

古文書　鎌倉・室町時代　9布施行盛書状（前欠）　三月五日

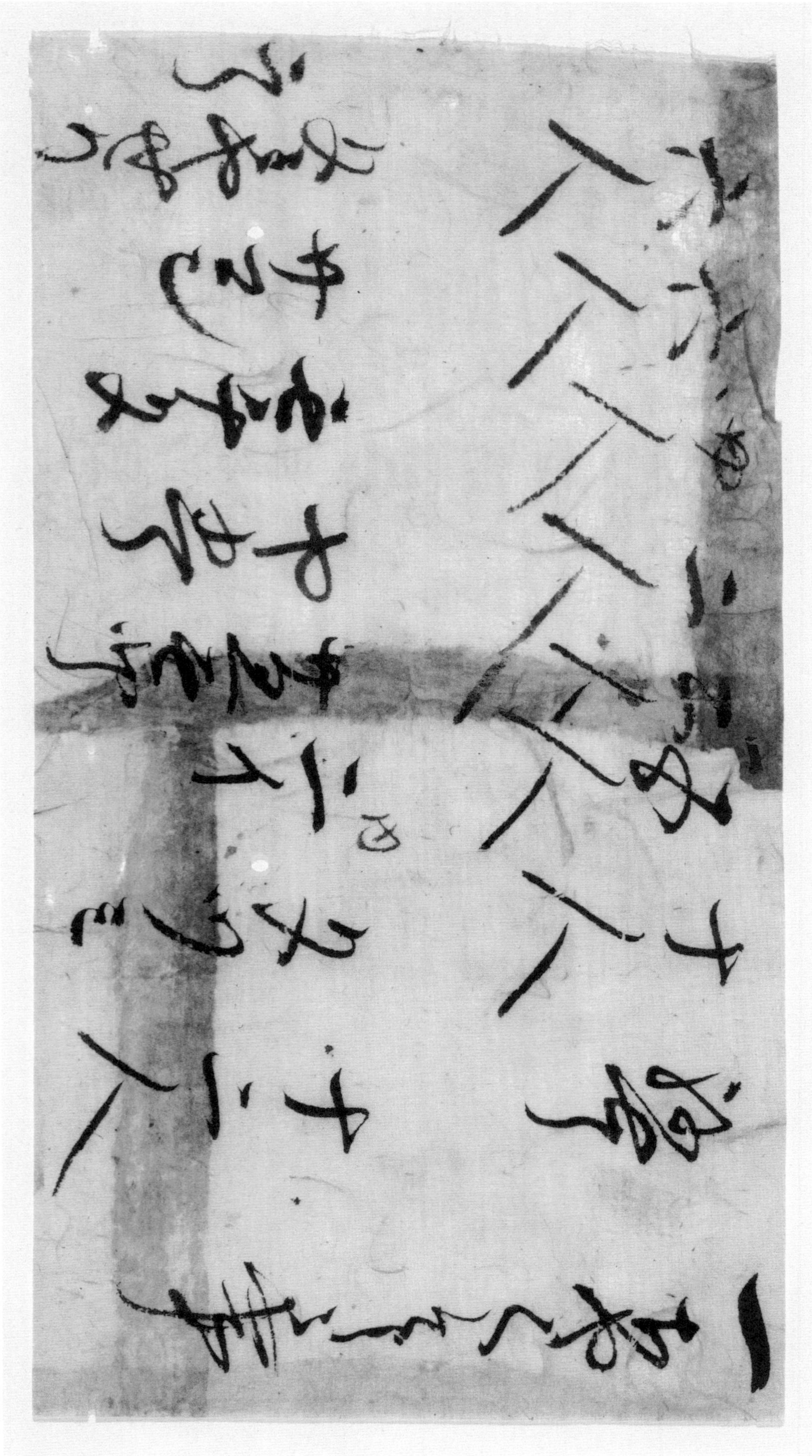

古文書　鎌倉・室町時代
10 着到人数注文（断簡）

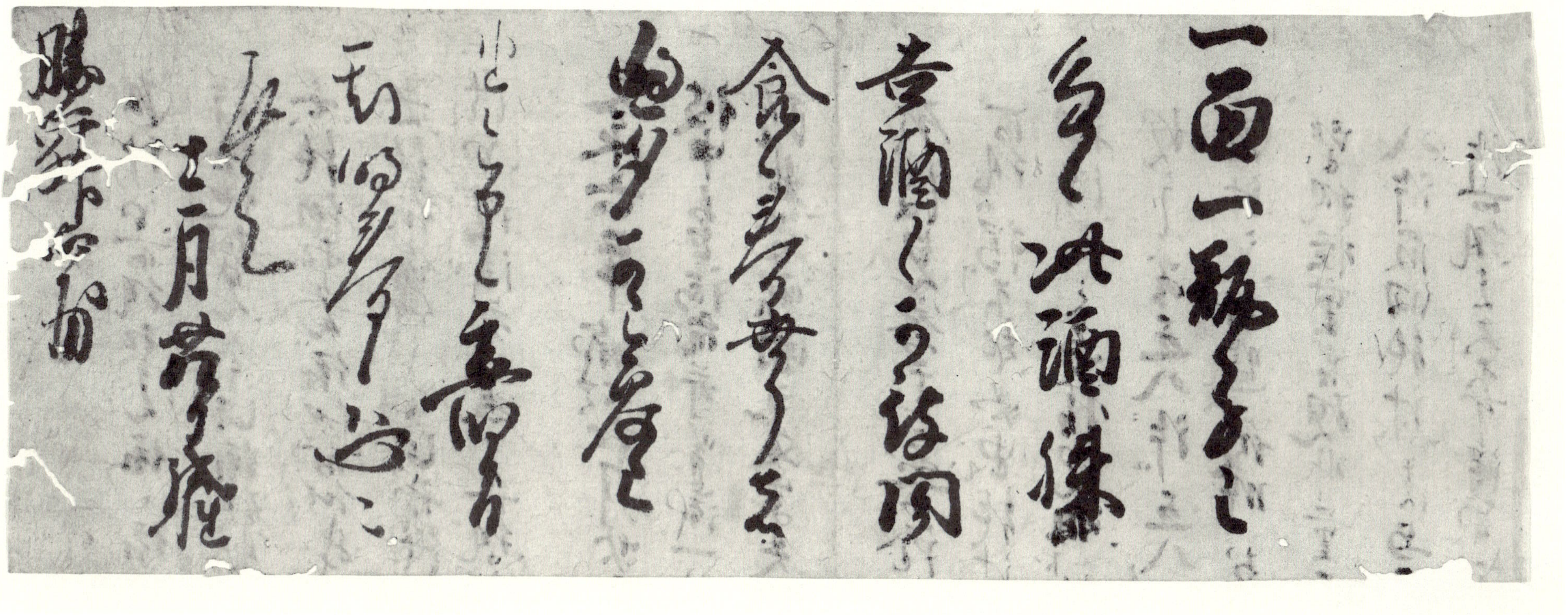

古文書　鎌倉・室町時代　11誠性書状　十二月二十九日

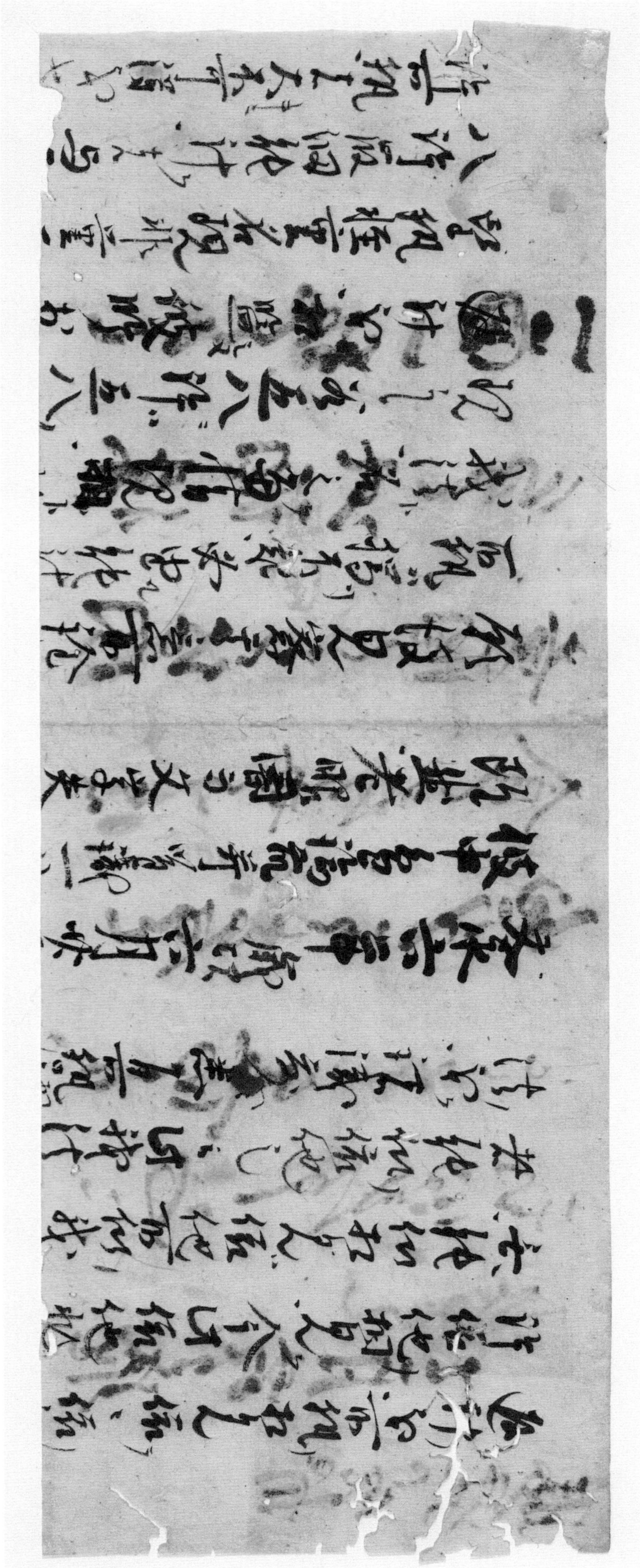

古文書　鎌倉・室町時代

口　誠性書状　十二月二十九日

紙背　成唯識論義書（断簡）

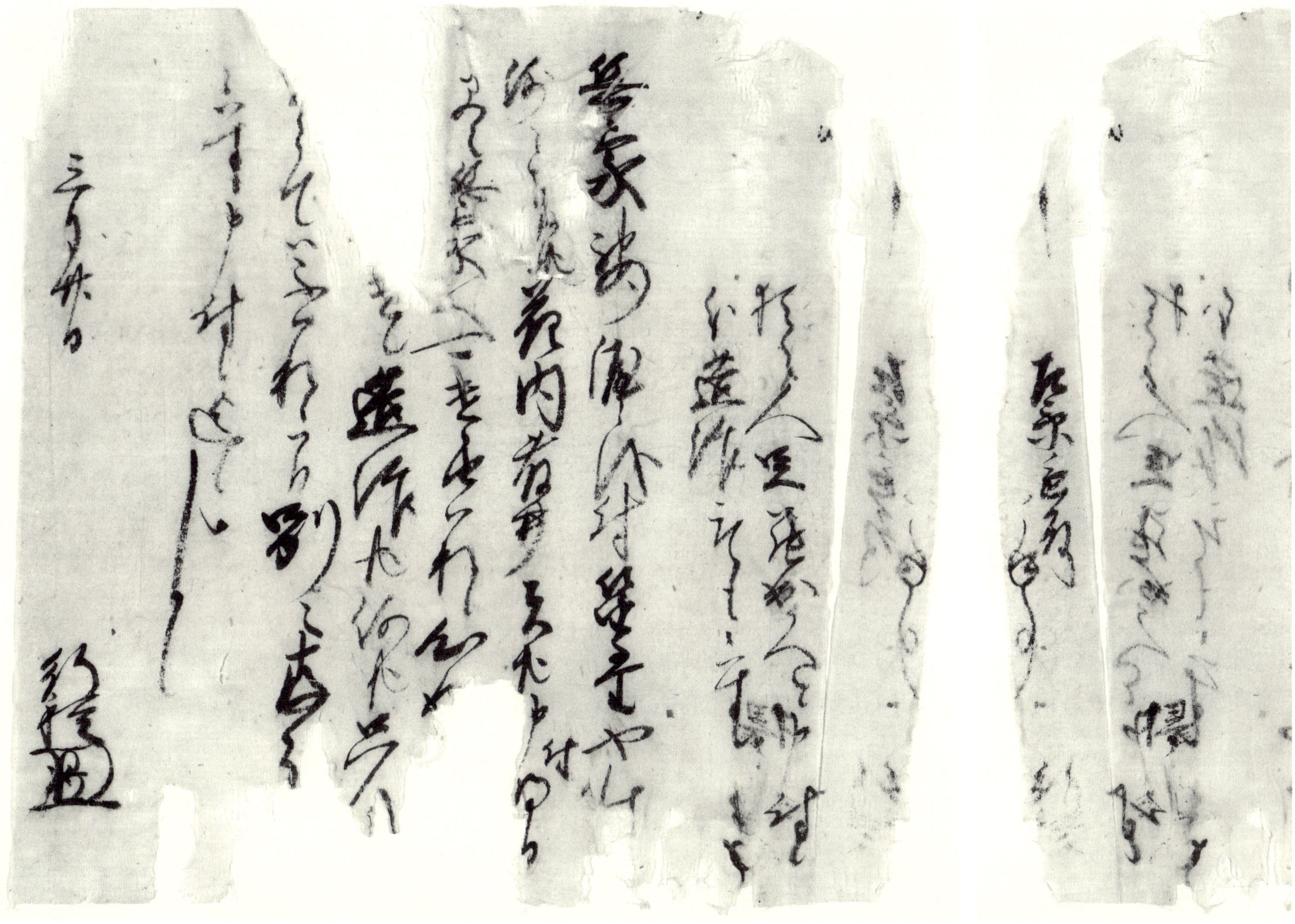

端裏上書

古文書　鎌倉・室町時代　12布施行種書状　三月二十日

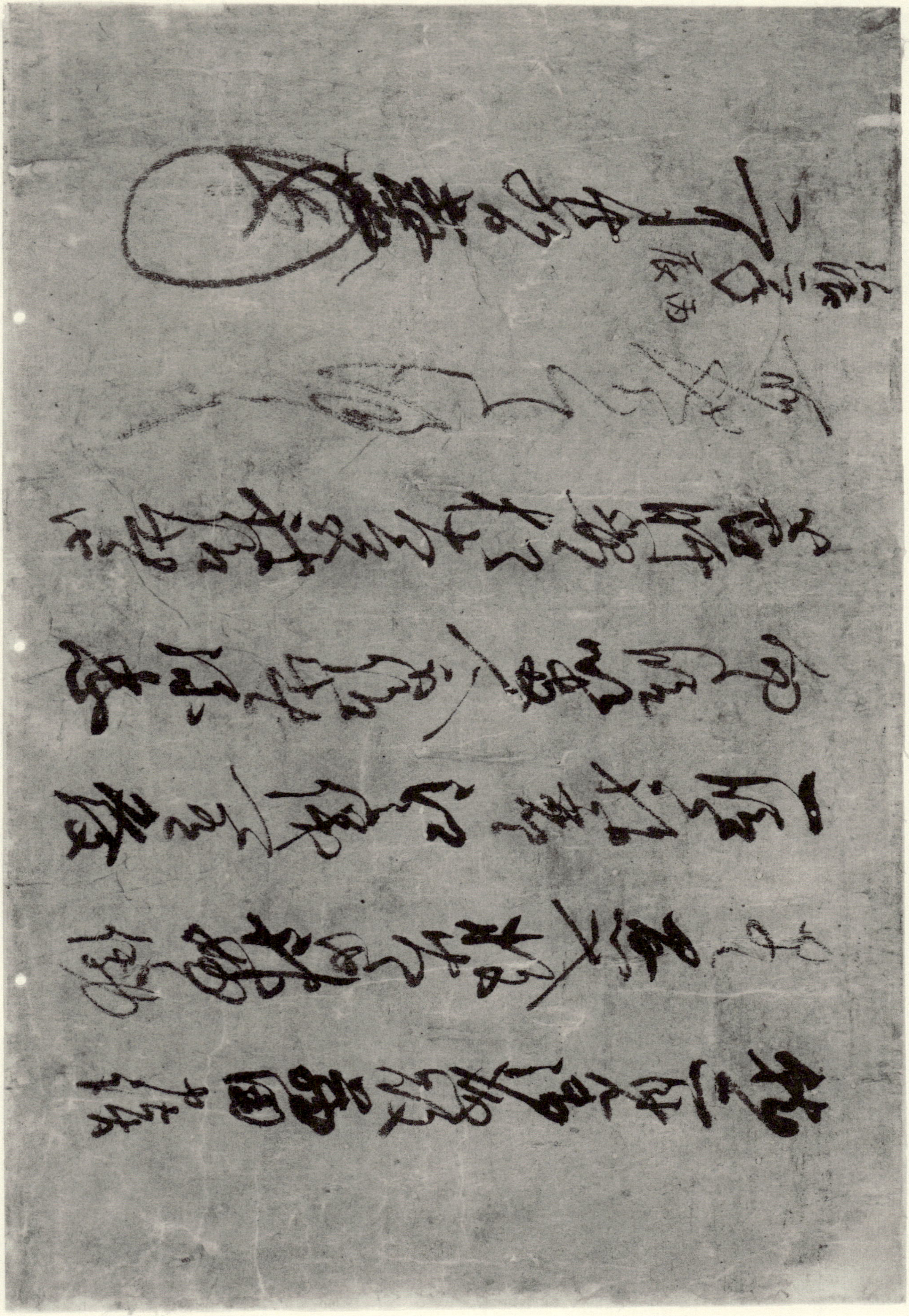

古文書
鎌倉・室町時代
13 北畠具教奉行人教兼奉書「弘治三年」二月二十九日

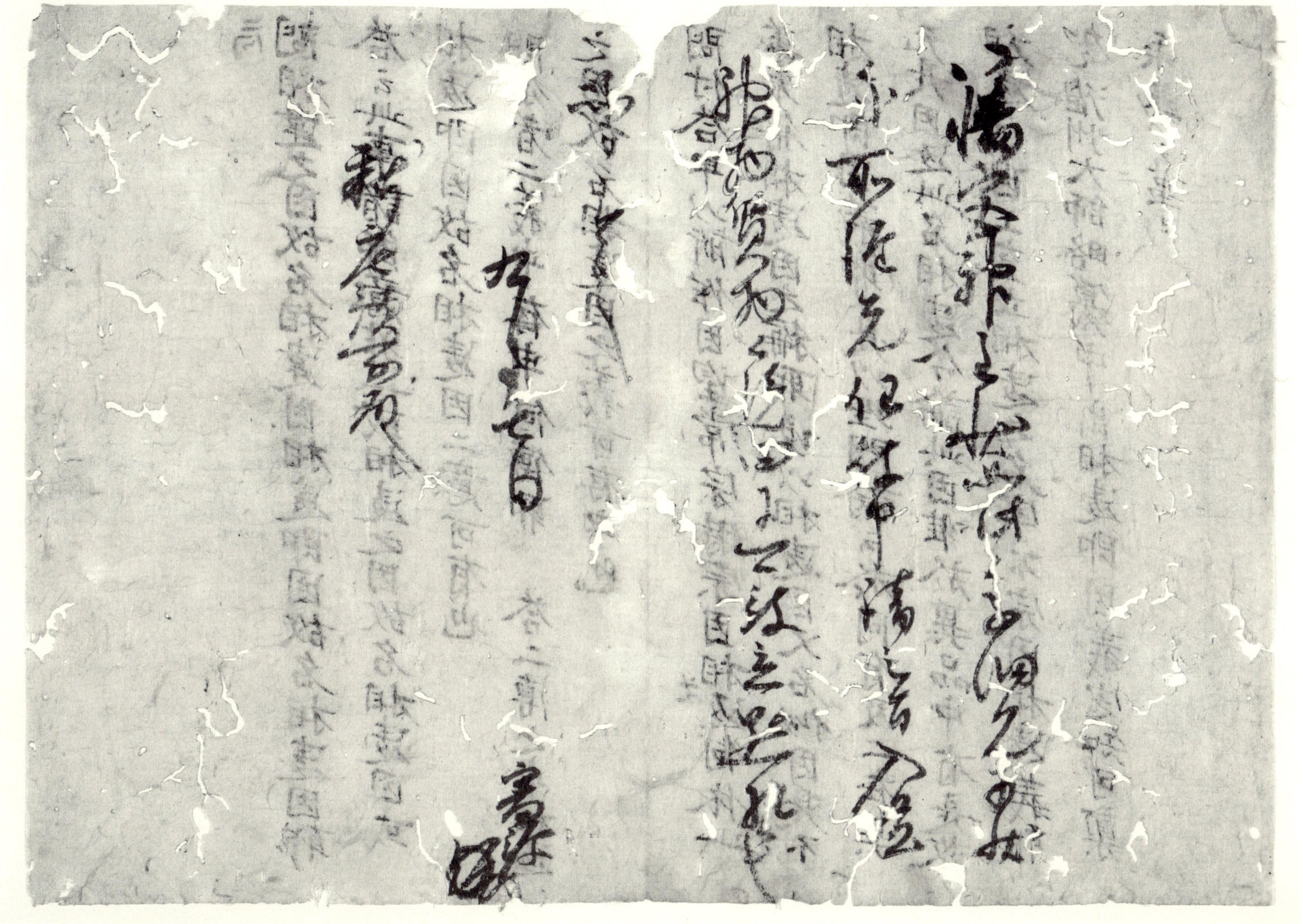

古文書　鎌倉・室町時代　14審源書状　九月七日

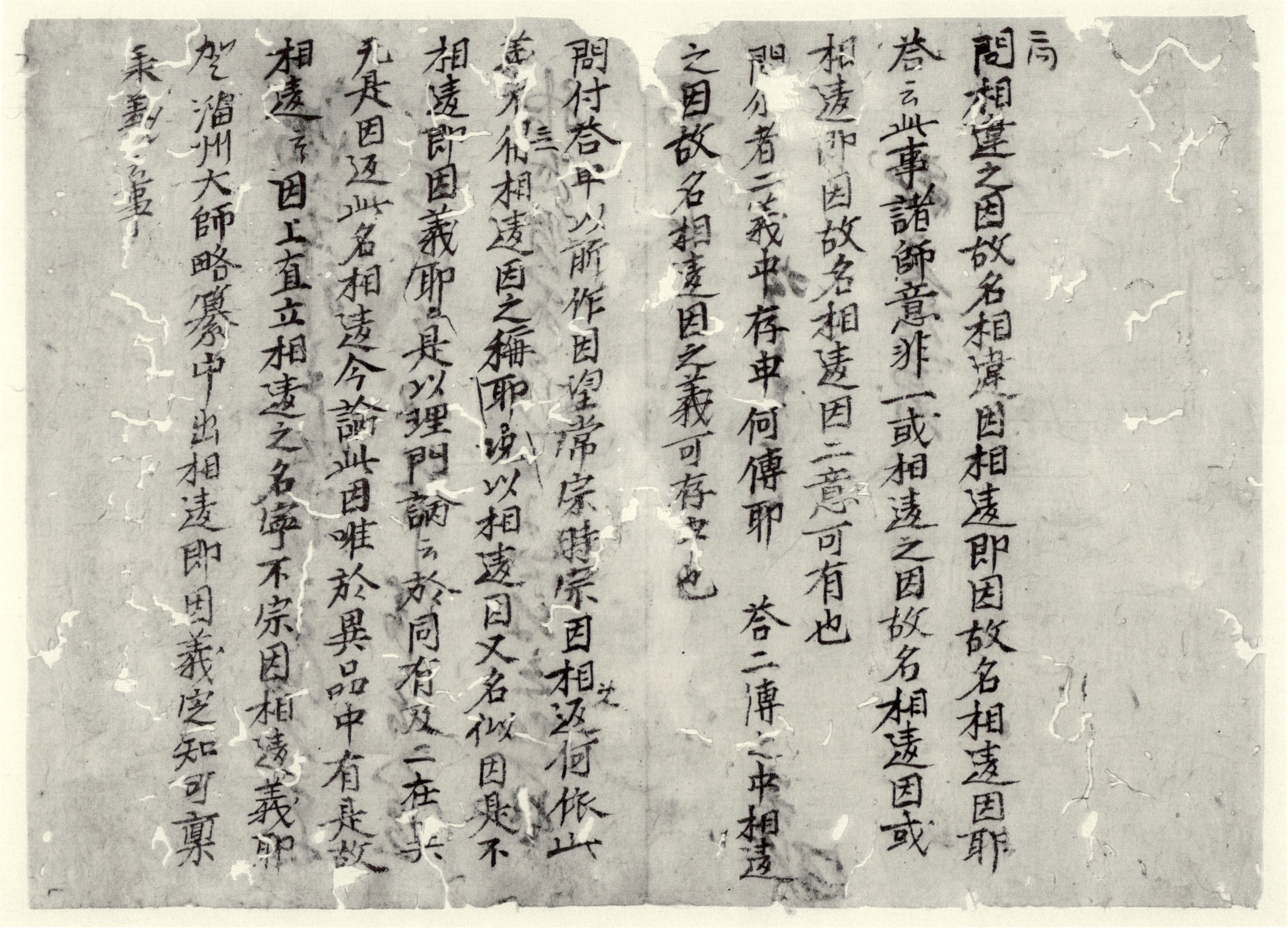
問相違之因故名相違因相違即因故名相違因耶
答云此事諸師意非一或相違之因故名相違因或
相違即因故名相違因二意可有也
問分者二義中存申何傳耶　答二傳之中相違
之因故名相違因之義可存申也
問付答申以所作因望常宗時宗因相違之何依此
義名相違因之稱耶境以相違因又名似因是不
相違即因義耶是以理門論云於同有及二在異
九是因返此名相違今論此因唯於異品中有是故
相違之因上直立相違之名亭不宗因相違之義耶
加之淄州大師略纂中出相違即因義定知可稟
乗勤之重

古文書　鎌倉・室町時代　14審源書状　九月七日　紙背　因明論義短釈（断簡）

中原遠忠注進状

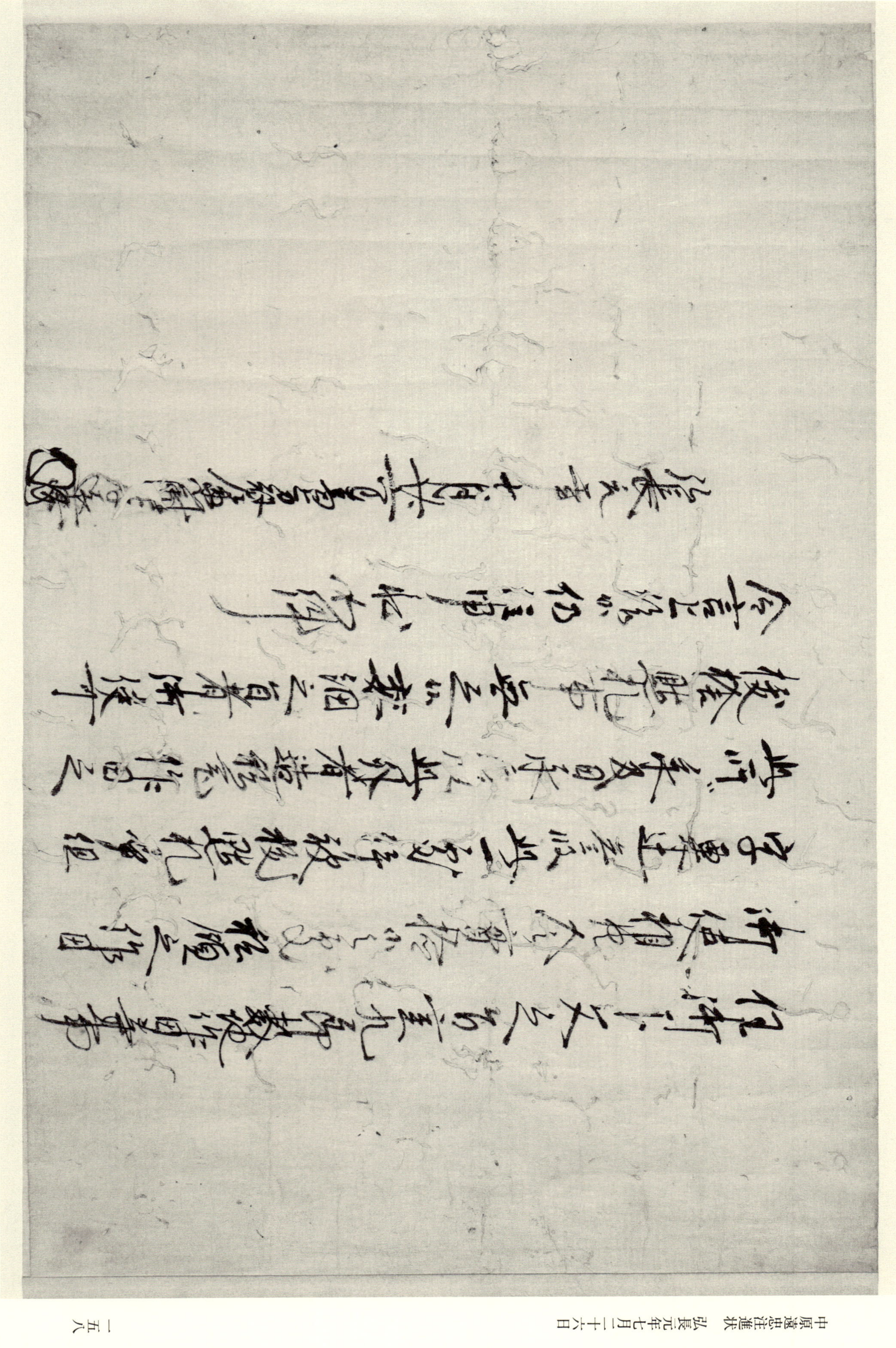

中原遠忠注進状　弘長元年七月二十六日

東大寺大勧進聖守書状

1 東大寺大勧進聖守書状（弘安四年九月二十日）

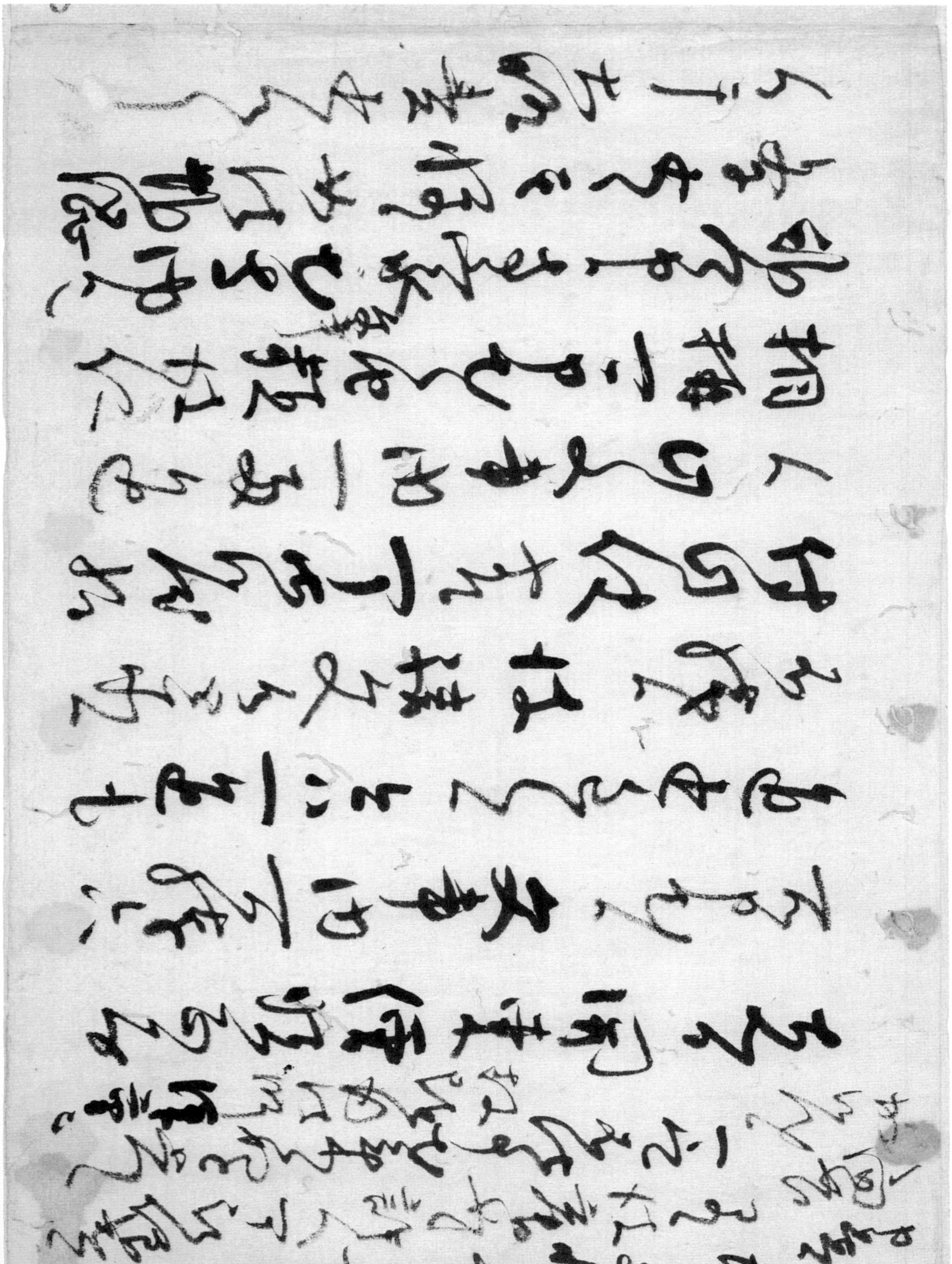

（1）

端裏書

（2）

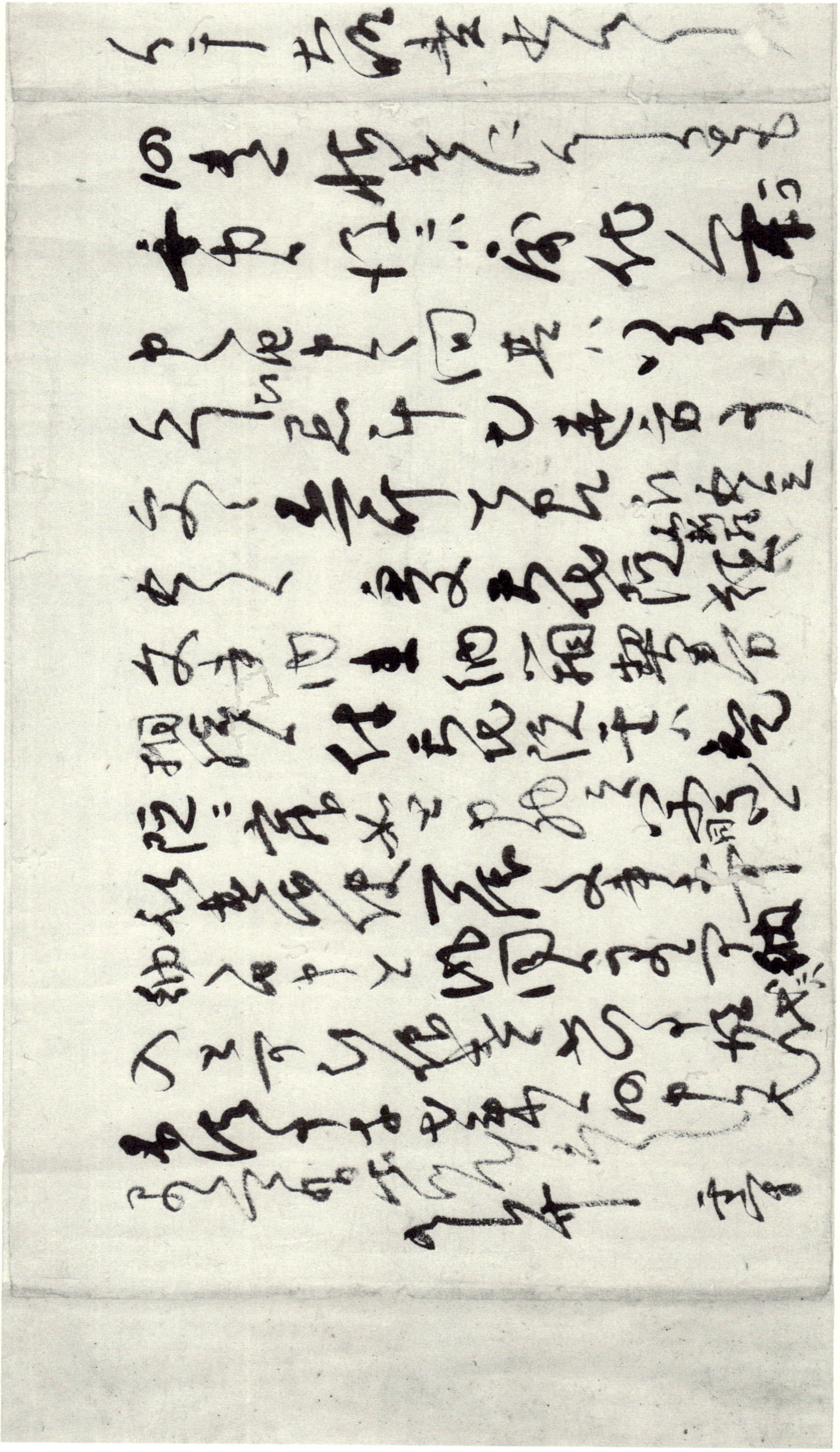

1 東大寺大勧進聖守書状　（弘安四年）九月二十日

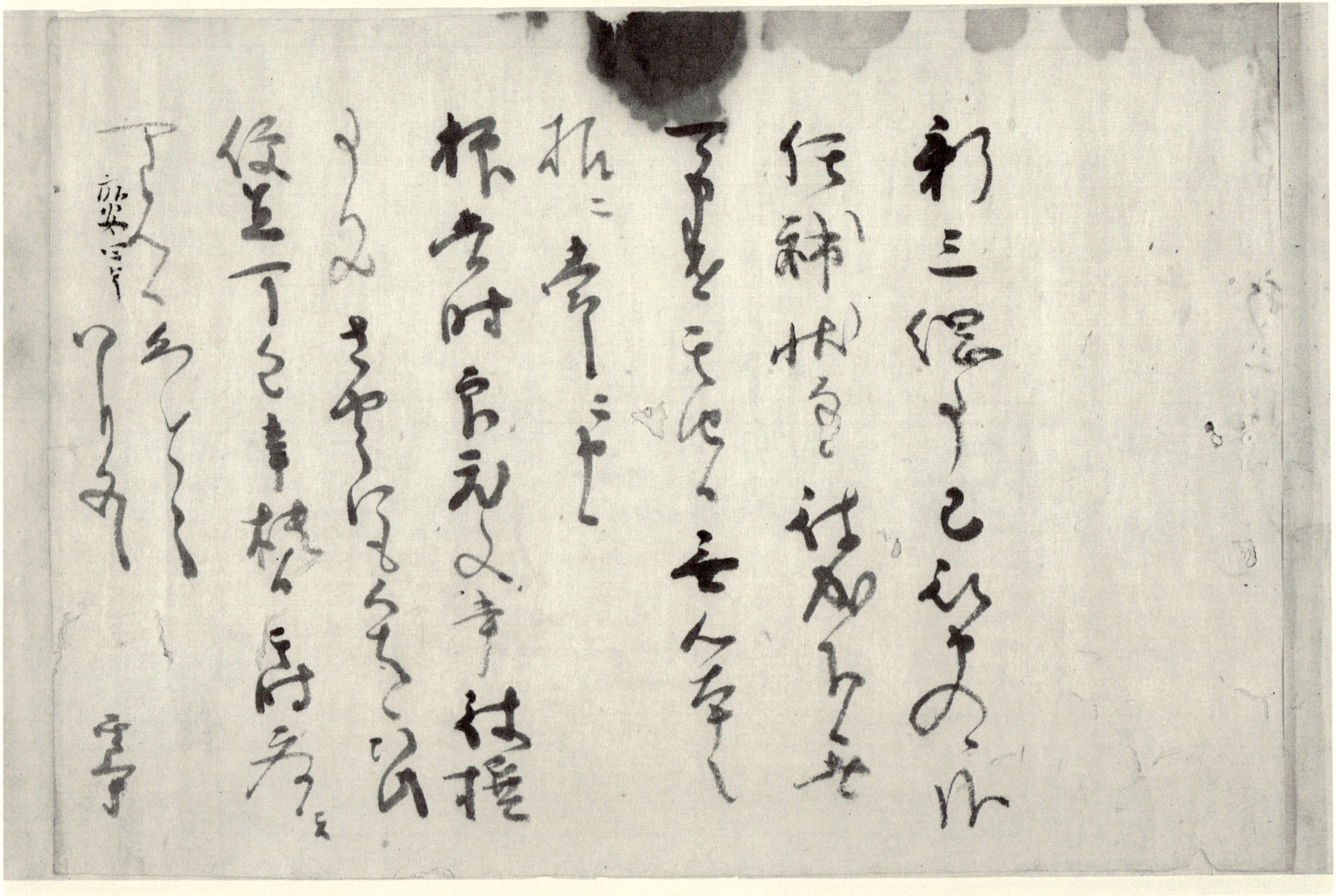

（3）

端裏書

# 蓑沼寺文書

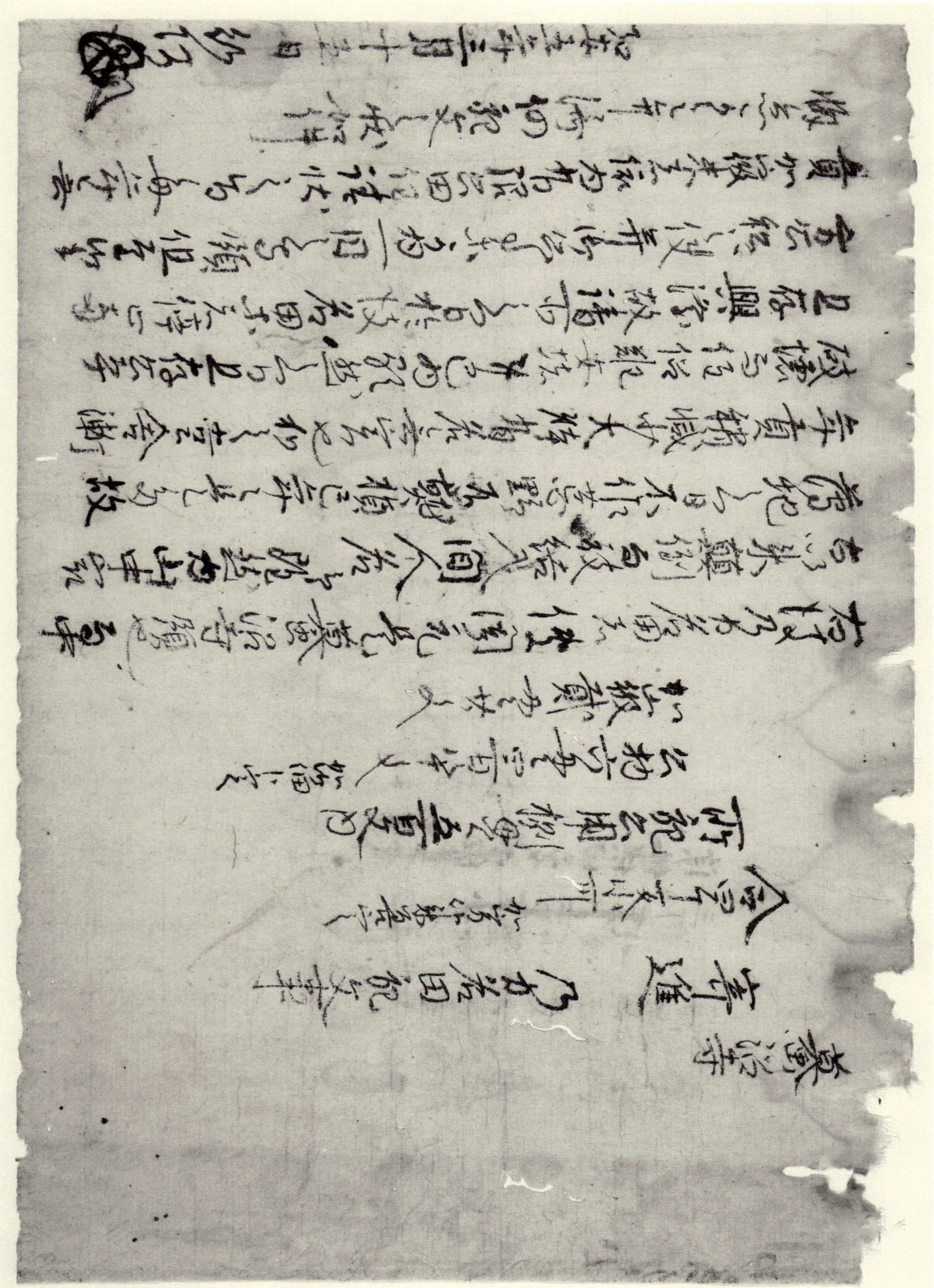

蓁沼寺文書　1　行阿寄進状　弘安五年三月十五日

薹沼寺文書　一行阿寄進状　弘安五年三月十五日　紙背

2僧頼賢仏供米等注文（前欠）　正安元年九月二十五日

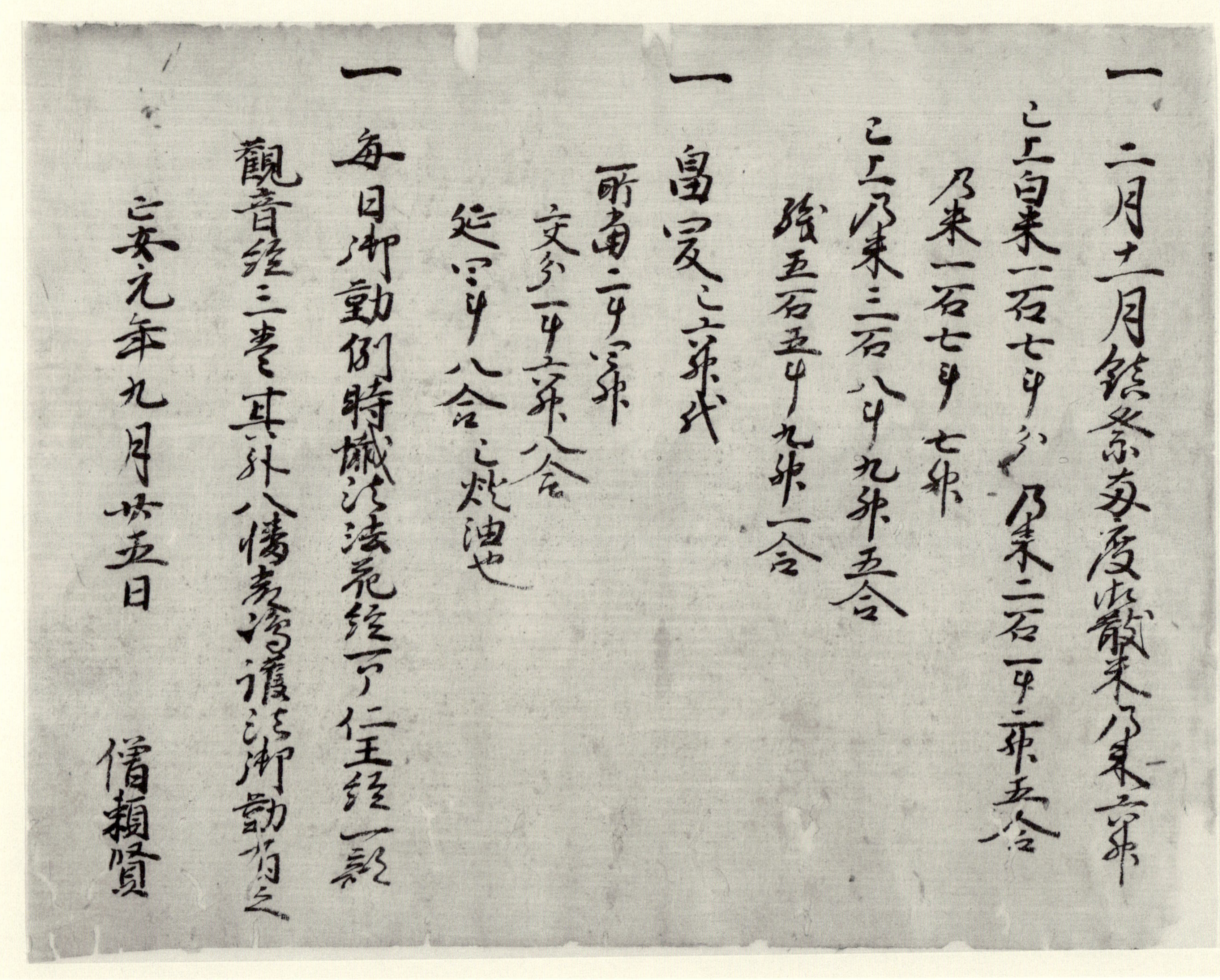

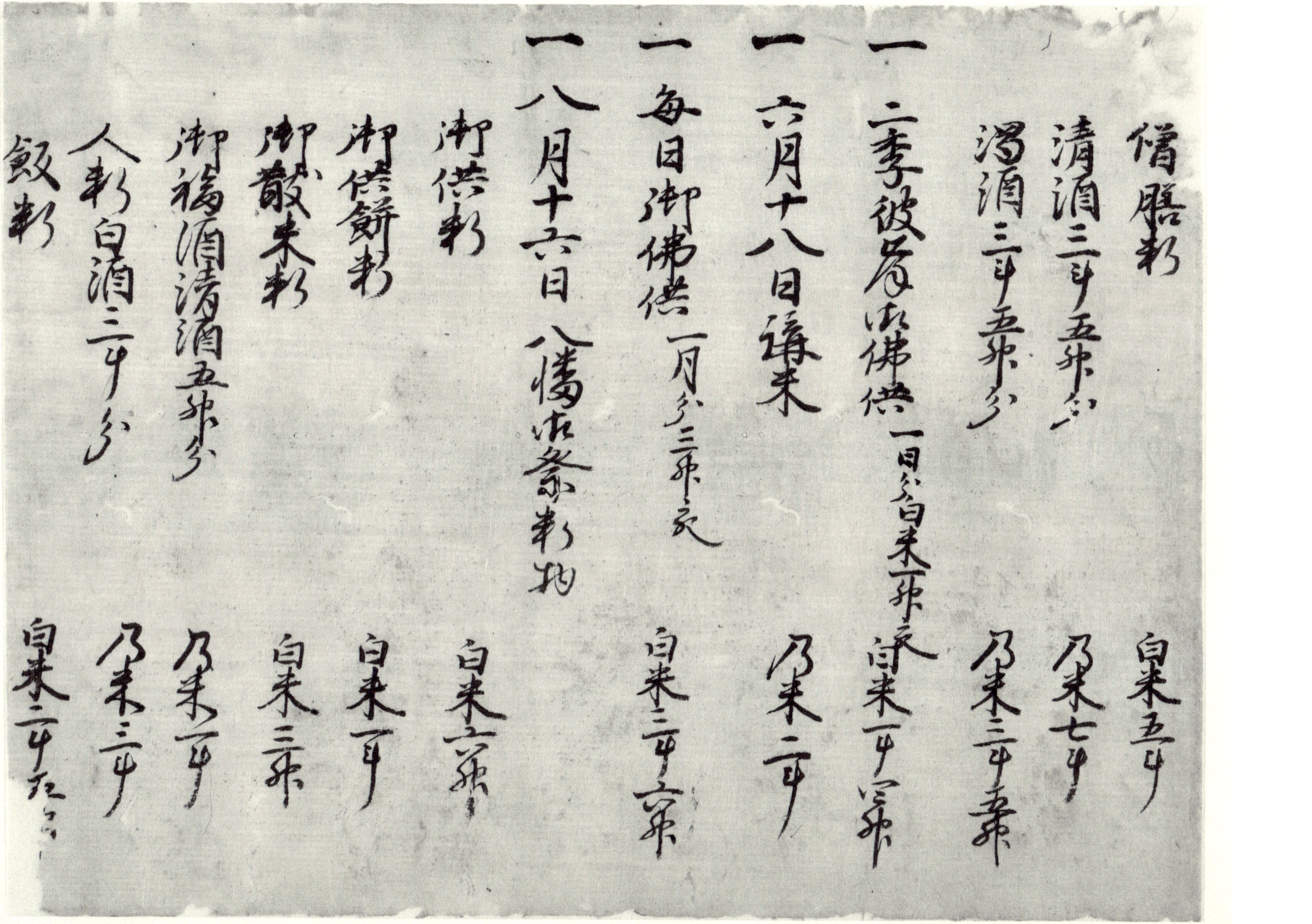

備膳料　白米五斗
清酒三斗五升歟　乃米七斗
濁酒三斗五升歟　乃米三斗五升
一　二季彼岸御佛供　一日分白米一升充　白米一斗四升
一　六月十八日講米　乃米二斗
一　毎日御佛供　一月分三升充　白米三斗六升
一　八月十六日　八幡御祭料物
御供料　白米六升
御供餅料　白米一斗
御散米料　白米三升
御禱酒清酒五升歟　乃米一斗
人料白酒二斗歟　乃米三斗
飯料　白米二斗九升

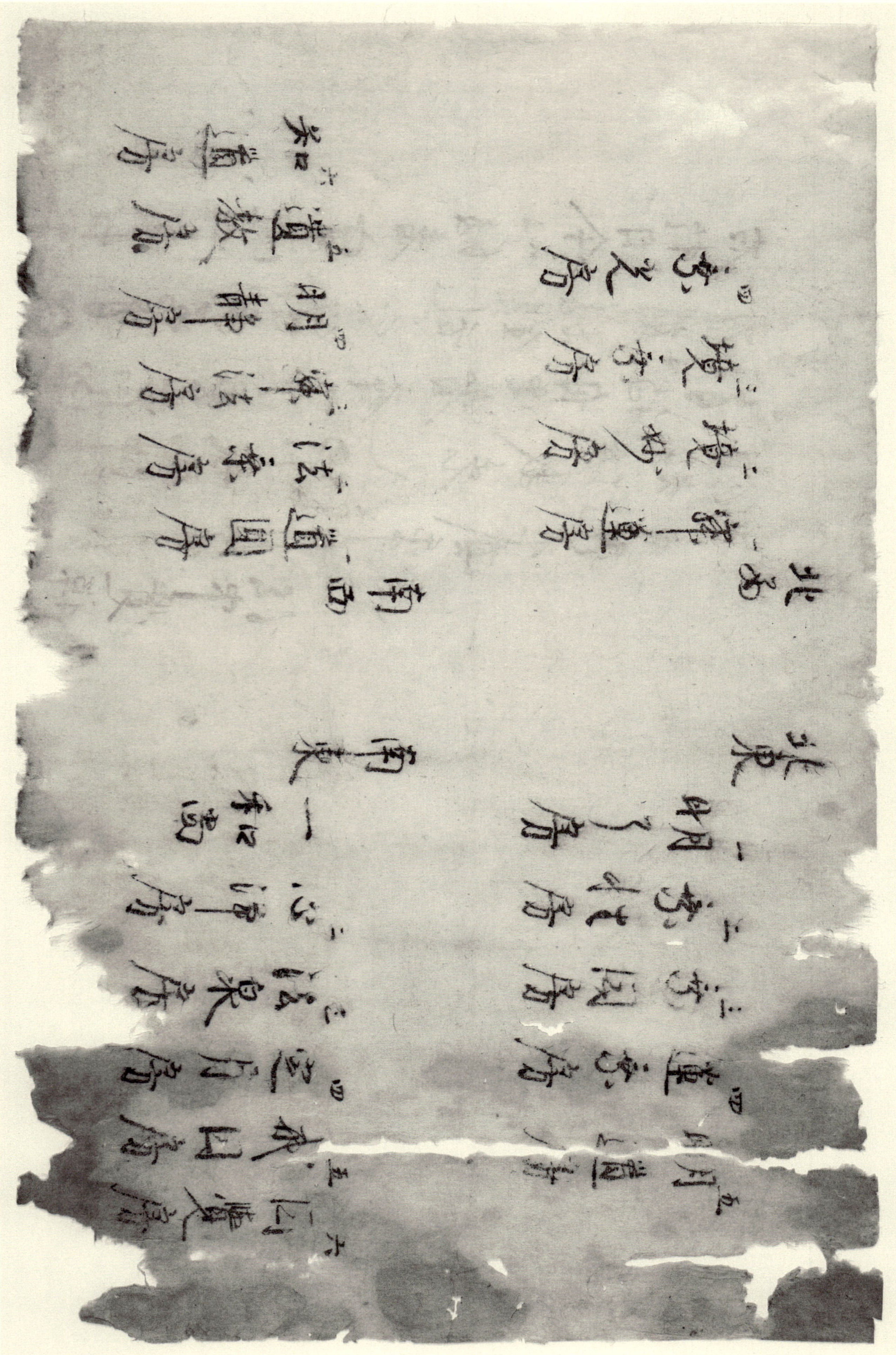

北東
一明了房
二妙性房
三妙円房
四蓮妙房
五明道房

南東
一和尚
二心浄房
三法泉房
四空月房
五戒円房
六円覚房

北西
一浄蓮房
二境妙房
三境妙房
四妙光房

南西
一道円房
二法楽房
三浄法房
四明静房
五道教房
六知道房

蓁沼寺文書　4楽音寺座列次第　乾元二年卯月日

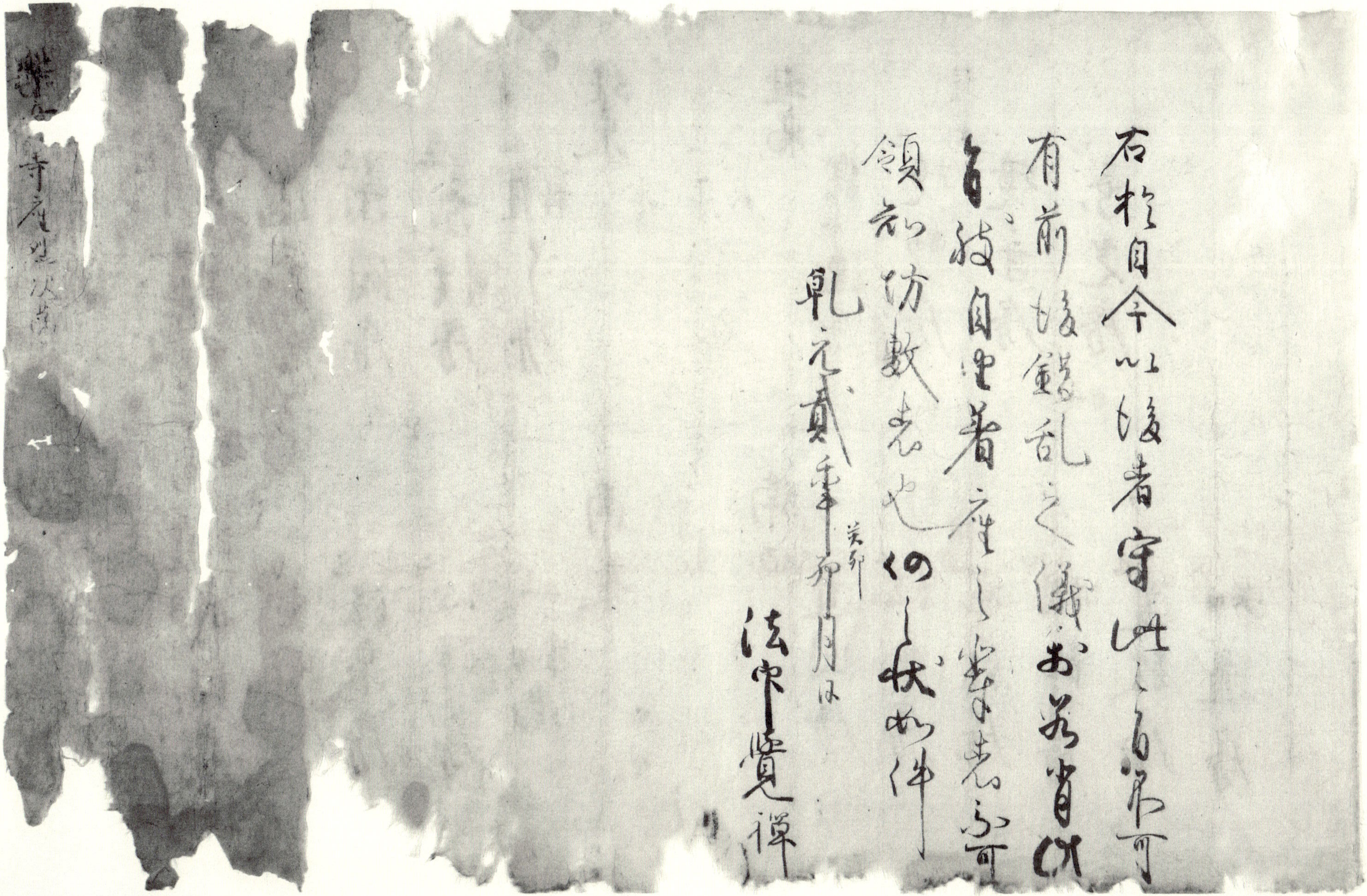

蓁沼寺文書　4楽音寺座列次第　乾元二年卯月日　紙背

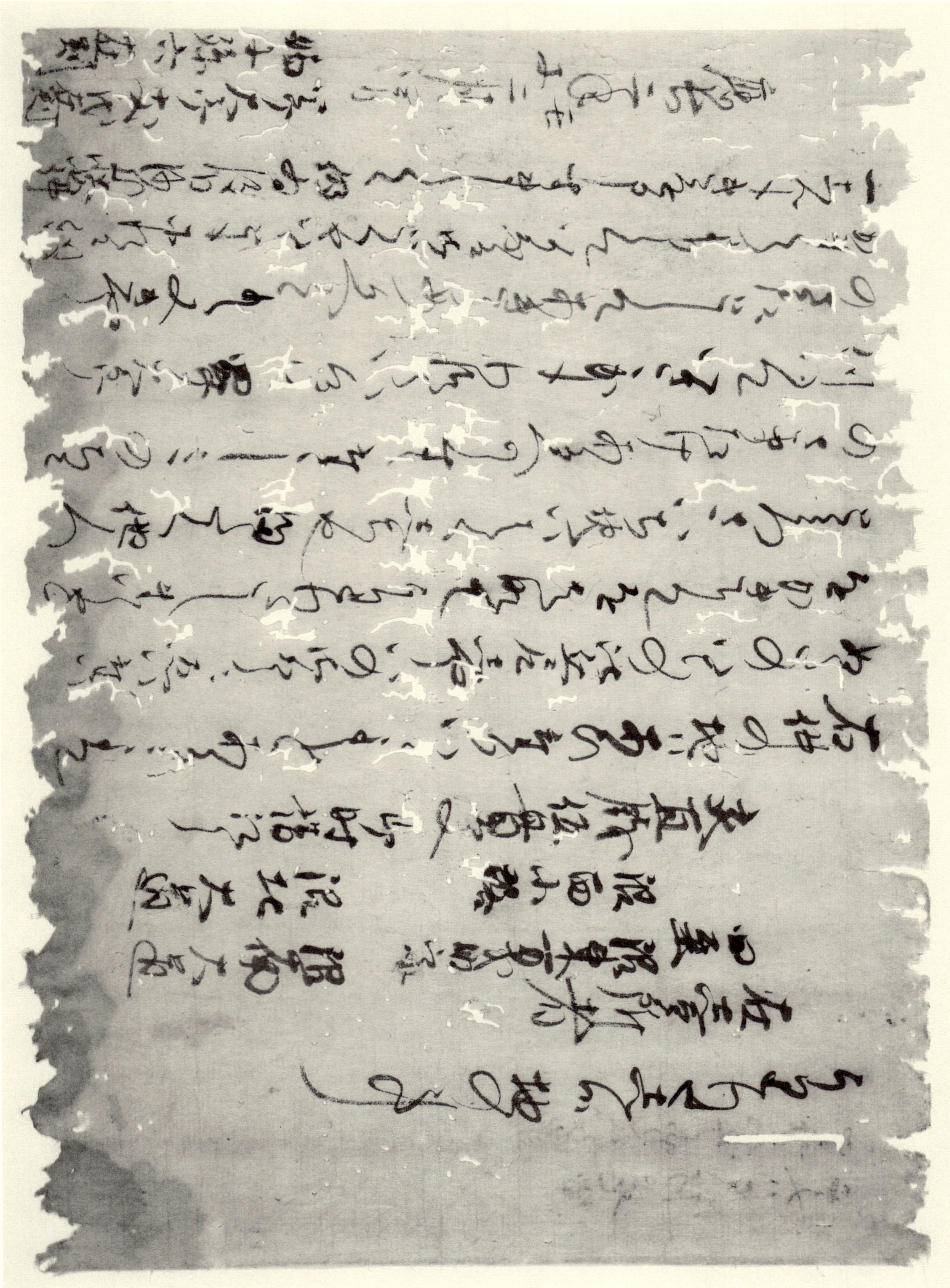

蓁沼寺文書
5 四郎太郎友氏・嫡子孫六連署売券案　応長二年二月四日

蓁沼寺文書　5四郎太郎友氏・嫡子孫六連署売券案　応長二年二月四日　紙背

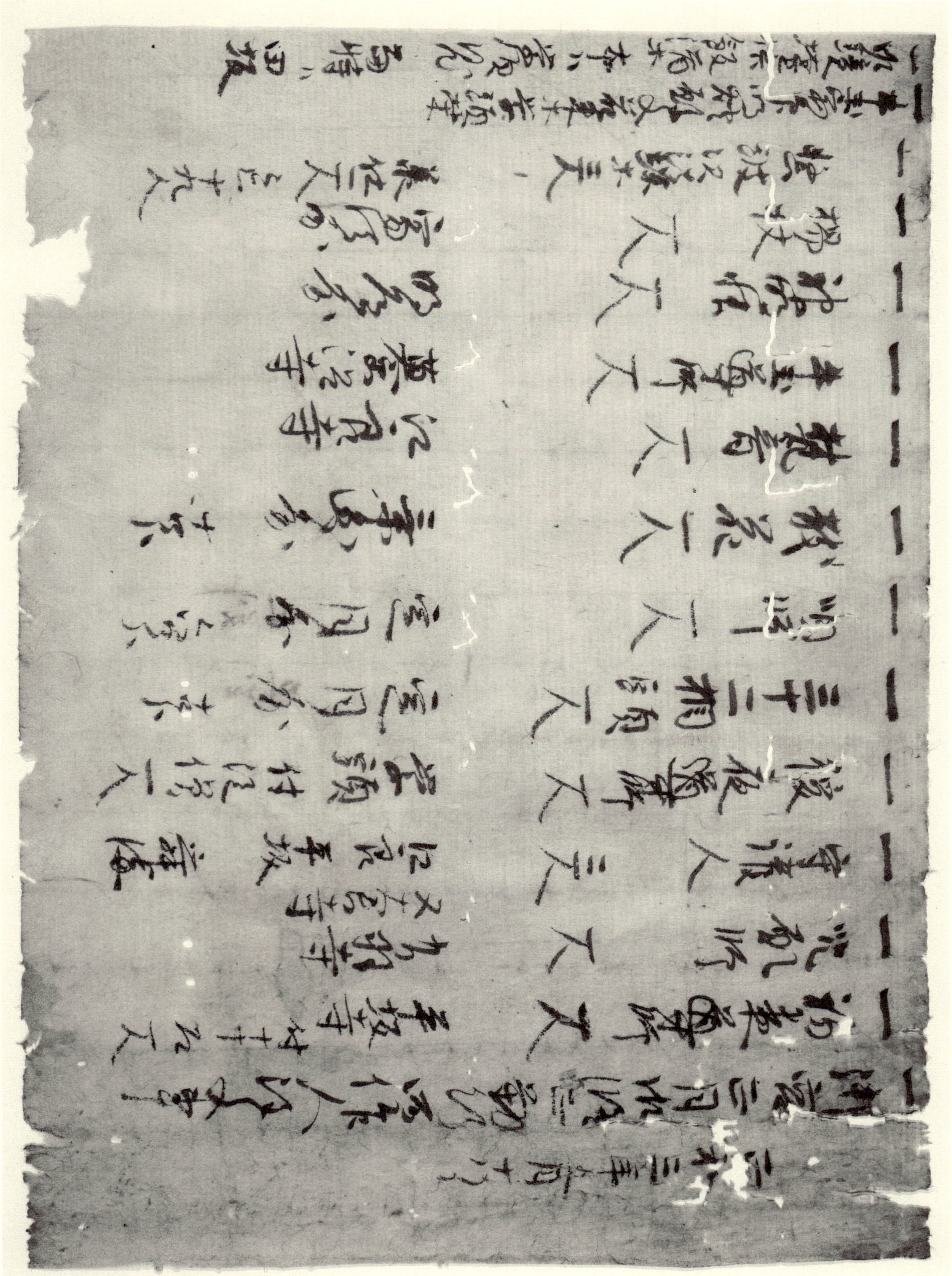

慈恩寺文書
6 一宮修正会勤行所作人注文 正和三年五月十八日

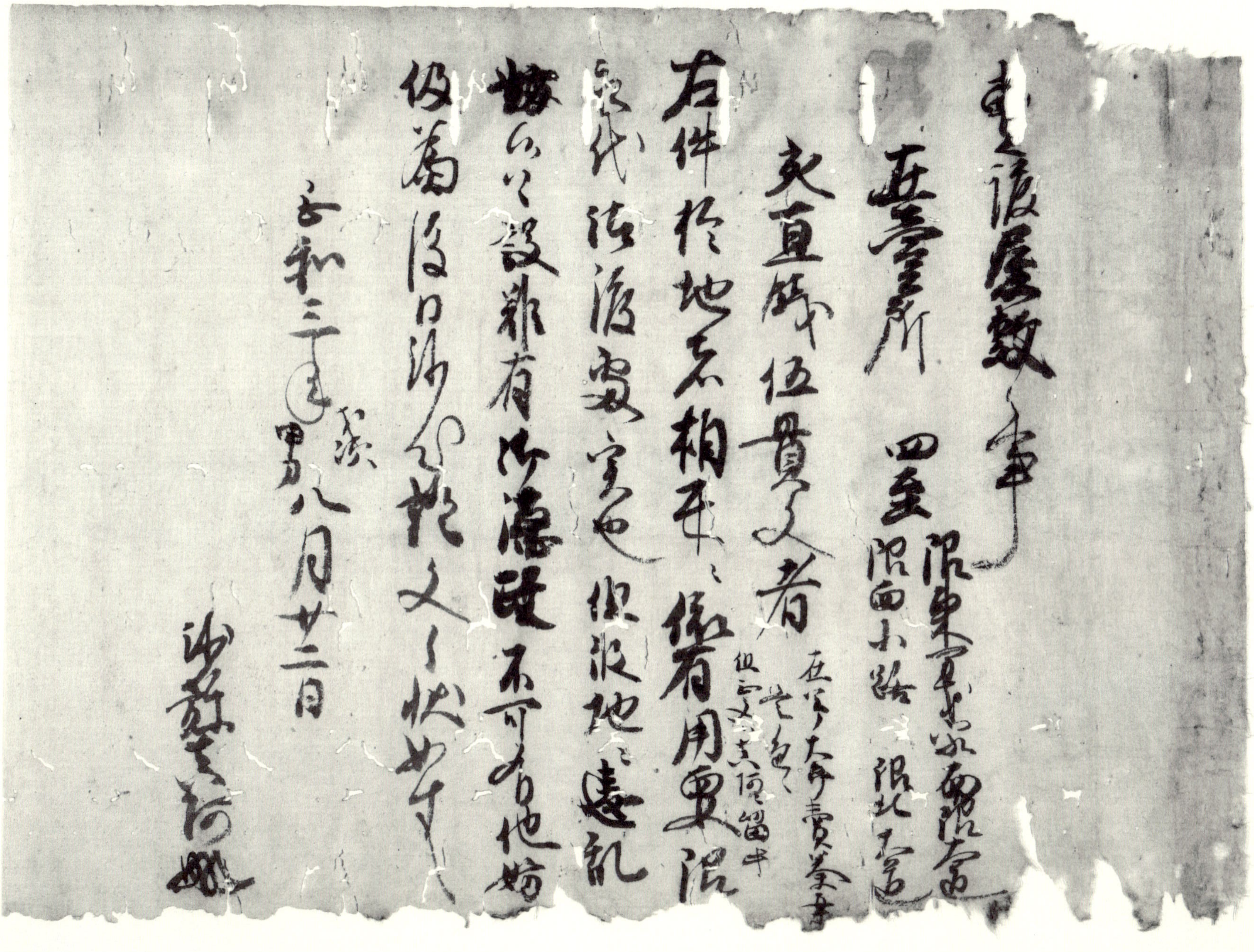

端裏書

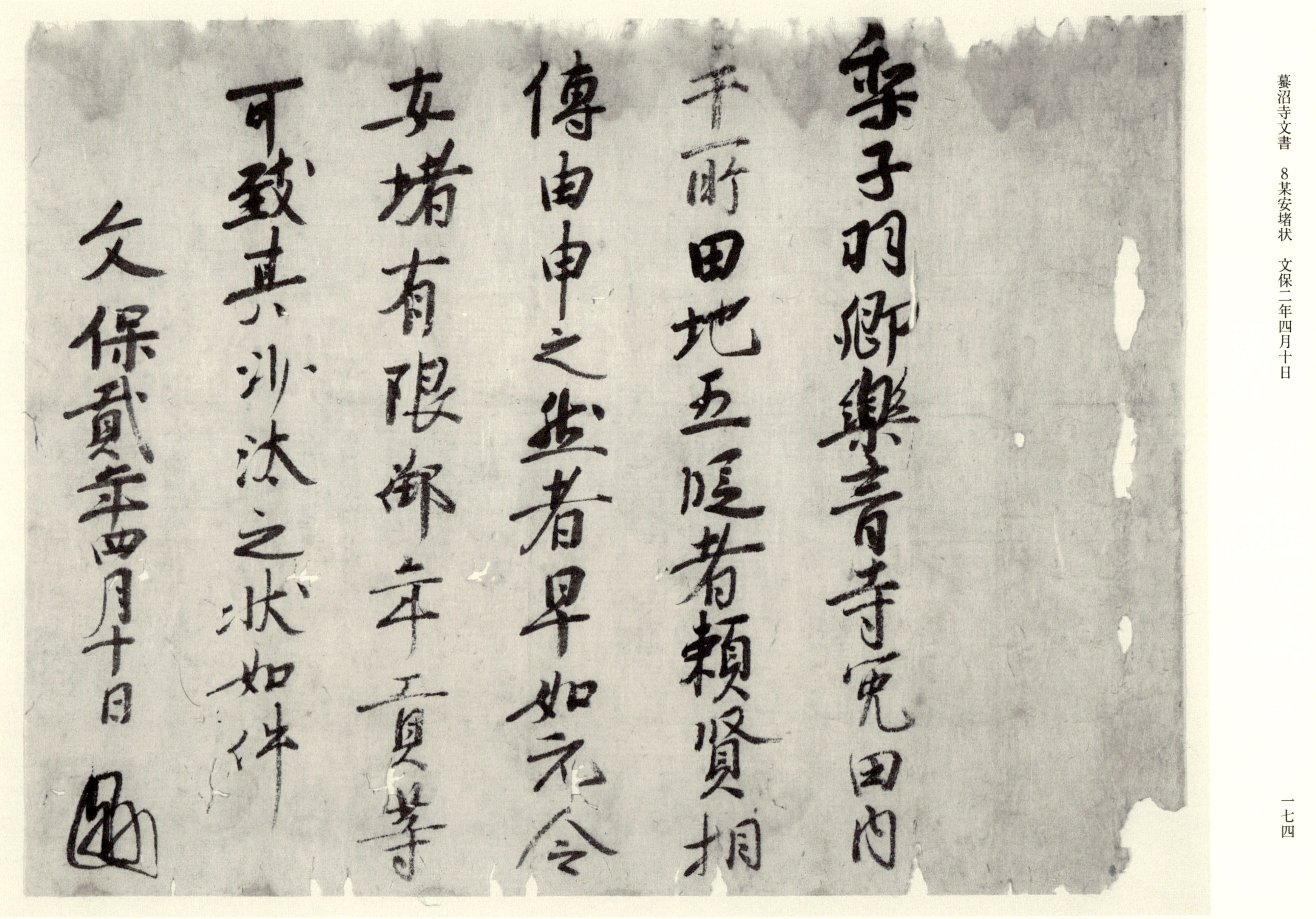

桑子羽鄕樂音寺免田内
[illegible]一町田地五段者頼賢相
傳由申之、然者早如元令
安堵、有限御年貢等
可致其沙汰之状如件
文保貳年四月十日（花押）

蓑沼寺文書　8某安堵状　文保二年四月十日

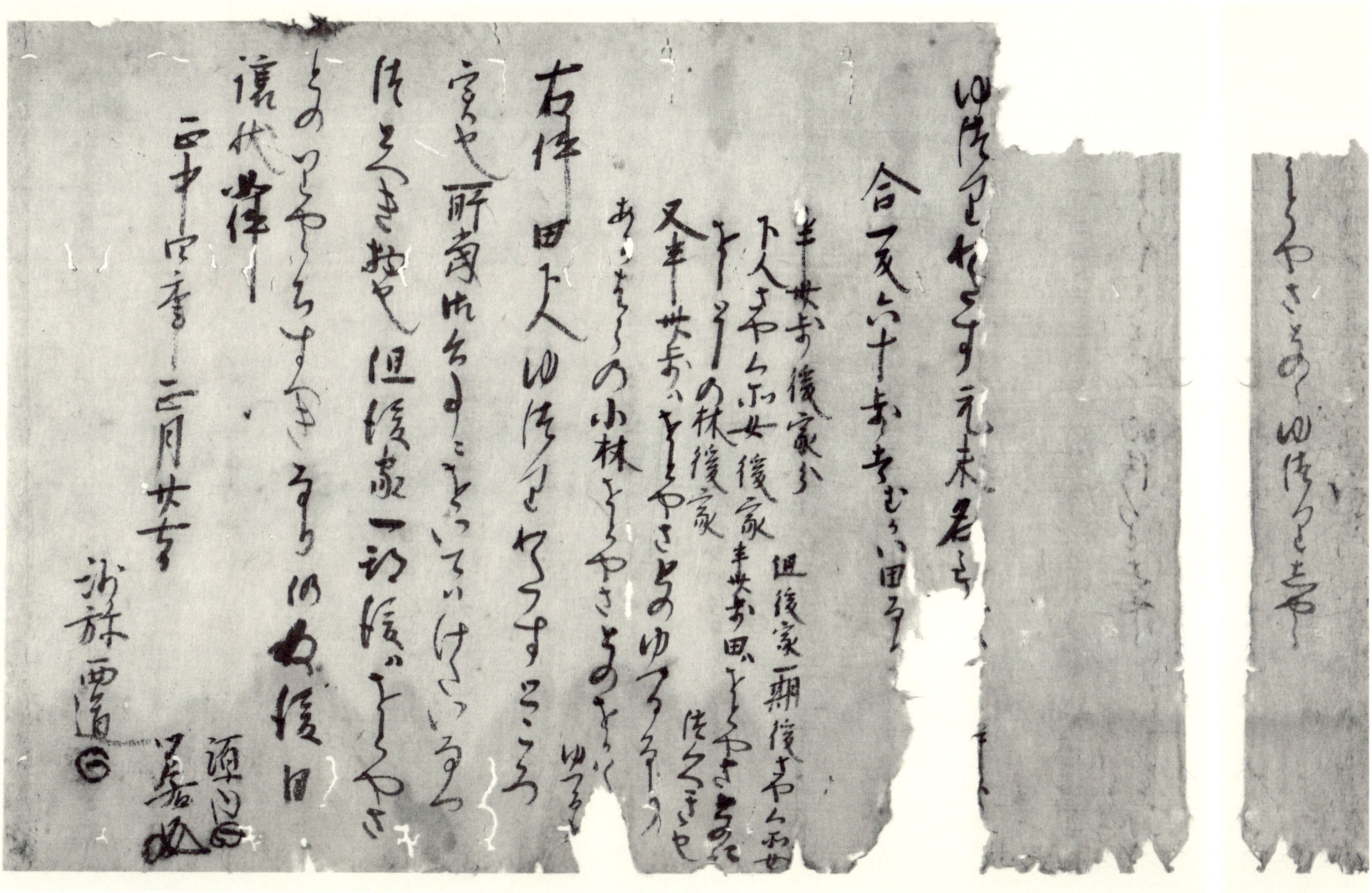

端裏書

蓁沼寺文書　9源内・覚右連署譲状并沙弥西道証判　正中四年正月二十七日

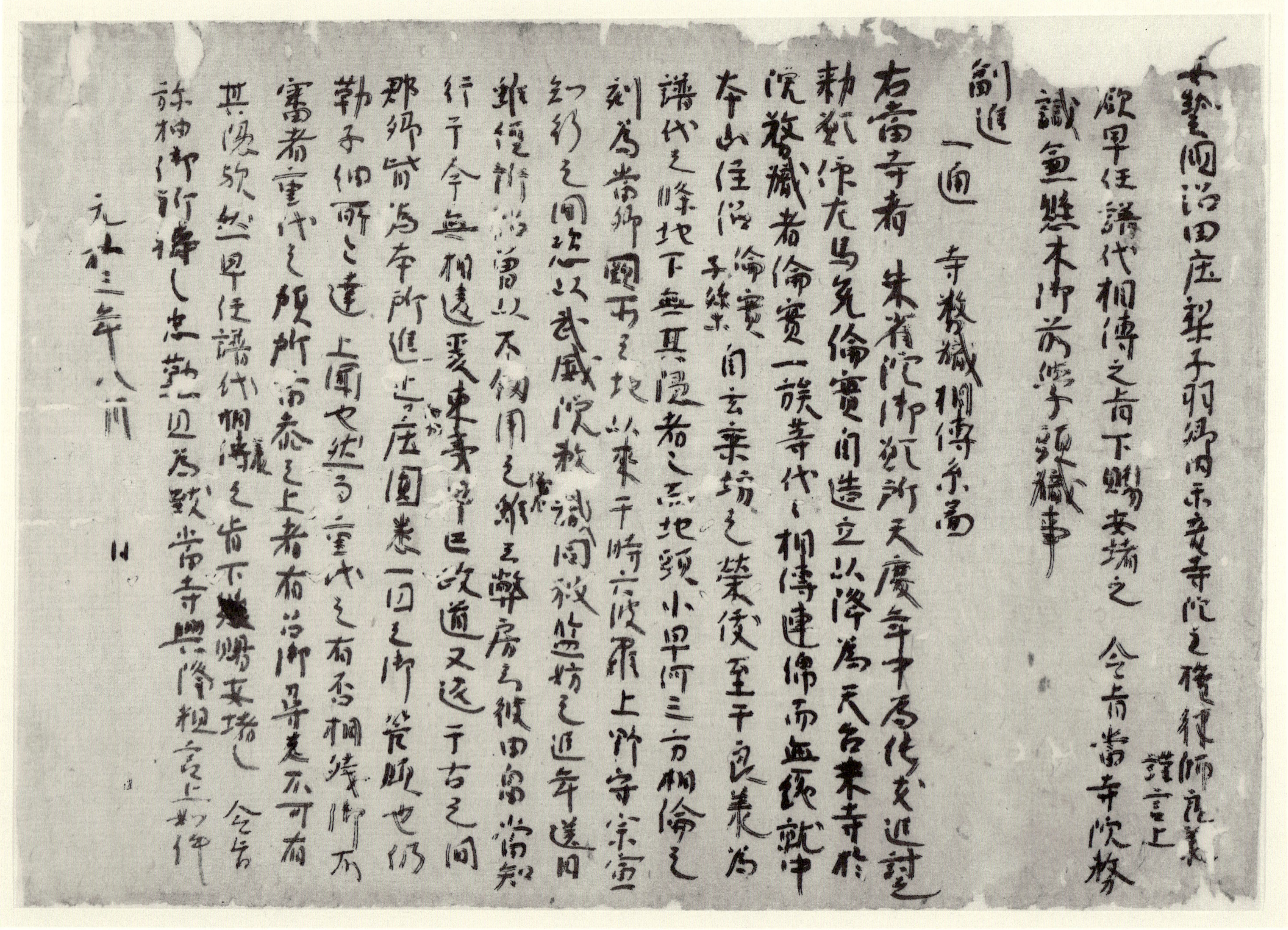
安芸国沼田庄梨子羽郷内楽音寺院主権律師良承
謹言上
欲早任譜代相伝之旨、下賜安堵之　令旨、当寺院務
職、無懈怠[illegible]子細職事
副進
一通　寺務職相伝系図
右当寺者、朱雀院御祈所、天慶年中為伐夷追討
勅願、佐左馬允倫実所造立也、以降為天台末寺、於
院務職者、倫実一族等代々相伝、建仏而無絶、就中
本山住侶倫実子孫、自玄棄坊之栄俊至于良承為
譜代之条、地下無其隠者也、爰地頭小早河三方相論之
刻、為当郷国方之地、以来于時六波羅上所守宗定
[illegible]之間、恣以武威院数識同殺盗坊之追年遂[illegible]
雖経訴訟、曾以不叙用之、雑掌之弊房、被田畠当知
行于今無相違、爰東寺[illegible]改道又遠于古之間
郡郷皆為本所進止之庄園、悉一円之御管領也、仍
勤子細所之達上聞也、[illegible]重代之有否相続御不
審者、重代之顕所帯之上者、有御尋是不可有
其隠歟、然早任譜代相伝之旨、下賜安堵之　令旨
弥抽御祈祷之忠勤、為当寺興隆、粗言上如件、
元弘三年八月　日

（1）

（2）

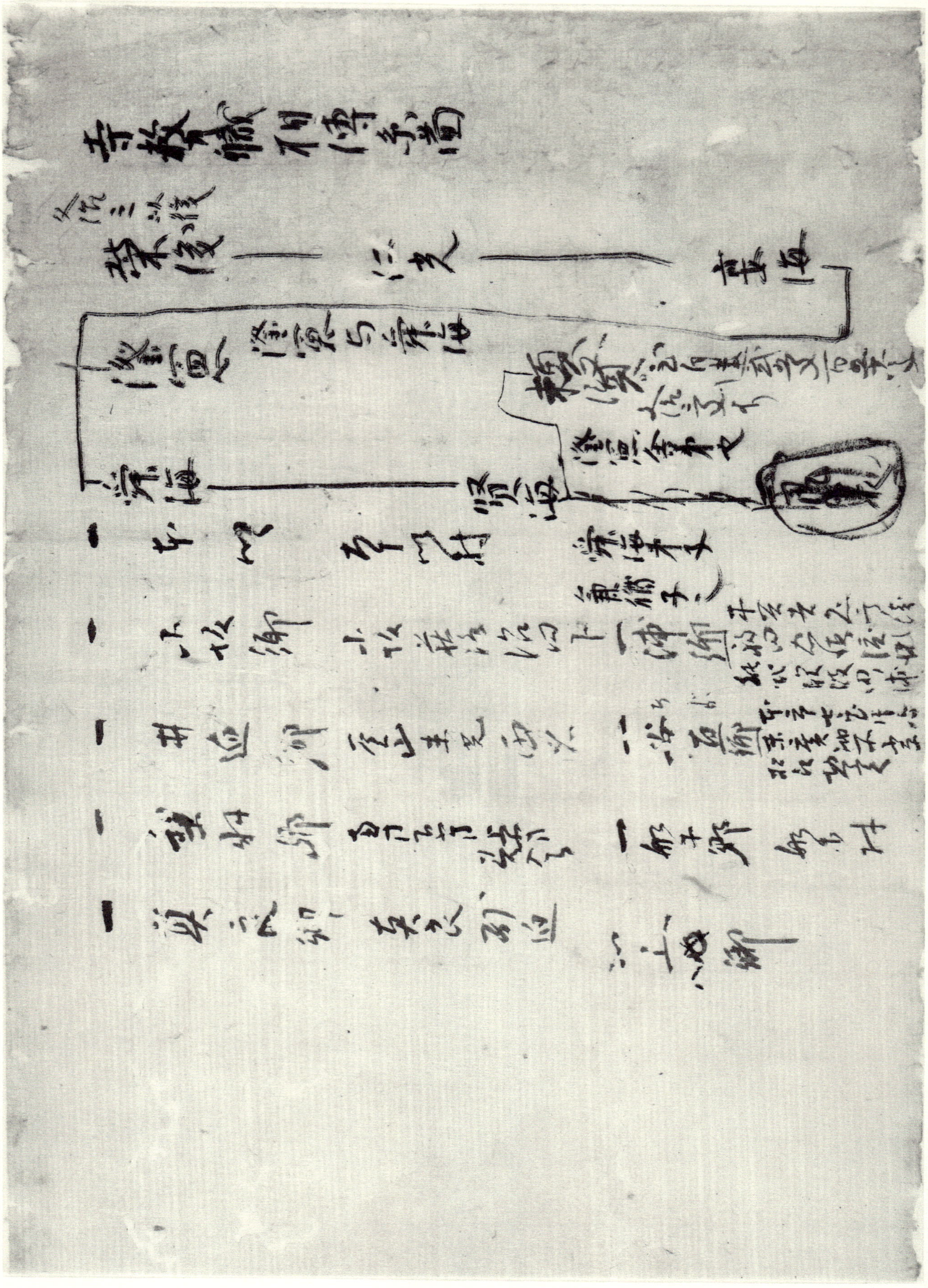

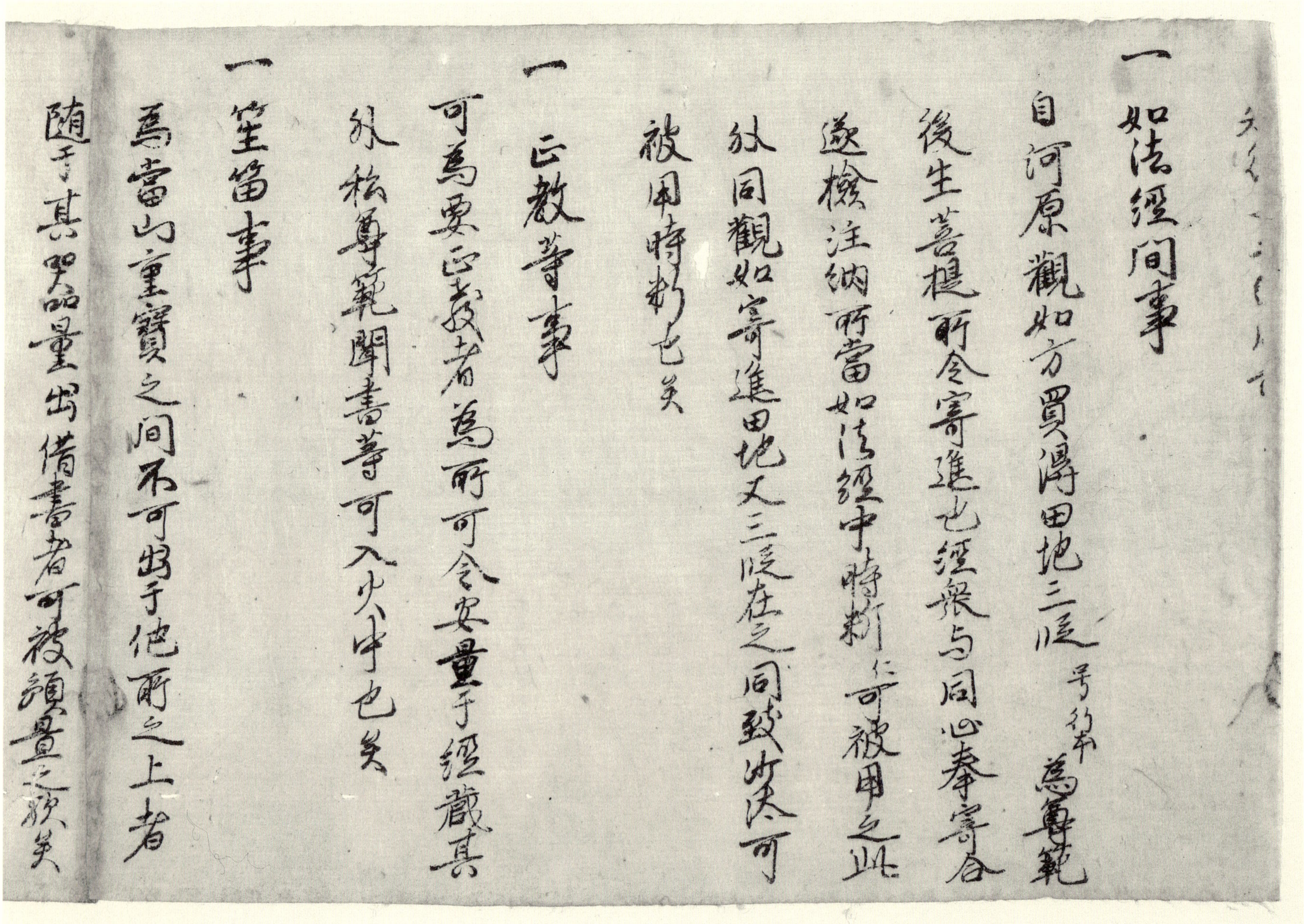
一　如法經間事
自河原観如方買得田地三段 為尊範
後生菩提所令寄進也、經衆与同心奉寄合
遂検注納所當如法經中時料、可被用之処
於同観如寄進田地又三段在之、同致沙汰可
被用時料也矣
一　正教等事
可為要正教者、為所可令安置于經蔵、其
外私尊範聞書等可入火中也矣
一　笙笛事
為當山重寶之間、不可出于他所之上者
随其器量、出借書者可被預置之欤矣

（1）

継目裏

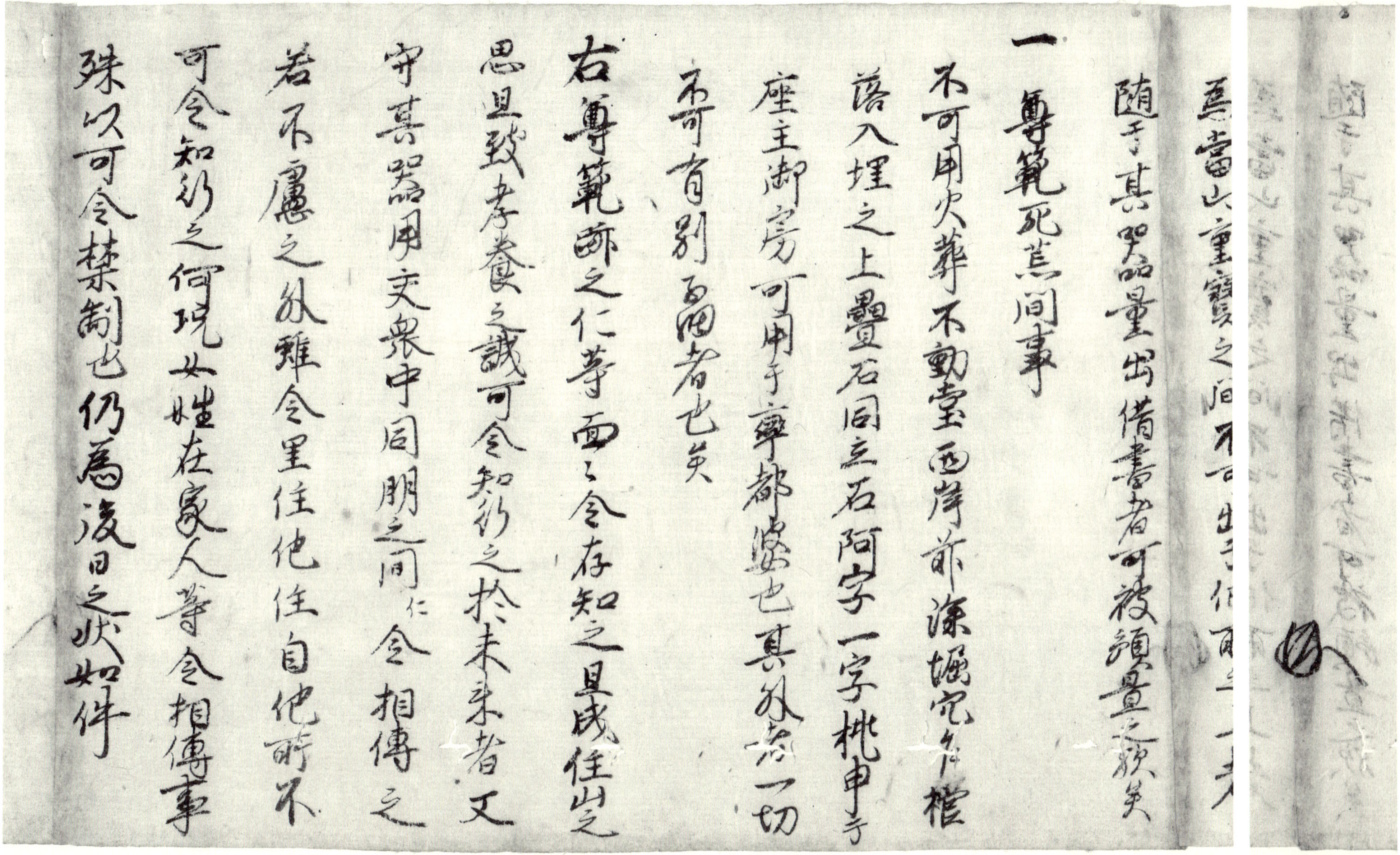

為當山重寳之間不可出寺外而至一寺

随于其器量借書者可被預置之旨矣

一　尊範死去間事

不可用火葬、不動堂西岸前深掘穴令棺

落入埋之、上疊石、同立石、阿字一字、桃申寺

座主御房可申乎、寧都婆也、其外者一切

不可有別過者也矣

右尊範跡之仁等、面々令存知之、且成住山之

思、且致孝養之誠、可令知行之、於未来者、又

守其器用、交衆中同朋之間仁令相傳之、

若不慮之外、雖令里住他住自他所不

可令知行之、何况女姓在家人等令相傳事、

殊以可令禁制也、仍爲後日之状如件

（2）

継目裏

11　金剛仏子尊範外五名連署置文并座主増恵証判（前欠）　建武五年十一月二十二日

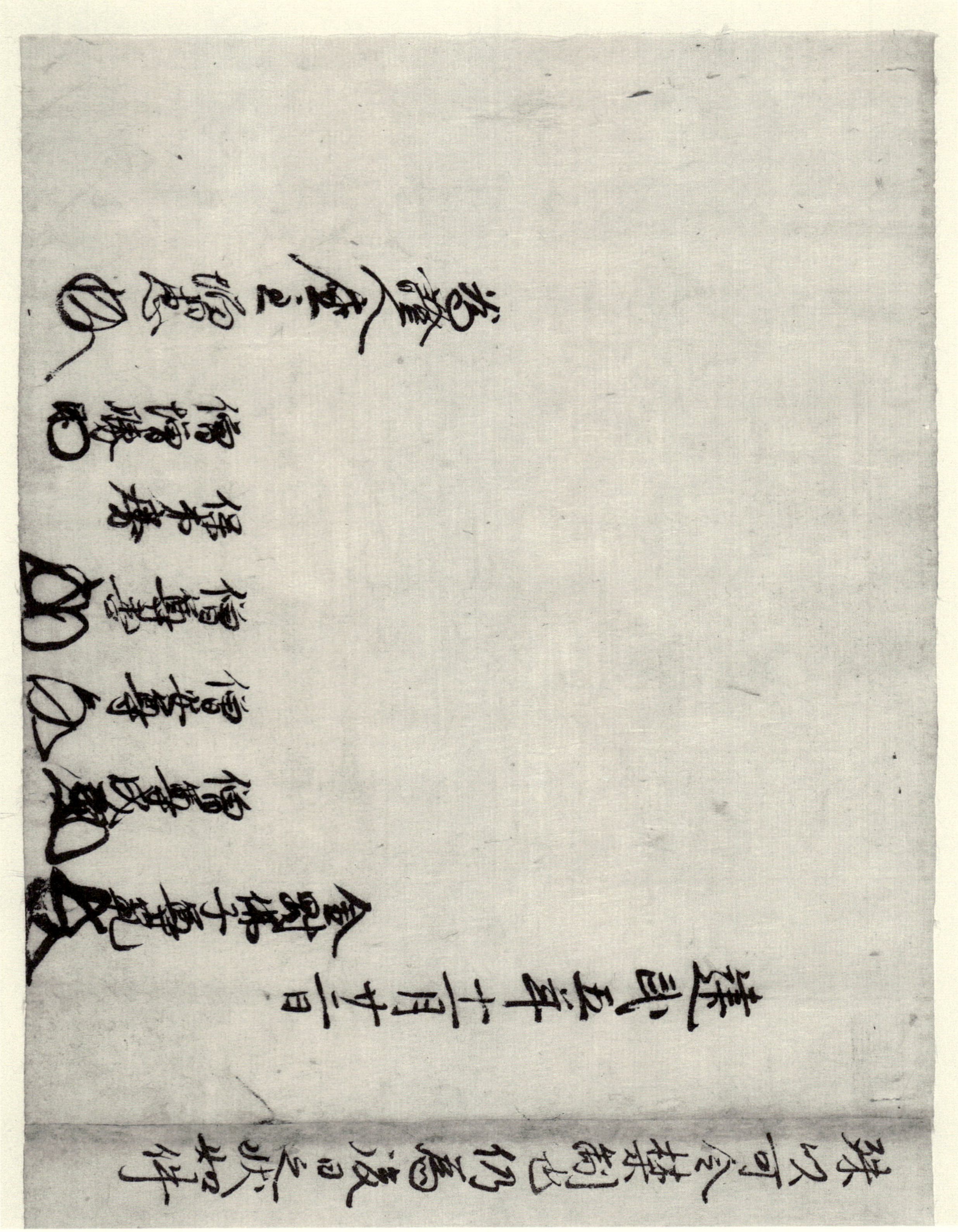

（3）

継目裏

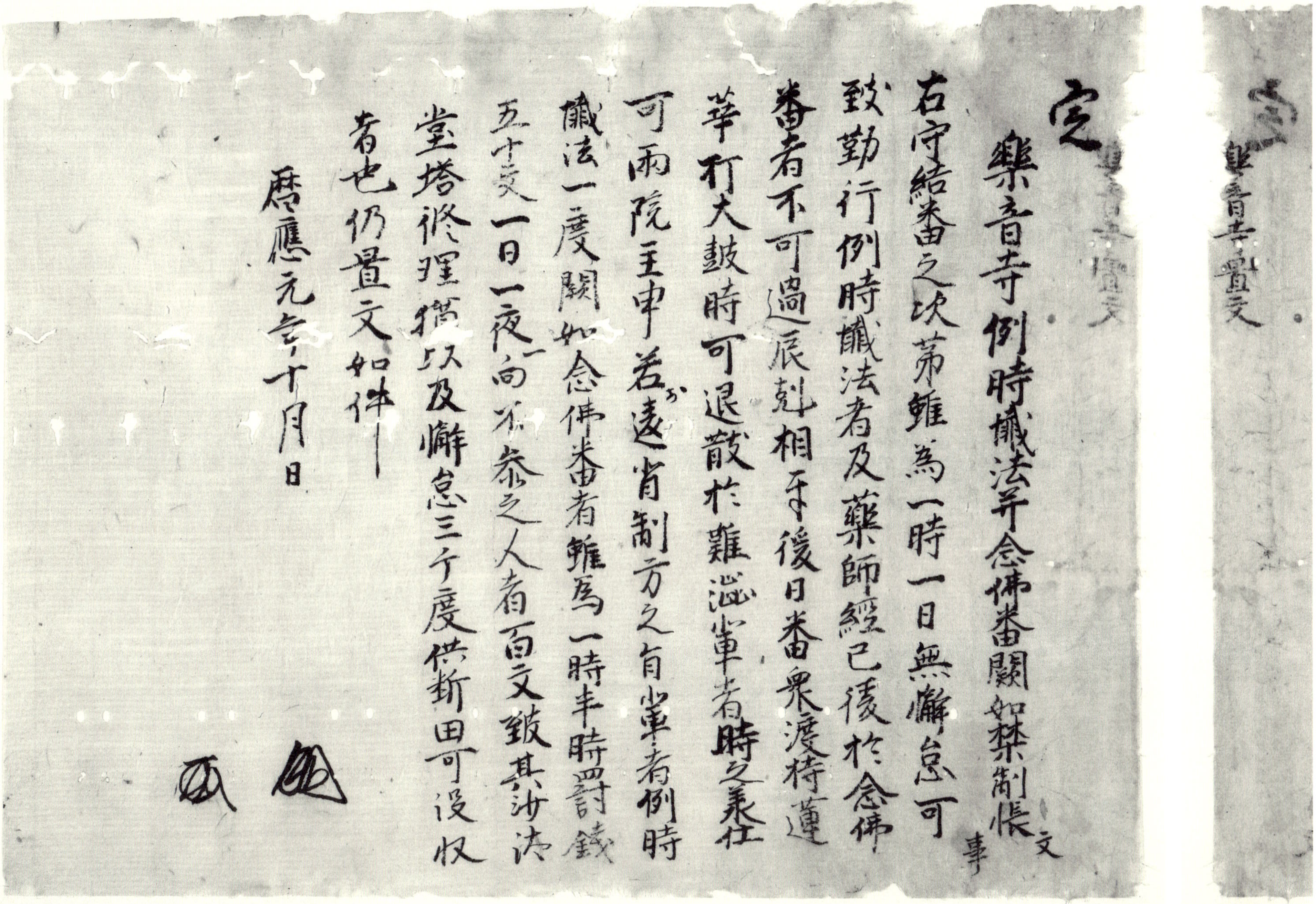

定　楽音寺置文
定
楽音寺例時懺法并念仏番闕如禁制條々文事
右守結番之次第雖為一時一日無懈怠可
致勤行例時懺法者及薬師経已後於念仏
番者不可過辰剋相守後日番衆渡持蓮
華打大鼓時可退散於難渋輩者時之衆任
可為院主中若遠背制方之旨輩者例時
懺法一度闕如念仏番者雖為一時半時罰銭
五十文一日一夜一向不参之人者百文致其沙汰
堂塔修理撿以及懈怠三十度供斮田可没収
者也仍置文如件
暦応元年十月日


端裏書

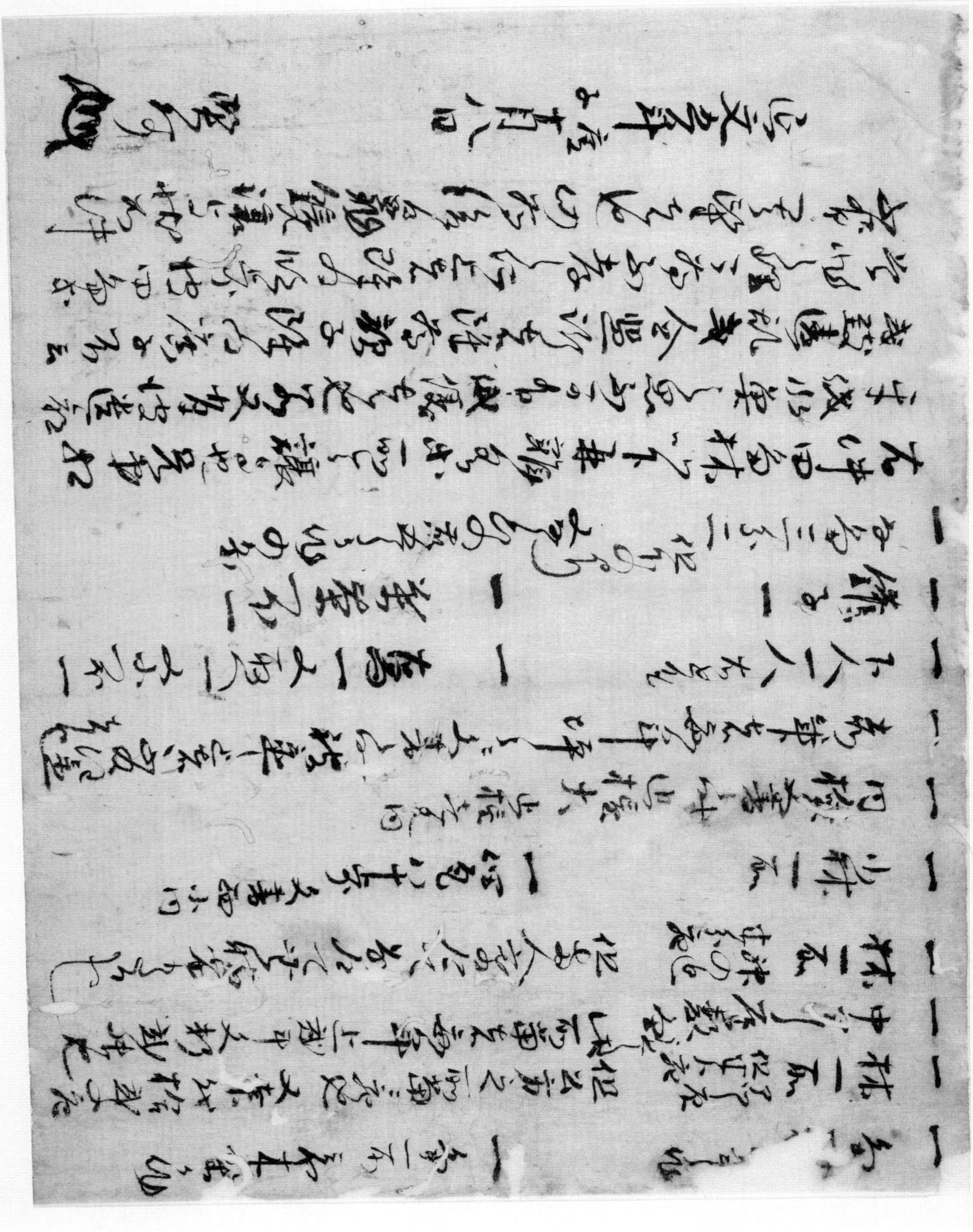

臺沼寺文書
13 賢阿譲状（前欠）　延文五年十月八日

譲与　樂音寺西方寺務職三分二事
　　　　僧頼真所

右、於寺務職者、依為師資相承
之職、鏡賢令傳領也、而間弟子
頼真仁三分二相副手継文書等、
所令譲与也、於有限寺役等者、
守三分一三分二旨可勤其役者也、
但至恒例之行法者、不可怠慢、可遂
其節、仍為後日亀鏡、譲与状如件、

至徳元年甲子十二月一日　僧鏡賢（花押）

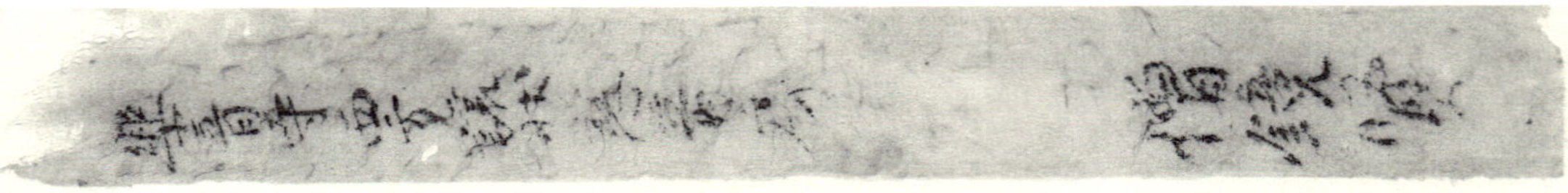

端裏書

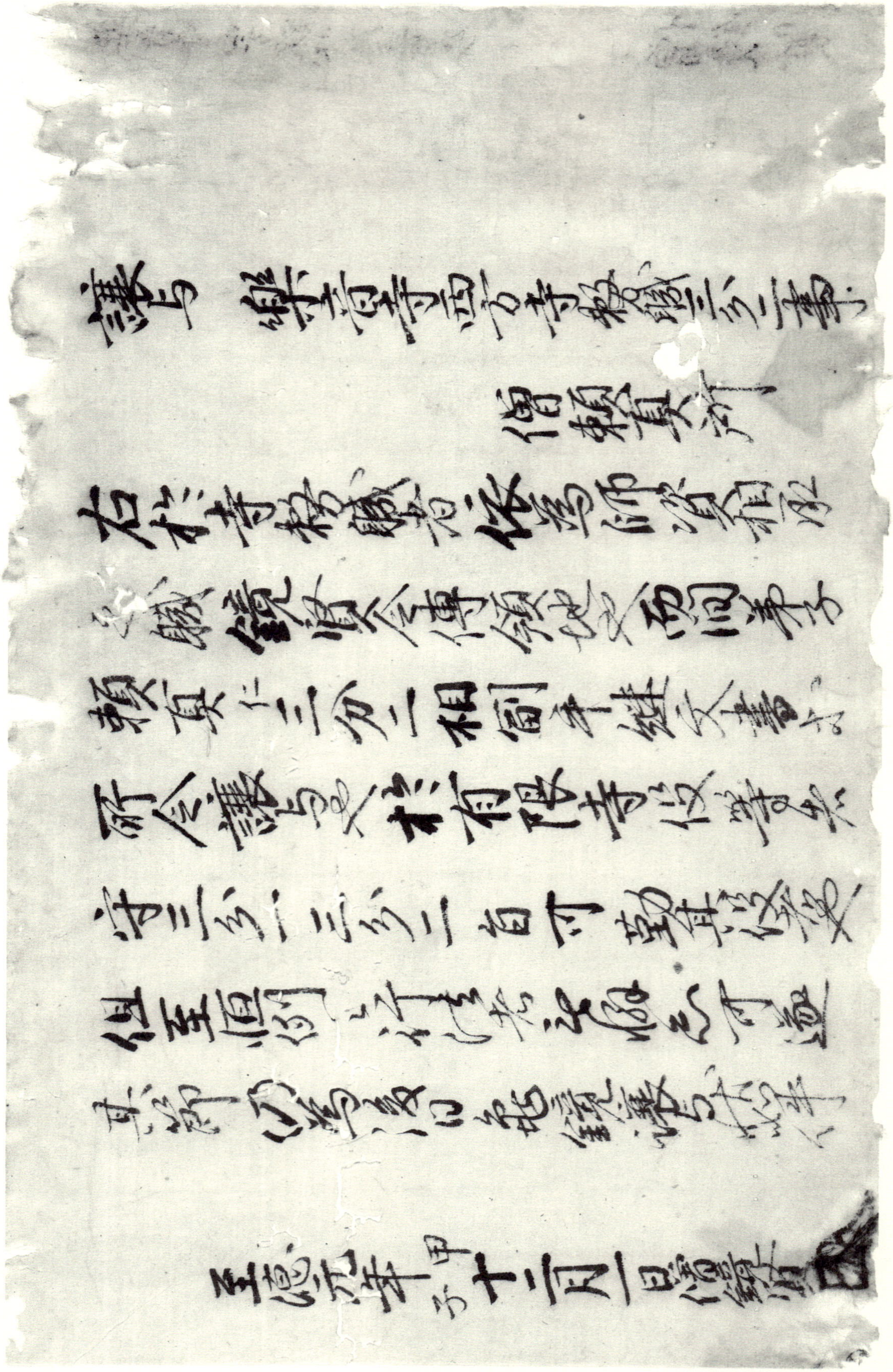

# 安楽寿院文書

1　安楽寿院諸堂舎所領目録　表紙

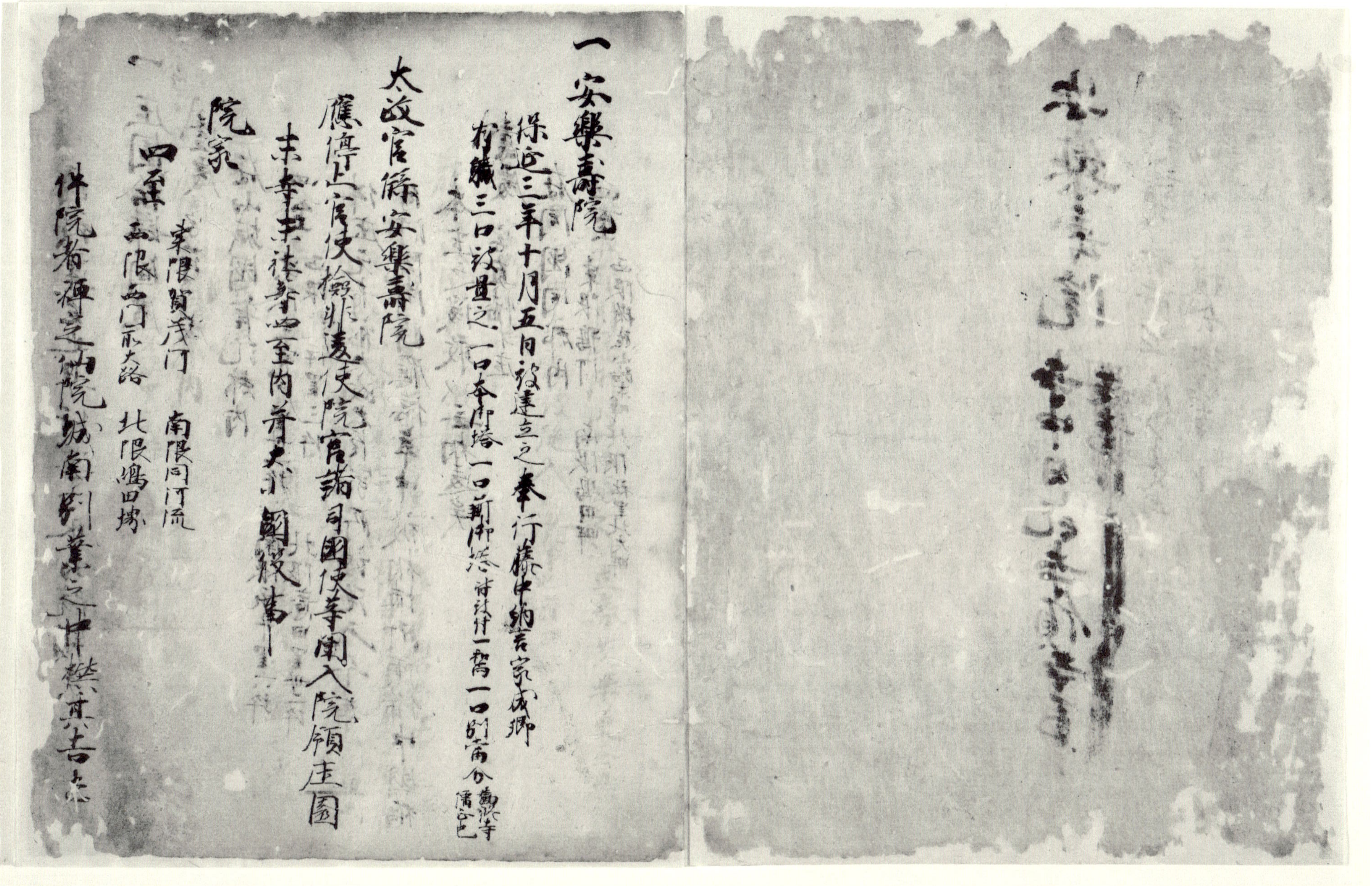
一安楽寿院
保延三年十月五日被建立之
太政官符安楽寿院
応停止官使検非違使院宮諸司国使等乱入院領庄園
院家
四至
東限賀茂河　南限同河流
西限西門大路　北限鴫田坪

（1オ）

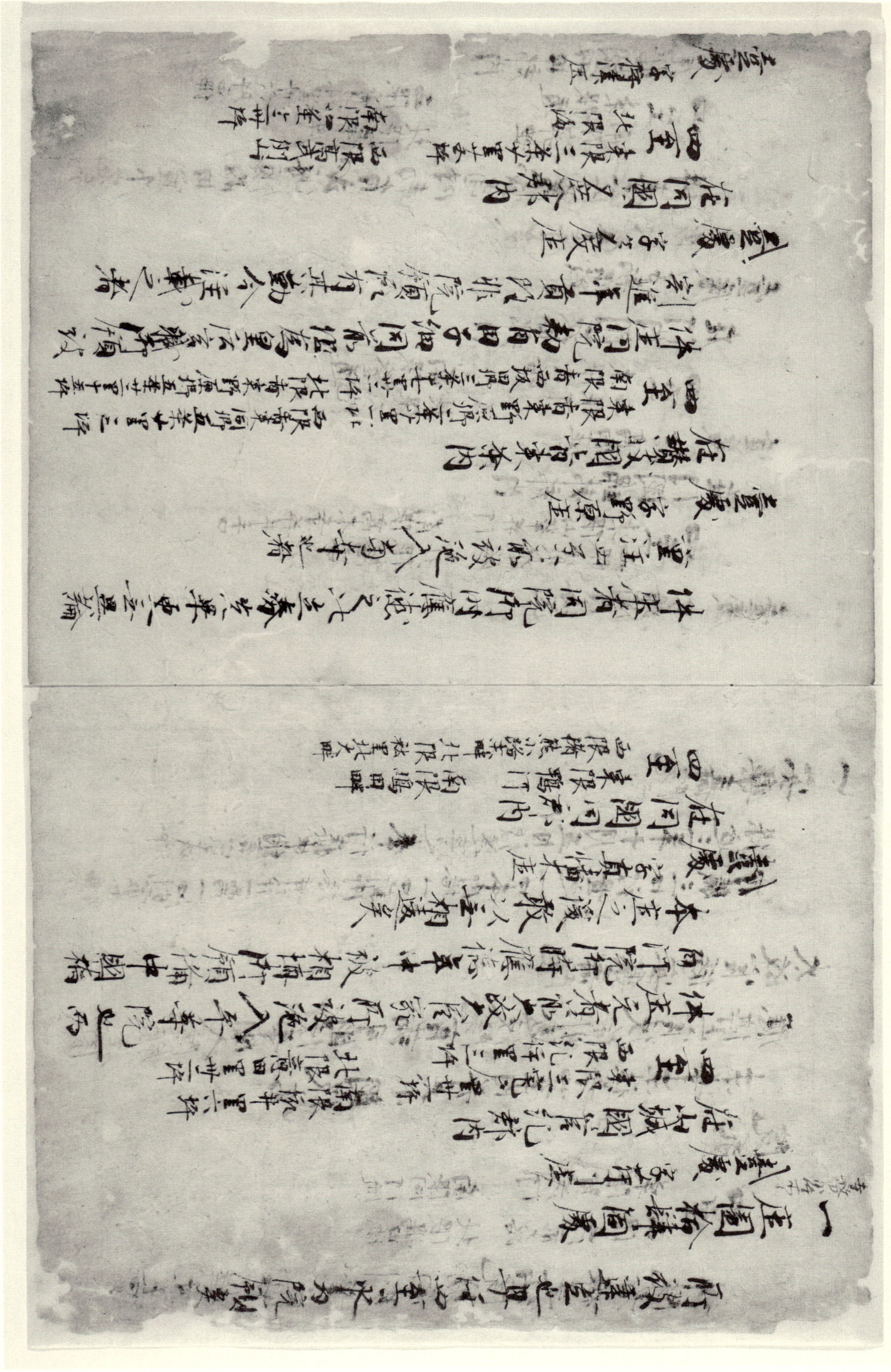

（2オ）　（1ウ）

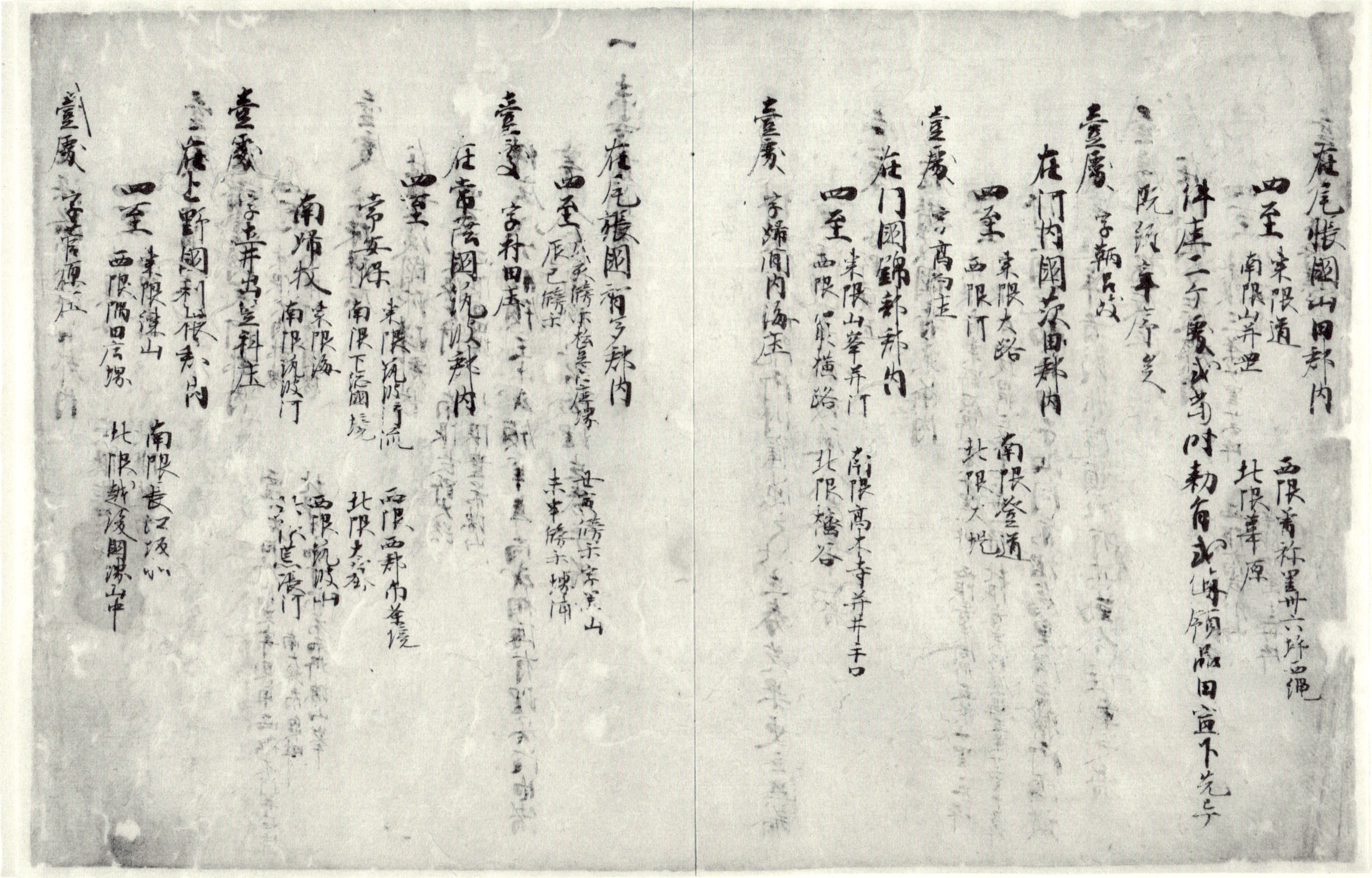
在尾張國山田郡内
四至　東限道　南限山并池　西限香称里卅六坪西縄　北限葦原
件庄二ヶ處以當時勅旨為御領田宣下先了
院領年序久
壹處　字鞆呂岐
在河内國茨田郡内
四至　東限大路　西限河　南限登道　北限大堤
壹處　字高瀬庄
在同國錦部郡内
四至　東限山峯并河　西限大横路　南限高木寺并井手口　北限檜谷
壹處　字婦南内海庄
一
在尾張國海部郡内
四至　[illegible]
壹處　字村田庄
在常陸國筑波郡内
四至　東限筑波河流　南限下総國境　西限西郡㠯峯境　北限大谷
常安保
南婦牧　東限海　南限筑波河　西限筑波山　[illegible]
壹處　字土井出笠科庄
在上野國利根郡内
四至　東限漆山　西限隅田原堺　南限長江坂　北限越後國堺山中
貳處　字宮原庄

(3オ)　　(2ウ)

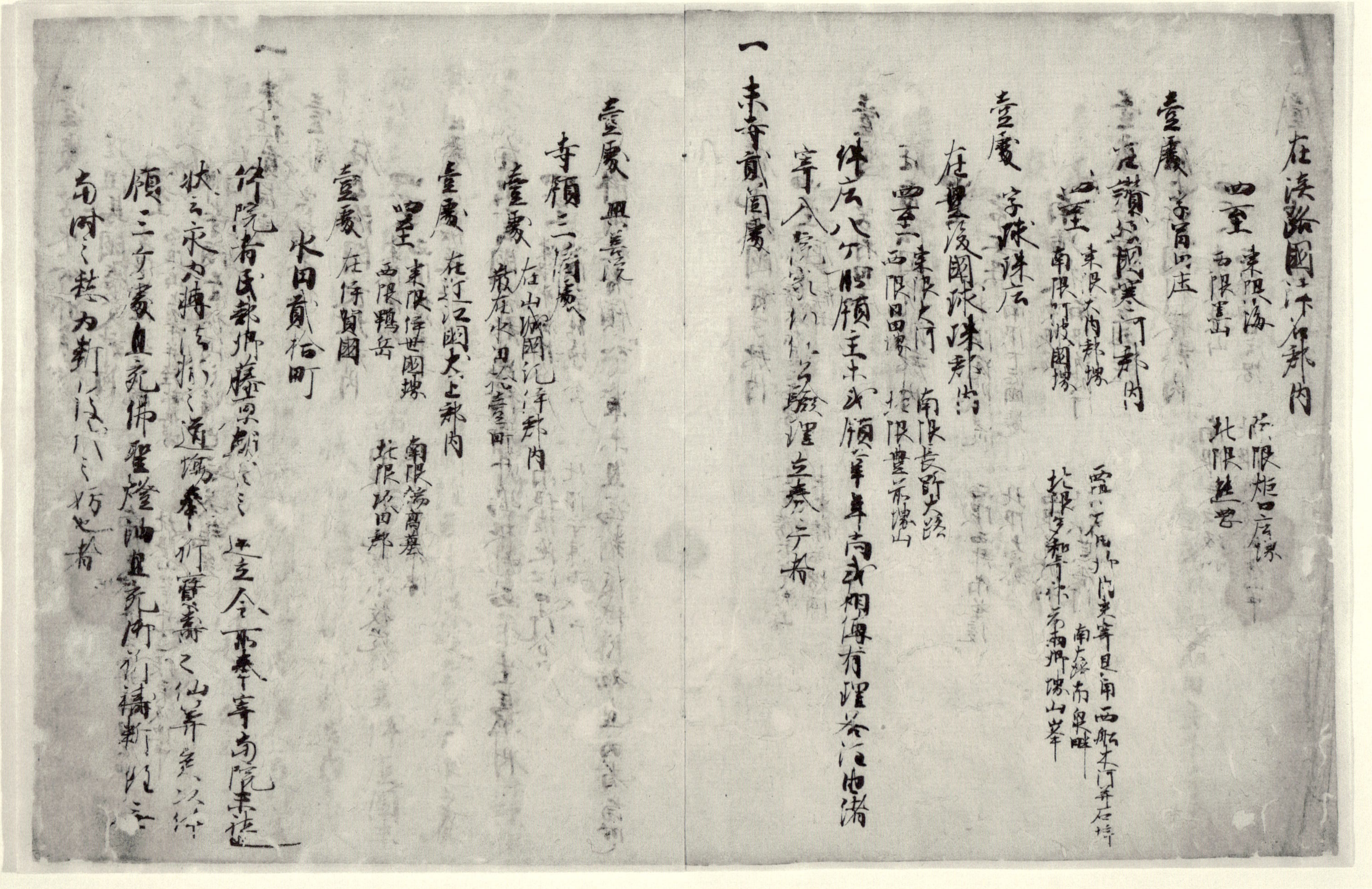

（4オ）　（3ウ）

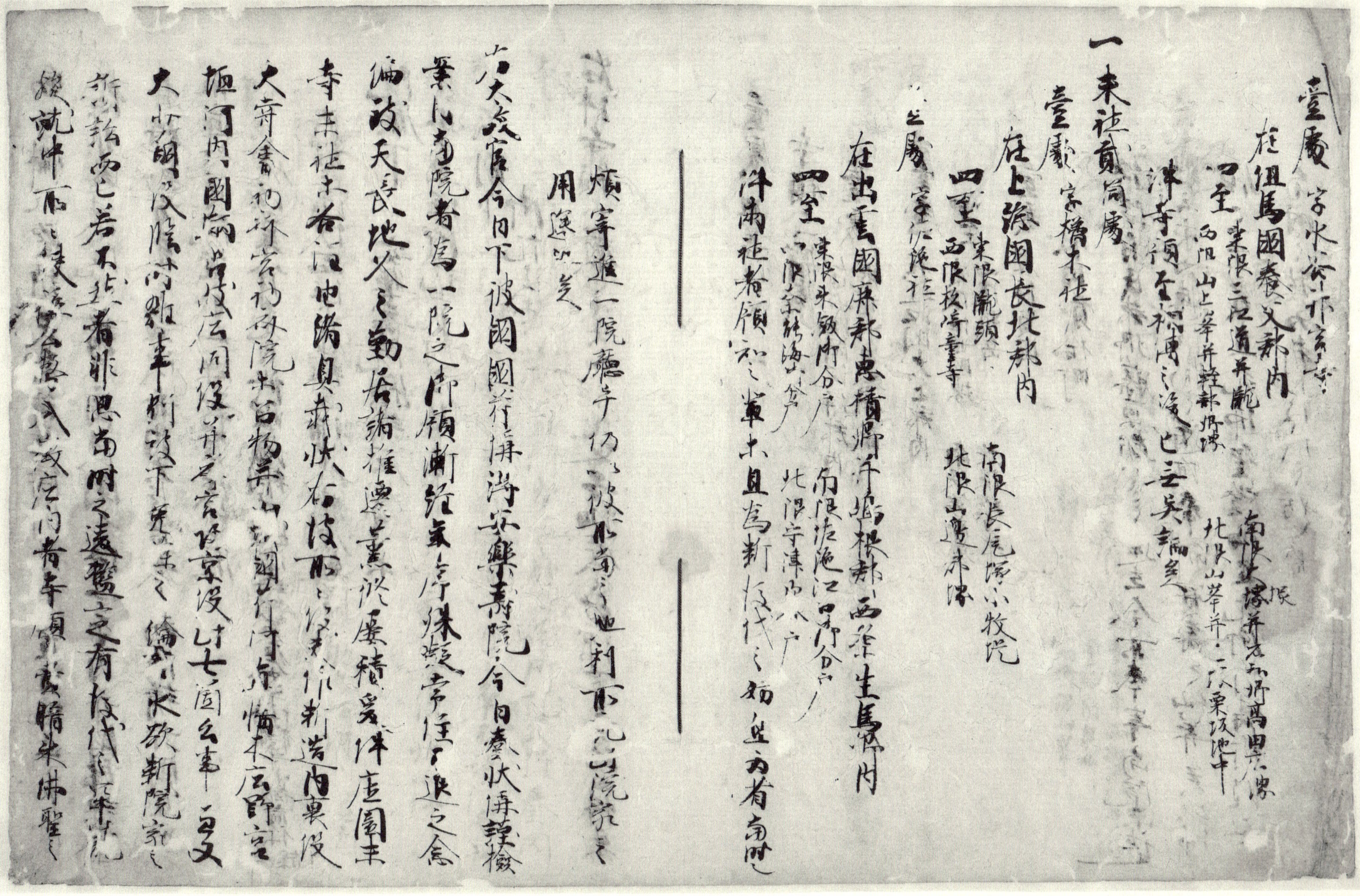
壹處　字水谷并宮[illegible]
在但馬國養父郡内
四至　東限三江道并瀧　南限大澤并石和堺高田[illegible]堺
　　　西限山上峯并韓部堺　北限山峯并二〔小〕栗坂池中
沖寺領至于相傳之後已[illegible]
一未徒貢所處
壹處　字橋木社
在上総國長北郡内
四至　東限瀧頭　南限長尾墎小牧院
　　　西限枝崎童寺　北限山邊赤塚
壹處　字沢施社
在出雲國麻郡惠積郷并山根郡西条生馬郷内
四至　東限米敷附合戸　南限佐施江口郷附合戸
　　　西限宗像海小谷戸　北限守津内小戸
件両社者領知之輩未且為断絶代々知[illegible]有南[illegible]

煩寧進一院處分仍彼地利不可[illegible]院宮之
用途也之

右大炊官今日下被國國符搆安樂壽院今日奏状偁謹檢
案内當院者為一院之御願渤經年序殊凝常住不退之念
偏致天長地久之勤若諸權邊之輩況屢積[illegible]伴庄園年
寺未徒[illegible]諸具歲状右彼所之[illegible]新造内裏役
大嘗會初行官物并山城國行事[illegible]
垣河内國役并[illegible]宮役以上七箇条事一切[illegible]
大嘗[illegible]役臨時雜事[illegible]彼下[illegible]新院宗之
[illegible]若不然者非思南附之遠[illegible]之有後代[illegible]
就中所[illegible]院領者寺[illegible]佛聖之

（5オ）　（4ウ）

（6オ）

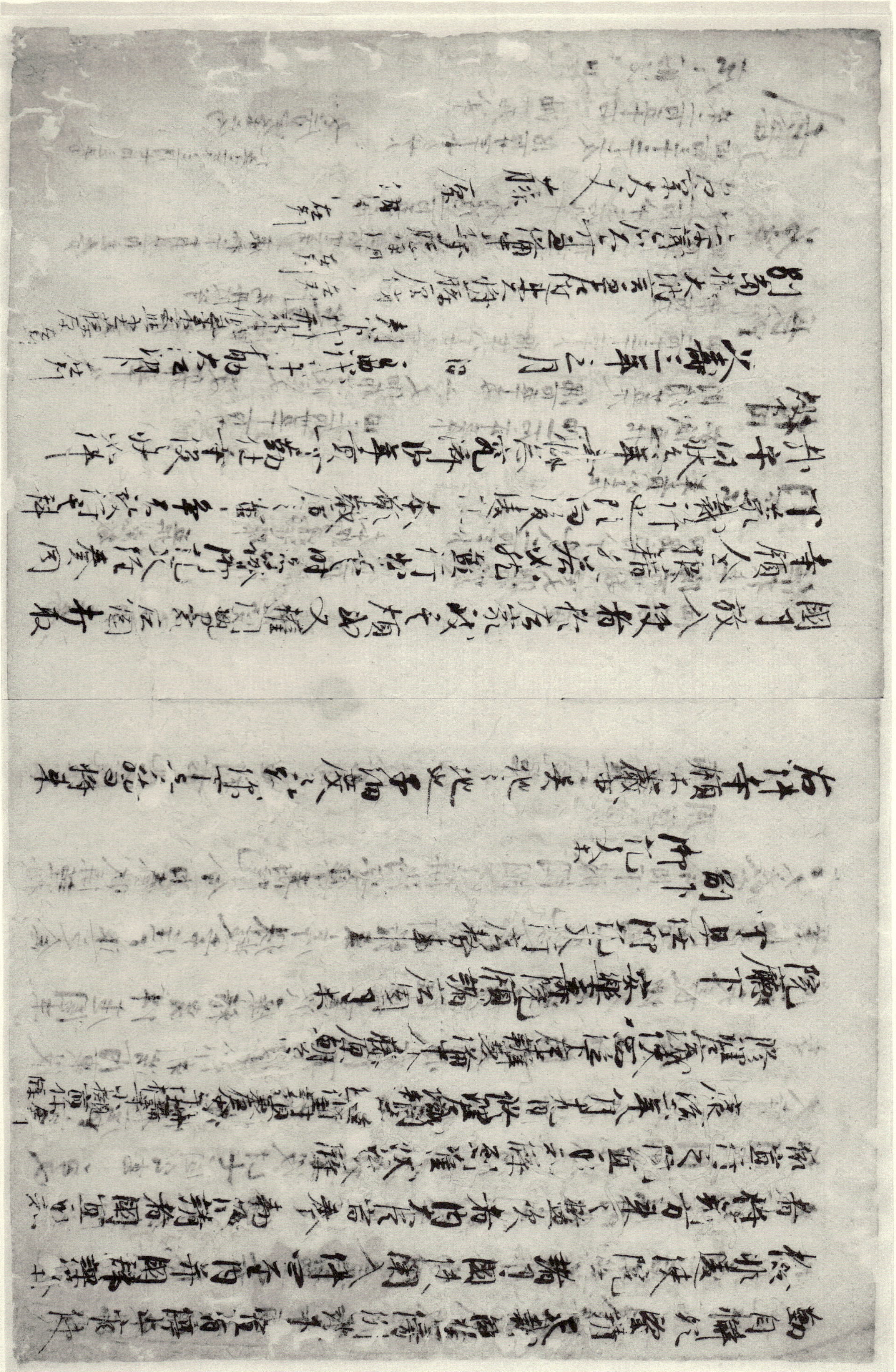

（5ウ）

（6ウ）

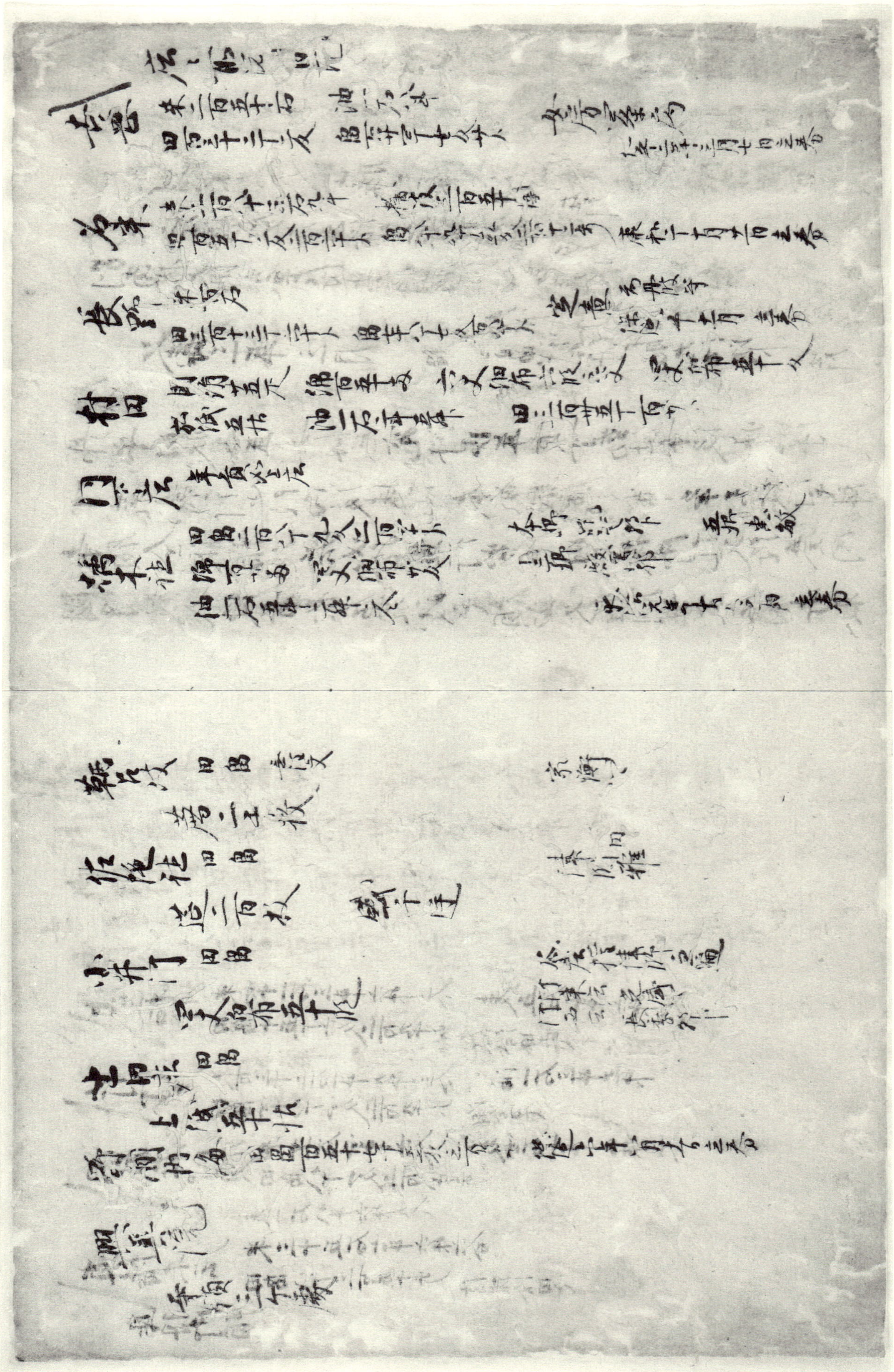

（7オ）

（8オ）

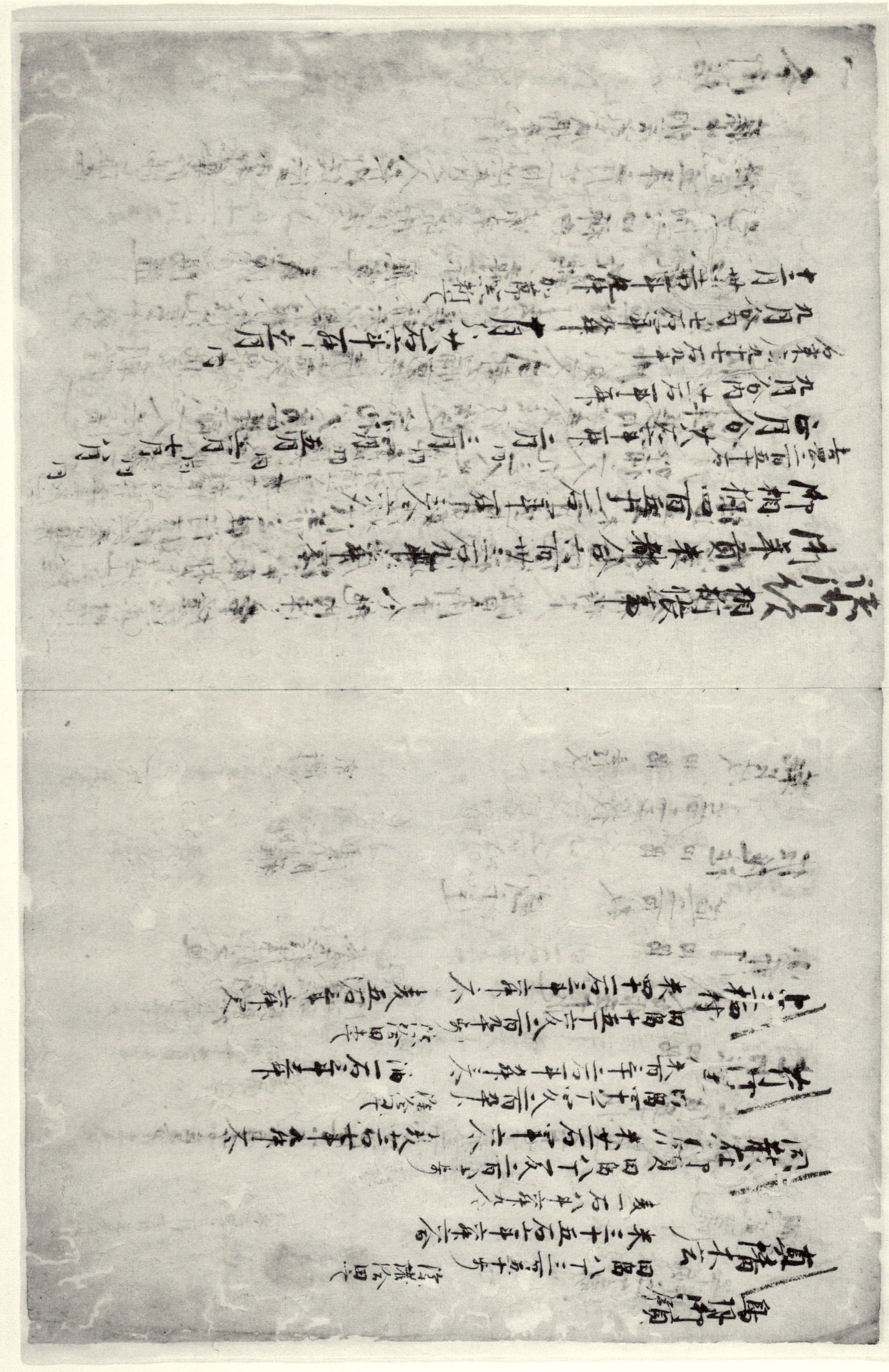

（7ウ）

（8ウ）

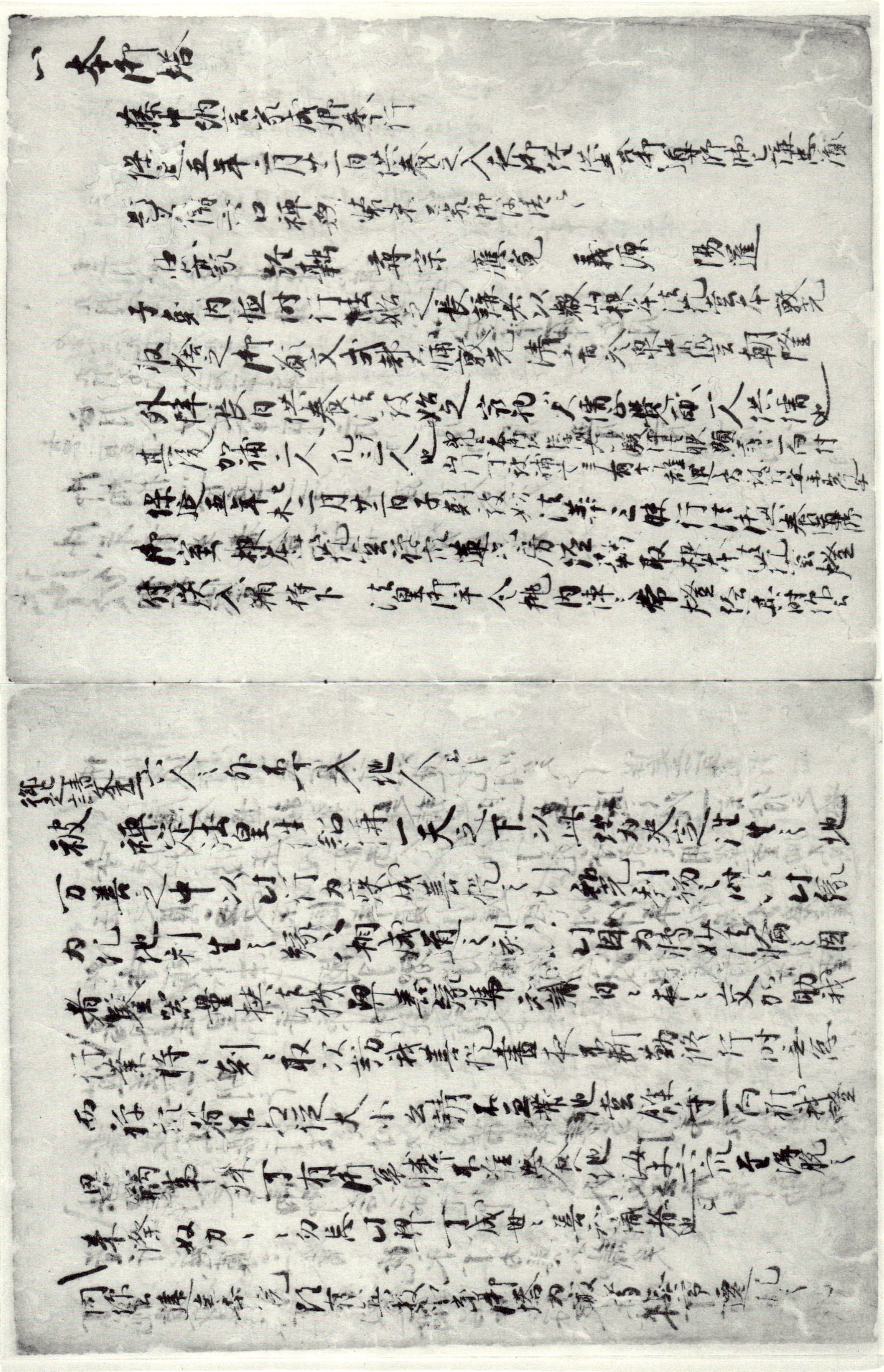

（9オ）

（10オ）　（9ウ）

（10ウ）

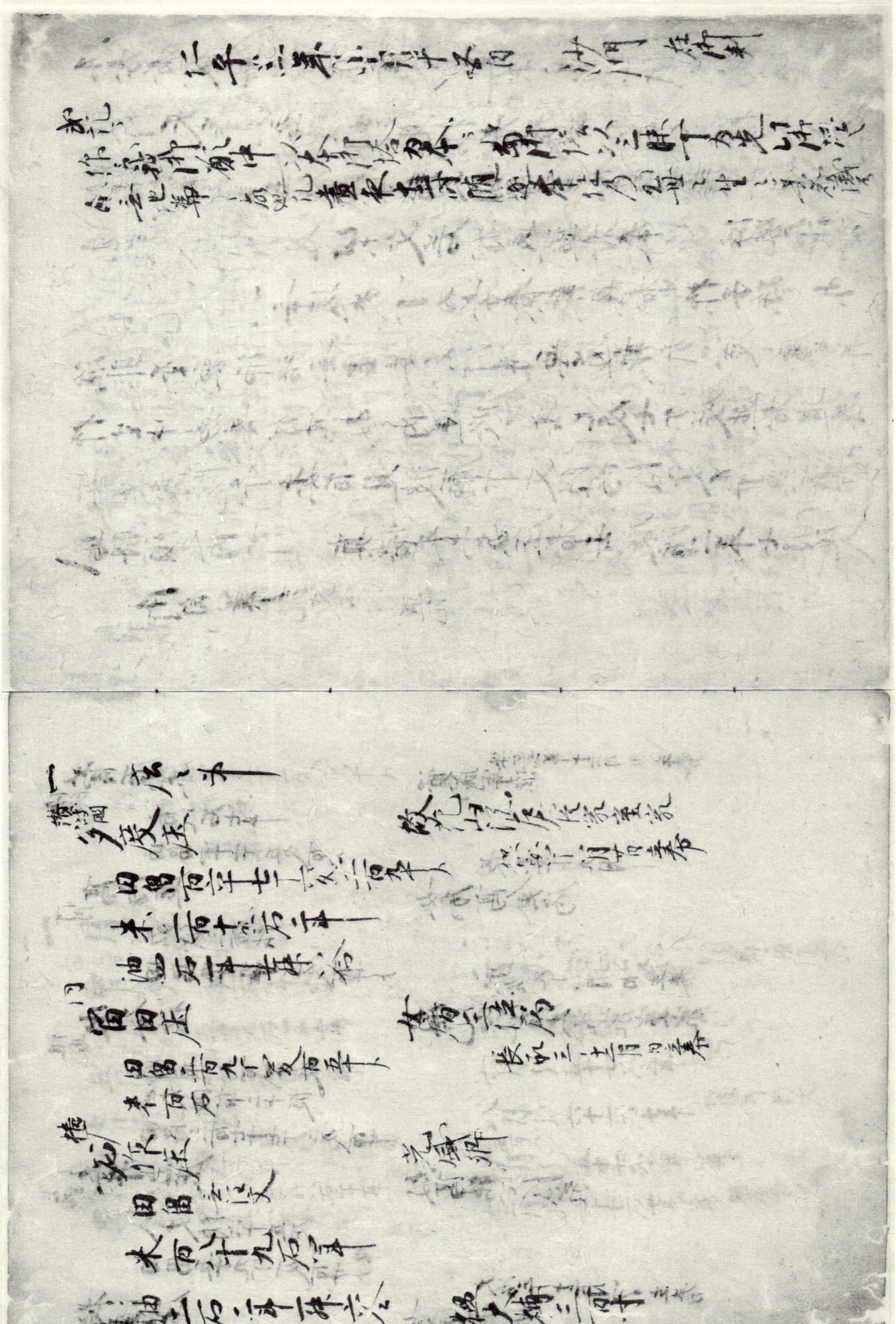

（11オ）

(12オ)

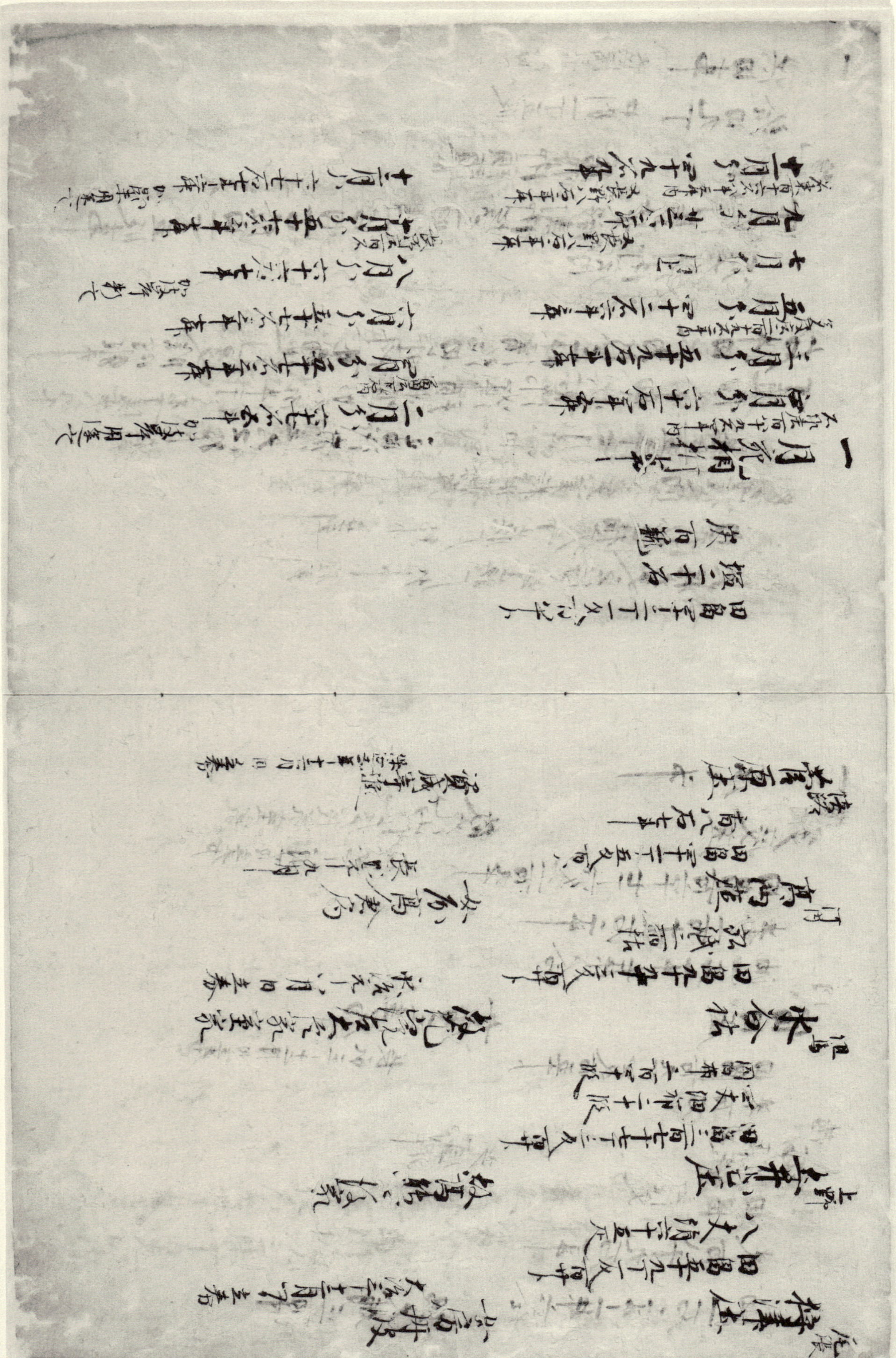

(11ウ)

(12ウ)

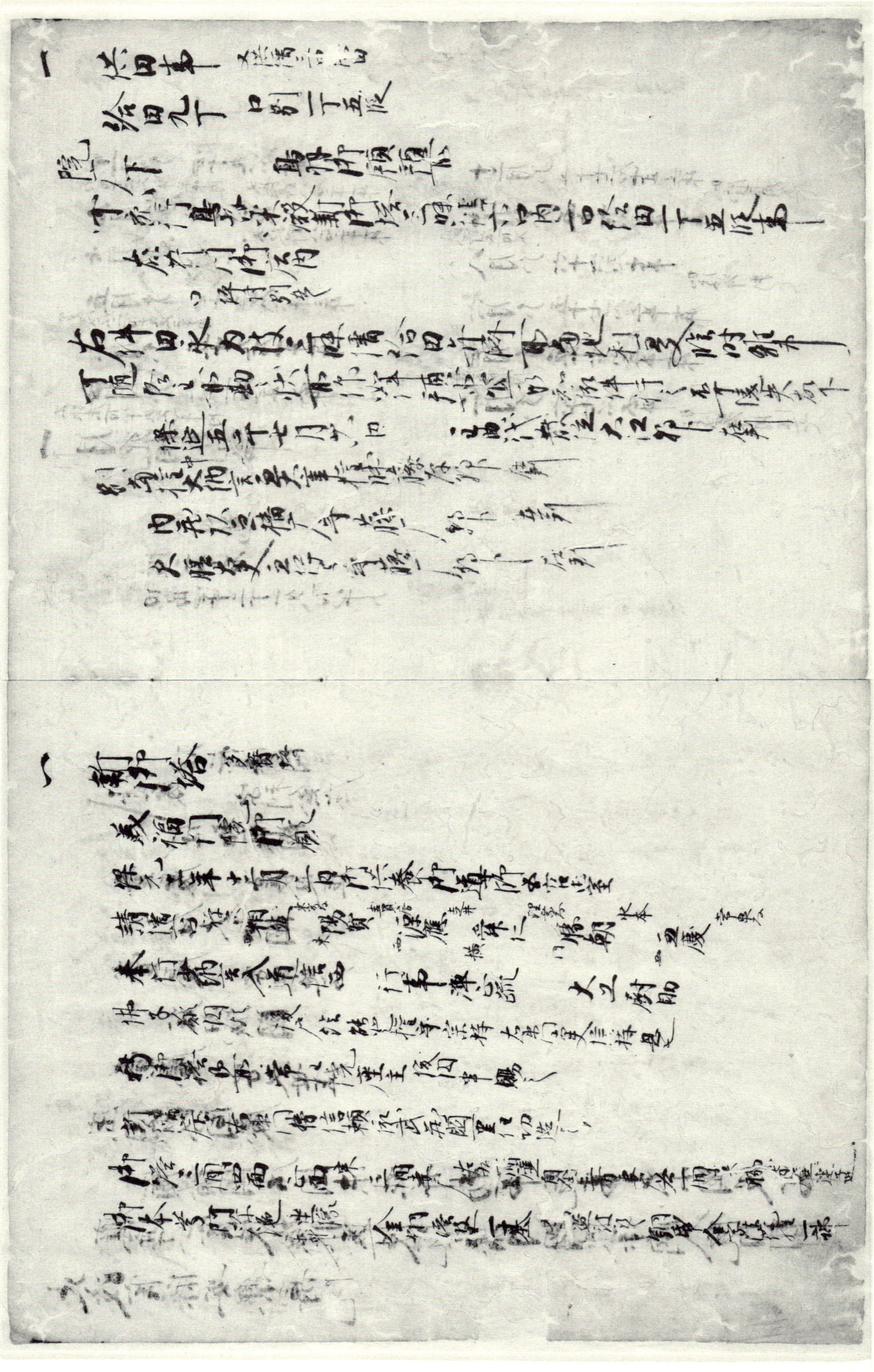

(13オ)

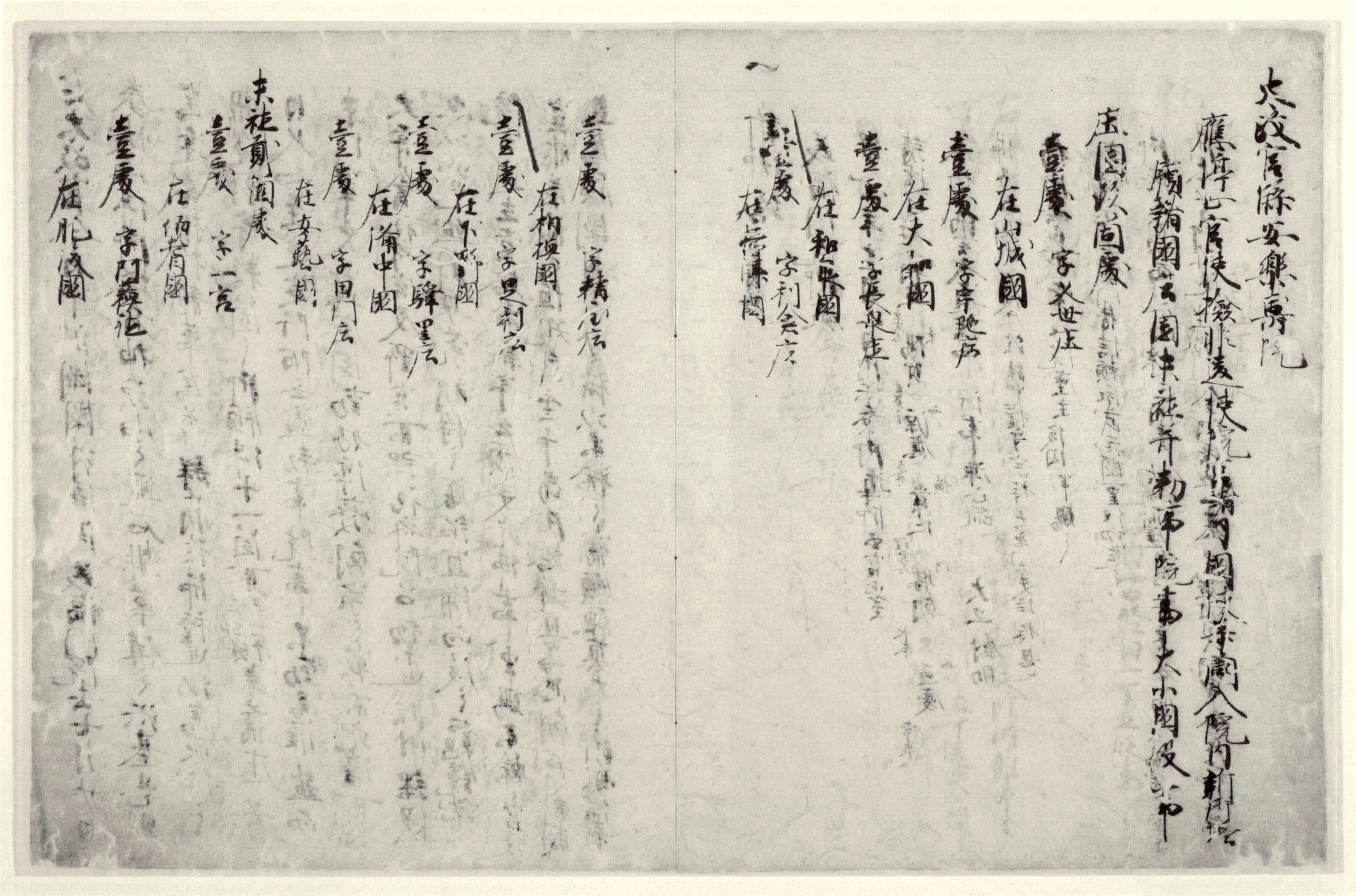

（14オ）　（13ウ）

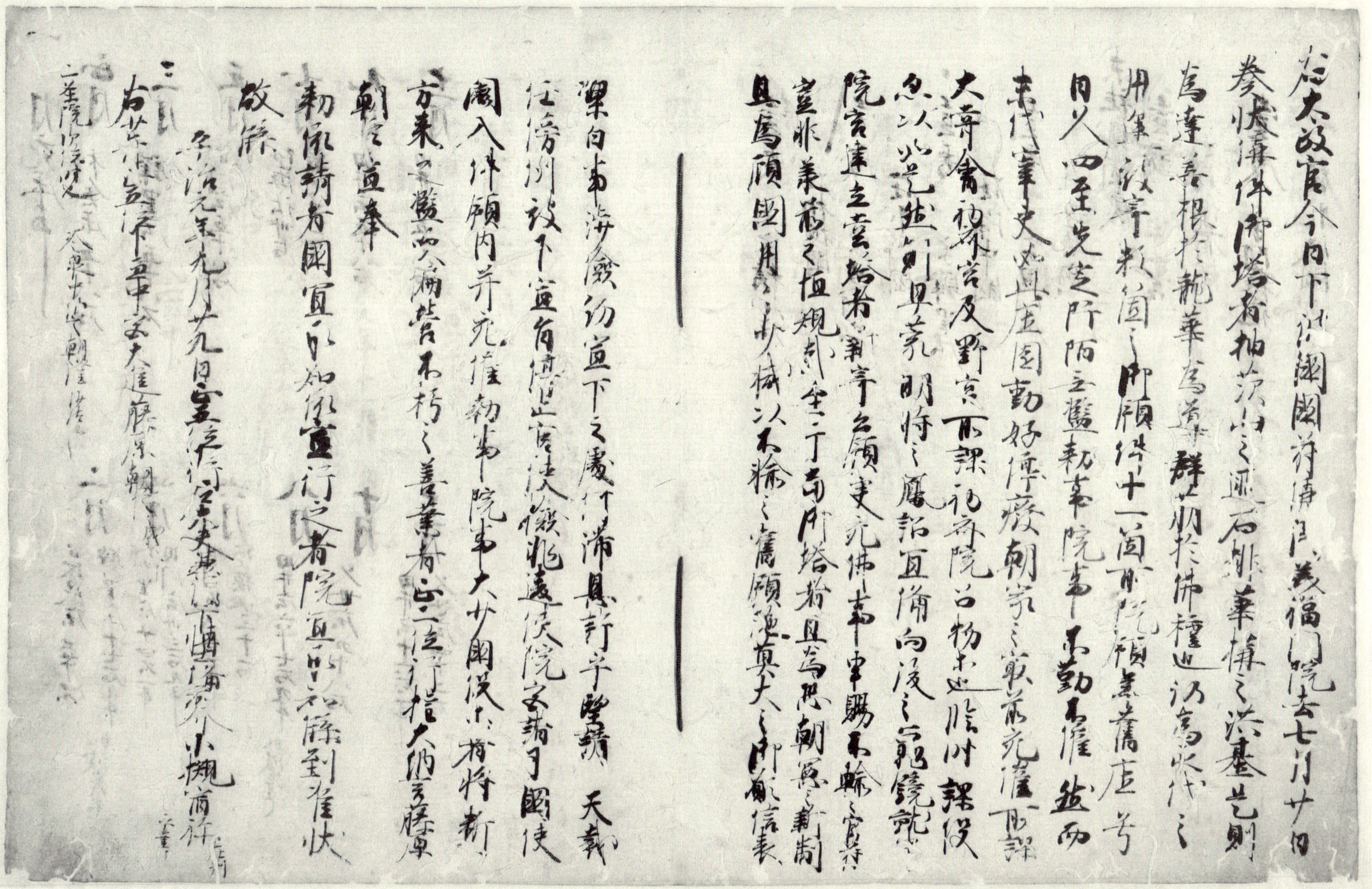

（14ウ）　（15オ）

(16オ)

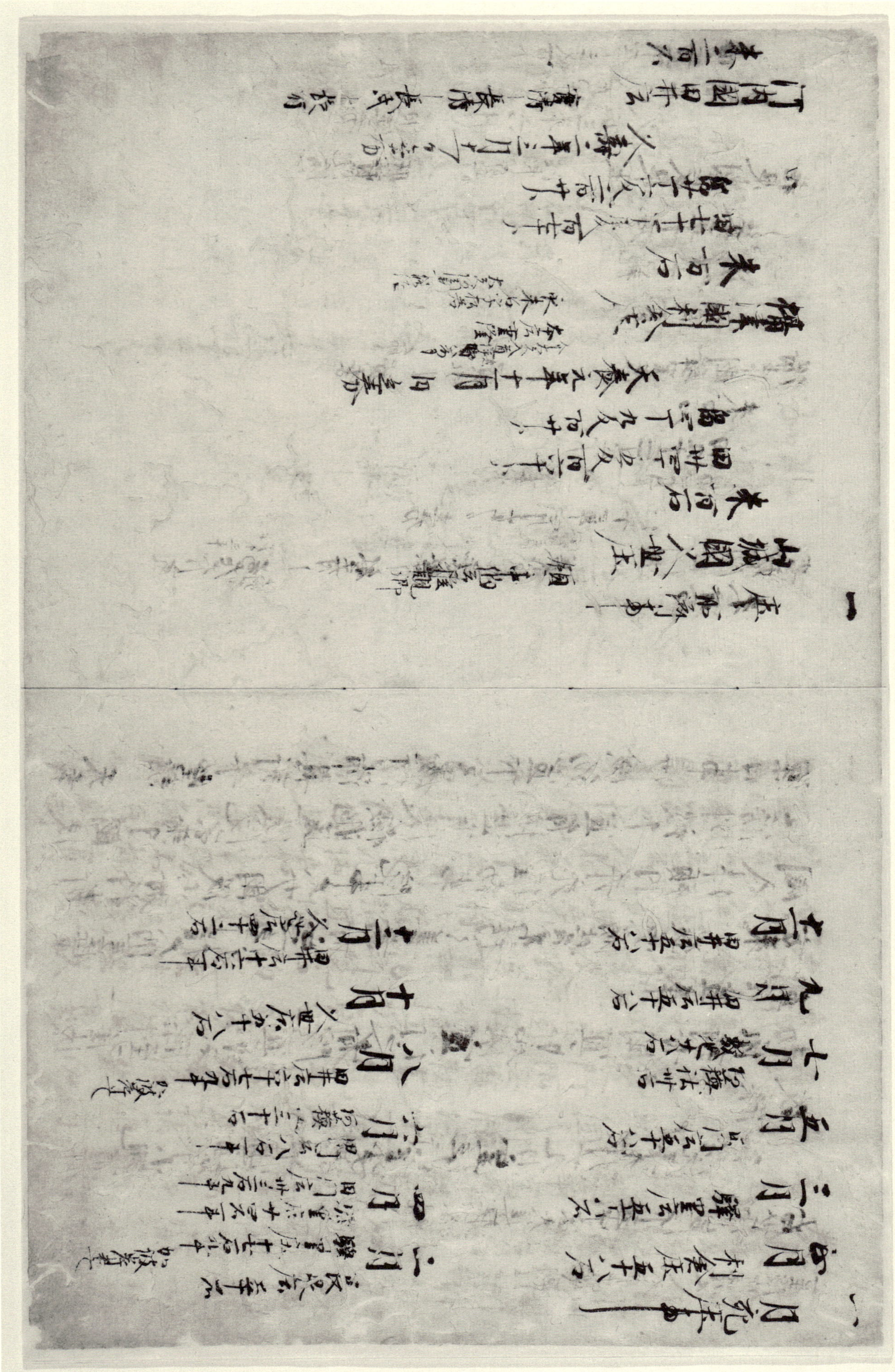

(15ウ)

（17オ）　（16ウ）

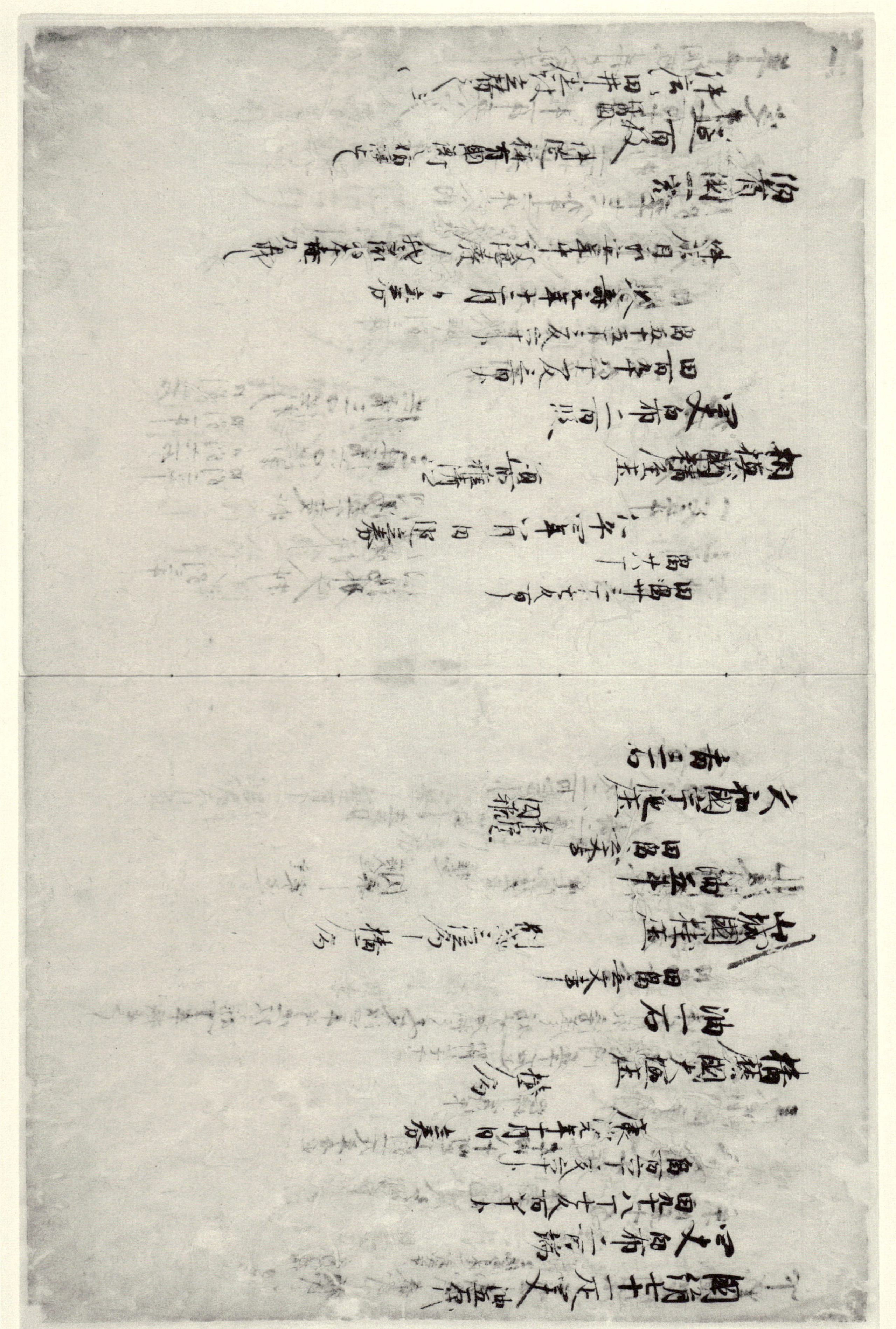

(18オ)

(17ウ)

(18ウ)

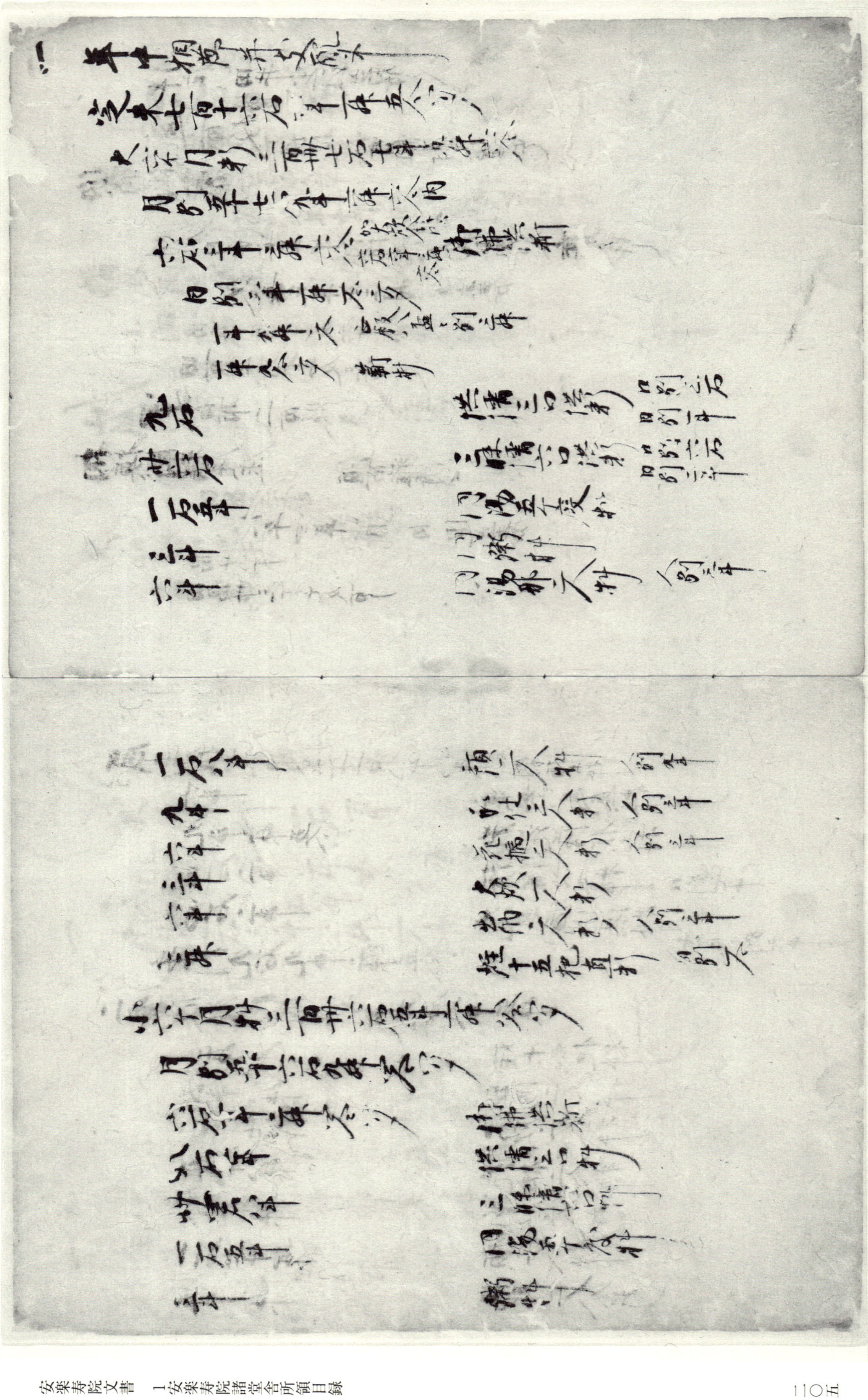

(19オ)

(20オ)

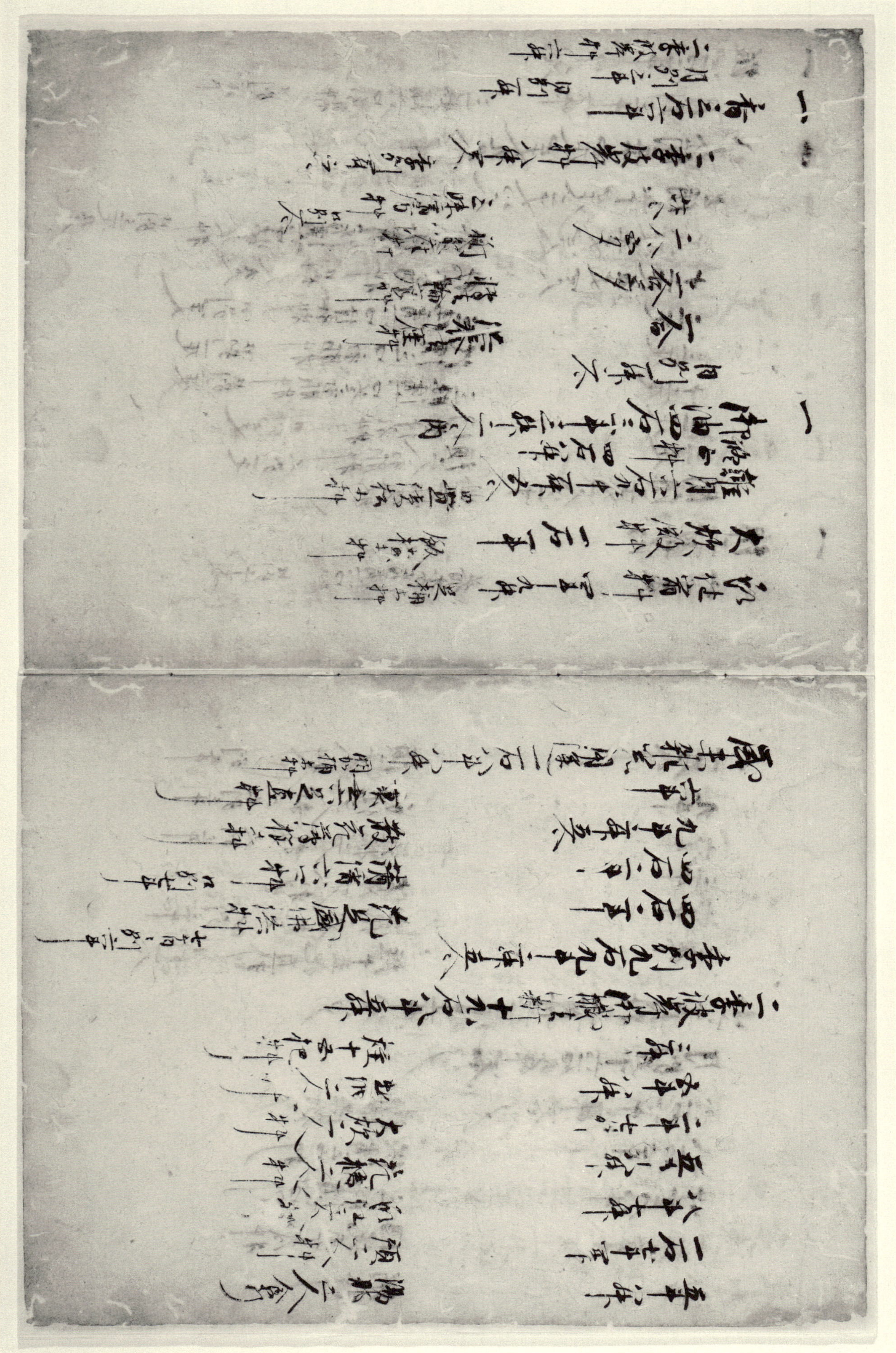

(19ウ)

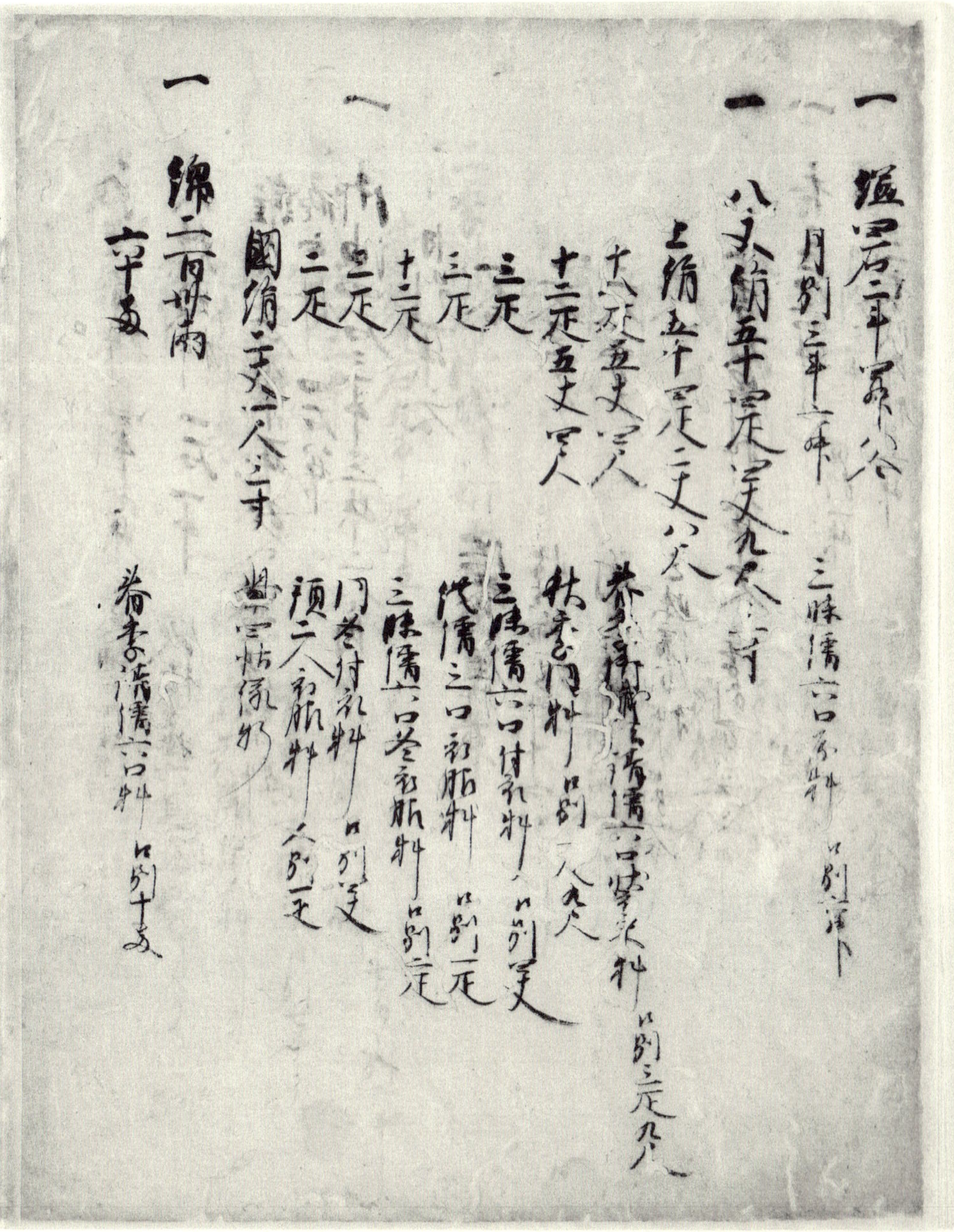

(20ウ)

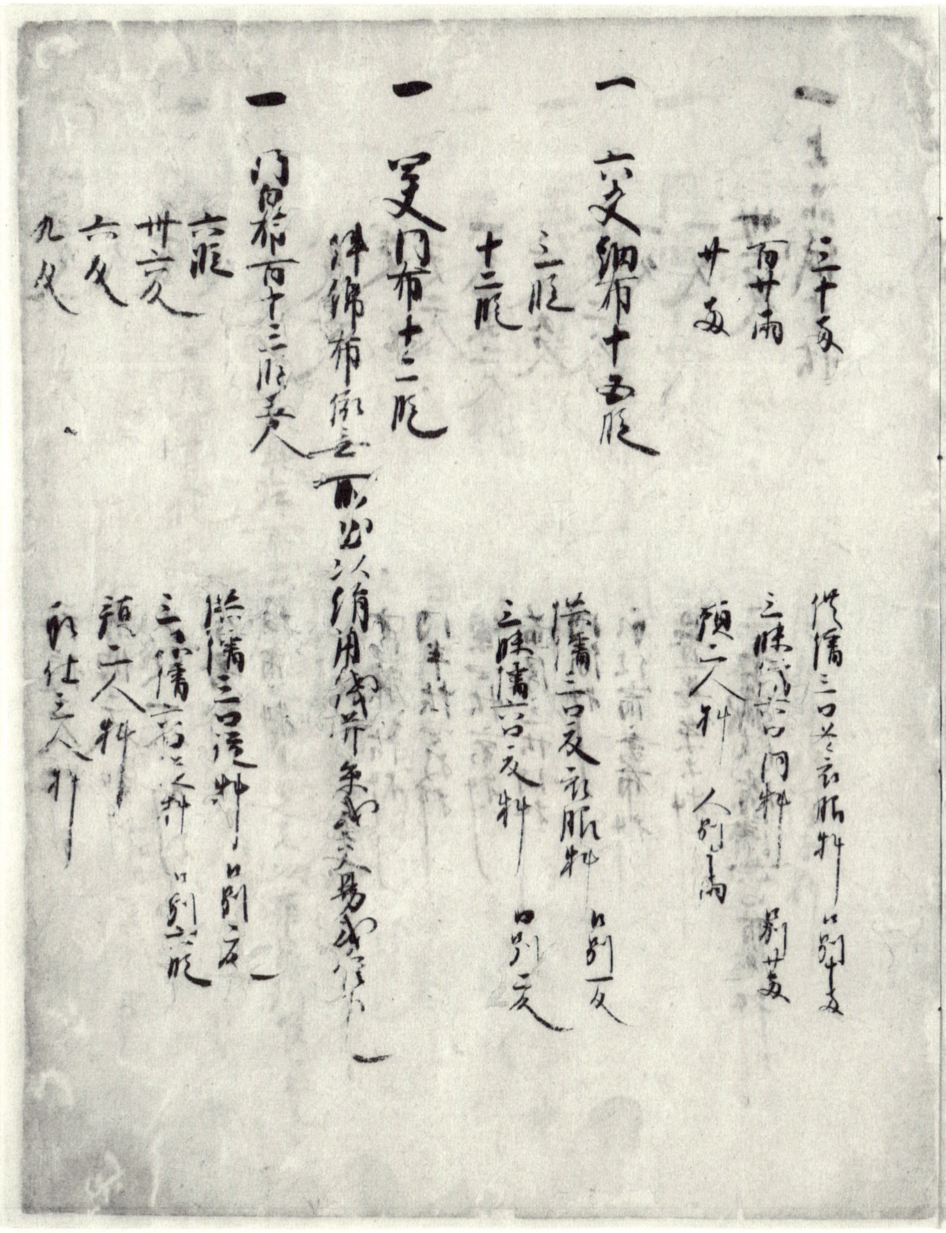

(21オ)

(22オ)

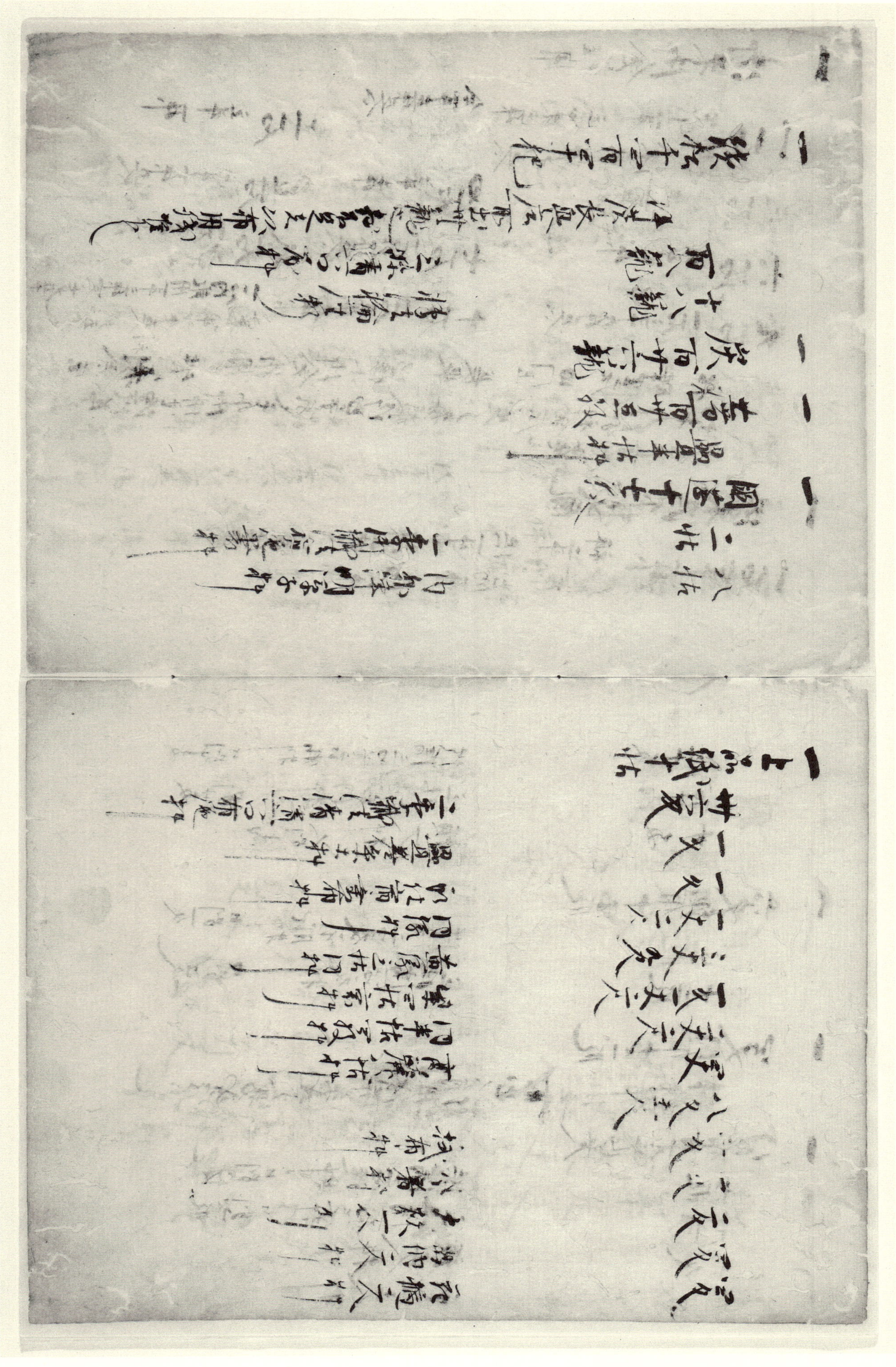

(21ウ)

（22ウ）

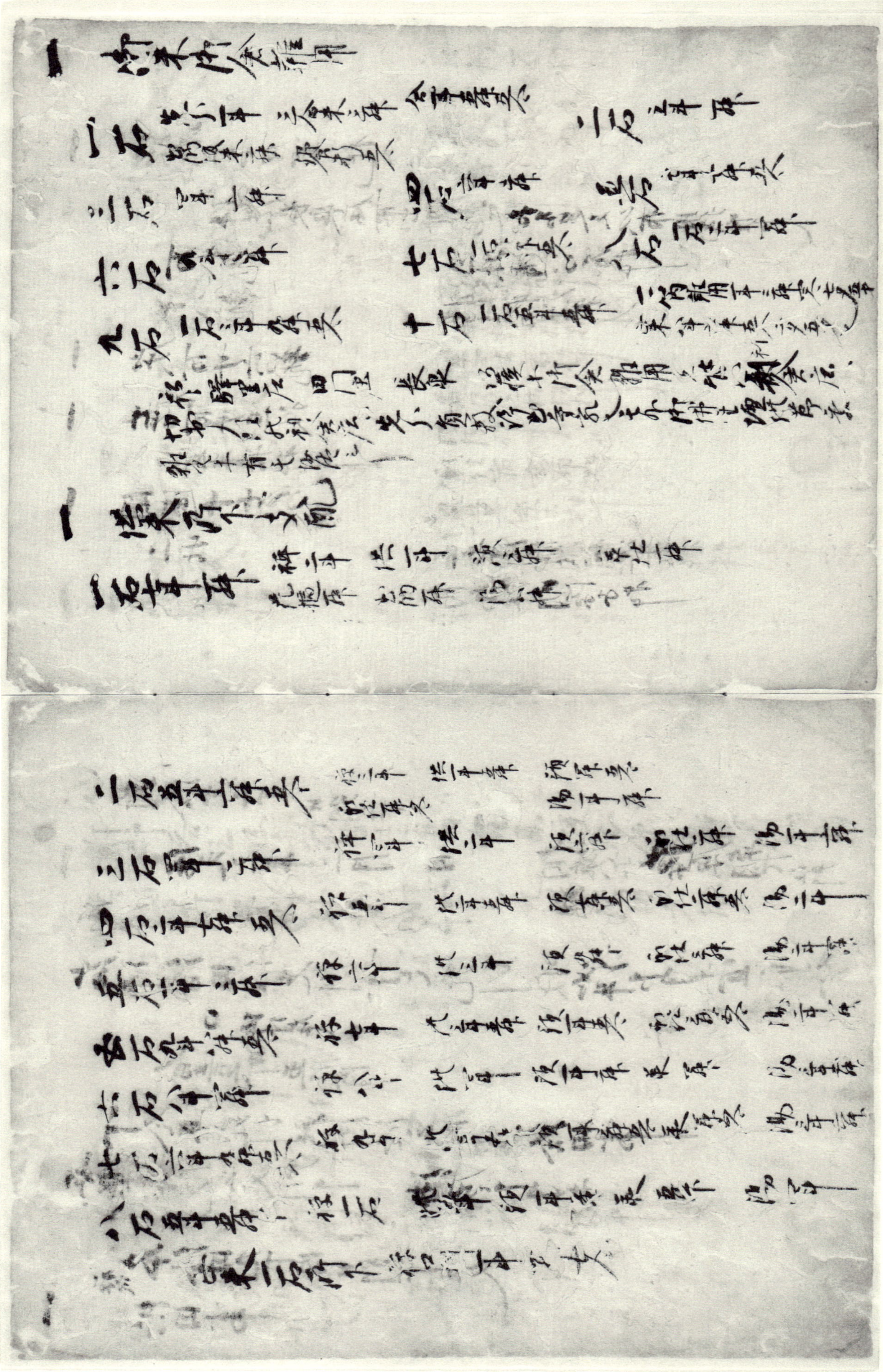

（23オ）

（24オ）

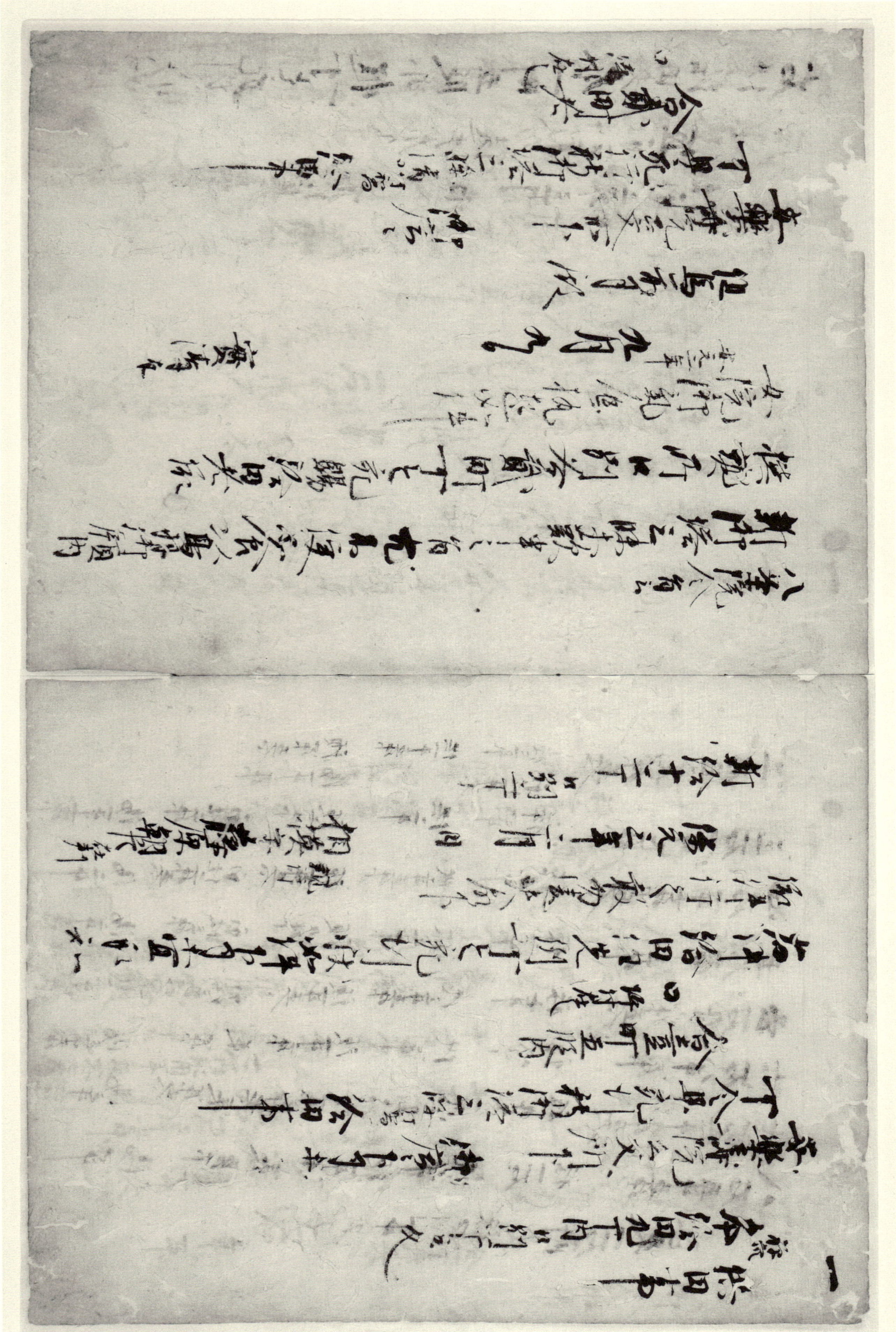

（23ウ）

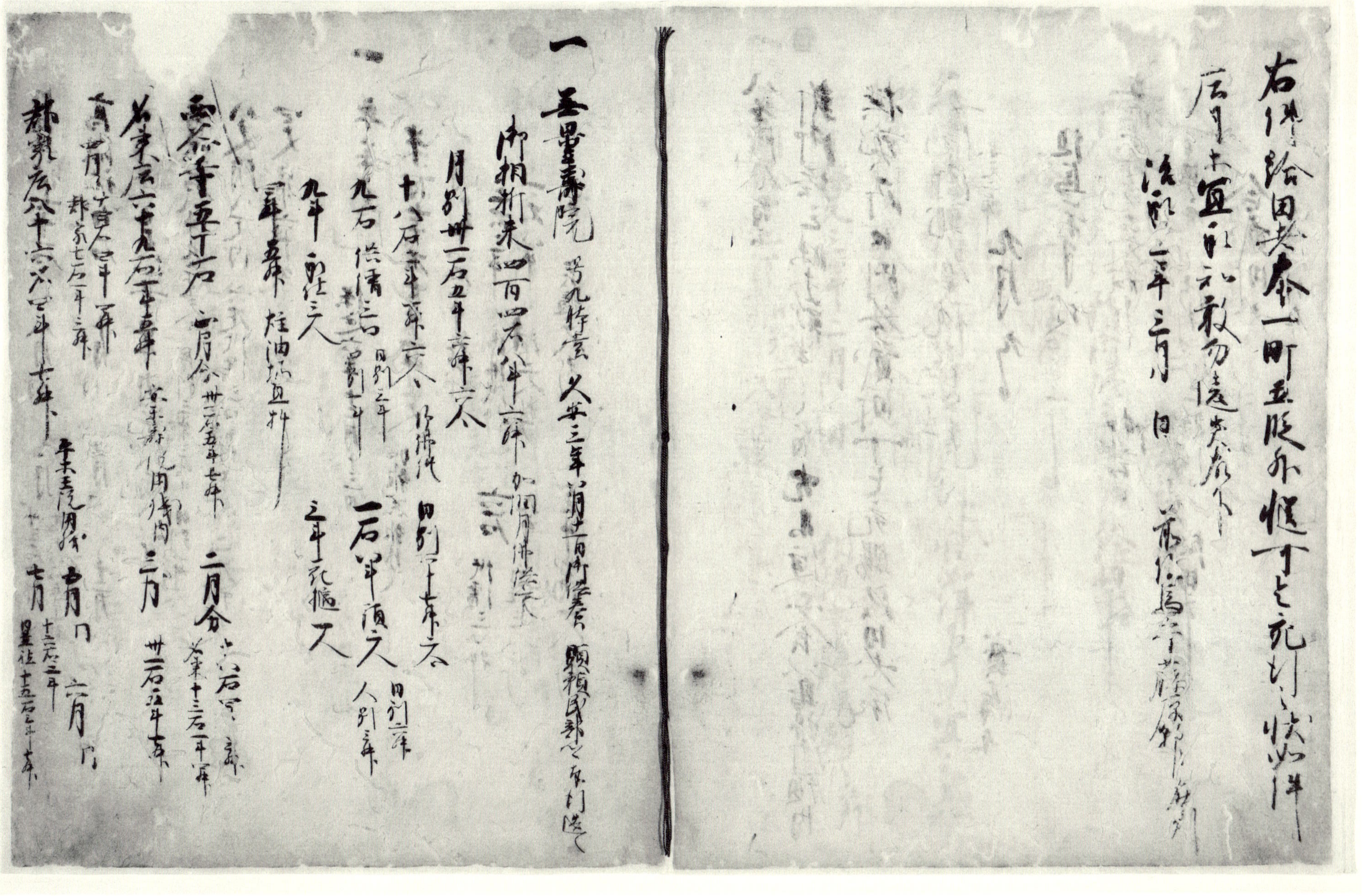

（25オ）　（24ウ）

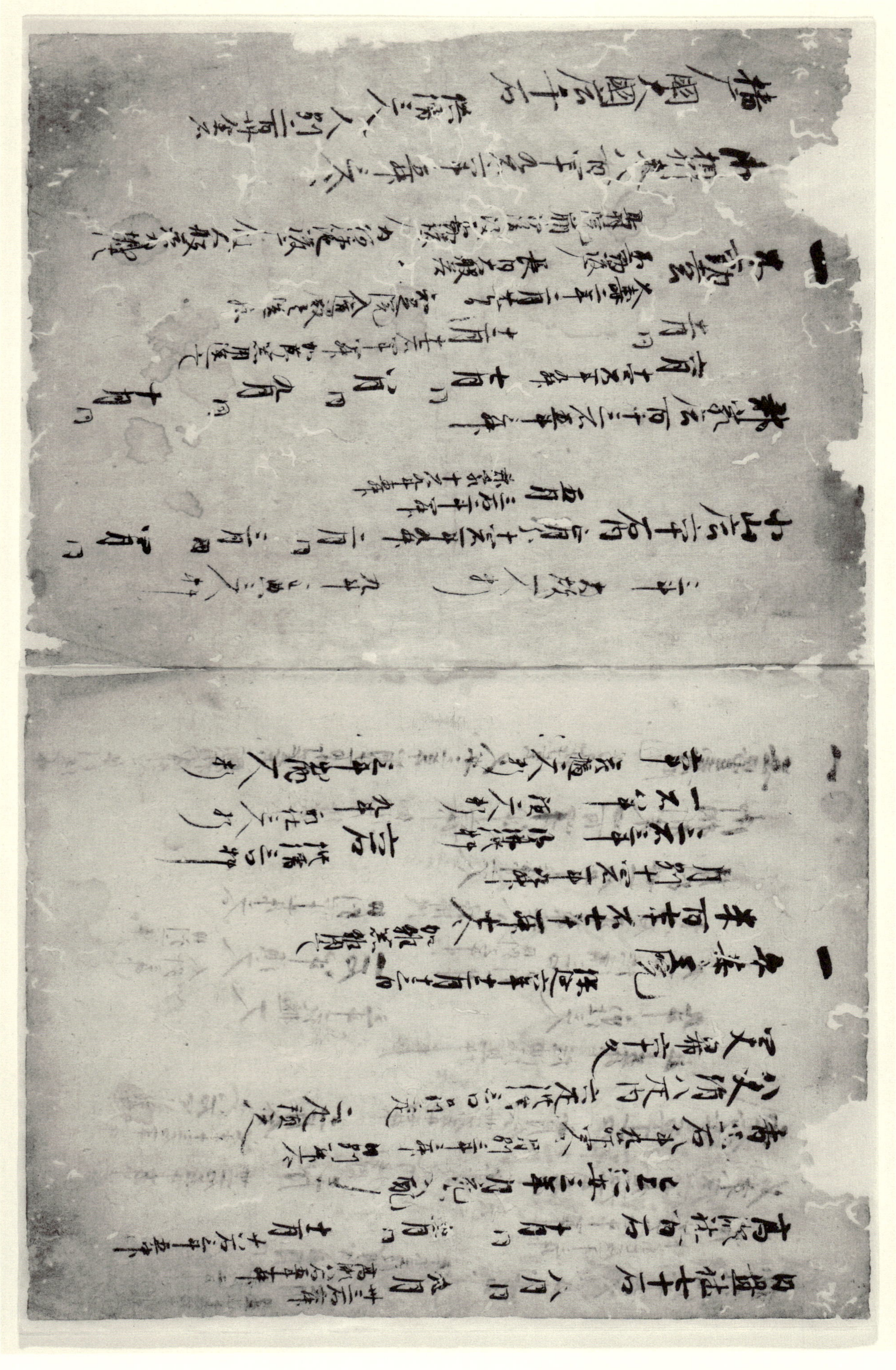

（26オ）　（25ウ）

（26ウ）

安楽寿院文書
1 安楽寿院諸堂舎所領目録
遊紙

1 安楽寿院諸堂舎所領目録　裏表紙

(1)

鳥羽院御手印□

鳥羽領内芹河真幡木上三栖此三ヶ
三庄施入両御塔寄備末代菩提
庄内居人東際定恣為会寺用之
甚云武之権威可号被官為後代之
並雖墨此記文宛賢此事不可叶處也
若如此違心者出来之時任記文之言
可處遠流死罪也吾子孫有背此記
文之事者忽廻神慮必可戴天下災
難者也
御起請文曰雖経天下一同之大旱魃
大洪水不熟損亡之歳於此寺用之
御年貢者更不可闕怠其故者庄
領広大御年貢狭少之故也収力々々

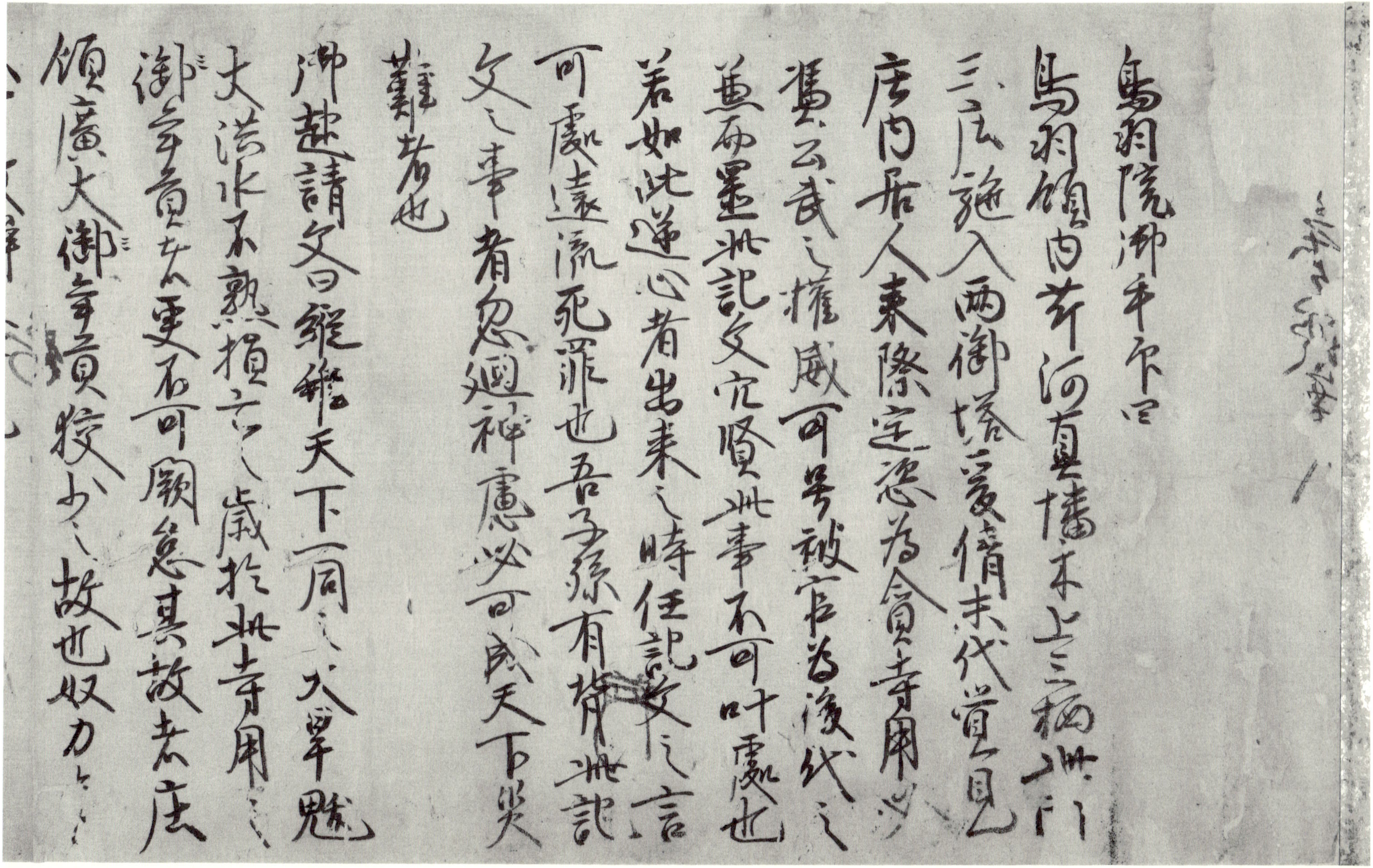

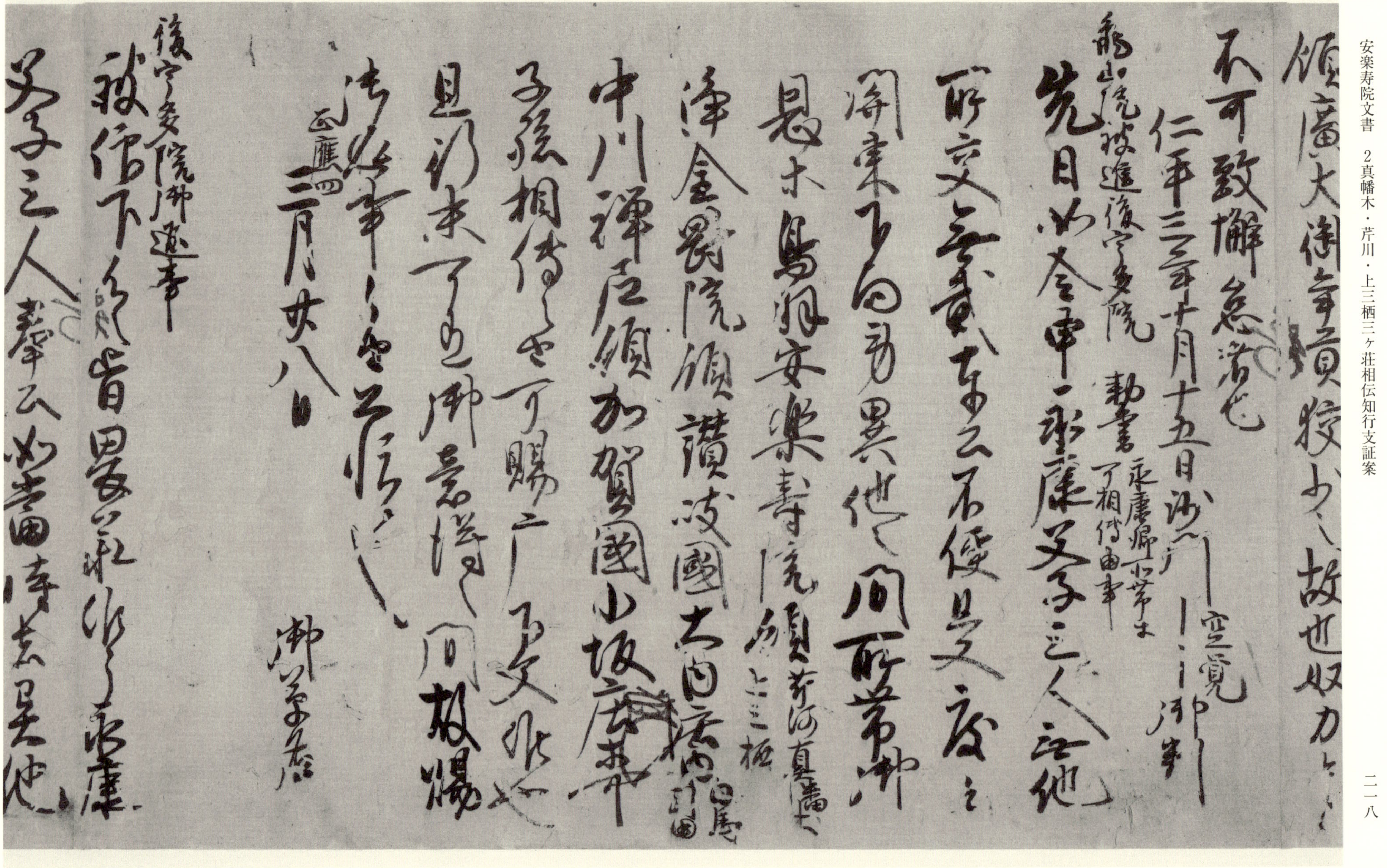

（2）

[illegible]

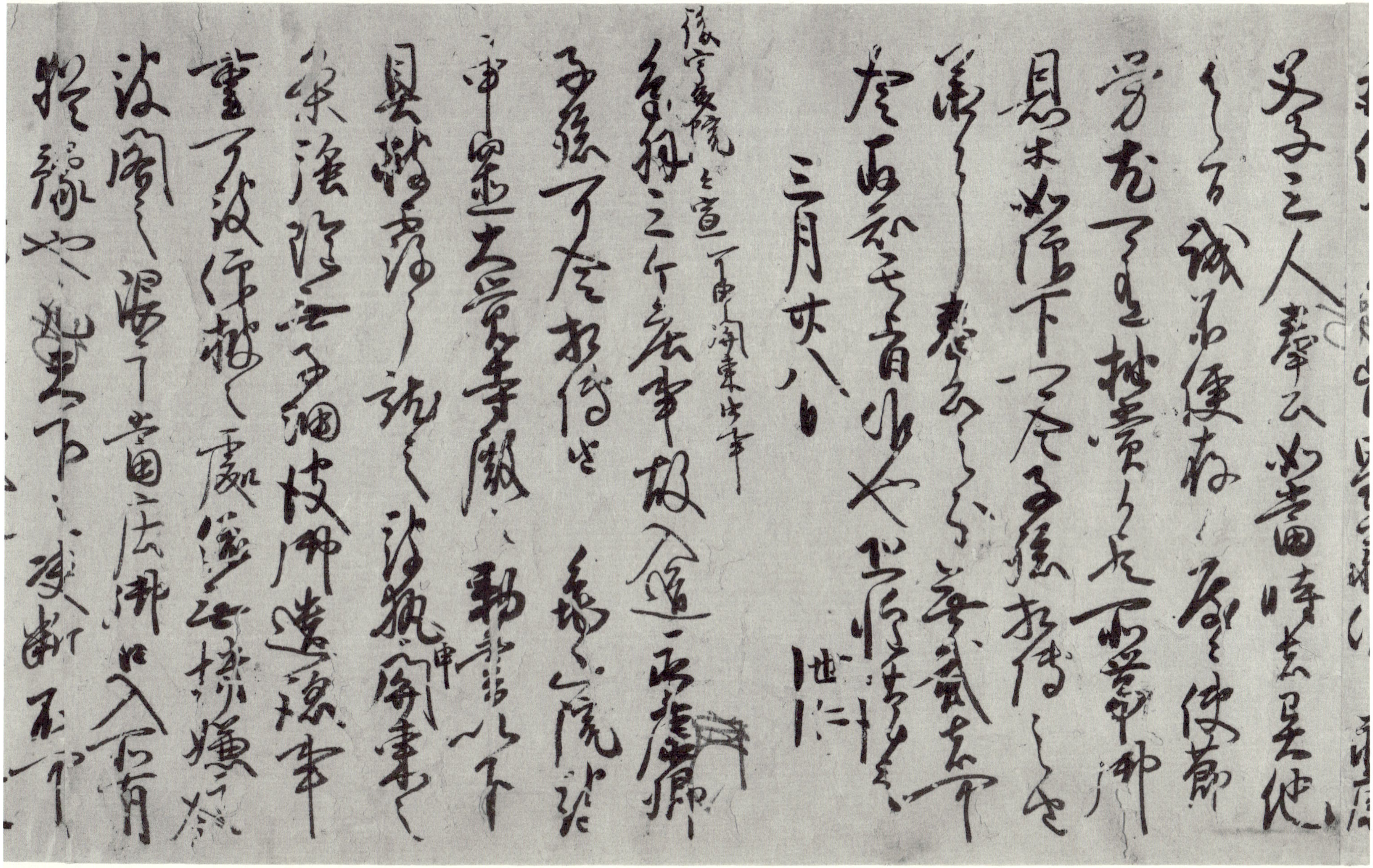

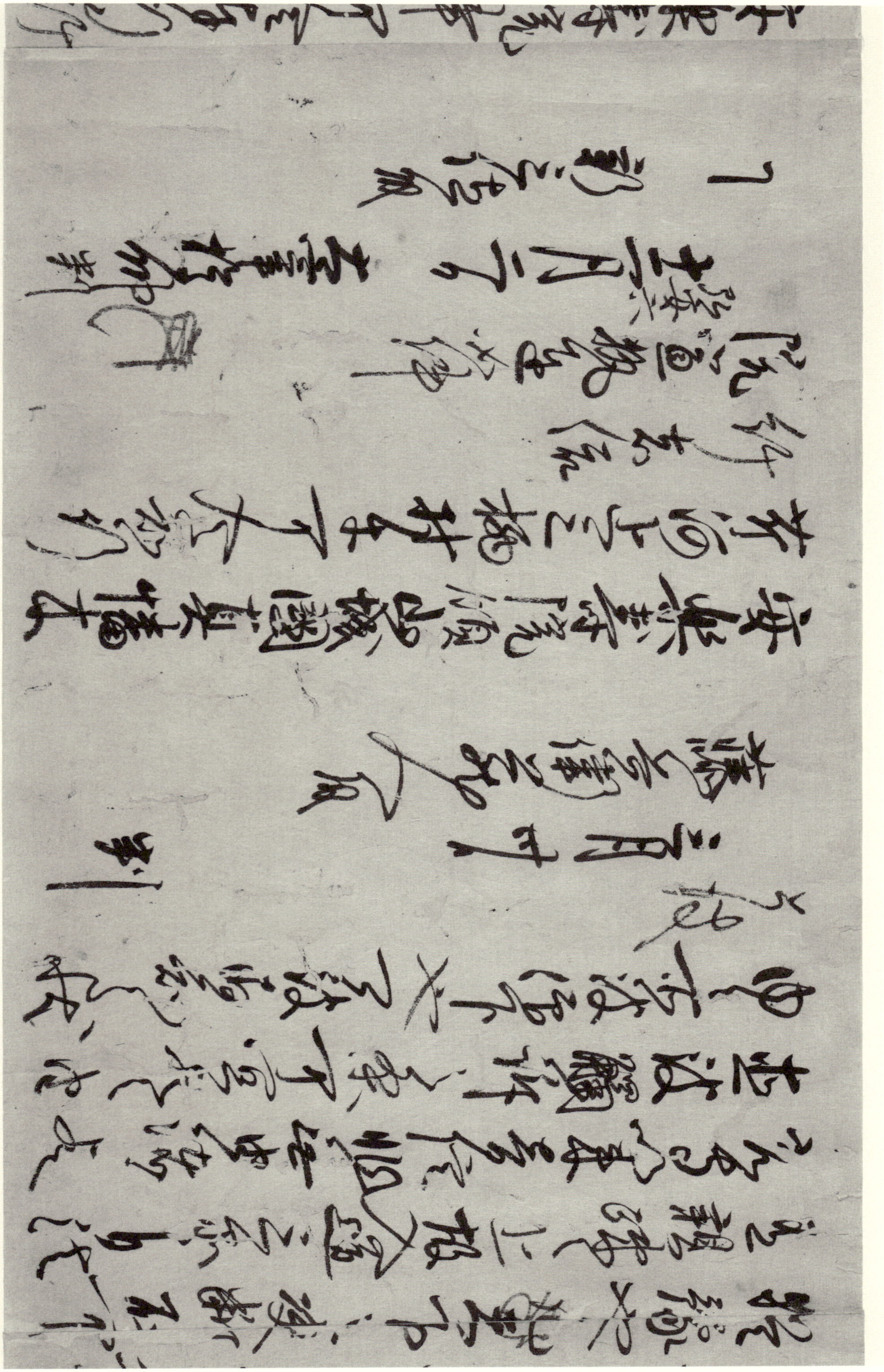

（4）

安楽寿院文書
2 真幡木・芹川・上三栖三ヶ荘相伝知行文証案

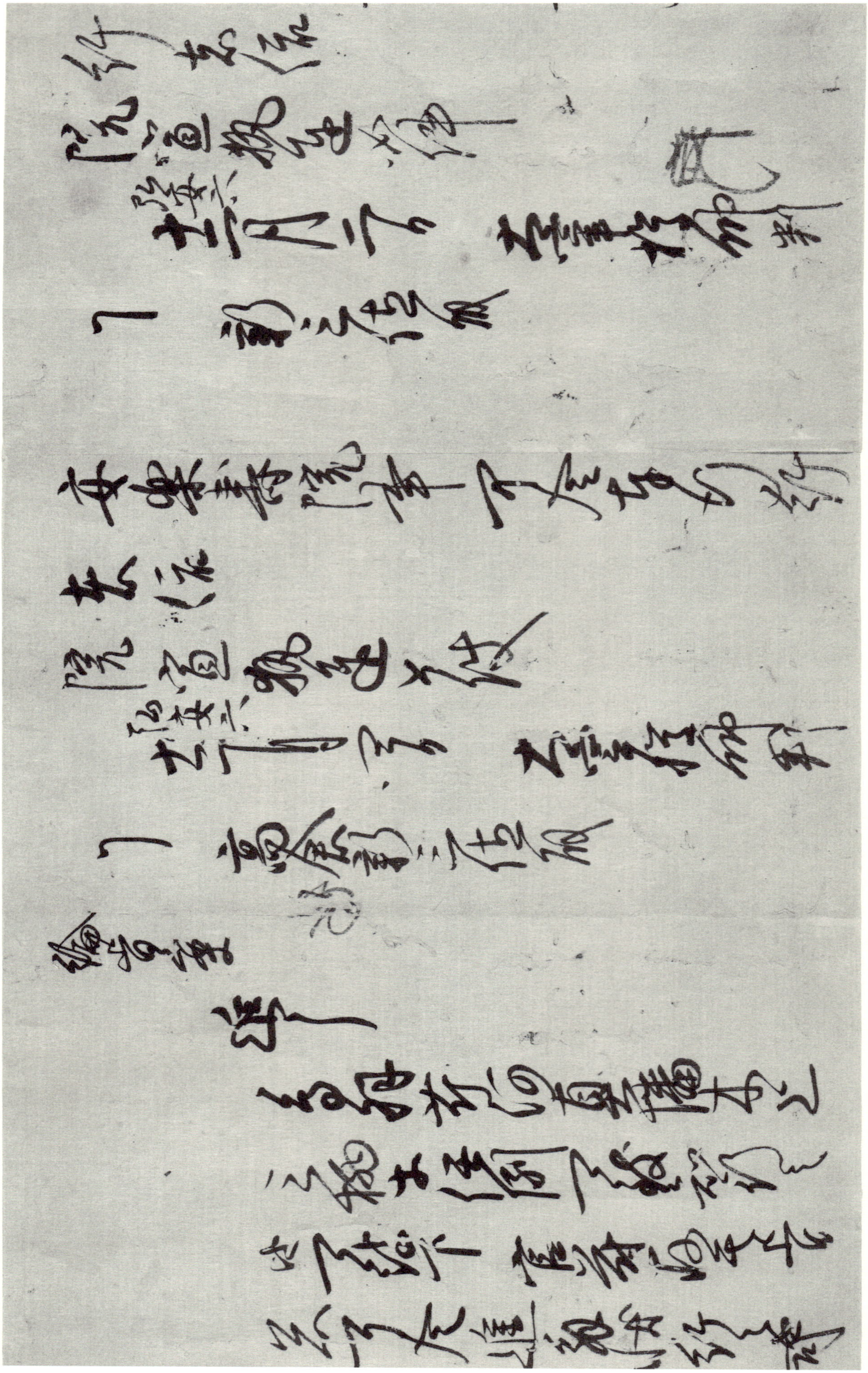

（5）

安楽寿院文書　2 真幡木・芹川・上三栖三ヶ荘相伝知行支証案

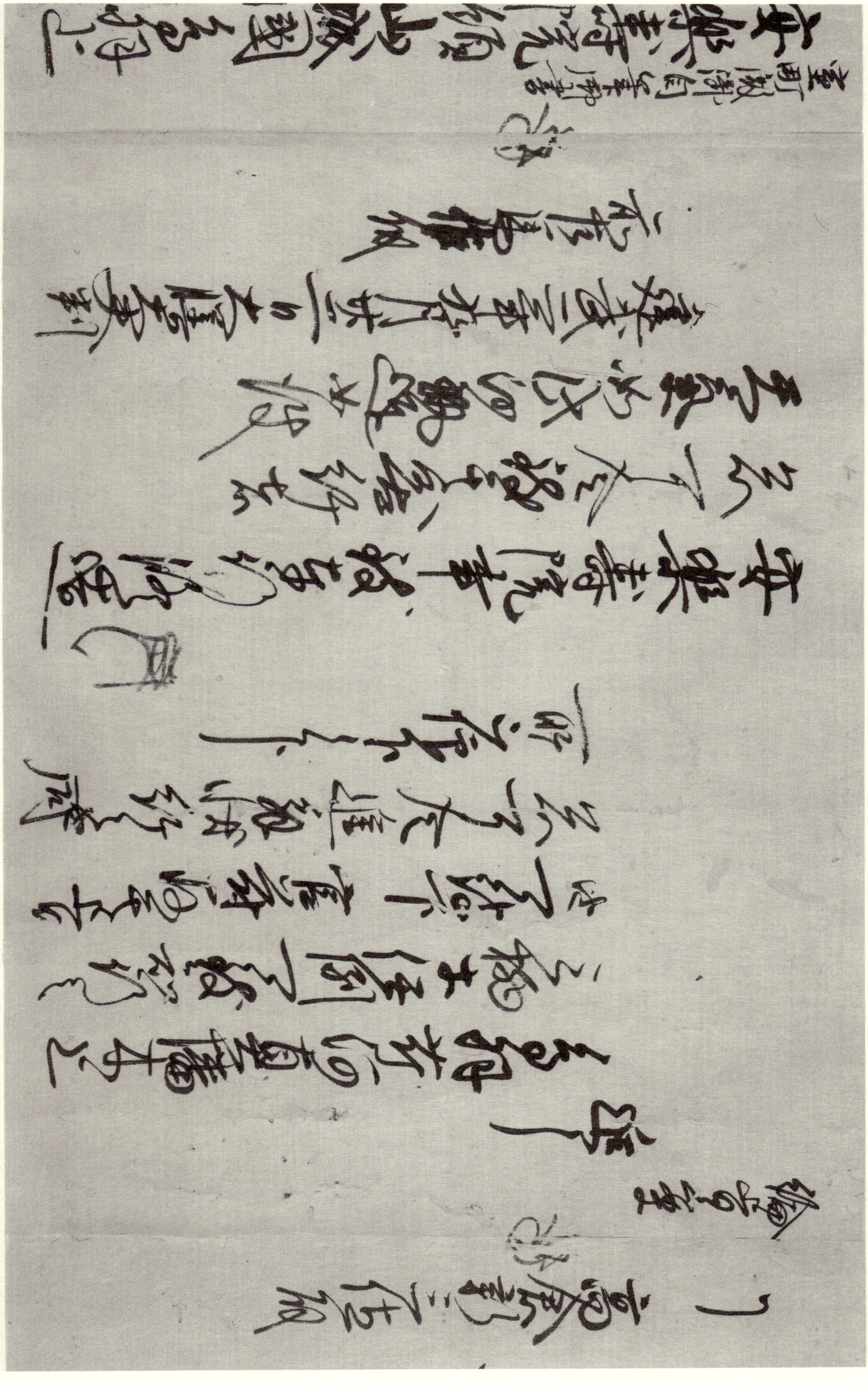

安楽寿院文書
2 真幡木・芹川・上三栖三ヶ荘相伝知行支証案

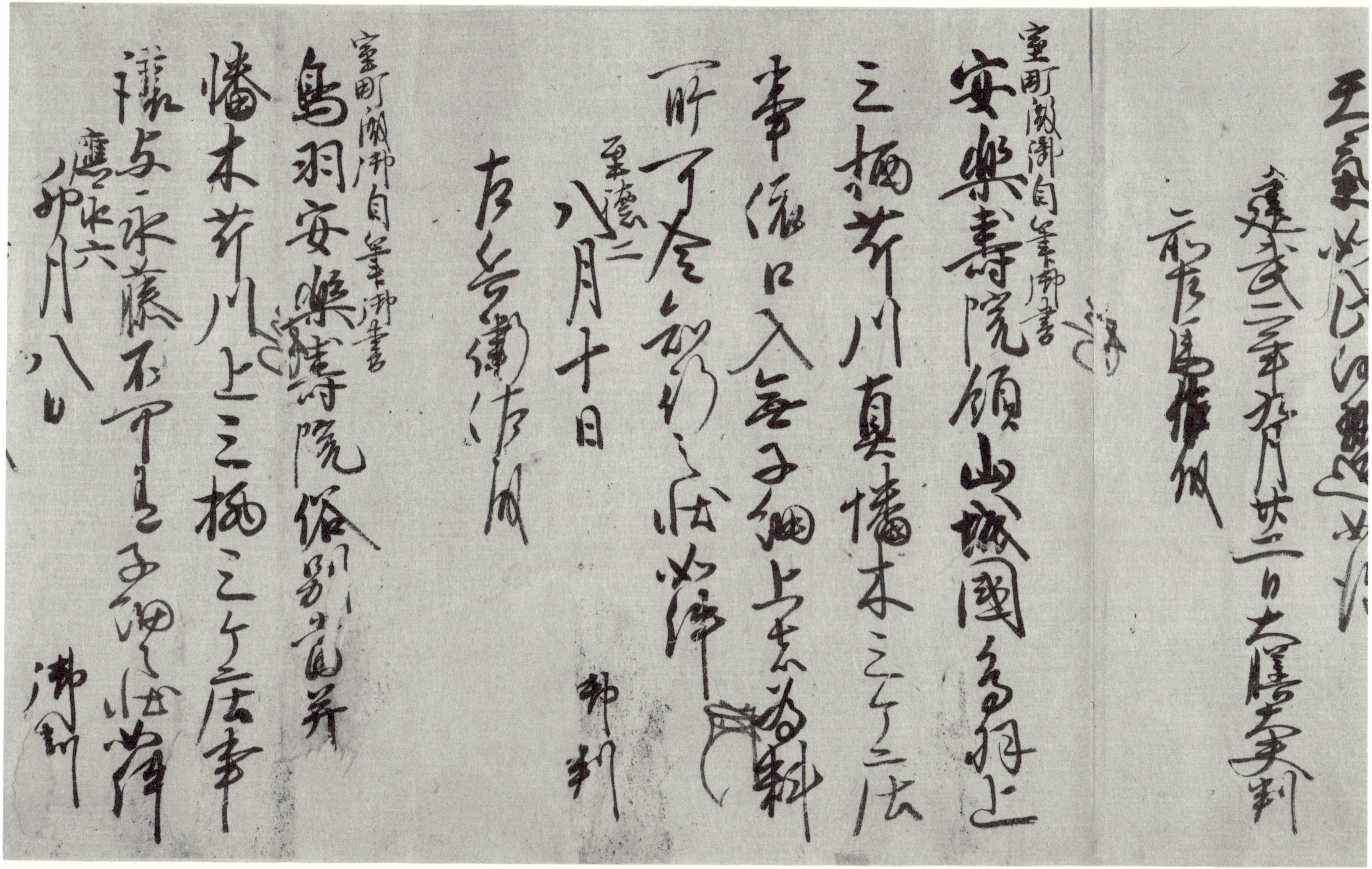

（7）

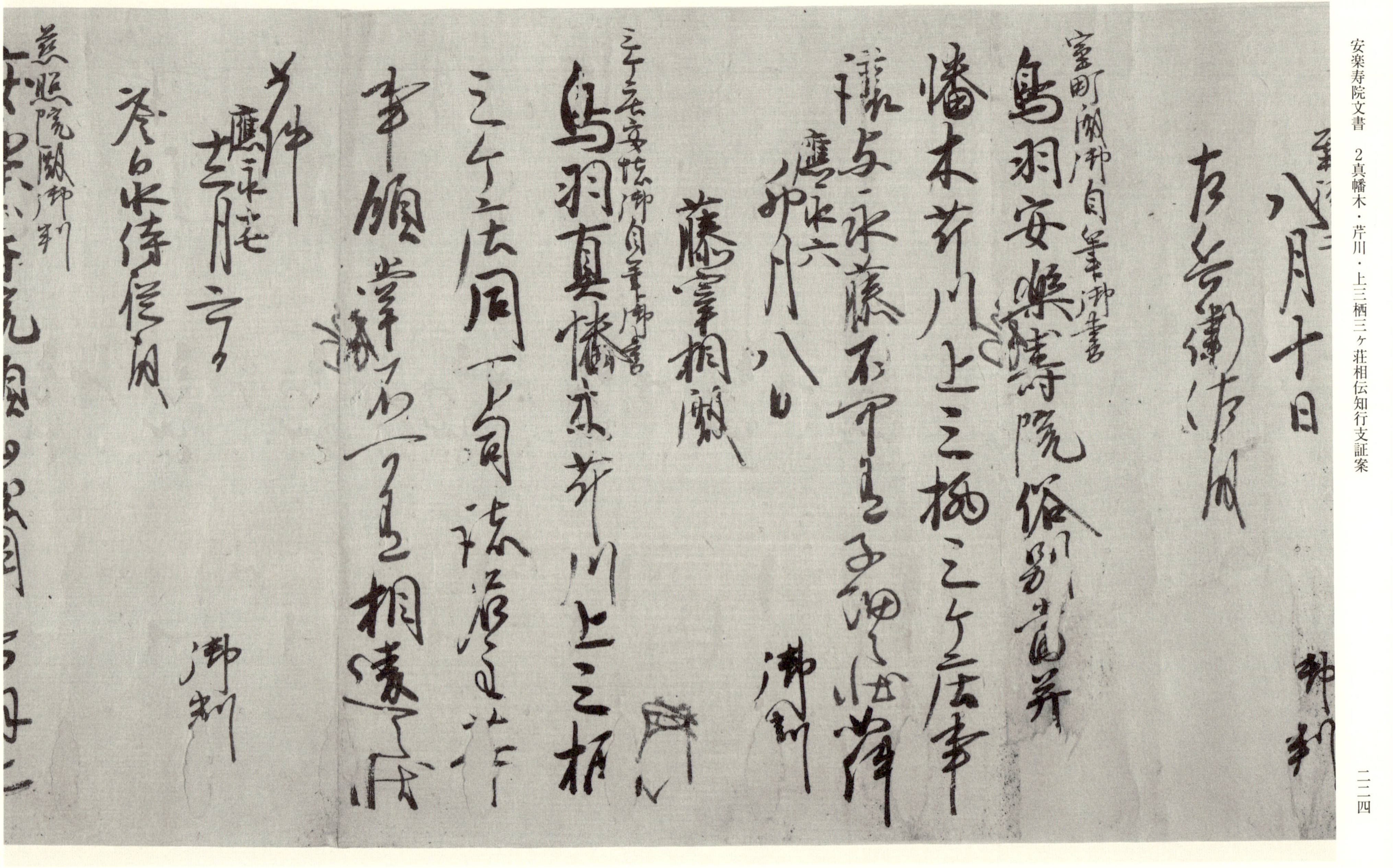

（8）

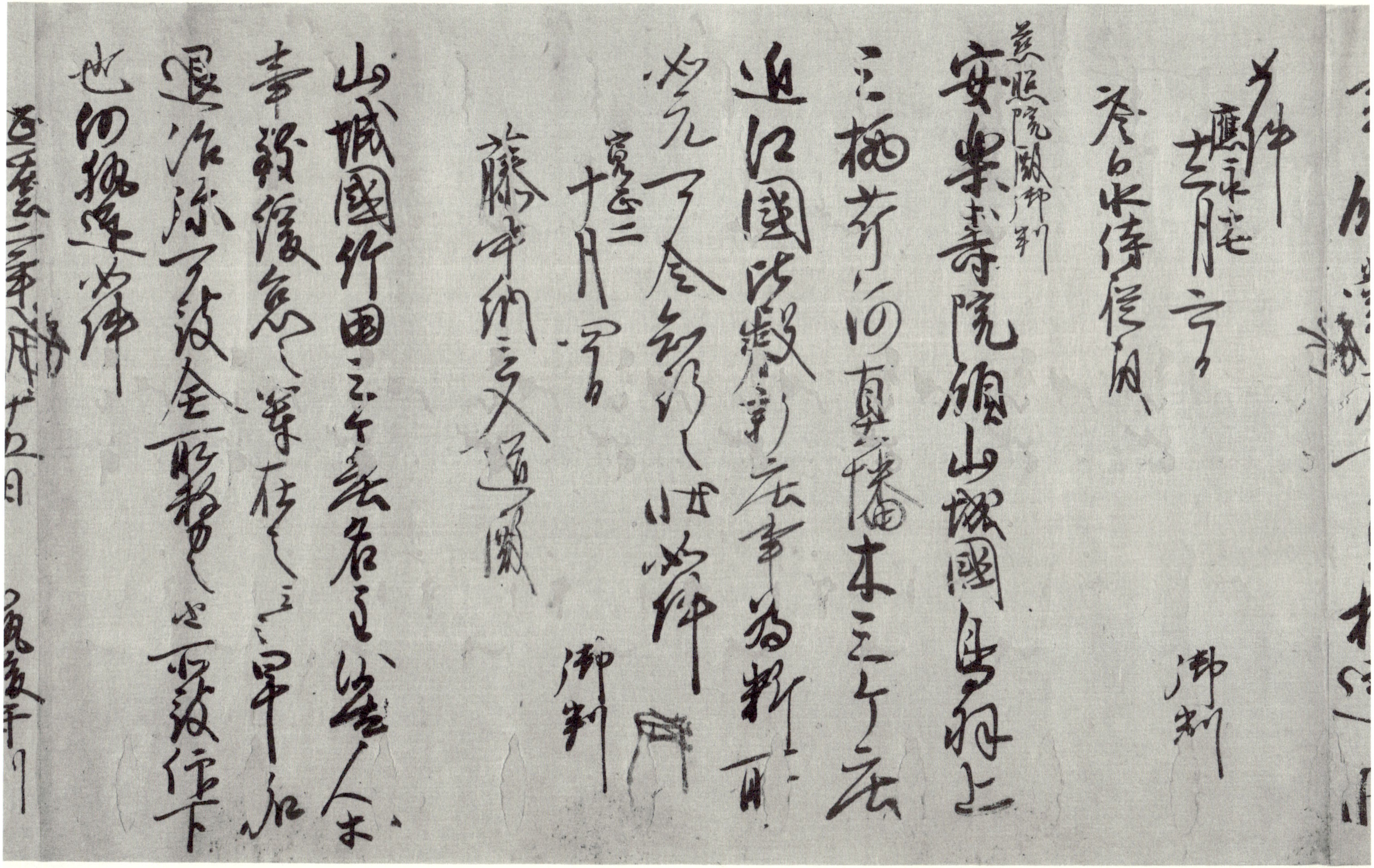

（9）

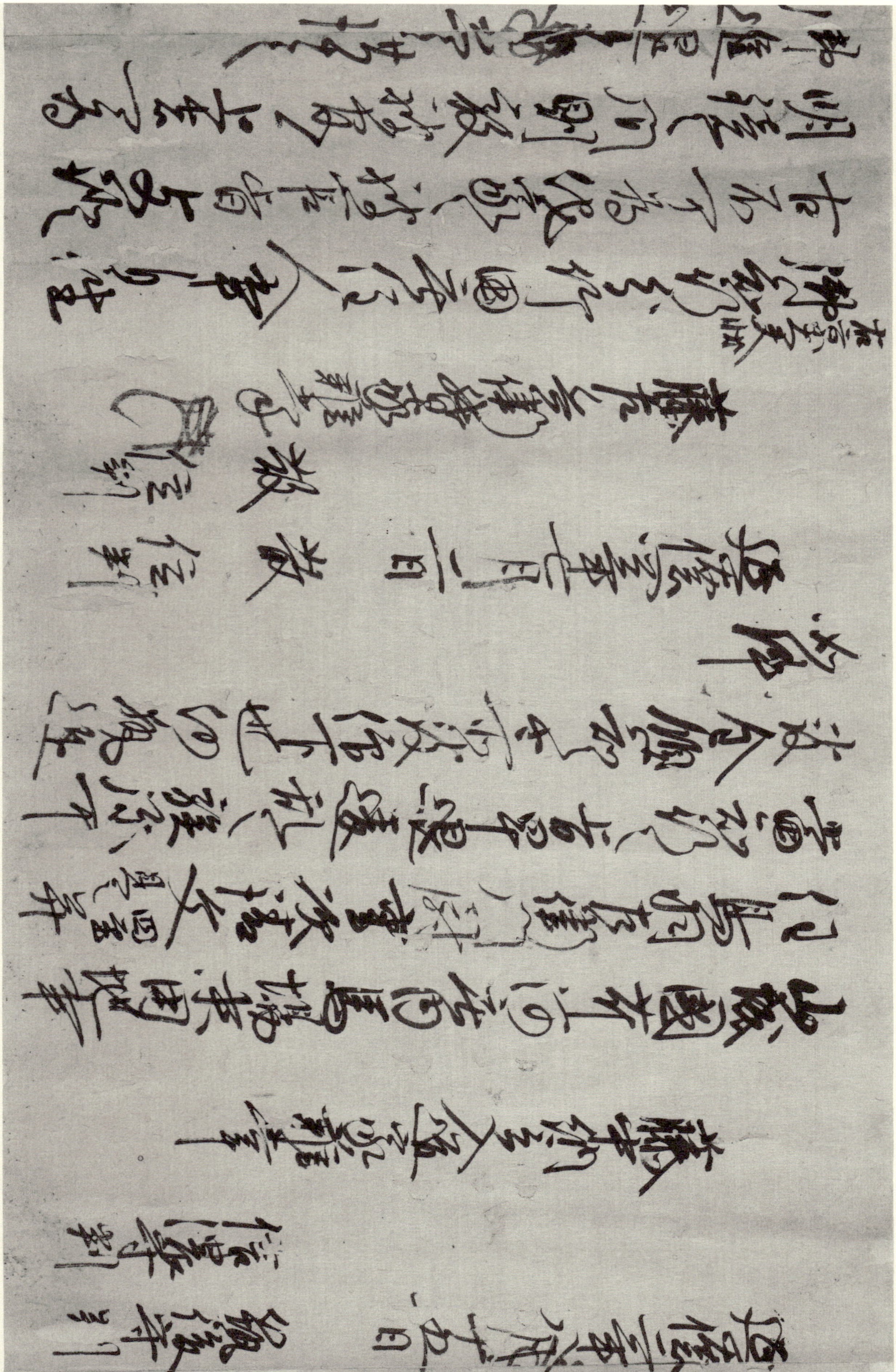



2 真幡木・芹川・上三栖三ヶ荘相伝知行支証案

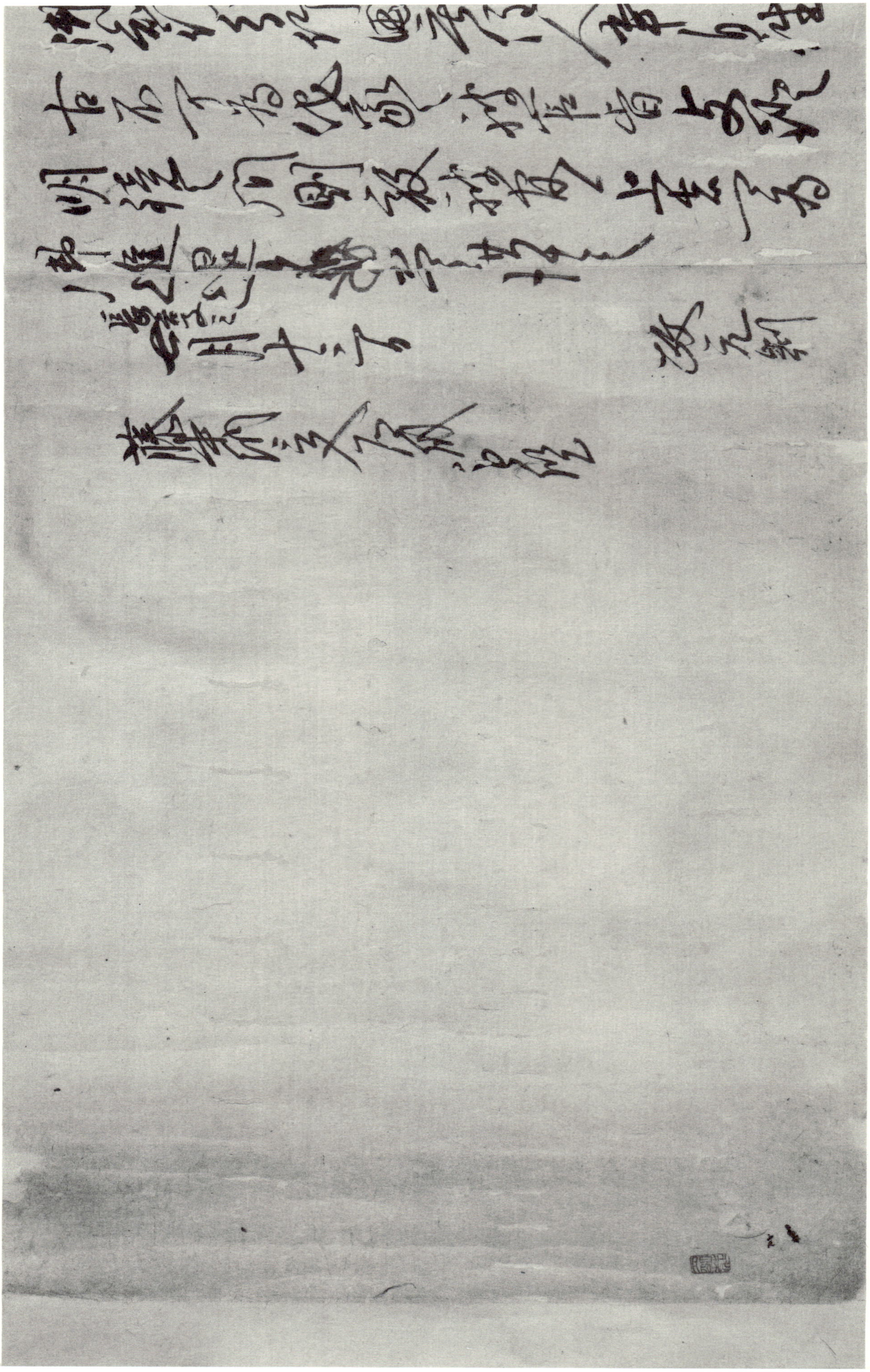

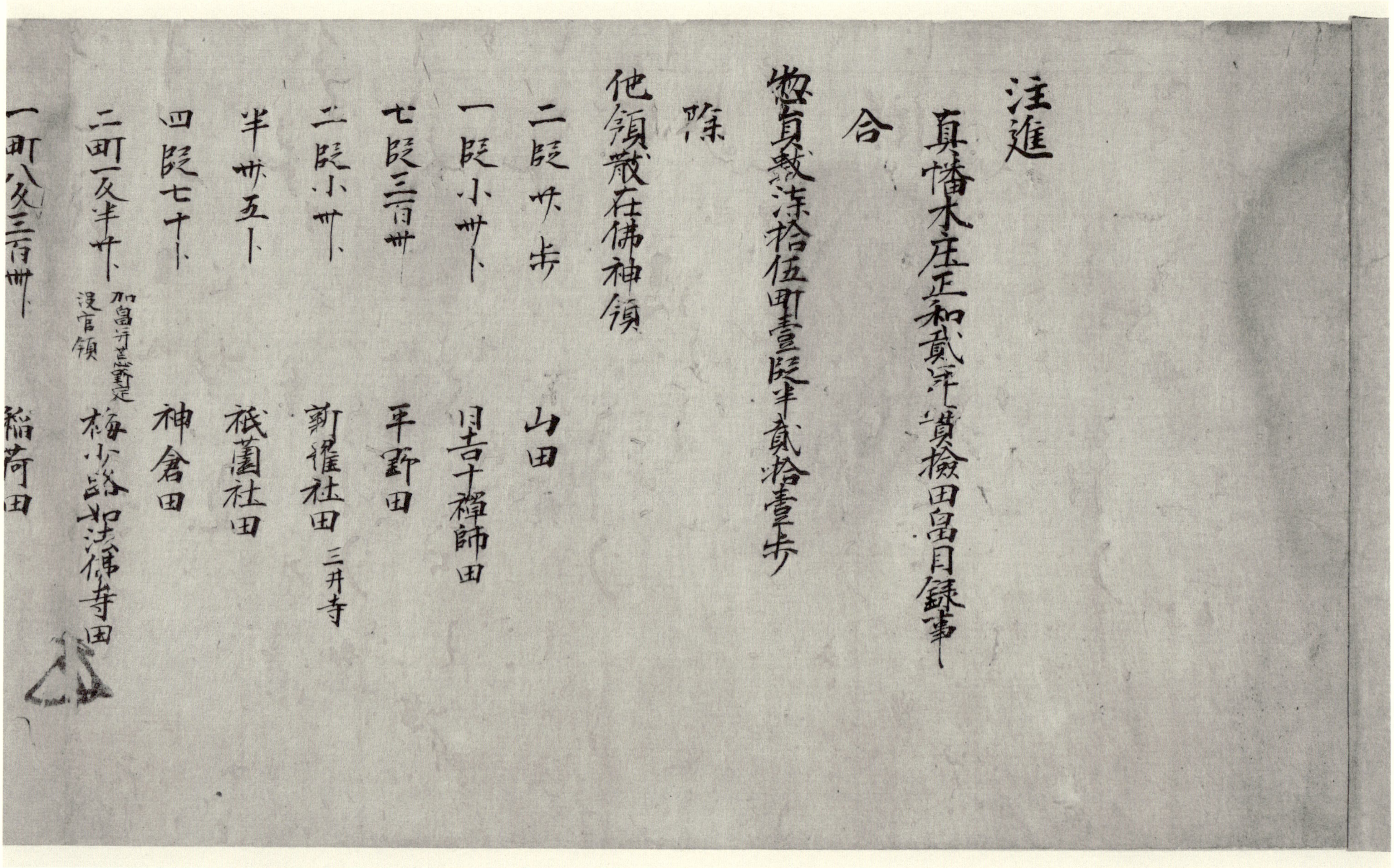
注進　真幡木庄正和貳年實検田畠目録事
合
惣田数漆拾伍町壹段半貳拾壹歩
除
他領散在佛神領
二段卅歩　山田
一段小卅卜　日吉十禅師田
七段三百卅　平野田
二段小卅卜　新羅社田　三井寺
半卅五卜　祇薗社田
四段七十卜　神倉田
二町一反半卅卜　加畠并荒野定　没官領　梅小路如法佛寺田
一町八反三百卅卜　稲荷田

（1）

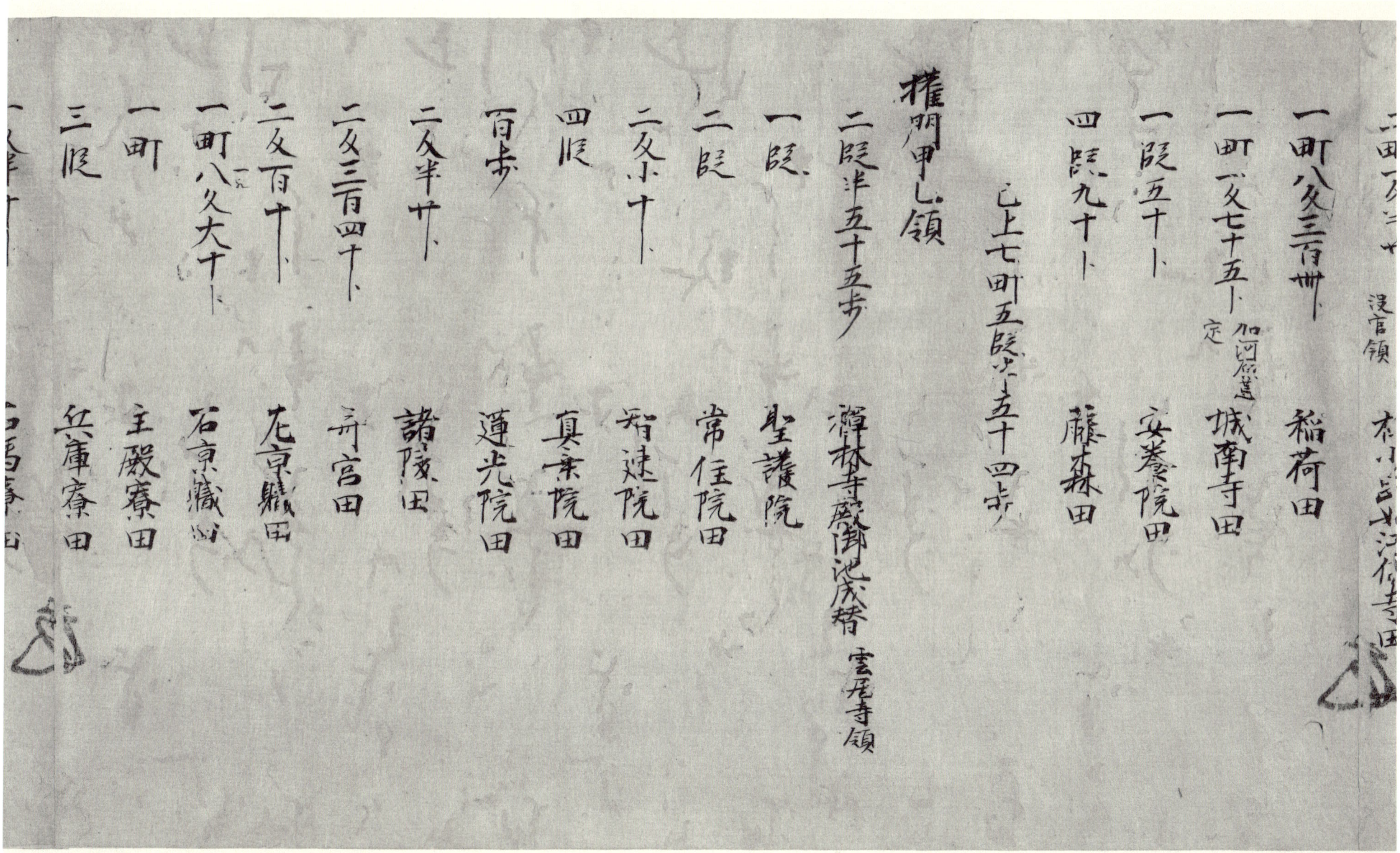
一町八反三百卅卜　　稲荷田
没官領
一町一反七十五卜　加河原道　定　城南寺田
一段五十卜　　安養院田
四段九十卜　　藤森田
已上七町五段小五十四歩
権門甲乙領
二段半五十五歩　　禅林寺殿御池成替　雲居寺領
一段　　聖護院
二段　　常住院田
二反小十卜　　知足院田
四段　　真乗院田
百歩　　蓮光院田
二反半卅卜　　諸陵田
二反三百四十卜　　斎宮田
二反百十卜　　左京職田
一町八反大十卜　　右京職田
一町　　主殿寮田
三段　　兵庫寮田

（2）

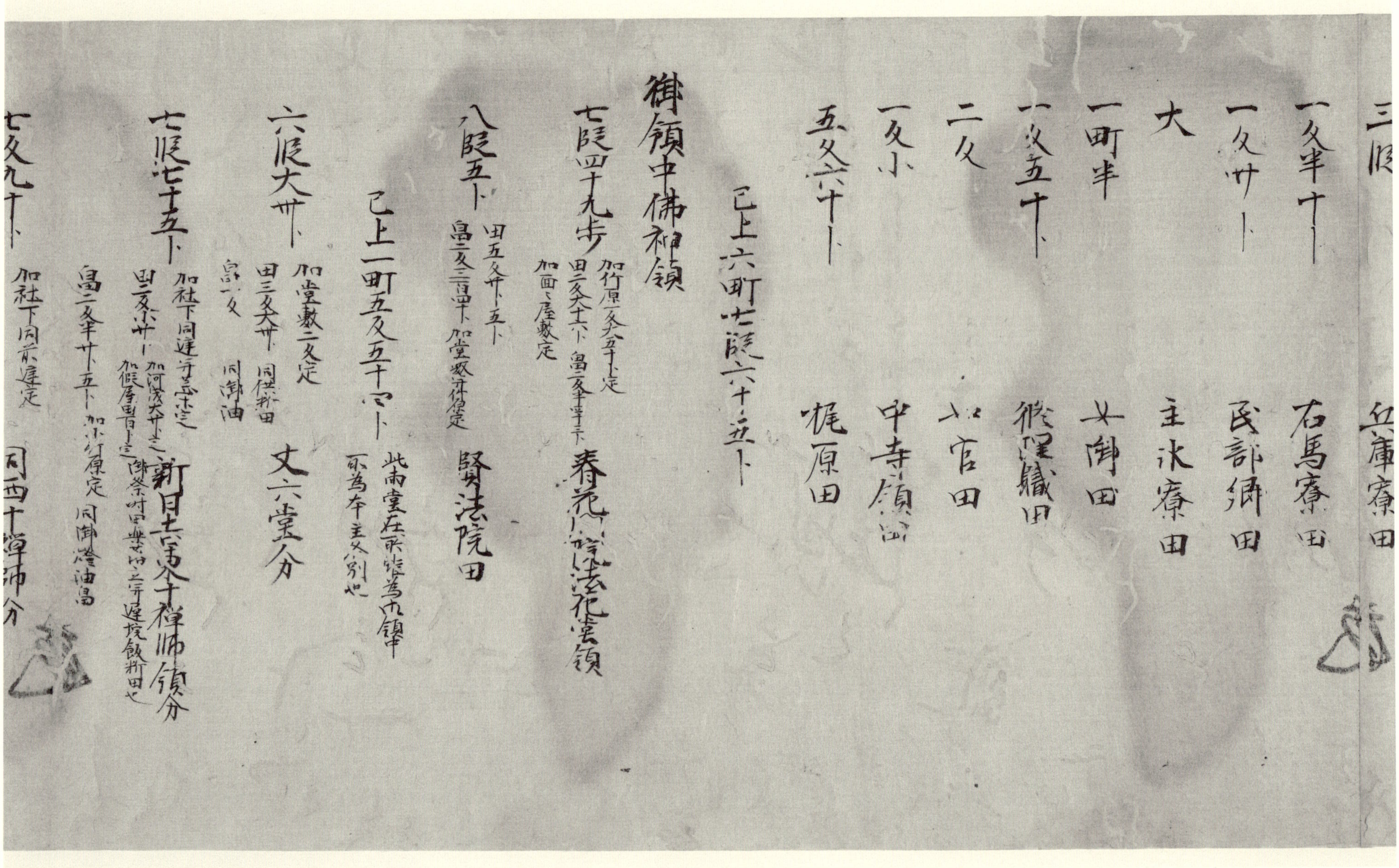

三段　兵庫寮田
一段半十一卜　右馬寮田
一段廿卜　民部省田
大　主水寮田
一町半　女御田
一段五十卜　修理職田
二段　小官田
一段小　中寺領田
五段六十卜　梶原田
已上六町七段六十五卜
御領中佛神領
七段四十九歩　加竹原一段五十卜定　田三段大十六卜　畠二段半卅卜　加面々屋敷定　春花門院法花堂領
八段五卜　田五段廿五卜　畠二段三百四十卜　加堂敷并作屋定　賢法院田
已上一町五段五十四卜　此両堂在家准為九禅中　可為本主又別也
六段大卅卜　加堂敷二段定　田三段卅　同佃新田　畠一段　同御油　丈六堂分
七段七十五卜　加社下同遅守五十定　田三段卅卜　加河流大卅之　加假屋田百卜定　御祭時田　畠二段半卅卜五卜　加竹原定　同御燈油畠　新日吉宮本十禅師領分
七段九十卜　加社下同前遅定　同西十禅師分

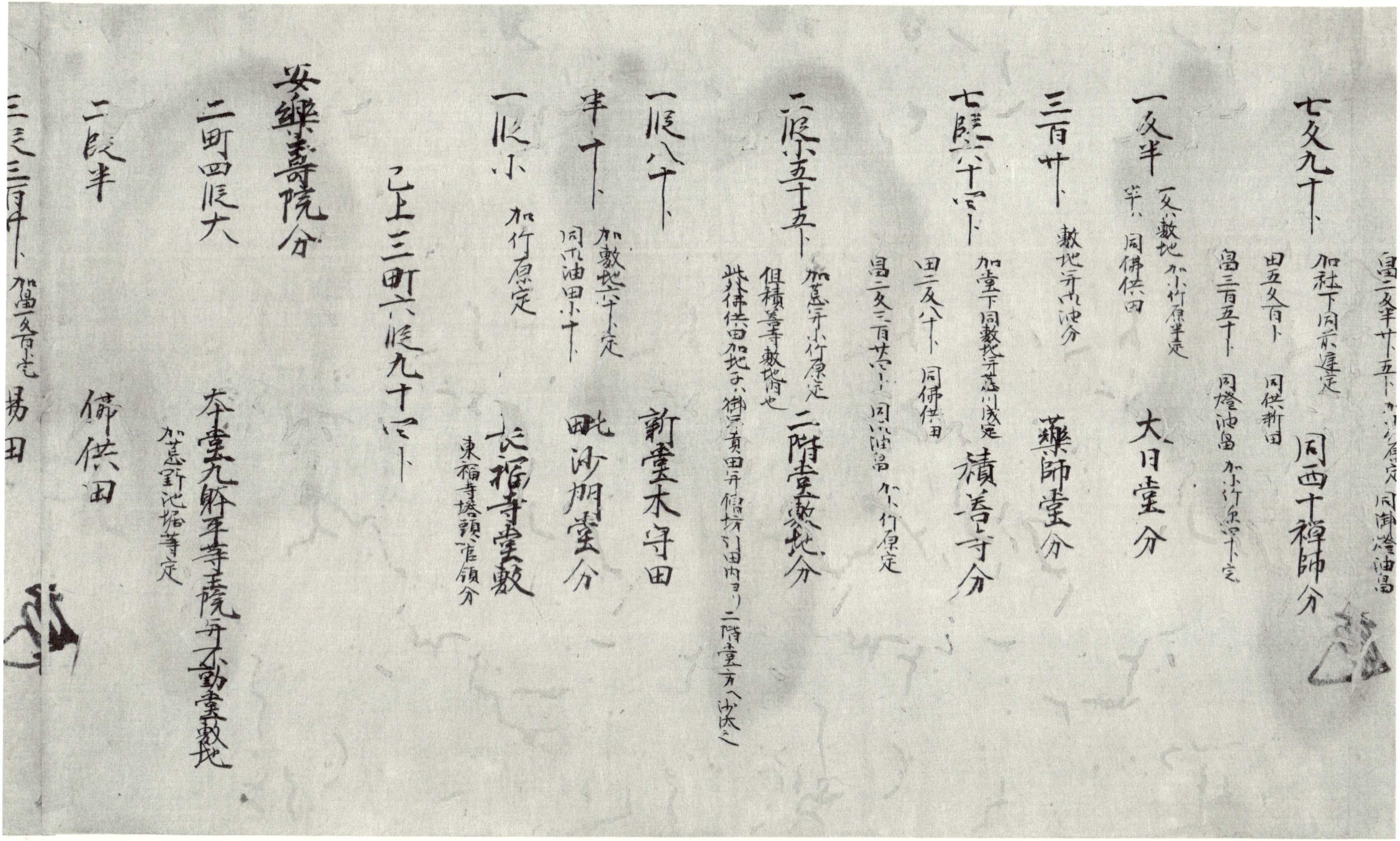

畠二反半卅五卜　加小竹原定　同御燈油畠

七反九十卜　加社下同前屋定　同西十禪師分
田五反百卜　同供新田
畠三百五十卜　同燈油畠　加小竹原四十卜定

一反半　一反敷地　加小竹原半定
半　同佛供田　大日堂分

三百卅卜　敷地并池分　藥師堂分

七段六十四卜　加堂下同敷地并荒川成定　積善寺分
田三反八十卜　同佛供田
畠二反三百廿四卜　同油畠　加小竹原定

二段小五十五卜　加荒并小竹原定　二階堂敷地分
但積善寺敷地者也
此外佛供田加地子、御燈油畠并屋坊引田内ヨリ二階堂方へ沙汰之

一段八十卜　新堂木守田

半十卜　加敷地六十卜定　同油田小十卜　毗沙門堂分

一段小　加竹原定　長福寺堂敷
東福寺塔頭宿領分

已上三町六段九十四卜

安樂壽院分

二町四段大　本堂九躰并寺壽院并不動堂敷地
加荒野池堀等定

二段半　佛供田

三段三百卅卜　加畠一反百卜　□田

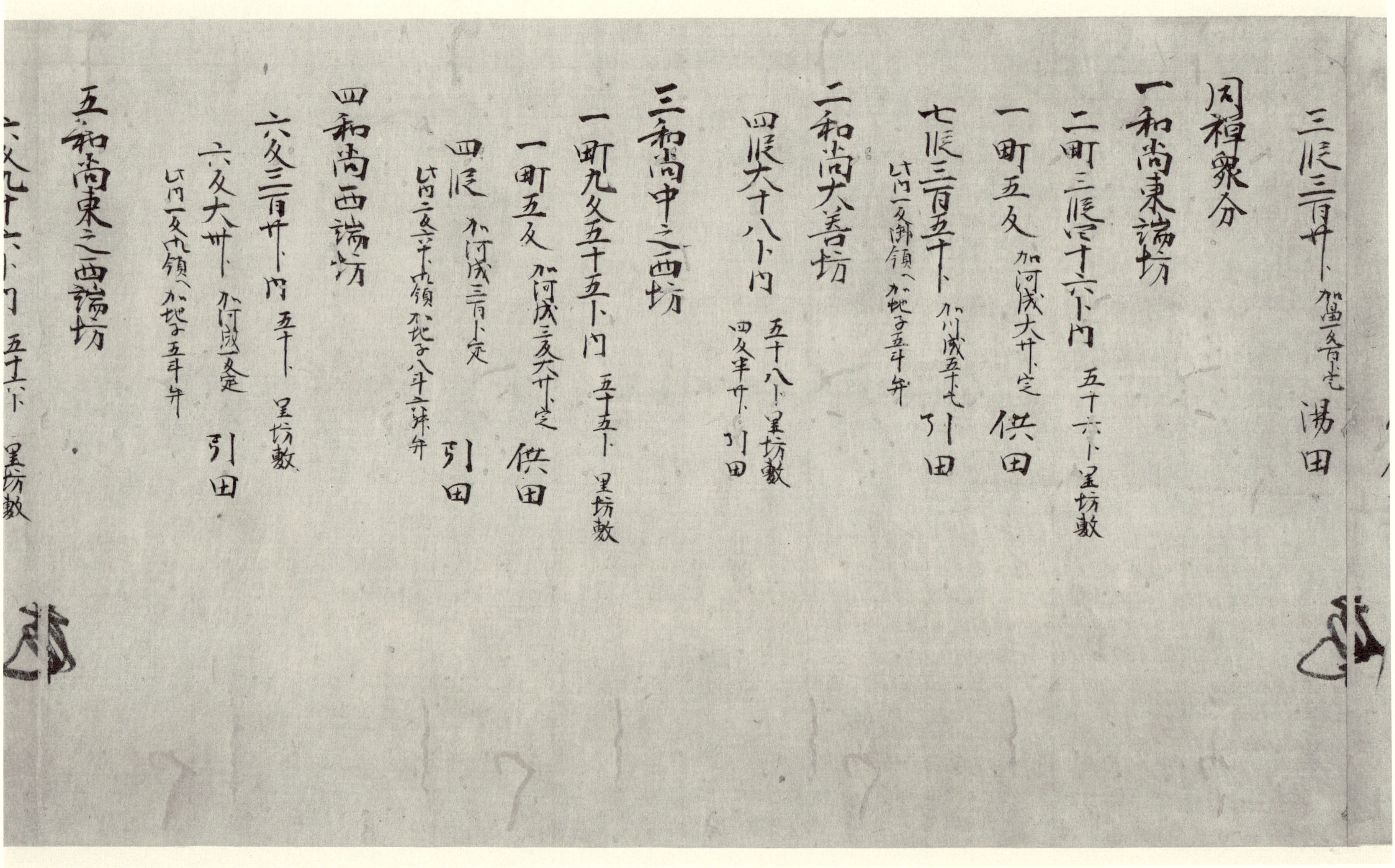
三段三百卅卜 加當一反百七十 湯田
闍梨衆分
一和尚東端坊
二町三段三十六卜内 五十六卜 星坊敷
一町五反 加河成大卅卜定 供田
七段三百五十卜 加河成五十七 引田
此内一反御領へ 加地子五斗弁
二和尚大善坊
四段大十八卜内 五十八卜 星坊敷
四反半卅卜 引田
三和尚中之西坊
一町九反五十五卜内 五十五卜 星坊敷
一町五反 加河成三反大卅卜定 供田
四段 加河成三百卜定 引田
此内二反卅卜九領 加地子八斗六升弁
四和尚西端坊
六反三百卅卜内 五十卜 星坊敷
六反大卅卜 加河成一反定 引田
此内一反九領へ 加地子五斗弁
五和尚東之西端坊
六反九十六卜内 五十六卜 星坊敷

(5)

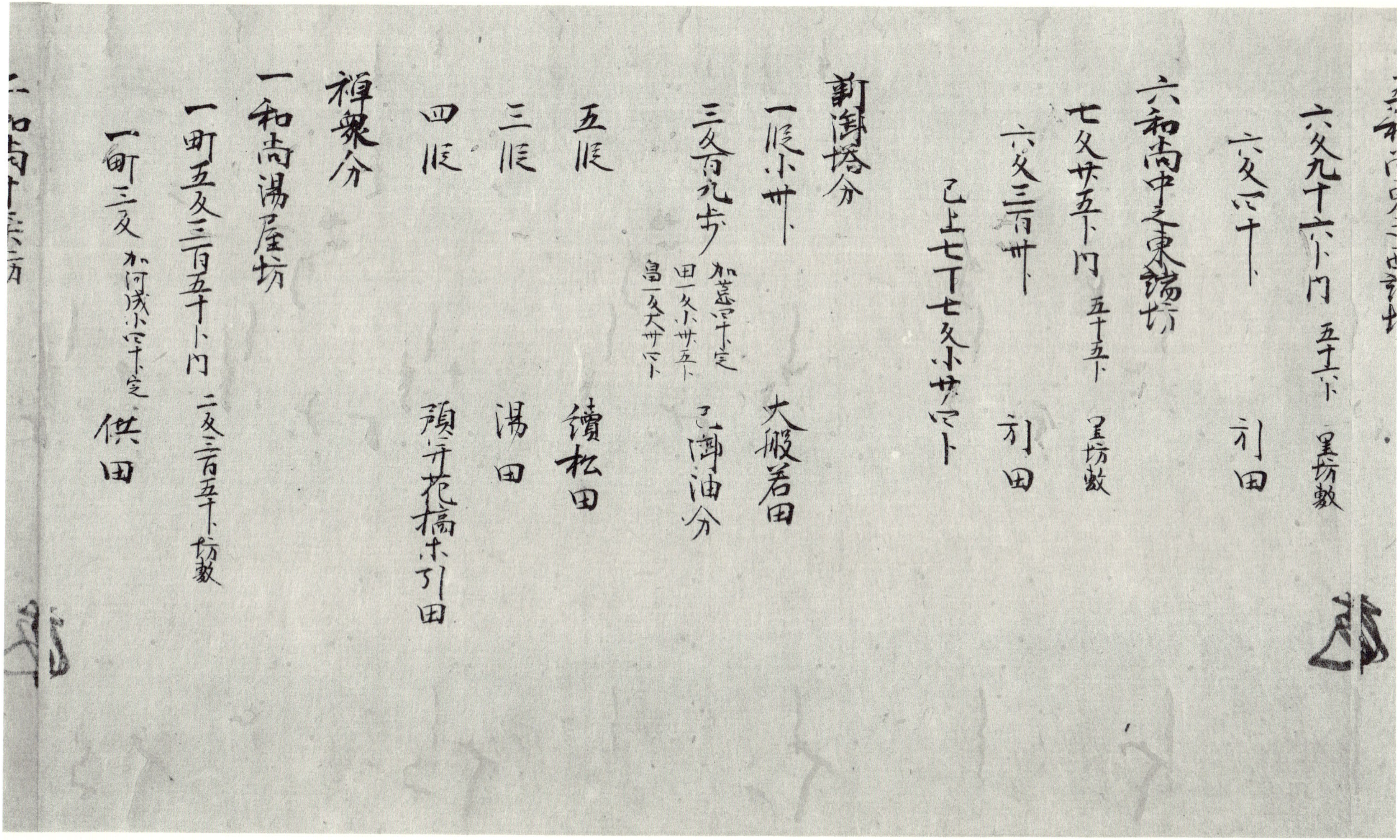

六反九十六卜内　五十六卜　星坊敷
六反四十卜　刈田
六和尚中之東端坊
七反廿五卜内　五十五卜　星坊敷
六反三百卅卜　刈田
已上七町七反小廿四卜

新御塔分
一段小卅卜　大般若田
三反百九歩　加荒四十卜定　田一反小廿五卜　畠一反大廿四卜　已御油分
五段　讀松田
三段　湯田
四段　預弁花橋木引田

禅衆分
一和尚湯屋坊
一町五反三百五十卜内　二反三百五十卜　坊敷
一町三反　加河成小四十卜定　供田

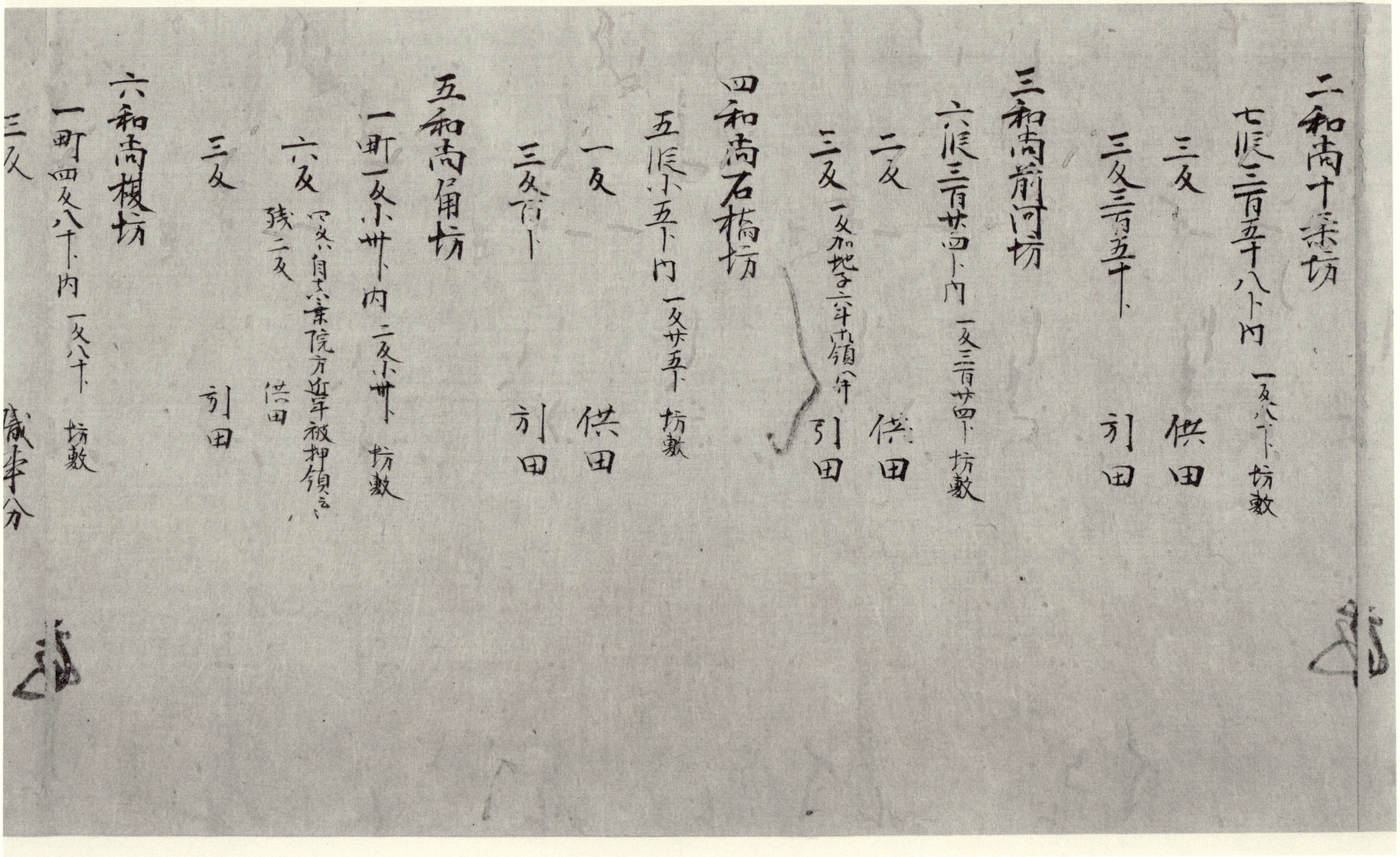
二和尚十楽坊
七段三百五十八歩内　一反八十歩　坊敷
三反　供田
三反三百五十歩　引田
三和尚前河坊
六段三百廿四歩内　一反三百廿四歩　坊敷
二反　供田
三反　一反加地子六年押領之　引田
四和尚石橋坊
五段小五十歩内　一反廿五歩　坊敷
一反　供田
三反百歩　引田
五和尚角坊
一町一反小卅歩内　二反小卅歩　坊敷
六反　一反ハ自安楽院方近年被押領之、残二反　供田
三反　引田
六和尚榎坊
一町四反八十歩内　一反八十歩　坊敷
三反　蔵本分



（7）

一町四反八十卜内　一反八十卜　坊敷
三反　職事分
四反廿卜　井料田
已上四町六反半卅卜
残田拾玖町玖段小六歩
五斗代二段八十卜　分米一石一斗一升二合
交分一石一斗一升二合
反別七升米一斗五升五合六夕
以上二石三斗七升九合六夕
三斗代八町八反六十二卜内　半卅卜　涯草百姓中子細在状
定田八丁七反半卅二卜　分米廿六石二斗八升五合
交分廿六石二斗八升五合
七升米六石一斗三升一合八夕
以上五十八石七斗二合八夕
笇六斗代二丁六反十卜内　大四十卜　涯草百姓中子細在状
定田二丁五反九十卜　分米十五石一斗五升
同五斗代八反半卅卜　分米四石三斗五合六夕
同四斗代四反　カム田　分米一石六斗
同三斗代五反小卅卜　分米一石六斗三升三合三夕
同二斗代一丁八反内　ヒシ田一丁三反　荒分五反　已上分米三石六斗
同一斗代五反　ヒエ上田　分米五斗
霊山田八段　分米

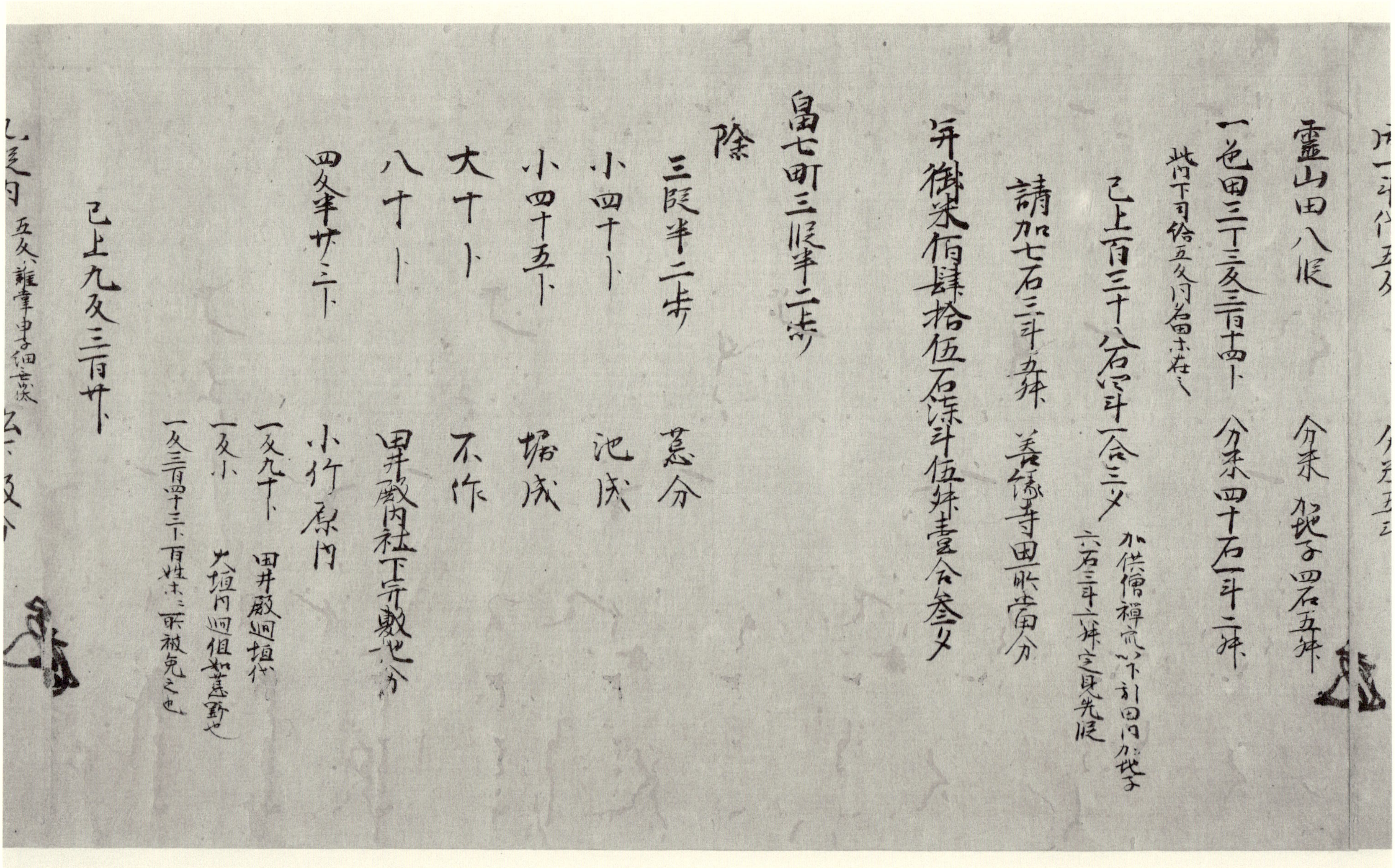

霊山田八反　分米　般若子四石五升

一色田三丁三反三百十四卜　分米四十石一斗二升

此内下司給五反門畠在之

已上百三十八石四斗一合三夕

加供僧禅宗以下引田内加地子

六石三斗六升定見先反

請加七石三斗五升　善縁寺田所当分

并御米佰肆拾伍石柒斗伍升壹合参夕

畠七町三反半二歩

除

三反半二歩　墓分

小四十卜　池成

小四十五卜　堀成

大十卜　不作

八十卜　田井殿内社工宗敷地分

四反半廿二卜　小竹原内

一反九十卜　田井殿廻垣代

一反小　大垣内廻但如墓敷也

一反三百四十三卜百姓等三家被免之也

已上九反三百廿卜

五反八雑掌申子細云々

九段内 五反ハ雑事中子細在之 残四反 分米油六升 松下殿分

四段 分米油六升 大山沢橋沢

畠三反大十二ト 加竹原大十ト定 定畠四反 分米油三升 不足三升ハ中子細在之 斎藤衛門尉文領知分

已上四町四段三百十二ト

供僧分

一段三百九歩 一口別半四十 三ト定 三供僧坊敷

六反大内 三反半分加地子米二石 御領江弁 供僧下川原门田

一町内 二反ハ自近年被押領 真乗院方ニ 残八反 供僧勧修寺门田 今ハ下河原

二段三百ト内 畠三百ト但竹原 田二反 預二人ニ在数但領主各別ニ在之 同預も三ヶ门田

一段 花橋门田

已上二町二段小九ト

本御塔分

五段八十ト 閏月佛聖田

一段廿三ト 加川成三百二十ト定 御免供田

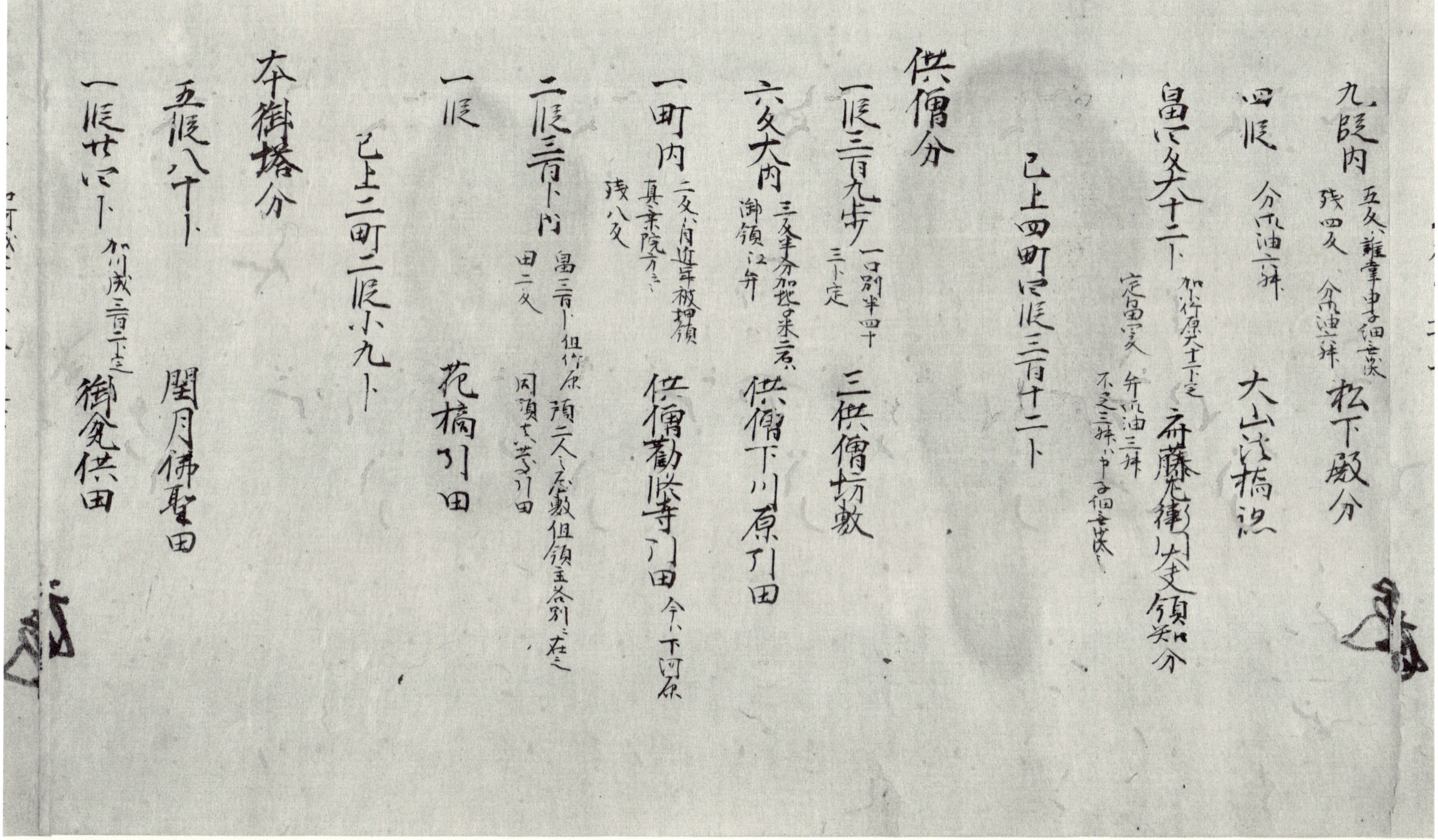

(10)

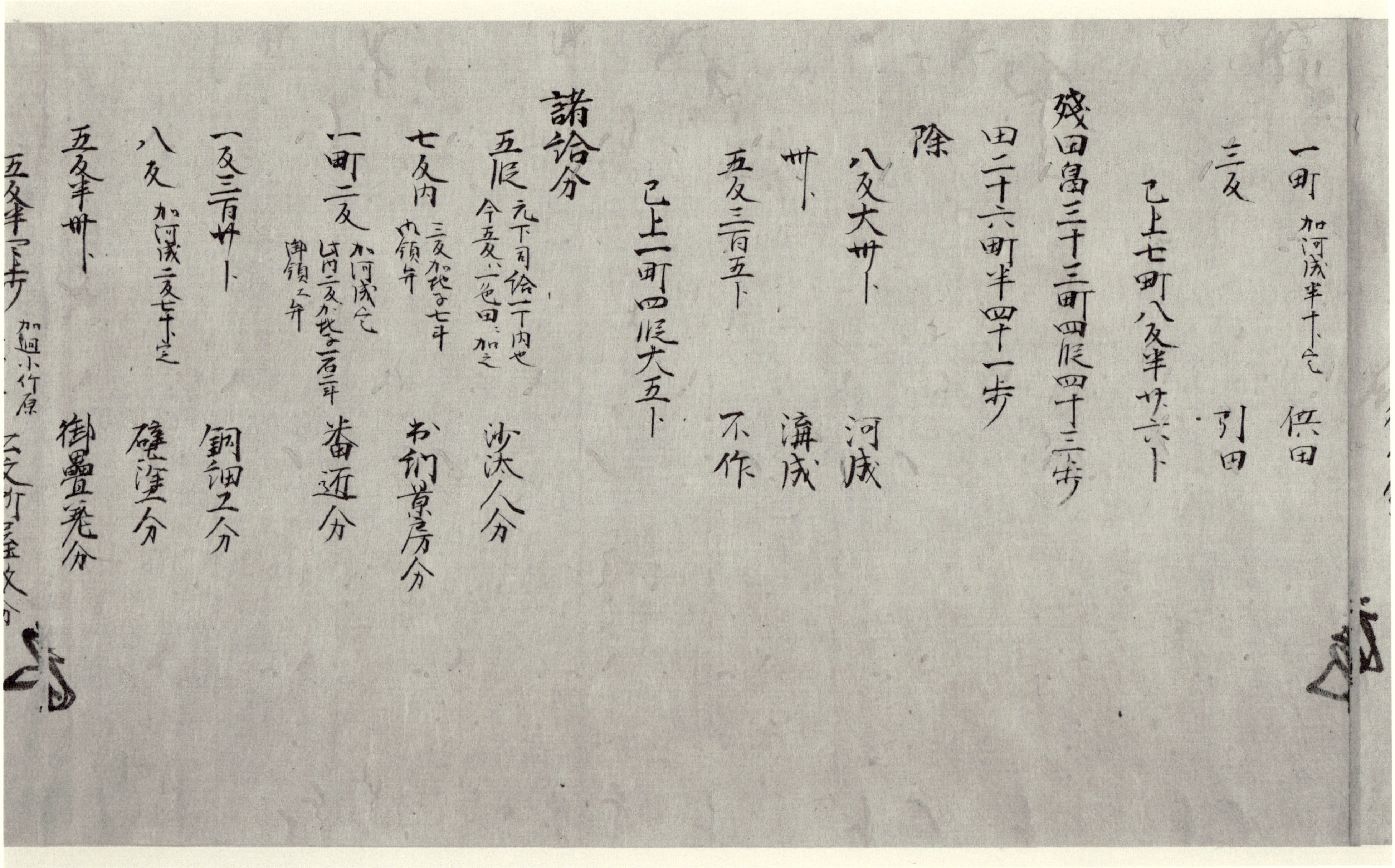

一町　加河成半十卜乞　供田

三反　引田

已上七町八反半廿六卜

殘田畠三十三町四段四十三歩

田二十六町半四十一歩

除

八反大卅卜　河成

卅卜　海成

五反三百五卜　不作

已上一町四段大五卜

諸給分

五段　元下司給一丁内也　今五反、一色田、加之　沙汰人分

七反内　三反加地子七斗　内領弁　寺門菓房分

一町二反　加河成乞　此内二反加地子一石二斗　御領之弁　番匠分

一反三百卅卜　銅細工分

八反　加河成二反七十卜乞　檜皮分

五反半卅卜　御疊差分

五反半下歩　加迴小竹原　公文灯盧支分

(11)

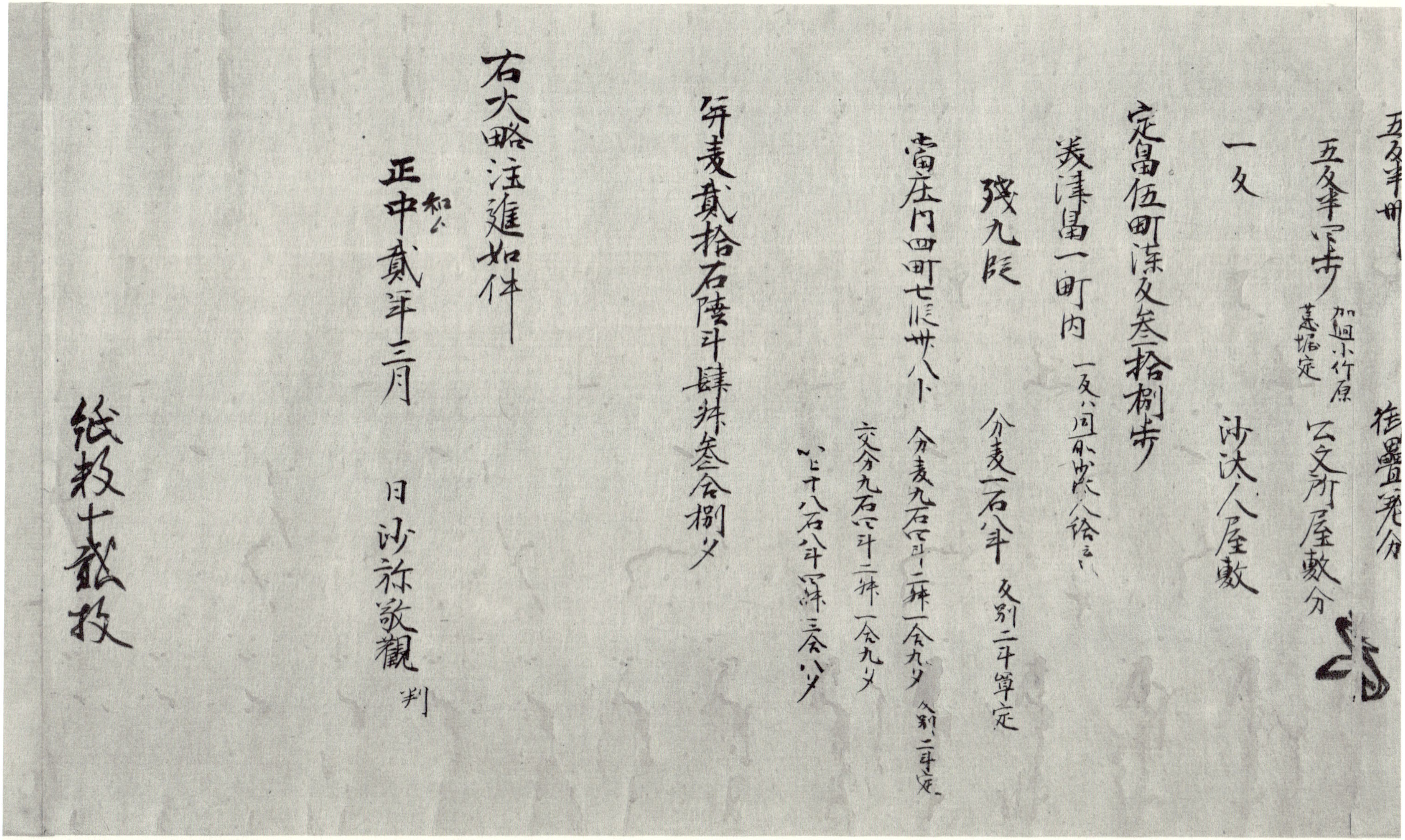
五反半卅
五反半四十歩　加廻小竹原　荒堀定　公文所屋敷分　往畳苑分
一反　沙汰人屋敷
定畠伍町漆反参拾捌歩
為津畠一町内　一反八廻所作八段之
残九段　分麦一石八斗　反別二斗算定
当庄内四町七段卅八卜　分麦九石六斗二升一合九夕　反別二斗定
交分九石六斗二升一合九夕
已上十八石八斗四升三合八夕
并麦弐拾石陸斗肆升参合捌夕
右大略注進如件
正中弐年三月　日　沙弥敬観　判
紙数十弐枚





(12)

# 東大寺造営領周防国文書

文書
0071
35
(箱入)

東大寺造宮領周防国文書　表紙見返し

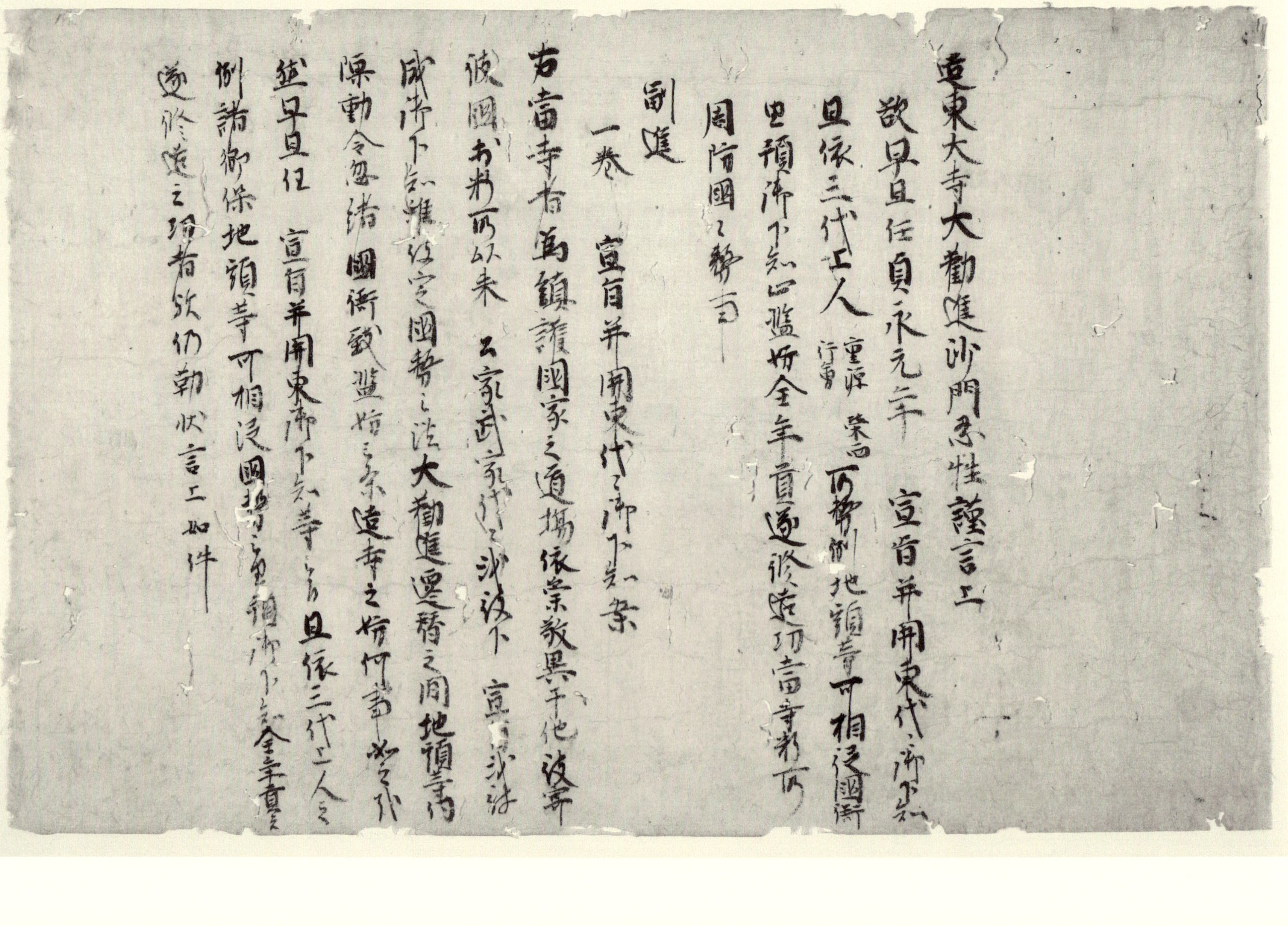

東大寺大勧進沙門忍性謹言上
欲早且任貞永元年　宣旨并関東代々御下知
且依三代上人　重源 栄西 行勇　所帯例、地頭等可相従国衙
且預御下知、止濫妨全年貢、遂修造功、当寺料所
周防国々務间
副進
一巻　宣旨并関東代々御下知案
右、当寺者、為鎮護国家之道場、依崇敬異于他、被寄
彼国為料所以来、公家武家代々被沙汰下　宣旨、被
成御下知、雖然近年国務之法、大勧進遷替之間、地頭等
濫動、令忽諸国衙、致濫妨之条、造寺之妨何事如之哉、
然早且任　宣旨并関東御下知等之旨、且依三代上人之
例、諸御家人地頭等、可相従国務之由、預御下知、全年貢
遂修造之功者、仍勒状言上如件

東大寺造営領周防国文書　I 東大寺大勧進忍性申状（永仁二年）

東大寺造営領周防国文書　1東大寺大勧進忍性申状（永仁二年）　紙背

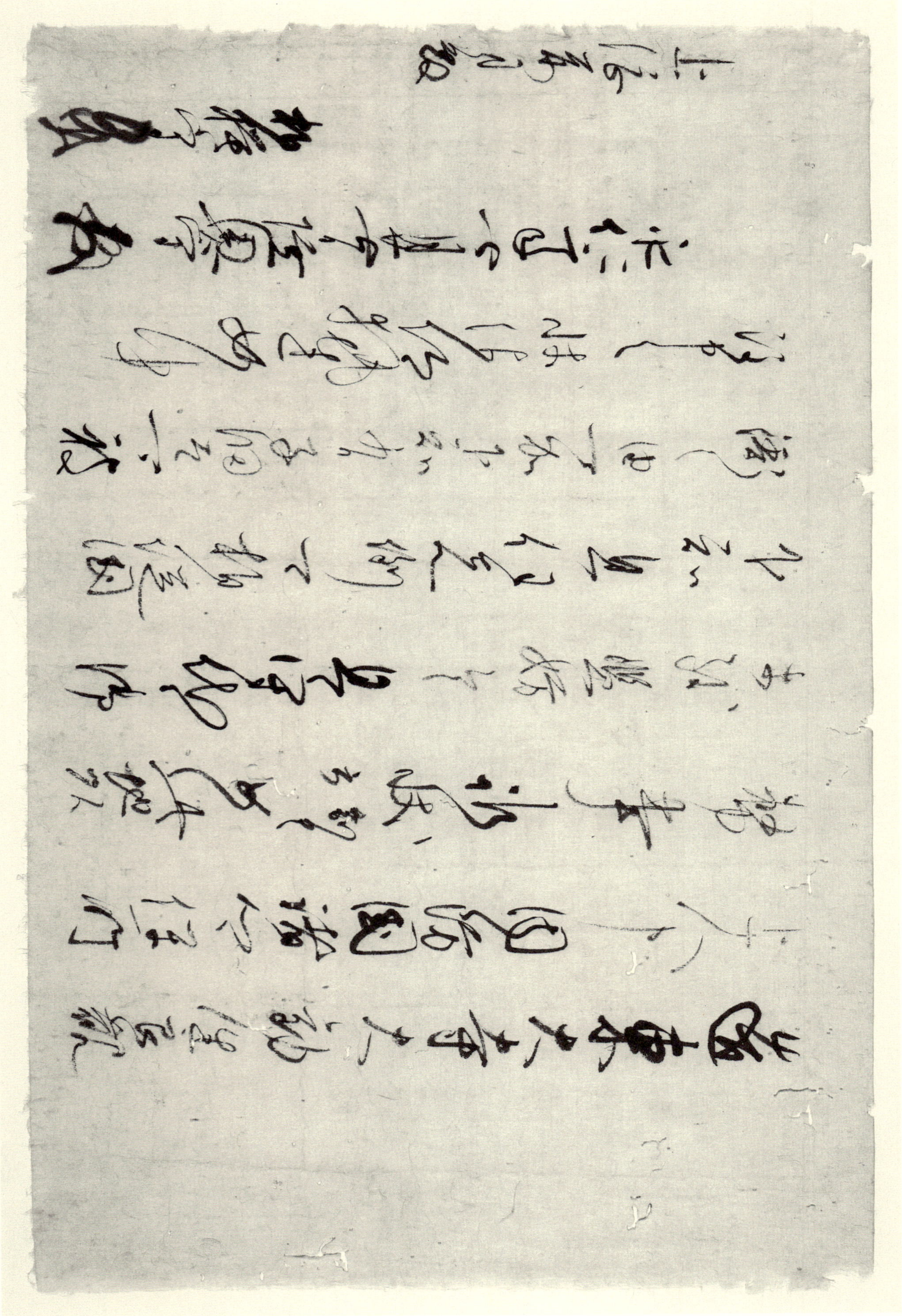

東大寺造営領周防国文書

2 関東御教書 永仁二年七月二十七日

造東大寺大勧進良観上人申周防国与田郷
保司職事、去二年七月廿七日関東御教書（副状如此）
如此、早可被沙汰居雑掌之状、依仰執達如件、

永仁二年十月十日　前上総介　在判

与田保地頭代

此施行被成于周防国得地郷保地頭　江津案内

一富田保地頭代　一西仁井令地頭殿　一宇佐木地頭殿　一富海保地頭殿
一曽祢保地頭殿　一末武保地頭殿　一[illegible]切山保地頭殿　一三井村地頭殿
一[illegible]地頭殿　一周防本郷地頭殿　一下得地〻頭代　一千嶋保地頭殿
一[illegible]保地頭代　一[illegible]丸地頭殿　一黒川保地頭殿　一[illegible]保地頭殿
一[illegible]保地頭殿　一[illegible]地頭殿　一[illegible]地頭殿　一嶋末地頭殿
一[illegible]保地頭殿　一勝間保地頭殿　一由良[illegible]地頭殿　一大島[illegible]地頭殿
一東仁井令地頭殿　一[illegible]地頭殿　一[illegible]保地頭殿　一[illegible]地頭代
一[illegible]地頭殿　一小松原[illegible]地頭代　一[illegible]保地頭殿
一[illegible]地頭殿　一末武保地頭殿

已上三十三通

永仁二年十月十三日　於[illegible]校合了

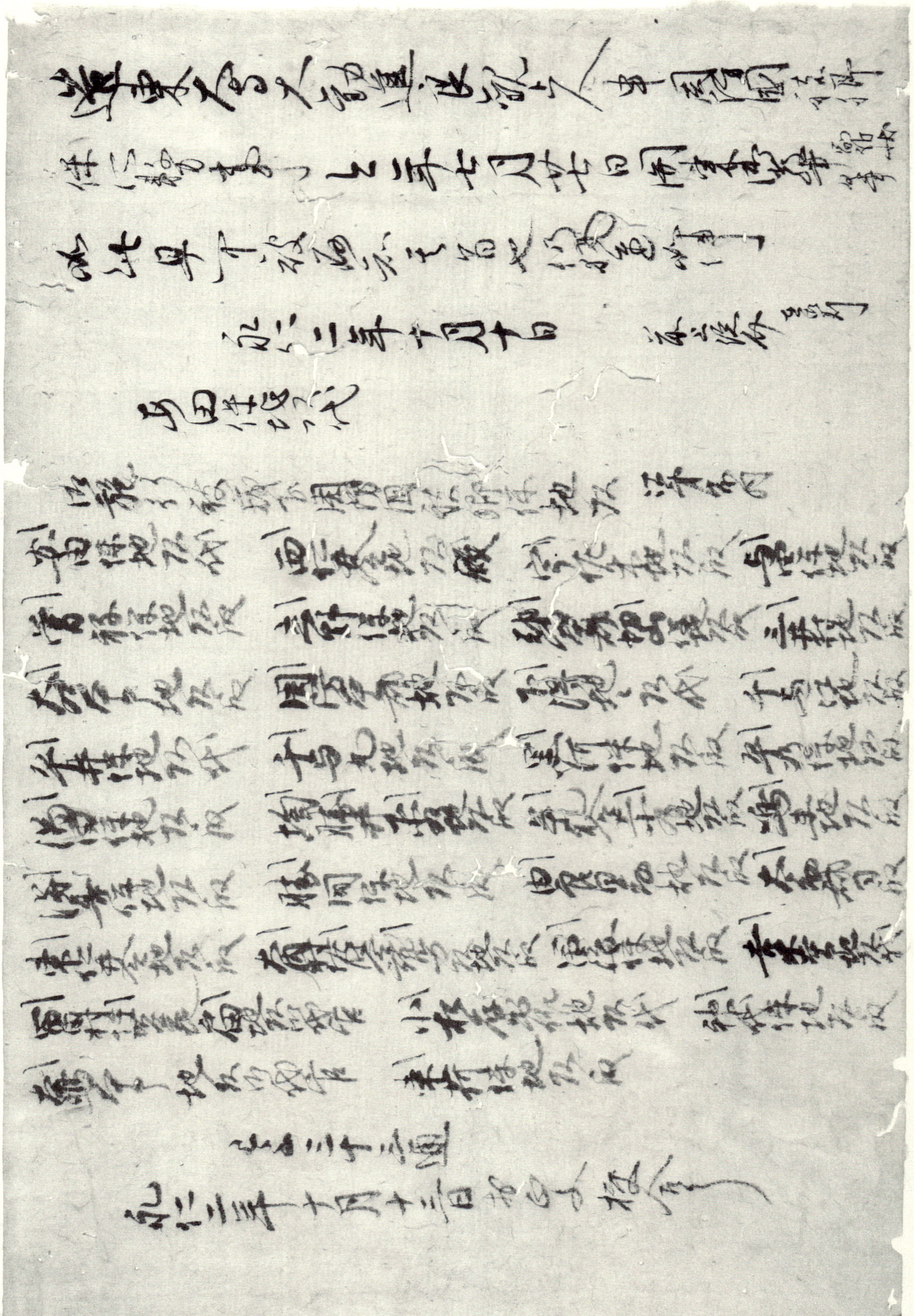

## 僧玄海笛譜等注文

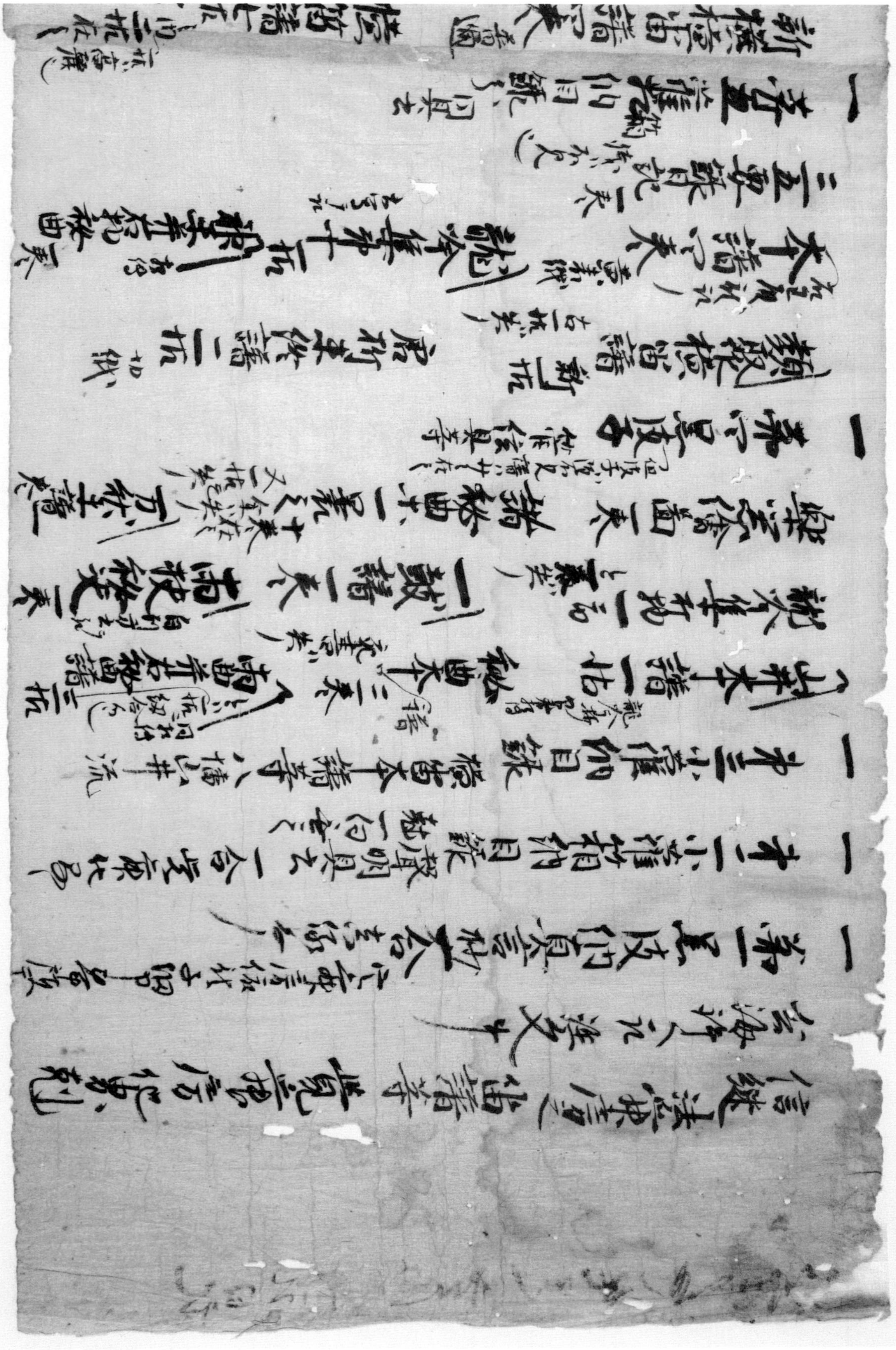

（1）

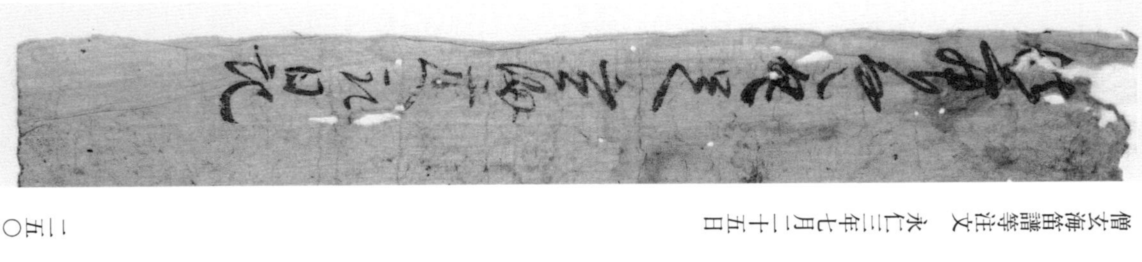

端裏書

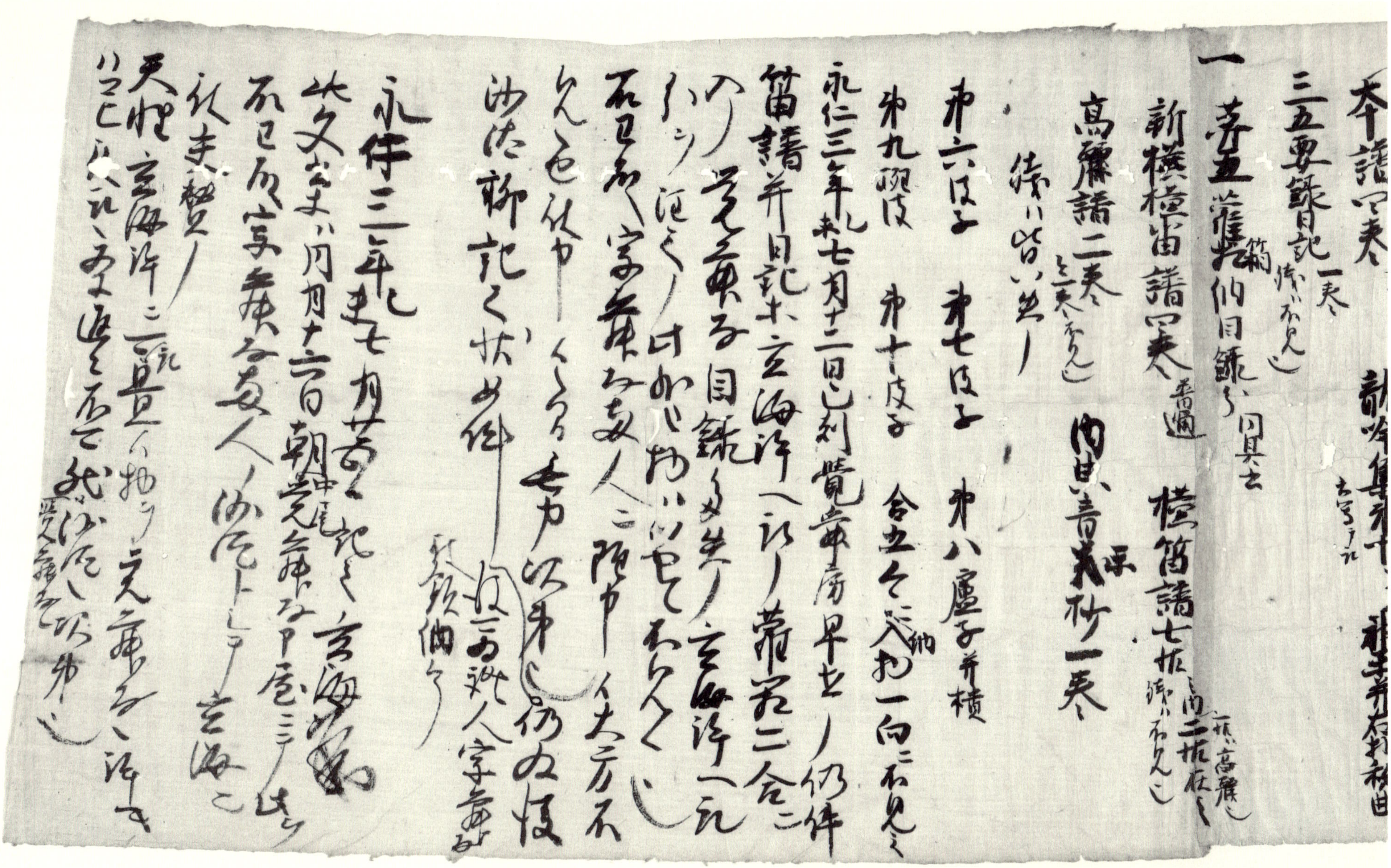

（2）

僧玄海笛譜等注文　永仁三年七月二十五日

審盛授性範印信

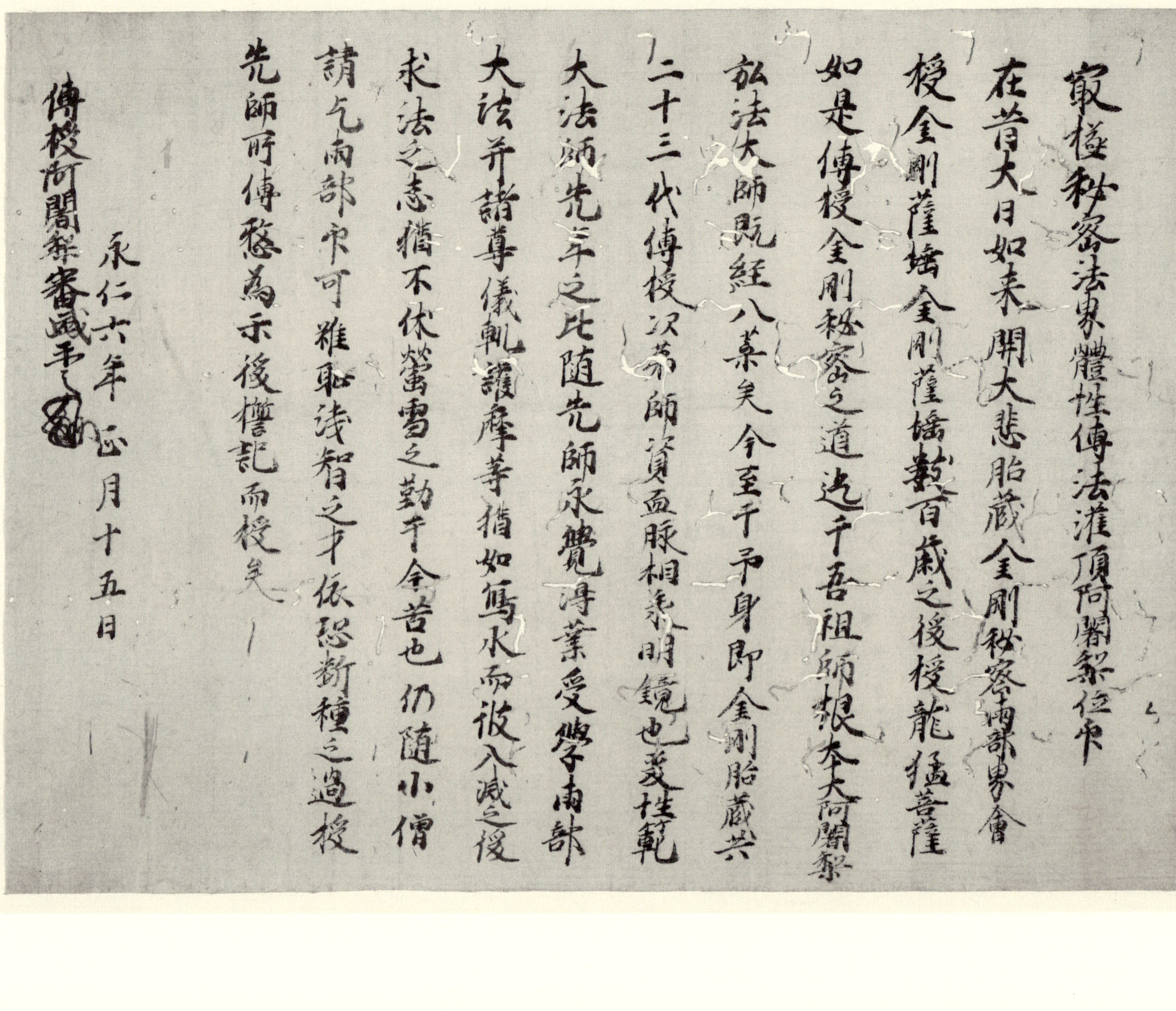
寂樣秘密法界體性傳法灌頂阿闍梨位事
在昔大日如来開大悲胎蔵金剛秘密両部界會
授金剛薩埵金剛薩埵數百歳之後授龍猛菩薩
如是傳授金剛秘密之道迄于吾祖師根本大阿闍梨
弘法大師既經八葉矣今至于予身即金剛胎蔵共
二十三代傳授次第師資血脉相承明鏡也爰性範
大法師先年之比随先師永覺浔業受學両部
大法并諸尊儀軌護摩等猶如瀉水而彼入滅之後
求法之志猶不休螢雪之勤于今苦也仍随小僧
請乞両部亦可稚恥浅智之才依恐断種之過授
先師所傳総為示後證記而授矣
永仁六年正月十五日
傳授阿闍梨審盛

傳灌頂印信

端裏書

審盛授性範印信　永仁六年正月十五日

# 洞院公賢奏事目録

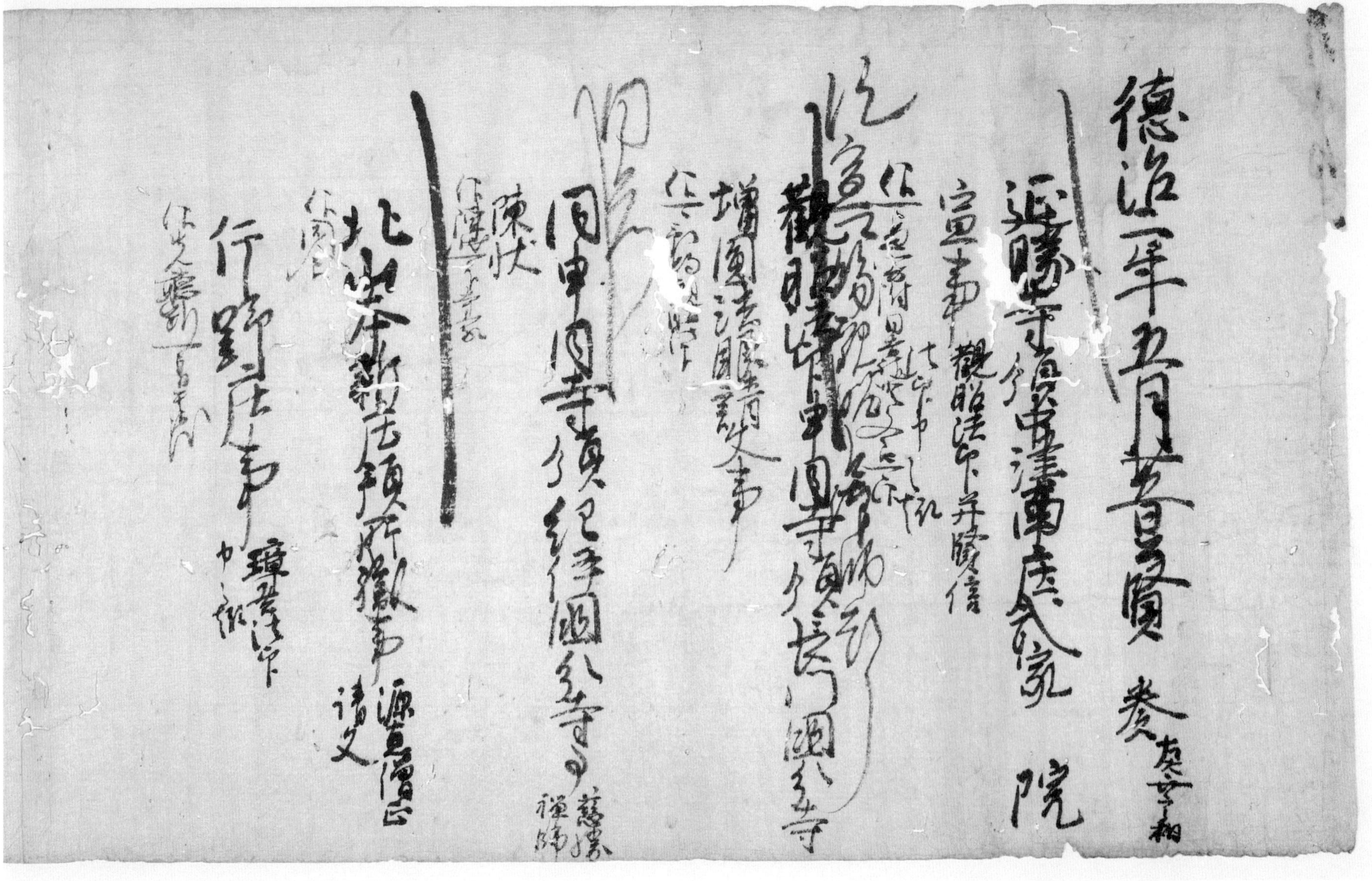

（1）

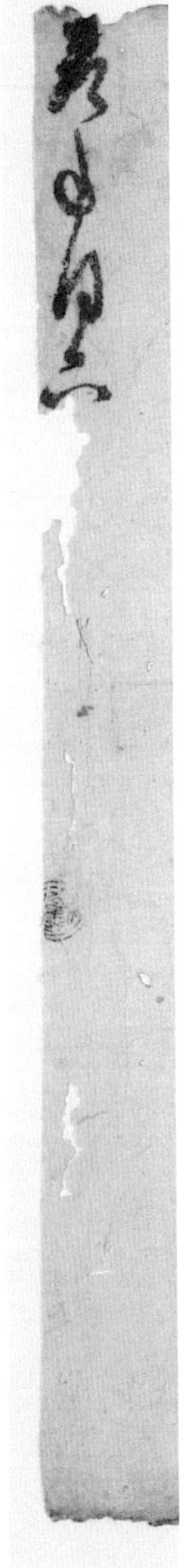

端裏書

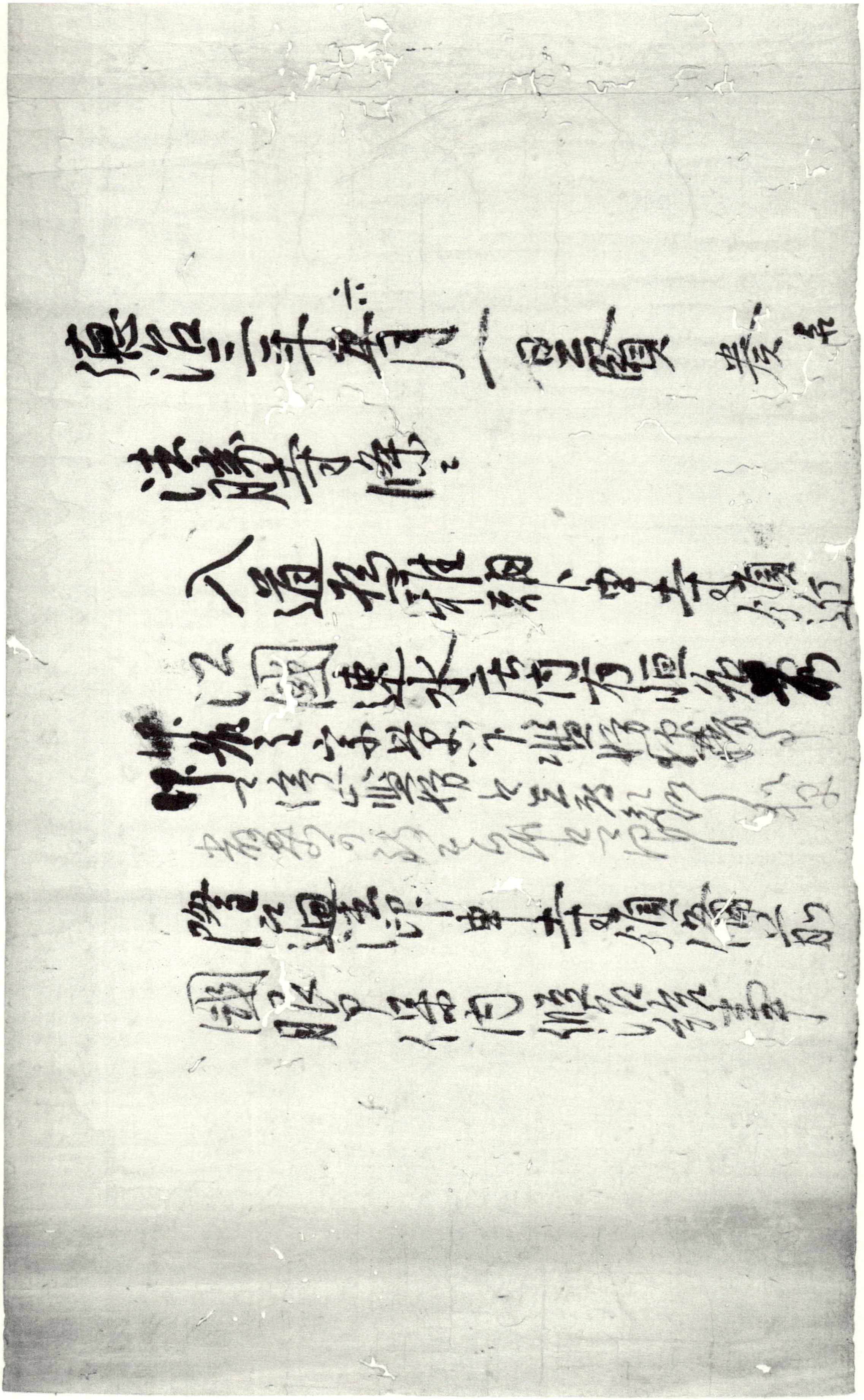
徳治三年六月一日
法勝寺執行

# 東大寺西室雑掌重申状案

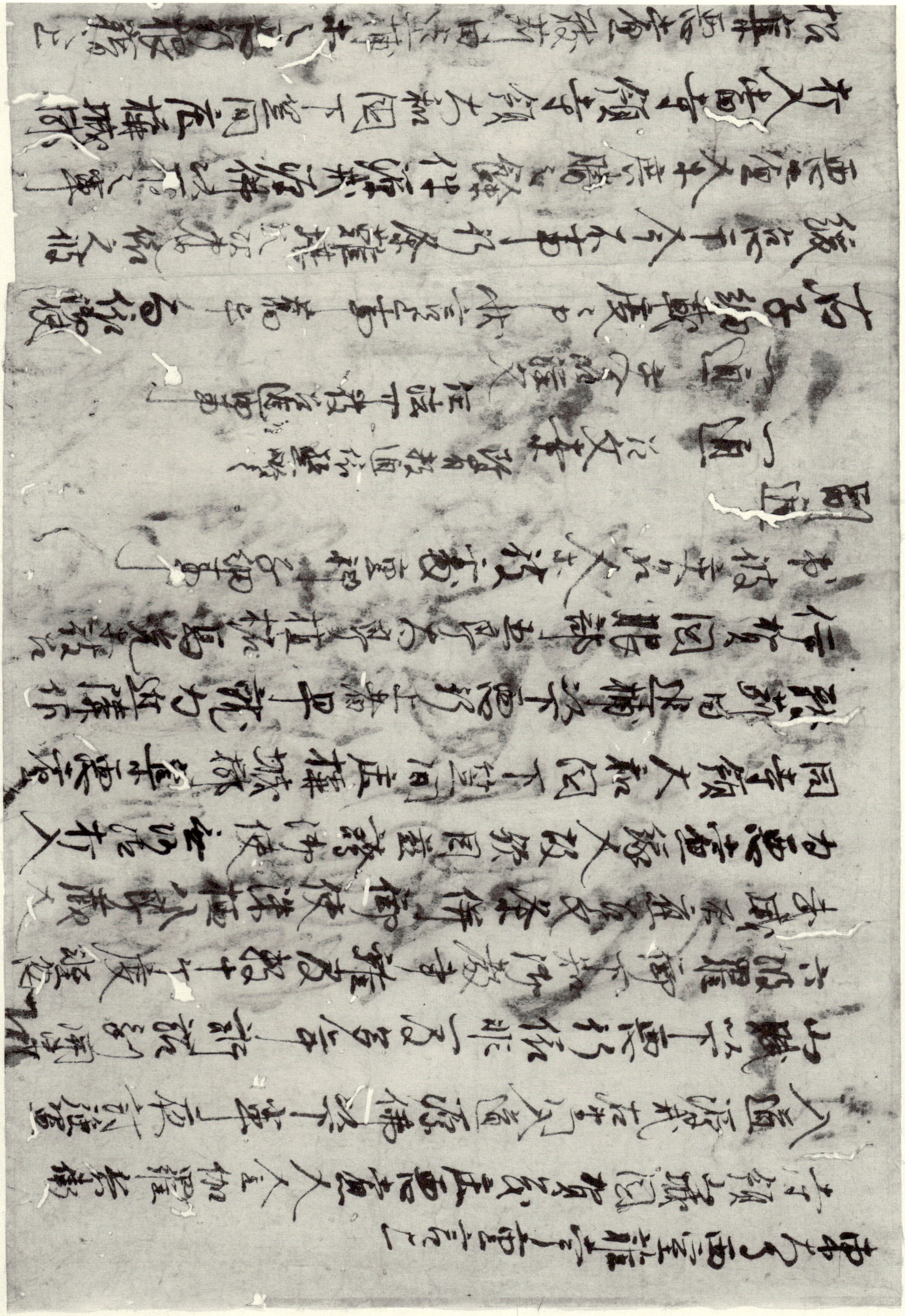

(1)

東大寺西室雑掌重申状案　徳治三年十一月日

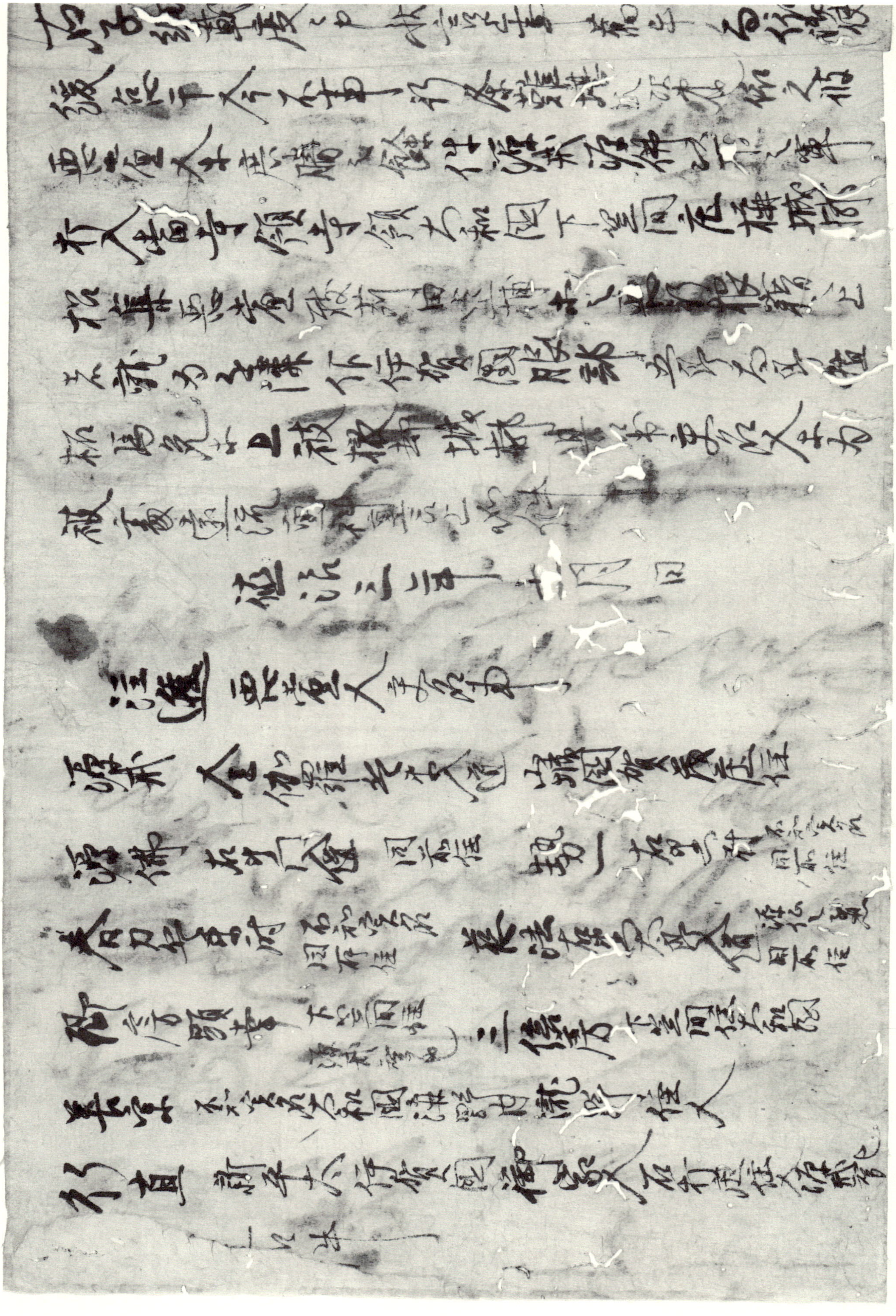
(2)

東大寺西室雑掌重申状案　徳治三年十一月日

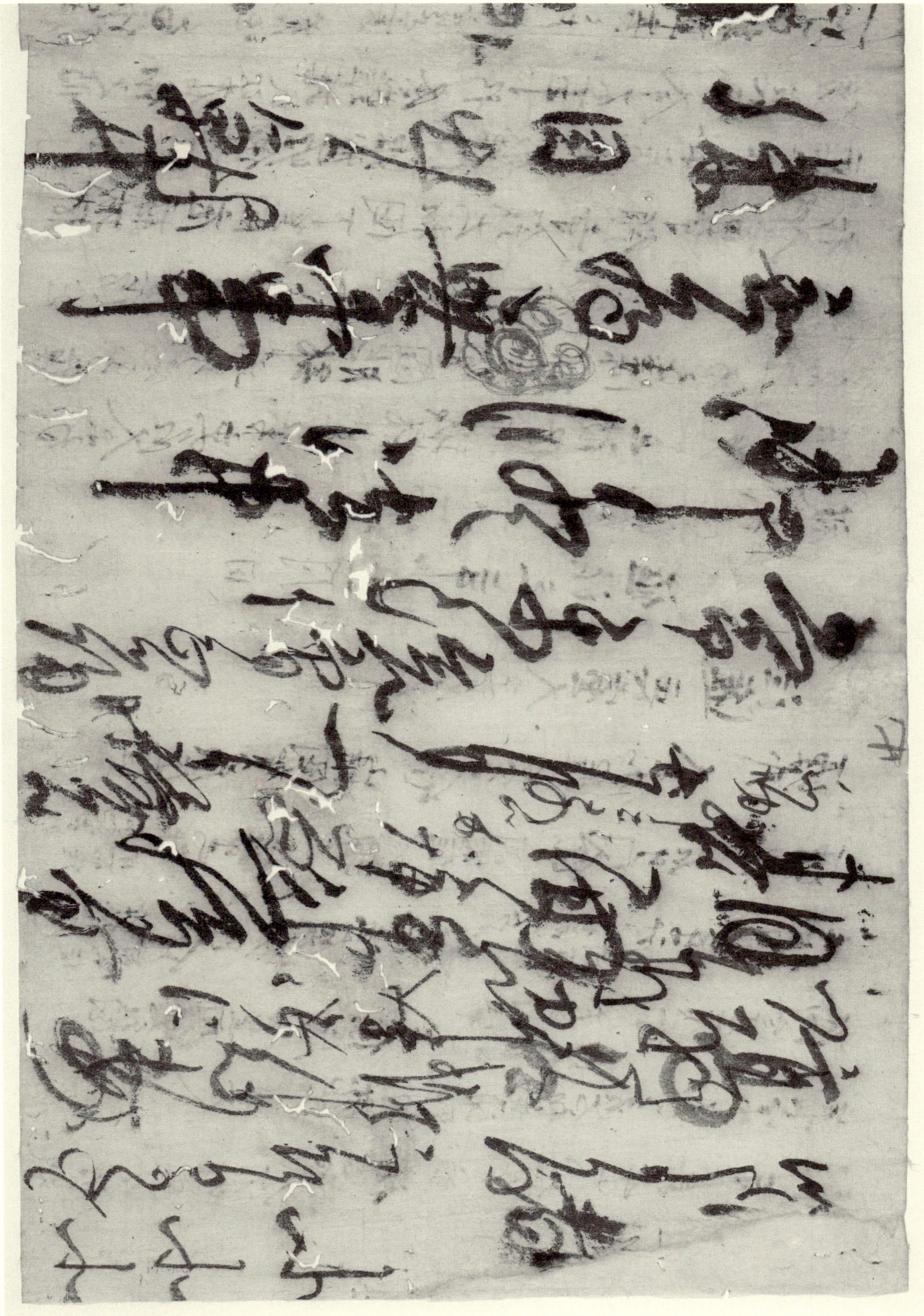

（2）

東大寺西室雑掌重申状案　徳治三年十一月日　紙背

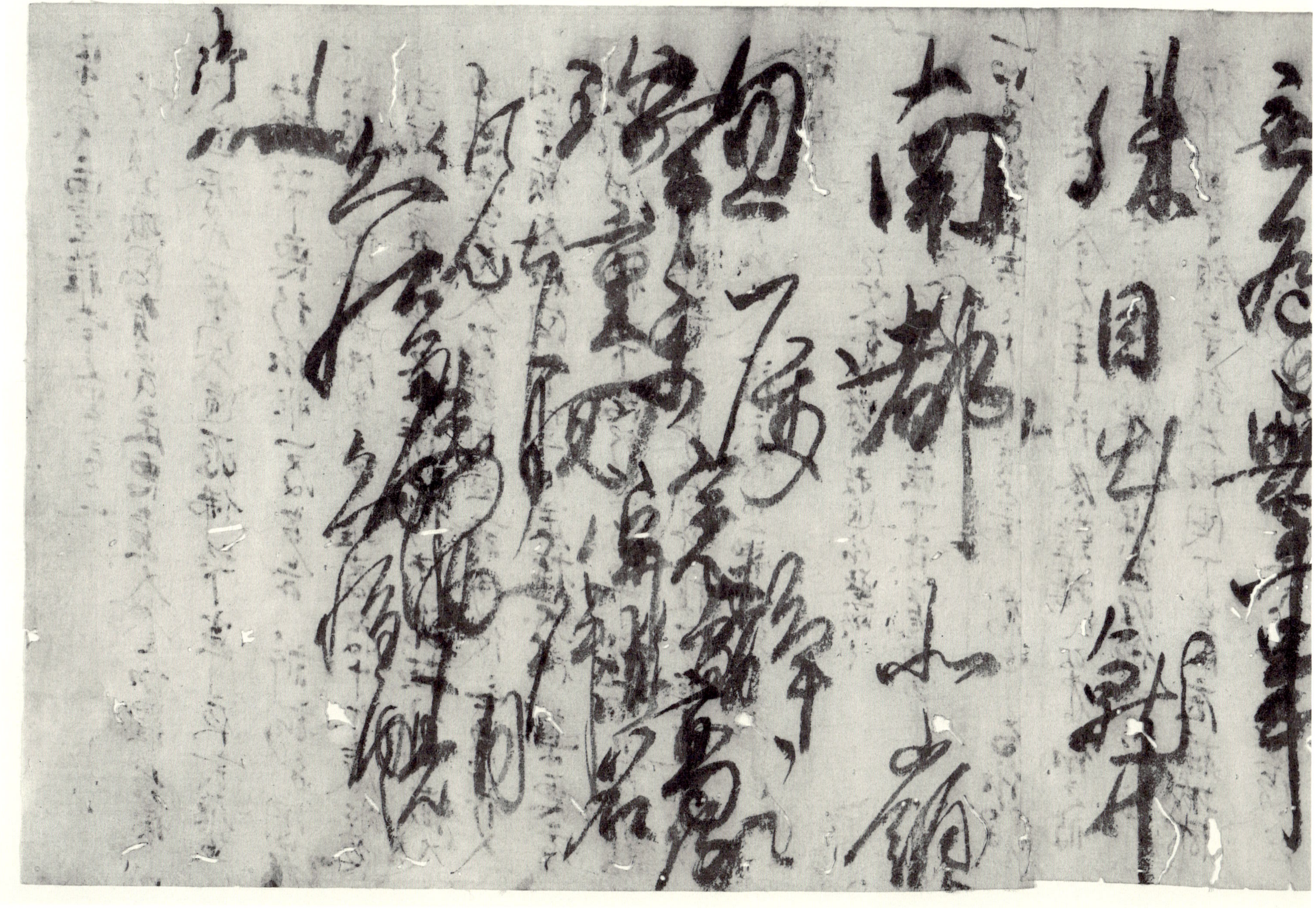

（1）

# 東大寺八幡宮神輿帰坐文書案

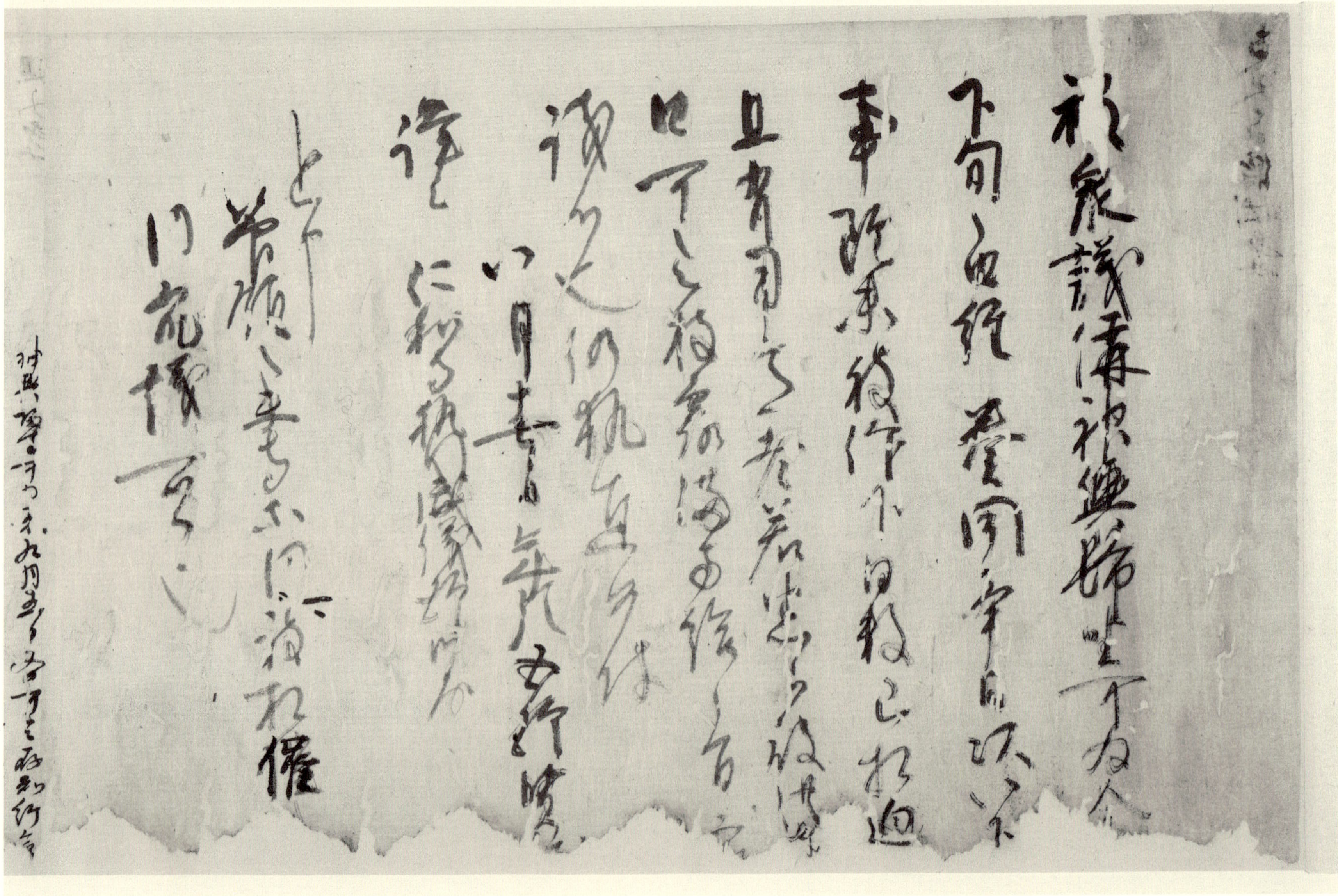

（1）

端裏書

端裏書

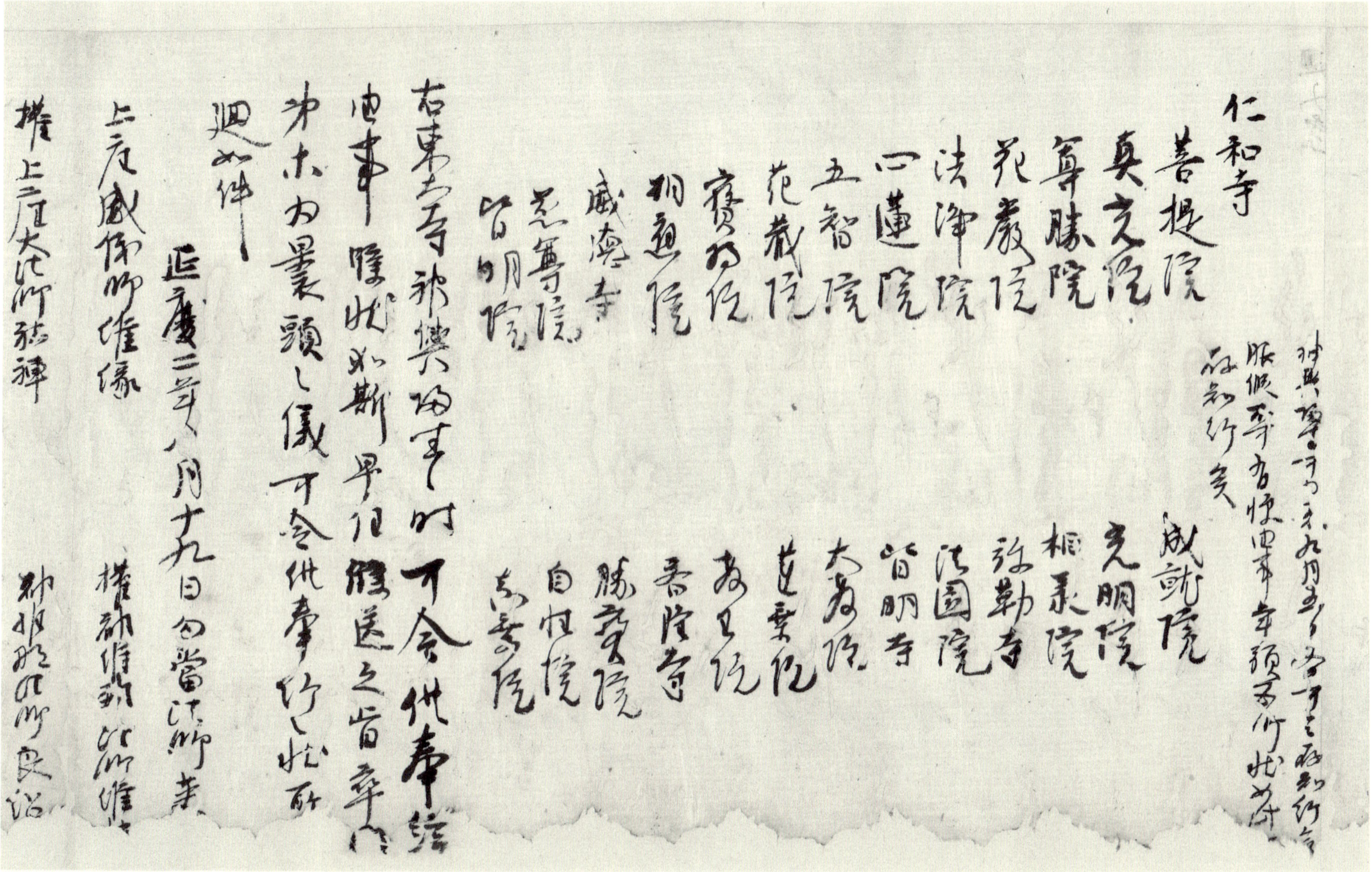

（2）

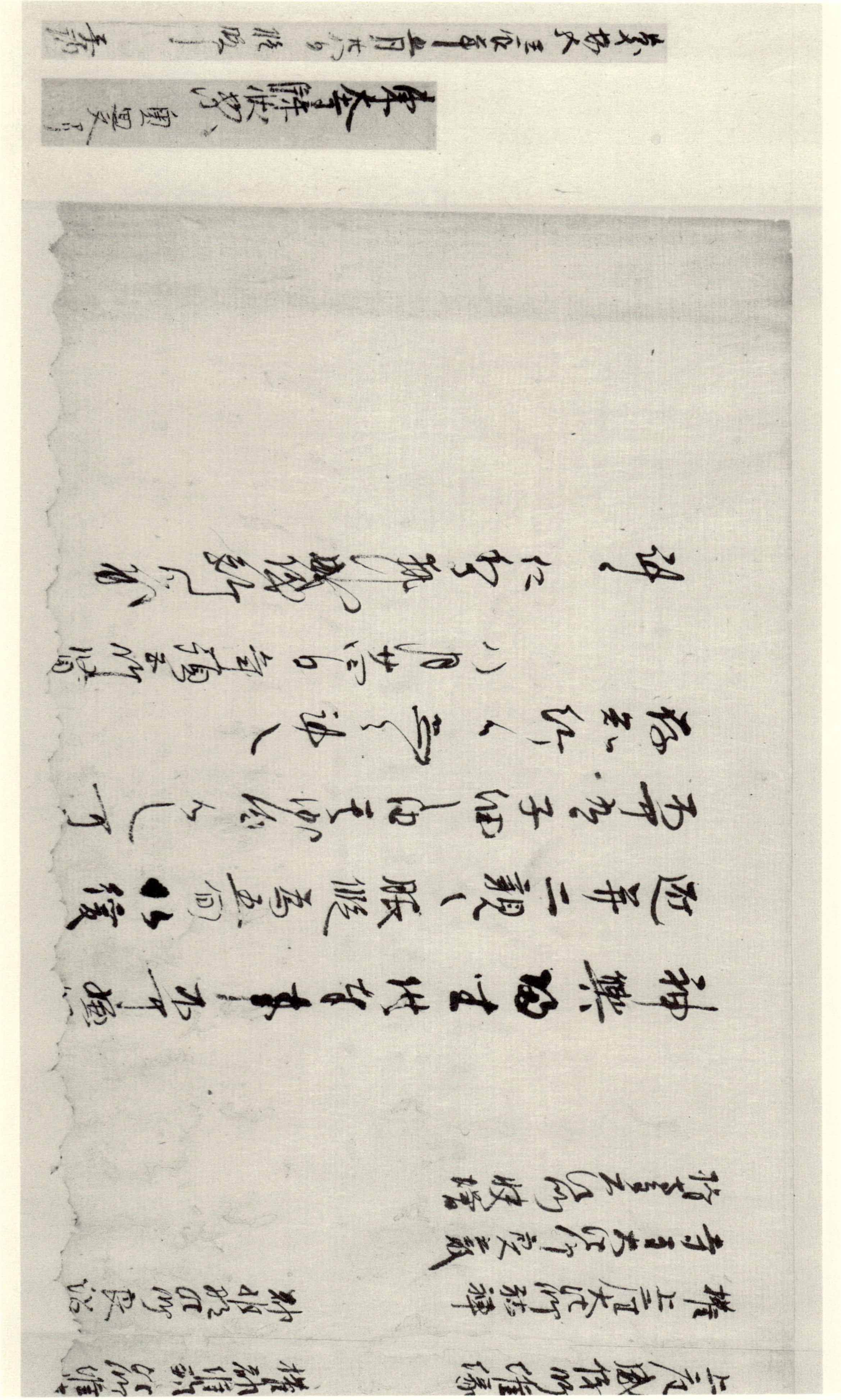

（3）

# 隆恵書状

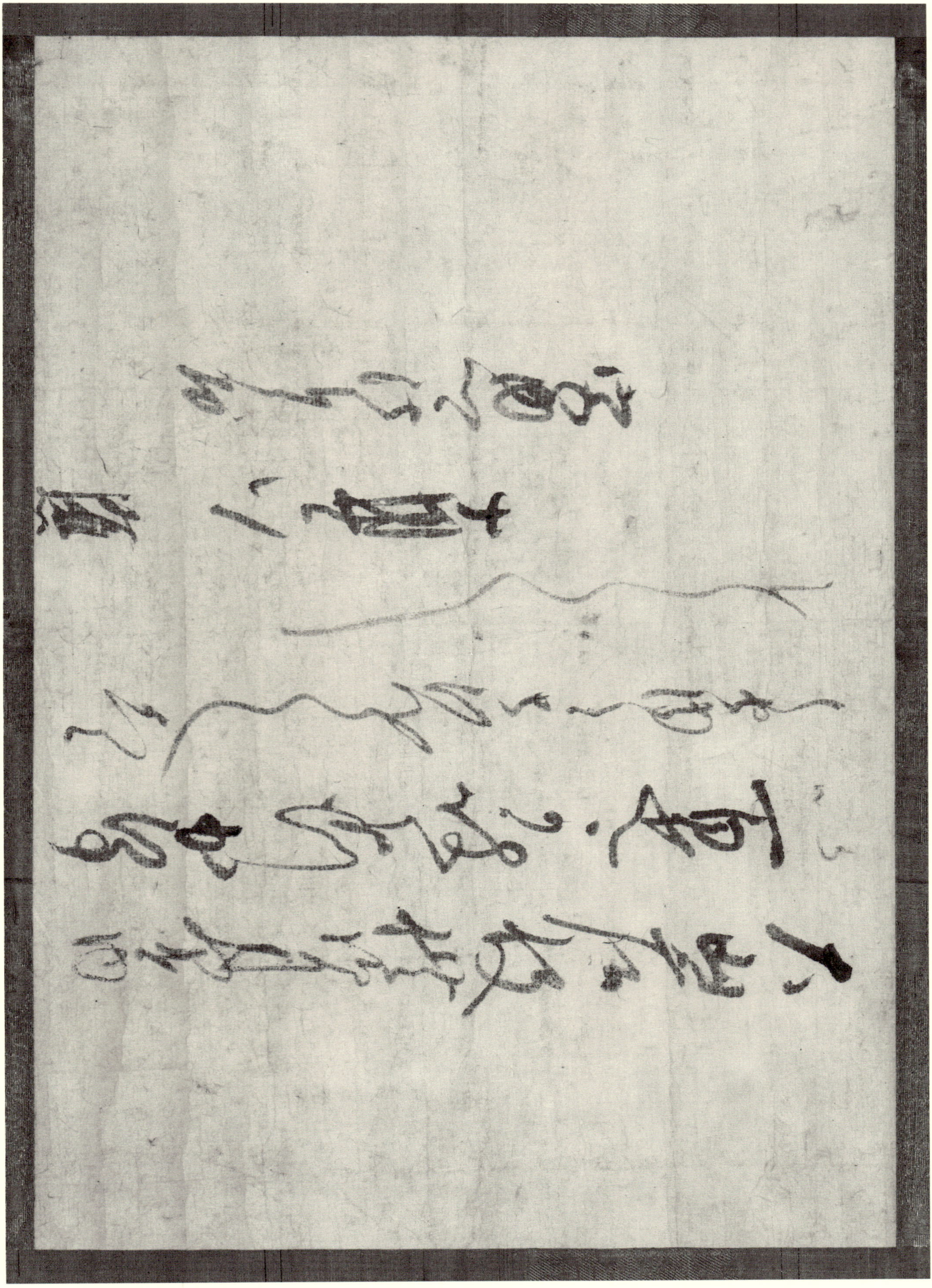

隆恵書状　（延慶二年カ）十月二十六日

後宇多上皇院宣

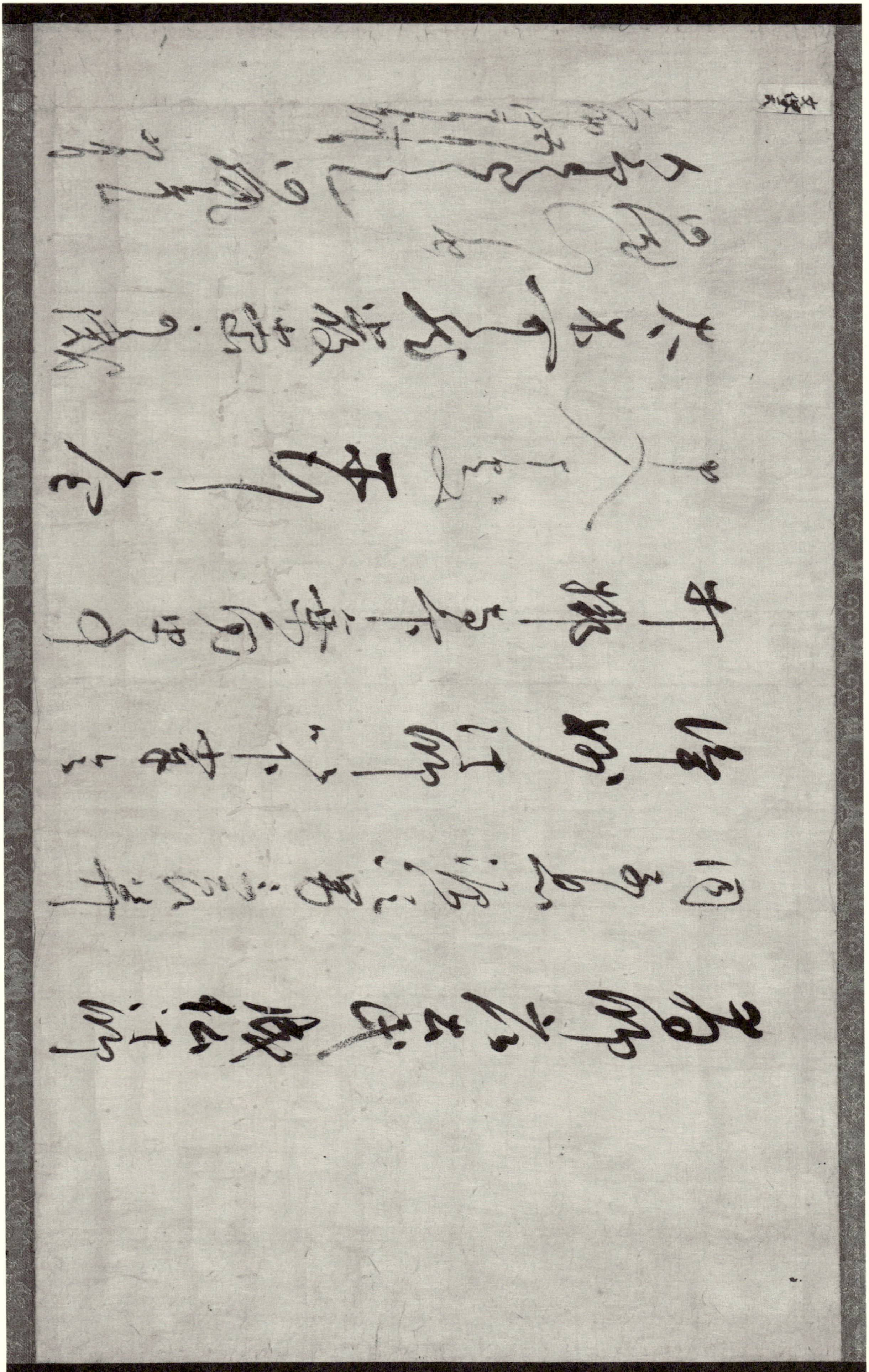

後宇多上皇院宣
（文保元年）五月十日

# 解　説

# 近江国愛智庄立券文

一巻（八通）　　紙本墨書
平安時代（九世紀）　　S貴一四―三

## 一　近江国愛智庄立券文の現状

「近江国愛知庄立券文」として登録された本文書は、近江国愛智郡大国郷・養父郷にかかる墾田売券八通を、原表紙と九紙からなる継紙に、薄い三椏紙で裏打ちを施し、後補の表紙と軸を付け巻子装に仕立ててある。

後補表紙は茶地絓で、見返しには、楮紙で裏打ちを施し、茶平紐を付し、杉の軸木で軸頭は紫檀、「近江国愛知庄立券文」の題籤と、「貴14―3」のラベルが貼られている。

原表紙は、縦二八・四糎×横二四・〇糎の楮紙で、「近江國愛智庄立券　八通　貞観　嘉祥　仁壽」の外題が記され、左端は見返し側に一・〇糎幅で折り、八双竹がわりにし、中央部には紐を付けたと思われる穴が残されている。表紙には「東京帝國大學附屬圖書館　明治卅九年十月卅一日121266」の登録印、見返しには「東京帝國大學圖書印」の朱印が捺されている。

第一紙から第九紙が八通からなる墾田売券で、その編成と形状の特徴は以下のごとくである。

第一紙　依知秦公福万墾田売券　仁寿四年（八五四）四月五日（『平安遺文』一一四号、以下便宜『平安遺文』の号数のみによって表記する。なお、文書名は八通全体を勘案して統一的な名称に変更した）
縦二九・六糎×横四〇・九糎
第一紙右端に継目裏書「東大□□□□□□□〔寺三論別供庄券ヵ〕」半存。第一紙右端継目表裏に印文不明の朱印（以下、同じ）各三顆半存。第一紙・第二紙の継目表裏に朱印各三顆あり。

第二紙　依知秦公広成墾田売券　貞観十年（八六八）四月十三日（一五九号）
縦二九・〇糎×横四一・四糎
第二紙・第一紙にわたり継目裏書「□〔東大ヵ〕□〔寺ヵ〕三論別供庄田券」と第二紙・第一紙の継目表裏及び第二紙・第三紙の継目表裏に朱印各三顆あり。

第三紙　依知秦公永吉墾田売券　貞観五年（八六三）三月二十九日（一三五号）
縦二八・二糎×横三八・〇糎
第三紙・第二紙にわたり継目裏書「東大寺三論別供庄券」と第三紙・第二紙の継目表裏に朱印各三顆あり。

第四紙　空（依知秦公永吉墾田売券）
縦二八・二糎×二一・二糎
第四紙・第五紙の継目表裏に朱印各三顆あり。

第五紙　依知秦公安麻呂墾田売券　貞観六年（八六四）三月五日（一四四号）
縦二九・〇糎×横三九・九糎
第五紙・第四紙にわたり継目裏書「東大寺三論別供庄田券」と第五紙・第四紙の継目表裏及び第五紙・第六紙の継目表裏に朱印各三顆あり。

第六紙　依知秦公浄男墾田売券　貞観五年（八六三）十一月十五日（一四〇号）

縦二七・八糎×横四〇・四糎
第六紙と第五紙にわたり継目裏書「東大寺三論別供庄券」と第六紙・第五紙の継目表裏及び第六紙・第七紙の継目表裏に朱印各三顆あり。

第七紙　若湯坐連継人墾田売券　嘉祥元年（八四八）十一月三日（八九号）
縦二七・四糎×五一・三糎
第七紙と第六紙にわたり継目裏書「東大寺三論別供庄券」と第七紙・第六紙の継目表裏及び第七紙・第八紙の継目表裏に朱印各三顆あり。

第八紙　依知秦千嗣墾田売券　貞観八年（八六六）十一月二十一日（一五一号）
縦二八・六糎×横四五・五糎
第八紙と第七紙にわたり継目裏書「東大寺三論別供庄券」と第八紙・第七紙の継目表裏及び第八紙・第九紙の継目表裏に朱印各三顆あり。

第九紙　僧高徳墾田売券　貞観八年（八六六）十月二十四日（一五〇号）
縦二八・六糎×横四一・六糎
第九紙と第八紙にわたり継目裏書「東大寺三論別供庄田券」と第九紙・第八紙の継目表裏に朱印各三顆あり。

現状では九紙からなる八通の文書で一巻をなしているが、継目の糊痕に注目すると成巻以前の剥がし取りと貼り継ぎを想定することができる。第二紙と第三紙との継目には、第三紙右端下部に以前の糊痕が残り、「付」の左半分が第三紙に残されている。第五紙と第六紙との継目にも、第六紙右端上部に糊痕が残されている。また、第六紙と第七紙は第七紙が上となる逆継で、第六紙左端に糊痕が残されている。第七紙と第八紙との継目、第八紙と第九紙との継目にも、それぞれ左側にあたる第八紙右端と第九紙右端に糊痕が残されている。これらの五箇所の痕跡から、少なくとも一度現状とは別の連券として貼り継がれていたものが、剥がし取られて再度貼り継がれたことが想定できる。

九紙からなる各紙は、紙の左端に余白が残されているものがある。その余白等の寸法については、以下のようになっている。第一紙の余白は約一八糎、第二紙は約一四糎、第三紙は約八・五糎である。第四紙は白紙となっているが、第三紙とはもともと継がれていた状態であったとみられる。第五紙は約八・五糎、第六紙は約一二・五糎、第七紙は約一六糎、第八紙は余白が無く、第九紙は約一三糎となっている。この余白の存在については、他の売券等にみられるような「郡判」が付されることを予定して余白をとったものとも考えられる。

## 二　伝来と史料編纂所所蔵の経緯

この八通の売券は平安期の東大寺の文書目録にその所在がみえないが、江戸時代には惣持院（尊勝院の跡を継承した院家）に伝存していたことが、『松雲公採集遺編類纂』（金沢市立図書館蔵）から知られる。同書には、「東大寺之内惣持院書籍之覚」として、

一、古状　五十通許
寺領之事、東大寺雑掌、同安師〔宝脱カ〕譲状・売券等ニ而、寺領之事、足利公方家之書、多有之、

とみえている。惣持院に伝存した「古状」は、尊勝院に伝来した文書が惣持院に受け継がれたことを示していよう〔渡辺滋一九九九〕。

しかも、この段階では「五十通許」とあり、現状の連券の状態とは異なってほぼ一通ごとに分離していたと考えられる。しかし、一でみた剥がし取りと貼り継ぎの箇所のうち、第六紙と第七紙との継目表の印は両紙で連続していること、また第八紙と第九紙との継目に残る糊痕の上から朱印が捺されていることから、現在の形に成巻されたのちに印が捺されたものとみられる。さらに、各継目裏書と継目裏の印も、現状の形となったあとで加えられていることも確かである。惣持院での保管や貼り継ぎの細部は不詳であるが、少なくとも現状の成巻作業に伴って、継目表裏への捺印と継目裏書が施されたと考えて差し支えないであろう。

明治維新以降、廃仏毀釈の動きにより惣持院は退転するが、惣持院所蔵の文書を一括して買得したのが益田孝である。益田は、嘉永元年（一八四八）生まれで、父は佐渡奉行所の地役人をつとめた孝義である。安政元年（一八五四）幕臣となり函館での勤務ののち、江戸に出た。文久三年（一八六三）の遣欧使節の随員であった父の従者として欧州に渡り、明治維新後は横浜で貿易業務に従事するなどしたが、明治四年（一八七一）大蔵省に出仕した。その後三井に招かれ、三井物産の社長をつとめるなど、三井財閥の中心的な人物の一人として活躍した人物である。益田は茶人・美術愛好家としても著名で、「鈍太郎」の銘の茶碗を入手したことから「鈍翁」と号し、柏木貨一郎・田中親美らと交流があり、茶道具・絵巻物などを主に蒐集したことでも知られる。近江国愛智庄立券文は、別の一巻をなす「東大寺田券」（本書所収）とともに、明治三十九年十月三十日、益田から当時の史料編纂掛に寄贈され、現在に至っている。

## 三　大国郷売券のなかの近江国愛智庄立券文

いわゆる大国郷売券で売買対象となった土地は、現在の滋賀県東近江市・愛知郡愛荘町一帯にあたると推定されている。八通の売券で売買対象となっている地のうち、東大寺僧安宝が関与した売買対象地は、のちに東大寺領愛智荘となる。東大寺領としての愛智荘は、天暦四年（九五〇）の「東大寺封戸荘園并寺用帳」（『平安遺文』二五七号、以下号数のみで表記する）や、『東大寺要録』巻六に収める長徳四年（九九八）の「一、諸国諸庄田地長徳四年注文定」などにみえる大国荘と同一のものと考えられている。

近江国大国郷と東大寺との関係を示す文書でもっとも古いものは、仁寿四年（斉衡元、八五四）十二月十一日の墾田売券（一一七号）に付された二つの追記の記載である。追記によれば、東大寺が買得した土地がいったん返却されたが、斉衡三年（八五六）十一月十九日に再び東大寺僧安宝に沽進されたこと、さらに貞観二年（八六〇）四月十一日に安宝の甥大友日佐宮安の名で惣券に移載されたことが知られる。

安宝が買得集積した大国郷の土地は、斉衡三年から貞観八年にかけて一一か所（うち十一条八里井門田一段［一一七号と一四〇号］は、再買得）、一町三段一〇〇歩（同前、一段は再買得）にわたり、これを基礎に愛智荘が成立したとみられる。そののち、「前豊前講師大法師安宝」の署名のある貞観十八年の「近江国愛智荘定文」（一七三号）では水田一二町とあり、先の天暦四年の「東大寺封戸荘園并寺用帳」には荘田七町一段三三〇歩、長徳四年には七町三三〇歩の広さを有していた。一時期は、買得や開墾により五〇余町の規模を誇ったが、永暦二年（一一六一）頃には見作田は二〇町程に退転し、「増作・減田、只依年之飢穣」」（三一五二号）という状態におかれていたことが知られる。

大国郷の墾田売買にかかわる売券は、(1)売人・買人などに注目し戸の解体・変質を、(2)売買対

象地及び売買理由に注目し土地の集積・村落内における階層分化を、(3)「保子・保長」「証人」「領」「徴部」等の「連署人」の分析をもとに在地支配秩序を、(4)「郡判」などの郡司署名を手がかりに郡司制の変質を、(5)売買の対価・価直表現をもとに古代における土地所有の性格を論ずる際の分析対象とされてきた〔宮本救一九七二・中野栄夫一九七八・加藤友康一九八四・小口雅史一九八六などに紹介された諸研究参照〕。

近江国愛智庄立券文を構成する八通の売券は、とくに(2)・(3)を検討する際に貴重な史料群である。八通の売券からうかがわれる墾田の集積と連署人の特徴を検討するために、八通の売券を年月日順に配列したものが次頁の表である。

八通を含めた大国郷関係の売券からは、一段前後の小規模墾田を一筆ごとに売却しているタイプと数筆ごとの墾田を一括して売却しているタイプの二種類があることが指摘できる。近江国愛智庄立券文の場合では、第六紙（一四〇号）・第五紙（一四四号）・第八紙（一五一号）の売券が一括売却型にあたる。この型の売却墾田の所在地は、愛智郡条里の坪付によると隣接する坪内の墾田もしくは近隣の坪内の墾田であることがその特徴である。しかも、買得人は安宝、売却人は依知秦公浄男で、さらに買得人として依知秦公浄男がかかわっている売買ということも指摘できる。

依知秦公浄男は、大国郷関係の墾田売券によれば、承和七年（八四〇）依知秦公永吉から十一条七里三十五坪の墾田一段を買得したのを皮切りに、貞観十年にいたるまで、八人の人間から計二町三段一四歩の土地を買得し、一方貞観五年にはそれら買得墾田のうちの二段一〇〇歩を含めて計八段一〇〇歩を安宝に売却している。依知秦公浄男の墾田売買の特徴は、貞観五年の安宝への売却を境に前後で様相を異にしていることである。承和七年以来散発的に、しかも小規模墾田の一筆ごとの買得を進めていたものが、これを契機に買得をしばしば行なうようになり、しかも一括して買得するように変わってきていることが知られる。

近江国愛智庄立券文でも、買人としてあらわれ土地を集積している依知秦公浄男（八九号・一一四号）は、安宝に土地を売却する売人としてもあらわれている（一四〇号）。一度集積した墾田の再売却については、墾田の集積による田地経営の展開は容易でなく、墾田の売却に追い込まれて分散集中がくりかえされたとする説もある〔宮本救一九七二〕。しかし、依知秦公浄男の場合は、売却後も墾田を集積している（一五一号・一五九号）。安宝への売却についても、安宝による墾田の集積が基礎となって東大寺領愛智荘が成立したこととも合わせ考えると、依知秦公浄男の墾田買得・売却の特徴は、田地経営の困難性というよりも、東大寺の墾田集積活動の一環として捉えた方が実相に近いものと考えられよう。

連署人の肩書の変化からも、安宝にかかわる墾田売買の特徴が指摘できる。大国郷関係の墾田売券にみえる連署人の肩書の変化については、①延暦十五年（七九六）から天長二年（八二五）までの時期の「保長」「保子」連署、②承和七年から貞観三年までの時期の「保証」「証人」と「領」「徴部」等の収税吏連署、③貞観三年から貞観八年までの時期の「証人」のみの連署、④延喜三年（九〇三）の「刀禰」の連署という四時期の変化がみられることと、②の収税吏の連署は墾田売却理由にあげられた「依₂正税₁」という正税出挙にかかわるものであることが指摘されている〔中野栄夫一九七八〕。

ただ、近江国愛智庄立券文の八通のうち、②の時期にあたる一一四号は「証人」連署であることについては、その売買の特徴から①や③の時期にみえる「証人」連署と同様の要因を考える必要がある。「証人」連署の売券は、各時期を通じて売人と買人の所属する郷が異なっている場合もしくは僧との売買のものであることが特徴である。②の時期で、大国郷にともに本貫がある売人

**近江国愛智庄立券文にみえる土地売買**

| | 年月日 | 所在地 | 田積(段.歩) | 価　直 | 売　人 | 相　売 | 連署人 | 買　人 | 平安遺文番号 |
|---|---|---|---|---|---|---|---|---|---|
| 第7紙 | 嘉祥元年11月3日<br>(848) | 13条10里1石寺田東 | 1.000 | 50束 | 若湯坐連継人<br>(大国郷戸口) | 若湯坐連縄吉<br>若湯坐連宮刀自女<br>戸主依知秦公年主 | 保証依知秦公弟縄<br>依知秦公<br>若湯坐連<br>依知秦公家公<br>領　依知秦公千門<br>徴部依知秦公<br>依知秦公福主 | 依知秦公浄男<br>(大国郷戸主) | 89号 |
| 第1紙 | 仁寿4年4月5日<br>(854) | 12条9里36中桑原田 | 1.000 | 40束 | 依知秦公福万<br>(大国郷戸主) | 依知秦公貞男<br>依知秦公貞家 | 証人依知秦公<br>依知秦公<br>依知秦公福貞<br>依知秦公千門 | 依知秦公浄男<br>(大国郷戸□)〔主カ〕 | 114号 |
| 第3紙 | 貞観5年3月29日<br>(863) | 11条7里35門田東 | 1.000 | 60束 | 依知秦公永吉<br>(大国郷戸主) | 依知秦公真貞 | 証人依知秦公真勝<br>依知秦公<br>秦公<br>依知秦公弟縄 | 東大寺僧安宝 | 135号 |
| 第4紙 | 空 | | | | | | | | |
| 第6紙 | 貞観5年11月15日<br>(863) | 10条5里30家田<br>6里5野中田<br>9里1槐本田<br>2槐本田<br>11条8里30門田 | 2.000<br>2.100<br>2.000<br>1.000<br>1.000 | 120束<br>130束<br>160束<br>80束<br>60束 | 依知秦公浄男<br>(大国郷戸主) | 依智〔マヽ〕秦公田次丸<br>依智〔マヽ〕秦公夏吉 | | 東大寺僧安宝 | 140号 |
| 第5紙 | 貞観6年3月5日<br>(864) | 12条7里20林田<br>21林田 | 0.160<br>0.200 | 50束 | 依知秦公安麻呂<br>(大国郷戸口) | 戸主依知秦公浄長 | 証人依知秦公益継<br>依知秦公第〔弟カ〕縄<br>依知秦公千門<br>依知秦公福万<br>依知秦公長吉<br>依知秦公宗直 | 東大寺僧安宝 | 144号 |
| 第9紙 | 貞観8年10月24日<br>(866) | 10条6里30家田 | 1.000 | 25束5把 | 僧高徳 | 物部辛国<br>物部阿古麿<br>依知秦真乙刀自女 | | 東大寺僧安宝 | 150号 |
| 第8紙 | 貞観8年11月21日<br>(866) | 12条7里27林田<br>33林田<br>34林田<br>8里7門田 | 0.260<br>1.310<br>1.180<br>1.270 | 182束 | 依知秦千嗣<br>(大国郷戸主) | 依知秦公夏成 | 証人正八位上依知秦公千門<br>従七位上依知秦公人主<br>正六位上若湯坐連縄吉<br>依知秦公寅継<br>依知秦公永吉<br>依知秦公福万 | 依知秦公浄男<br>(大国郷戸主) | 151号 |
| 第2紙 | 貞観10年4月13日<br>(868) | 12条7里28林田南 | 1.000 | 40束 | 依知秦公広成<br>(養父郷戸口) | | 証人正七位上依知秦公<br>正八位下依知秦公<br>依知秦公<br>依知秦公 | 依知秦公浄男<br>(大国郷戸主) | 159号 |

・買人の売券として例外である一一四号は、一五一号とならんで買人依知秦公浄男にかかるものであり、時期的変化にとどまらず、墾田集積活動の特徴でもふれたように、安宝に代表される大国郷への土地買得の動向が進展していることを示すものといえよう。

（加藤友康）

**［参考文献］**


小口雅史「九世紀における墾田・村落の史的展開」（『弘前大学国史研究』八一、一九八六年）
加藤友康「八・九世紀における売券について」（土田直鎮先生還暦記念会編『奈良平安時代史論集』上、吉川弘文館、一九八四年）
中野栄夫「近江国大国郷売券をめぐる二、三の問題」（同『律令制社会解体過程の研究』塙書房、一九七九年。初出は一九七八年）
宮本　救「律令制村落社会の変貌―近江国大国郷を中心として―」（同『日本古代の家族と村落』吉川弘文館、二〇〇六年。初出は一九七二年）
渡辺　滋「東大寺の愛智郡関係文書の成立と伝来」（『日本歴史』六一八、一九九九年）


**［翻刻］**

（原表紙）

近江國愛智庄立券文　八通　貞觀　嘉祥　仁壽

（第一紙）

□〔大カ〕國郷戸主依知秦□〔公カ〕福万解　申依所負官物賣買墾田立券文事

十二條九里卅六中桑原田壹段

右件墾田、已所負官稲肆拾束充價直、切常土賣与同郷戸□〔主カ〕

依知秦公浄男既訖、仍立券文如件、以解、

仁壽四年四月五日沽人依知秦公「福万」

相賣男依知秦公「貞男」

依知秦公「貞家」

證　人　依知秦公

依知秦公

依知秦公「福貞」

依知秦公「千門」

（第二紙）

「□〔継目裏書〕□〔東大カ〕□〔寺カ〕三論別供庄田券」

養父郷戸主平羣廣人戸口依知秦公廣成解　申依所負稲常土賣墾田立券事

十二條七里廿八林田南壹段　廣人戸依知秦公田刀自女土

右、件墾田、□〔所カ〕負稲肆拾束充價直、切常土与賣大國

郷戸主従八位上依知秦公浄男既訖、望請、依式立券

文如件、仍勒賣買兩人署名、以解、

貞觀十年四月十三日賣〔人脱〕依知秦公「廣成」

證人正七位上依知秦公

正八位下依知秦公

依知秦公

依知秦公

（第三紙）
（継目裏書）「東大寺三論別供庄券」
□愛智郡大國郷戸主依知秦公永吉解　申依用賣買墾田立券文事
十一條七里卅五門田東壹段今益
右件墾田、直稲陸拾束充價直、切常土与賣東大
寺僧安寶師訖既（マヽ）、望請、依式立券文如件、仍
勒賣買兩人署名、以解、
貞觀五年三月廿九日墾田主依知秦公「永吉」
相賣依知秦公「真貞」
買人
證人依知秦公「真勝」
依知秦公
秦公
依知秦公「弟縄」
郷長依知秦公

（第四紙）
空

（第五紙）
（継目裏書）「東大寺三論別供庄田券」
愛智郡大國郷戸主依知秦公浄長戸同姓安麿解　申依所負官稲切常土賣買墾田立券文事
〔合脱カ〕
十二條七里廿林田壹佰陸拾歩
廿一林田貳佰歩
右件墾田、己之所負官稲伍拾束充價直、切常土奉賣東大
寺僧安寶師既訖、仍立券文如件、以解、
貞觀六年三月五日墾田主依知秦公「安麻呂」
戸主依知秦公「浄長」
證人依知秦公「益継」
依知秦公「第（弟カ）縄」
依知秦公「千門」
依知秦公「福万」
依知秦公「長吉」
秦　公「宗直」
郷長依知秦公「舎吉」

（第六紙）
（継目裏書）「東大寺三論別供庄券」
（別筆）「於佐官所安文寫取、安等未正文无、」
愛智郡大国郷戸主正八位上依智秦公浄男解申依官物賣買墾田立巻文事
合

十条五里卅家田二段　直稲百廿束
六里五野中田二段百歩　直稲百卅束
九里一槐本田二段　直稲百六十束
二槐本田一段　直稲八十束
十一条八里卅門田一段　直稲六十束
右件墾田、充官稲五百五十束價直、切常土賣与
東大寺僧安寶大徳既了、仍立券文如件、以解、
貞観五年十一月十五日正八位上依知秦公「浄男」
依智（マヽ）秦公「田次丸」
依智（マヽ）秦公「夏吉」

（第七紙）
（継目裏書）「東大寺三論別供庄券」
大國郷戸主依知秦年主戸若湯坐連継人解　申依正税賣買墾田立券文事
合
十三條十里一石寺田東壹段　直稲伍拾束
右件墾田、正税稲伍拾束充價直、切常地与賣同郷戸主
依知秦公浄男既訖、望、依式立券文如件、以解、
嘉祥元年十一月三日若湯坐連「継人」
相賣若湯坐連「縄吉」
若湯坐連宮刀自女
戸主依知秦公「年主」
保證依知秦公「弟縄」
依知秦公
若湯坐連
依知秦公「家公」
領依知秦公「千門」
徴部依知秦公
依知秦公「福主」

（第八紙）
（継目裏書）「東大寺三論別供庄券」
大國郷戸主依知秦千嗣解　申依正税稲切常土賣買墾田立券文事
合
十二條七里廿七林田貳佰陸拾歩
卅三林田壹段參佰拾歩
卅四林田壹段佰捌拾歩
八里七門田壹段貳佰柒拾歩
右件墾田、充正税稲壹佰捌拾貳束價
直、切常土与賣同郷戸主從八位下依知
秦公浄男既訖、仍爲後立券文如件、以解、
貞観八年十一月廿一日墾田主依知秦「千嗣」

相賣男依知秦公「夏成」

證人正八位上依知秦公「千門」

從七位上依知秦公「人主」

正六位上若湯坐連「縄吉」

依知秦公「寅継」

依知秦公「永吉」

依知秦公「福万」

（第九紙）

（継目裏書）「東大寺三論別供庄田券」

僧高徳解　申依所負稲賣買墾田立券文事

十條六里卅家田壹段　　直稲貳拾伍束伍把

右件墾田、充所負稲貳拾伍束伍把價直、限

永年沽進東大寺僧安寶大徳已了、仍爲

後立券文如件、以解、

貞觀八年十月廿四日墾田主僧高徳

相賣物部辛國

物部阿古磨

依知秦真乙刀自女

# 尾張国郡司百姓等解文

一巻　紙本墨書　二九・二糎×一一四一・六糎
鎌倉時代（十四世紀）　S〇〇七一―五〇

尾張国郡司百姓等解文は、永延二年（九八八）に、尾張国の郡司や有力農民らが、尾張守藤原元命の暴政を朝廷に訴え、罷免を求めた文書である。尾張国解文・尾張国申文等とも称される（以下、尾張解文）。藤原元命の非法・不正を三十一箇条にわたって具体的に書き上げており、平安時代中期の地方行政、受領支配の実情を伝える最重要史料である。本書に収載した史料編纂所所蔵本（以下、東大本）は、嘉元三年（一三〇五）から応長元年（一三一一）の間に書写されたもので、現在知られている尾張解文の古写本の中では二番目に古い。紙背は、嘉元二年具注暦・嘉元三年見行草と書状一通からなる。見行草は、造暦のための計算で出てくる主要な数字を表示したもので、本史料は見行草としても時代をさかのぼる実例であり、造暦の実際をうかがわせる史料として貴重である。

東大本の尾張解文は、書出及び第一条から第五条途中までを欠く。また、第三十一条の後に続く全体を取りまとめた文章（尾部本文）以下は、当初の書写時期以降の補写である。現存する尾張解文の古写本にはほかに、弘安四年（一二八一）書写の早稲田大学所蔵本、正中二年（一三二五）書写の真福寺所蔵本がある。最も古い早稲田大学本は、中間の第十四条の途中から第三十一条の途中までを欠くが、「永延二年十一月八日　郡司百姓等」という末尾一行の記載を持ち、解文の作成された日付を伝えている。真福寺本は冒頭の第一条の途中までを欠いている。これらの古写本は、それぞれ写本系統を異にすることが指摘されている。近世以降の写本も多数あり、文和二年（一三五三）書写本を祖本とする西方寺本系統（岩瀬文庫所蔵本等）など、上記三本以外の系統の写本も存在する。

東大本は、天保三年（一八三二）に穂井田忠友が東大寺において転写した記録があり、もとは東大寺に伝来したものである。国立公文書館（内閣文庫）所蔵天保三年（穂井田忠友）書写本は、料紙の傷みの様態なども忠実に写し取った東大本の転写本で、前欠部分は別本を書写して補っている。表題「尾張国解文」の下方に「東大寺總持院所蔵／古写本断筒〔簡〕新謄卅紙／別本校加初四紙」、別本書写箇所の末尾に「以上四紙依異本所加補也／其異本買得為蔵于予家」との注記がある。また穂井田は紙背の具注暦・見行草にも注目し、内容の一部を書写している。穂井田にはみずから採訪した古暦を抄出書写した『古暦抄写』と題する一書があり、東京天文台が所蔵していたが戦災で焼失し、ただしそれを感光紙（青写真）で複写したものが残されており、その感光紙複写を撮影した写真を本所が架蔵している（六一六一―八）。この『古暦抄写』には、東大本紙背の嘉元二年具注暦の十月十三日～十七日、同二十八日～十一月三日、十二月二十九日～暦跋と、嘉元三年見行草の全文（ただし余白を詰めた形）が書き写されている。その箇所には、「嘉元二年甲辰具注暦断正月十四日已前逸亡／此暦在于尊勝院校倉尾張国申文之背　按是暦家之草稿希世之珍物也」と注記されている。東大本はこの後いつの時期か巷間に出て、本所は昭和四十年（一九六五）にこれを購入した。

本史料は全二十七紙からなり、巻子に巻き取られているが、表紙・軸は取り付けられていない。第一紙右端裏に、本文とは別筆で「記録尾張国申文」の外題がある。第一紙から第二五紙に第五条の途中から第三十一条までが、第二六紙に尾部本文が、第二七紙に尾題「尾張国申文」と奥書「応

長元年十一月十七日寅刻所書継也／祐海（花押）」が記されている。第二六・二七紙は、第二五紙までと料紙・字配り・筆跡が異なり、当初の書写の後に補写して付け加えられたものである。奥書によれば補写貼継の時期は応長元年で、これが東大本の書写年代の下限となる。なお、第二五紙と第二六紙とは、旧状では貼り継がれていたが、現在は糊離れしている。

紙背は、第二七紙裏・第二六紙裏は「帥公御坊」宛（年不明）十一月十日付消息、第二五紙裏〜第四紙裏は嘉元二年具注暦（正月十三日以前を欠く）、第三紙裏〜第一紙裏は嘉元三年見行草（正月〜十二月）である。この嘉元三年見行草が作成された時期が、東大本の書写年代上限となる。第二五紙裏〜第一紙裏には同種の具注暦の墨界が施されており、紙幅も第二五紙裏・第二二紙裏を除いてほぼ四四・五糎前後で共通していることから、具注暦・見行草はもともと連れ合うものであったと考えられよう。

嘉元三年見行草の末尾である第一紙裏は、第二紙裏から続く横墨界が右端二行分ほどで途切れ、その左方に界線は施されていない。このことから、貼継・施界して準備された料紙の末尾にあたると思われる。第一紙裏の左端は切断され墨痕が残存している。この墨痕は嘉元三年閏十二月の記載の残画であろう。第一紙の紙幅は四四・五糎で、もともとの一紙がほぼそのまま残っているから、もとは第一紙裏の左方にもう一紙が貼り継がれていたと考えられる。桃裕行氏は、閏十二月の次に翌年正月の記載があったものとして見行草を復元している。第一紙右端（第一紙裏の左端裏）には剥がし取り痕があり、尾張解文の文字が途切れていることから、解文書写時点において、上述の一紙は貼り継がれており、見行草は完存していたと見ることができよう。ただし、解文の前欠分の書写には四紙程度の料紙を要したと推定されるから、この一紙のほかにさらに三紙程度が貼り継がれていたか、または当初書写時点から前欠本であった可能性があろう。

第二二紙裏（嘉元二年具注暦・二月二十八日〜三月二日）は紙幅一五・三糎で、もとの料紙の右方が切除されていると見られる。右方に貼り継がれている第二三紙裏（同・二月九日〜二十七日）とは暦の記載が連続していることから、書写の誤り等を修正するための料紙切除・継直しで、具注暦作成当初からの状態と考えられる。

嘉元二年具注暦冒頭の第二五紙裏は紙幅一五・三糎で、右端が切断され、正月十三日の記載が墨痕として残っている。完形の一紙の行詰めはおおむね一九行半で、第二五紙裏は六行半が現存するから、一三行（一日〜十三日）程度の記載が失われているであろう。具注暦が完存していれば、さらにその右方に正月の月建と暦序（具注暦の首部記載）があったであろうから、もともとの第二五紙裏の右方にもう一紙が貼り継がれていたと考えられる。尾張解文が当初書写された時点で嘉元二年具注暦は首尾完存しており、解文の尾部本文等も具注暦紙背に書写された蓋然性は高い。分量から見ても、第二五紙の欠失分とそれに続く一紙に尾部本文等が書かれていたと見て支障はない。その後、応長元年までのある時期に尾部本文等を切り離し、他の料紙（書状紙背）にその部分を書き写して代わりに貼り継ぎ、奥書が加えられたのであろう。

（山口英男）

**［参考文献］**


阿部猛『尾張国解文の研究』（大原新生社、一九七一年）

稲沢市『新修　稲沢市史　資料編三　尾張国解文』（新修稲沢市史編纂会事務局、一九八〇年）

桃裕行「嘉元三年見行草について」（『桃裕行著作集』七、思文閣出版、一九九〇年。初出は一九六七年）

山口英男「「尾張国郡司百姓等解」と藤原元命」（『UP』三五〇、二〇〇一年）

# 山辺姉子畠地売券

一巻（一通）　紙本墨書　附題籤軸　二八・二糎×四二・八糎
平安時代　天治二年（一一二五）十二月二十七日　貴三四—二

本売券は、山辺姉子（売主）が相伝していた川（河）上庄内の畠地を川住四子（買主）に売却した際に天治二年十二月二十七日付で売買行為を証明するために売主が作成し、買主に対して交付した文書。もと東大寺文書だが、本売券後補部分押印の方角朱印などにより、三上参次（一八六五～一九三九）の東京帝国大学教授在職二十五年祝賀記念奨学資金によって購入され、昭和六年（一九三一）三月に史料編纂所所蔵として登録された。『平安遺文』補遺五〇号に収録される。

本売券記載の売却対象地は一箇所の畠地で、四至は「限東中垣、限西類地際目、限南野、限北大道、」とあるように、東は「中垣」（垣根）、南は「野」、西は「類地際目」、北は「大道」で、特に西側は土地を分割してその一方を売る場合に売り残された類地と境を接していた。本売券によれば、この畠地は山辺姉子が代々受け継いでいた所領だったが、必要があり、代価は綿衣一領に相当する米三斛で永く川住四子に売却する。なお米三斛は東大寺が年貢収納の際に使った「納斗（おさめます）」を用いて量る。過去の売券等を貼付けた本公験は、未売却地が残っているため、添え進めることができないので、後世のために新売券を発行した。そして年月日を記した後、最後に売主の氏名と略花押が記された。

川上庄は河上庄とも表記され、大和国添上郡所在の東大寺領庄園で、故地は東大寺の北に隣接し、奈良坂・般若寺より平城京域への入口に当たる地域、法蓮町に比定される。中世の東大寺七郷に直接続く地域にあり、近世の河上村や現在の奈良市河上町にその名を残す。庄園名は佐保川上流の意に由来。東大寺創建当初からの聖武天皇勅施入地とも、後代、何らかの法会の料地として成立したとも言われ、史料上の初見は康平五年（一〇六二）十一月二日付東大寺大工僧観範田地売券（『平安遺文』九八五号）で、「川（河）上」の地名の初見は寛徳二年（一〇四五）二月十三日付僧文命田地売券（『平安遺文』六二一号）の端裏「かはかみのゐきろうか」という。川（河）上庄には十一世紀中頃から十六世紀前半までの売券等が多数残され、平安期では寛徳二年より元暦元年（一一八四）まで、売券三十一通、寄進状二通、譲状（処分を含む）七通、去状二通、相博状一通の計四十三通が残存する。

さて、天治二年の翌年、山辺姉子は未売却だった西側の「類地」一段を売却したことが大治元年（一一二六）六月五日付山辺姉子畠地売券（『大日本古文書　東大寺文書之六』〔以下、『東大寺文書』〕一七〇号、『平安遺文』二〇七四号）から知られる。四至は「限東際目　限西中垣　限南中垣　限北大路」である。大治元年の売券によると山辺姉子は母小野姉子が所有する畠を借りうけ、隠岐行安に売却して葦毛の馬一匹を得ていた。山辺姉子の父方も母方（小野氏）も古代以来の在地有力氏族である。更に本売券で売買された畠地は程なく二回転売され、その売券も存在する。先ず康治二年（一一四三）二月二十二日付川住四子畠地売券（『東大寺文書之八』六六六号、『平安遺文』二五〇二号）によれば、川住四子が同地を米二斛・白布二端で清原五郎に売却し、次いで仁平元年（一一五一）三月十二日付清原五郎丸畠地売券（『東大寺文書之八』六六二号、『平安遺文』二七二四号）によれば、清原五郎丸から見米六斛と今小路家地三間で僧暹真に売却された。二通の畠地売券は現在、東大寺図書館架蔵百巻本「東大寺文書」の「第七十六号沽却自仁安至康和十枚」とされた十枚の連券の一部である（この現状は以前の形態を変更している〔後述〕）。両売券は紙背に同筆で「奉寄進大仏殿御燈油料了」なる文言が大書で記され、本畠地売券が示す川上庄内の畠地一処と同地のもの。それ以前の連券の状況

は弘安六年（一二八三）六月二十日付吉祥女田地売券（『東大寺文書之八』五〇六号）の注記によると、もとは六六六号文書（康治二年売券）・六六二号文書（仁平元年売券）・（闕アリ）・六二五号文書・（闕アリ）・六四三号文書・一三号文書・五〇六号文書・弘安六年六月二十日沙彌浄忍田地寄進状（東大寺文書一―一七―五〇）の順に従う連券であるという（六四三号は『東大寺文書』では「六四二号」とあるが、遠藤基郎氏の教示により訂正）。更に康治二年と仁平元年の売券の対象地は、永仁二年（一二九四）三月に御灯聖信聖が作成した、大仏灯油料として寄進された田・畠・屋敷地等を一筆毎に面積・在所・所当・作人名等を書き上げた永仁二年三月日東大寺大仏灯油料田注文（『鎌倉遺文』一八五一七号）に見える川上庄内「北畠字小五三昧」の合計二段半の地と同地であるという。また川上庄は、平安時代中葉では公田官物率法に基づき反別米三斗を大和国衙が徴収する庄園で、承安五年（一一七五）七月七日付東大寺文書出納日記（『平安遺文』四八七七号）等から十二世紀後半には春日庄と同様、東大寺が熟田から反別米三斗を収納したらしい。

本売券の畠地は、鎌倉期には田地となり、売買された。本売券の袖と奥の部分に糊痕やそれぞれの裏に継目裏花押が存在するので、本売券は現在東大寺図書館に架蔵される文書と同じ連券の一部であったらしい。その関係からか、本売券には題籤軸一本（全長三七・三糎、軸部分の幅〇・八糎、題籤部分の最長四・三糎、幅二・〇糎、厚さ〇・五糎）が付属し、題籤の表裏に（表）「川上田券」、（裏）「弁花房之預」との墨書がある。鎌倉期に入り灯油聖の積極的な勧進活動を基盤として川上庄内の零細な田・畠・家地等はその中間得分権である作手等が東大寺大仏殿（＝灯油聖）を地主として寄進・売得され、集積されたというが、本売券はもと連券であった第六六六号文書以下の文書同様、紙背に「奉寄進大佛殿御燈油料」と大書されているので、鎌倉期には大仏殿灯油料を東大寺に収める田・畠に関係するものとして連券となり、東大寺に伝えられたらしい。　（田島公）

**［参考文献］**


泉谷康夫「中世水田の経営形態」（小葉田淳教授退官記念事業会編・刊『小葉田淳教授退官記念 国史論集』、一九七〇年）

泉谷康夫「東大寺領大和国河上庄の構造」（赤松俊秀教授退官記念事業会編・刊『赤松俊秀教授退官記念国史論集』、一九七二年）

伊藤寿和「中世後期における東大寺領大和国河上荘の焼畑経営と茶の栽培」（『日本女子大学紀要』文学部　四八、一九九八年）

清水三男「東大寺領大和国添上郡河上荘」（同『日本中世の村落』日本評論社、一九四二年）

鈴木鋭彦『鎌倉時代畿内土地所有の研究』（吉川弘文館、一九七八年）

鈴木鋭彦「中世土地売券における女性」（『愛知学院大学文学部紀要』九、一九八〇年）

西尾知己「中世東大寺の料田経営に関する一考察」（『早稲田大学大学院文学研究科紀要』第四分冊、四八、二〇〇二年）

# 古文書雑集

一巻（十二通）　紙本墨書

平安〜安土桃山時代（十二〜十六世紀）　貴〇〇七一―一四

平安末期より桃山時代までの文書十二通からなり、このうち①官宣旨・②観世音寺公文所下文・⑤造東大寺長官藤原顕朝院宣副状・④後宇多上皇院宣の四通は史料編纂所架蔵レクチグラフ「東大寺文書」（六八〇〇―一三八。保阪潤治持参）にもある。これらを始め東大寺伝来の文書・聖教（紙背文書）が過半を占める。保阪潤治（一八七五〜一九六三）は、新潟県上越地方の豪農・実業家であり、書画・美術品・古文書の蒐集家として知られる。そのコレクションは、各機関に散在して所蔵するところとなっている。本文書群もそうしたもののひとつである。本所は昭和三十四年（一九五九）に購入。

①官宣旨（後欠）（嘉応元年［一一六九］八月十三日）（『平安遺文』補遺三五四号）

東大寺領に課された伊勢神宮造営の役夫工米を免除したものである。後欠であるが、文治四年（一一八八）七月十三日東大寺注進状案（『東大寺要録』、『鎌倉遺文』三三五号）に、「一巻三枚六箇寺領役夫工免除役宣旨／嘉応元年八月十三日／所謂三乃国大井庄・茜部庄／伊賀国黒田・薦生・湯船・玉瀧／山城国玉井・泉・木津木屋所、／摂津国猪名・水成瀬両庄／丹波国後河庄／越中国入善庄等也、」とあるものに当たる。ちなみに上卿権大納言藤原公保の在任は仁安二年（一一六七）二月から安元二年（一一七六）八月である。仁安四年（嘉応元年）正月十二日に内宮正殿焼失をうけて朝廷は臨時遷宮に着手、伊賀以下諸国に役夫工米が課されている（『兵範記』）。

②観世音寺公文所下文　大治四年（一一二九）七月二十日（『平安遺文』二一三九号）

大宰府観世音寺は、保安元年（一一二〇）東大寺末寺となった。その関係で現在東大寺には観世音寺文書が伝来している。それらは明治以降蒐集家の所蔵となったものが少なくない。内容は、「別当町」を大宰府目代の宿所料所に充てるよう、観世音寺公文所に命じたもの。「別当町」とは観世音寺の代表である別当に付随した田地を指すものであろう。それまで赴任してきた権帥もしくは大弐が、ちょうどこの時の藤原俊忠の任から赴任しなくなる。それに替わって現地に派遣されたのが府目代であった。この文書の背景には府目代との良好な関係を求める観世音寺側の思惑があったと考えられる。


**［参考文献］**

石井進「大宰府機構の変質と鎮西奉行の成立」（『石井進著作集第一巻　日本中世国家史の研究』岩波書店、二〇〇四年。初出は一九七〇年）

森哲也「観世音寺文書の伝来過程」（九州歴史資料館編『観世音寺―考察編』、二〇〇七年）


③東大寺年預所下知状土代　応長元年（一三一一）八月十□日（『鎌倉遺文』二四四〇二号）

東大寺領黒田荘武貞名内の水田一町一段を買得した大夫得業は、売主播磨得業が百姓に指図して所当米を運上してこない、と東大寺年預所に訴え出た。すみやかな運上を黒田荘現地を管理する沙汰人＝三職（下司・公文・惣追捕使）に命じたのが、この年預所下知状である。その後の経過は芳しくなかった。（年未詳）十一月十五日東大寺年預所下知状土代（『大日本古文書　東大寺文書之

十』五五号）において、年預所は再度催促をしている。

**［参考文献］**

永村眞「「没官」小考―荘園領主権の一面貌」（民衆史研究会編『民衆史の課題と方向』三一書房、一九七八年）

④後宇多上皇院宣（宿紙）　文保二年（一三一八）三月七日（『鎌倉遺文』二六九六一号）

松尾社領摂津国山本荘（現在の宝塚市に所在）を前右衛門督一条公有が元の通りに相伝領掌することを認めた院宣。奉者である修理大夫は、後醍醐天皇の蔵人頭でもあった三条公明。同荘は治承元年（一一七七）に松尾社領となったが、その後領家職は西園寺家の庶流一条家に伝領された。現在松尾社には、領家一条家宛の綸旨が二点残っている（元弘三年［一三三三］七月十二日後醍醐天皇綸旨、［康安二年・一三六二］三月二十四日後光厳天皇綸旨）。これらの文書も領家である一条家伝来文書であった。その後、寛正二年（一四六一）二月一日の山本荘日供米并御菜銭等納下帳が示す通り、松尾社の直務となっている点を考え合わせると、松尾社側が領家職を吸収した時点で、旧領家伝来文書もまた同社に入ったものと考えられる。

**［参考文献］**

日本歴史地名大系『兵庫県の地名』「山本庄」項（平凡社、一九九九年）
松尾大社史料集編修委員会編『松尾大社史料集』文書篇（松尾大社社務所、一九七七年～）

⑤造東大寺長官藤原顕朝院宣副状　（建長元年［一二四九］）七月二十八日（『鎌倉遺文』七〇九六号）

東大寺による押妨について伊賀国司が後嵯峨院に訴え出たことを受けて、東大寺に事情を説明するよう命じる後嵯峨院宣が発給された。本文書は同院宣を内大臣僧都（別当三論宗定親）に伝達する造東大寺長官顕朝の副状である。関連文書がなく具体的にどのような問題があったかは不明。同時期の伊賀と東大寺の関係について、建長元年六月十八日東大寺年預賢寛申状案（東京大学文学部所蔵東大寺文書、『鎌倉遺文』七〇八五号）と建長元年六月日東大寺衆徒等起請文案（東大寺文書未成巻文書、『鎌倉遺文』七〇九〇号）は、守護代清忠による京都大番役所課停止を求め、また同所課にかこつけての黒田住人大江定直法師の濫妨を伝えている。あるいは、東大寺と敵対する守護代・大江定直が伊賀国衙在庁官人などを介して働きかけた結果、国司が朝廷に訴え出たものかもしれない。

⑥今小路人殺落書起請　（年未詳、南北朝期）二月十二日

東大寺境内に隣接する今小路の地において殺人事件が発生した。同地は東大寺が領主権をもつ東大寺七郷にあり、東大寺は犯人発見のために住民らへ落書起請提出を命じた。この文書のほかに、同様の落書起請三通が現在東大寺図書館所蔵未成巻文書に残っている（三―三―六、三―三―二〇一、三―三―一三三二）。「人殺しに居合わせたことも、容疑者につながる情報も全く知らない。もし嘘を言っているならば大仏の罰をうけるだろう。」落書起請は無記名であるが、むしろそうであるが故に、心から仏罰を恐れていただろうことが、このたどたどしいカタカナ文書の中から窺われる。

⑦ふんこせいけ衛門太郎請文　（年未詳）十月十五日

そもそも『古文書雑集』という名称が示すとおり、この一巻に仕立てられた文書は、史料群の

原秩序から抜き取られたものであり、まさに「断片的な歴史の記憶」「迷子になった歴史史料」である。この仮名書きの請文については、残念ながら関連史料に至ることできなかった。天満宮の「ふんこせいけ衛門太郎」から、堺南庄の「ふんこせいけ与三郎」に十一枚の割符を渡す旨記した文書であろう。今後の研究の素材となるよう釈文をあげておく。

（端裏書）「さかい（堺）みなみ（南）のしやう（庄）のこやへ　　てんまくう（天満宮）より

□廿一ふんこせいけ与三郎殿　　せいけ衛門太郎」

又ひとつと承候間、した、め候て十一のふんまいらせ申候、此内一ハ五郎次郎殿うらはん（裏判）候へ共、いつれもみなく、こなたのふんにて候、まへ（前）のけいやく（契約）のまゝさんのむろの御上にて、ねんころ（懇）に御ほうこうめされ候て、可給候、かんたいさま（眼代？）もへち（別）人に□（わカ）申つけましく候と、めぬく（面々カ）おほせ下され候、そのふん御心えのために申候、

十月十五日　ふんこせいけ衛門太郎（花押）

⑧宗性筆聖教（断簡）（年月日未詳）・紙背文書（某書状　年未詳六月二十五日）

⑨宗性筆聖教（断簡）（年月日未詳）・紙背文書（僧長隆書状［前欠］　年未詳五月二日）

宗性（一二〇二～一二七八）は、華厳宗の本所である尊勝院院主であり、東大寺別当を勤めた。鎌倉時代における東大寺教学の興隆を支えた学僧であり、膨大な聖教を残している。その筆跡は独特であり、ここであげた二つの断簡の筆跡は宗性の筆跡と一致する。尊勝院に伝来のものであろう。「止観第四云」で始まる断簡は、『摩訶止観』（天台大師智顗［梁・陳・隋、五三八～五九七］講述）とその注釈である『止観輔行伝弘決』（湛然［唐、七一一～七八二］述）を抜き書きしたものであり、朝廷論義会での天台僧侶との対論に備えて教学研鑽のための撰述された聖教。

紙背の六月二十五日付書状には、大般若経・「牛紙」（牛玉宝印か）を人に届けさせることなどが記されている。

いまひとつ「問大聖文殊赴海中事」で始まる断簡は、現在東大寺図書館にある「法華第四巻抄通用抄外」（一二三一―一二三一―一）の下書にあたる論義草断簡。仁治二年（一二四一）安楽光院御八講（後高倉院もしくは後堀河院追善八講）で、聖憲が出した問題と宗性の答えが記されている。

紙背文書の長隆書状（前欠）の宛所「民部卿律師」は宗性その人である。その文意は難解であるものの、法相論義について、使者へ返事を言付けてもらうように依頼しているかに読める。「本宗人」「貴寺」という表現からすると、長隆は東大寺外の人物であろうか。

⑩感神院所司等申状　暦応五年（一三四二）二月日

祇園社感神院領であった京都深草田の公事対捍についての同所司らの申状。深草田は神供の御土器以下の公事を勤めることとなっていた。しかし近年、領家吉田前宰相家（清閑寺資房）が、世上動乱あるいは不作といって、同公事を勤めていない。公事勤仕の院宣を同家に下されるよう所司は請願している。この申状は「祇園社記御神領部第六」（『八坂神社記録』第三巻所収）に関連史料とともに記されている。本申状は、祇園社執行静清によって、惣目代僧都（忠済）に伝えられ、さらに同僧から光厳上皇にいたった。光厳上皇は、吉田前宰相に祇園社側の要求を伝え、その院宣への請文がさらに上皇から祇園別当僧都にもたらされている。おそらくこの申状は一連の相論の後に、祇園社執行家に伝来したものと考えられる。

⑪興福寺学侶連署起請文（前後欠、八幡宮牛玉宝印）　天文九年（一五四〇）二月日

この前年天文八年に給料である反米が下行されないことに怒った興福寺専当公人が反米を管理する同寺唐院を譴責した一件があり、学侶方は専当公人の処分を定めている（『学侶引付之写』天文八年十二月集会評定、国立公文書館［内閣文庫］蔵）。本起請文はこれに関するもの。学侶方の決定に衆徒六方衆が反対、逆に学侶の所従を処分するとの風説がたった。これに対して、学侶側は一味同心し、場合によっては、神事・法会への出仕を拒否し籠居することを誓約したものである。東大寺八幡宮牛玉宝印を翻して書かれている。同様の例は『大東文書』（三〇七一―六五―一九）の中にある。

料紙表面に柿渋が塗られていた形跡がある。あるいは茶掛け用に掛け軸装となった際に、防水目的のために塗られたものであろうか。その後、さらに柿渋を取り除くために表面を削ったが、墨まで研ぎ落としてしまっている。参考までに釈文を挙げておく。

前代未聞之働共也、重々緩怠超過常篇之条、帳本人専当公人可令罪科之旨決則畢、爰公人専当有罪科者、六方衆就学侶所従可有成敗旨之間、及口遊、言語道断慮外之至極、不及是非題目也、所詮六方及申事者、於学侶含一味同心、及閉門籠居、神事法会抑留可□〔遂〕本意者也、万一号張本人、就一人二人雖有申事、面々成魚水骨肉之思、不可有見叙、自然於損亡等之失墜者、以公物可有償□沙汰之事

一密事評定不可有漏脱之事

一多分評定不可堅執之事

一条々於違犯躰天下大小神祇

別当社大明神可蒙御罰者也、

天文九年二月日

□明（花押）

□□□覚（花押）

順忍（花押）

□□〇署名ヲ二重ネ書ス、「罰者」（花押）

性□（花押）

□禅（花押）

（花押右半）

（花押右半）

⑫河上荘四名過下米切符　天正二年（一五七四）卯月八日

河上荘は東大寺境内北側に隣接した荘園であり、収納経営単位として八つの名が設定され、寺内僧侶が収納責任者である納所に任じられた。同荘は東大寺学侶集団の自治組織である惣寺の配下にあり、年貢の使途については、惣寺の代表である年預五師が差配した。この文書は、同荘四名納所隆賢から「過下米四石一斗一舛六合七夕」を引き落とすため、年預五師浄実が振り出した切符である。切符を受け取った人間は、切符と引き替えに四名納所隆賢から所定の米を受け取る。納所は切符を抹消し、決算報告書である結解状とともに年預五師のもとに提出。以上の手続きを経てこの切符は、惣寺保管文書として伝来したものと考えられる。「過下米」は年貢収納量を超えて、納所が各所に配分した米のことであり、いわば納所による立て替えである。この切符を年預五師から渡された人物は前任納所と考えられる。立て替えとしての「過下米」は利息が付くこととなっていた。寺内金融の一種といえよう。

**［参考文献］**

鈴木鋭彦「東大寺領大和国河上荘の土地所有」（同『鎌倉時代畿内土地所有の研究』吉川弘文館、一九七八年）

（遠藤基郎）

# 東大寺古文書

一巻（四通）　紙本墨書

平安～鎌倉時代（十二～十四世紀）　〇〇七一―一五

この一巻四通の文書は、本来東大寺に伝来したものであるが、おそらく近代になって寺外に出て、収集家の所蔵となったもの。史料編纂所架蔵影写本「高橋義彦氏所蔵文書」（三〇七一・四―五）には同じ配列で収められている。その後、高橋義彦（一八七〇～一九三一）の手から市島謙吉（春城。一八六〇～一九四四）に所蔵を移す。高橋は新潟県北蒲原郡安田町出身で、大地主であり『越佐史料』全七巻の編集者。またその兄は『大日本地名辞書』で知られる吉田東伍（一八六四～一九一八）。市島は大隈重信の立憲改進党に属した政治家であり、引退後は早稲田大学図書館長・日本図書館協会初代会長となった。吉田・高橋と同郷の出身である。古書収集家としても知られ、現在早稲田大学會津八一記念博物館にはその印章コレクションがある。高橋から市島への文書の譲渡は、新潟出身者の知の交流の中でのできごとと位置づけられよう。

この文書は、市島没後に古書市場に流れ、本所は昭和三十三年（一九五八）に購入した。本所はこの他『市島春城旧蔵手鑑』（S〇六七一―一）も所蔵している。

①僧慶観田地売券　天永三年（一一一二）十一月十七日　（『平安遺文』一七八三号）

春日荘（現在の奈良市都南地区古市村）内西門田の水田二段を直米四石一斗で、東大寺僧慶観から東大寺僧浄能に売却した際の売券。同地については、多くの譲与・売却文書が残されている。現在それらはお茶の水図書館（成簣堂文庫）、京都大学文学部の所蔵となっている。順を逐って列挙すると以下の通りになる。天仁三年（一一一〇）三月二日紀閉丸公験紛失状（お茶の水図書館「成簣堂文庫」所蔵、『平安遺文』一七一六号）では、紀閉丸から兄慶観への充行がなされた。ついでここで紹介した僧慶観田地売券によって浄能に売却。その後は、永久三年（一一一五）四月二十三日僧浄能田地譲状（お茶の水図書館［成簣堂文庫］所蔵、『平安遺文』一八二〇号）、応保三年（一一六三）正月二十三日品持中子田地譲状（京都大学文学部所蔵、『平安遺文』三二四〇号）によって、僧浄能→品持中子→中子夫僧仁厳に譲与される。そして永万二年（一一六六）三月二日僧仁厳田地売券（お茶の水図書館［成簣堂文庫］所蔵、『平安遺文』三三八三号）、仁厳は「先祖相伝所領」であるこの田を、藤原延寿に直米十三石で売却した。その後の文書は現在伝わらず、鎌倉時代にはいり、正治二年（一二〇〇）十二月二十日藤原金剛丸田地売券（京都大学文学部所蔵、『鎌倉遺文』一一七四号）では、金剛丸が僧増福上座に直米九石で売却した。さらに、永仁五年（一二九七）九月六日東大寺法華堂通夜衆田地売券（京都大学文学部所蔵、『鎌倉遺文』一九四四四号）の春日荘内字西門にあった春日田一段もこの土地であった可能性は高い。この時、法華堂正面灯油料田となっていた同田は、直銭九貫文にて東大寺僧実樹に売却されたのであった。

なお本所所蔵の天永三年十一月十七日僧慶観田地売券には文書全面に「東大寺印」の朱印が捺されているが、ここで言及した他の連券にはそうした朱印は捺されていない（後述）。

②東大寺小綱珍慶畠地施入状　延応二年（一二四〇）四月十九日　（『鎌倉遺文』五五五八号）

③東大寺中門堂衆畠地売券　康元元年（一二五六）十一月二十六日　（『鎌倉遺文』八〇五五号）

伊賀国にあった木屋垣内をめぐる連券。伊賀国名張の杣からの材木切り出しのため、中村・芋生・安部田などには木屋があった。これらの内のいずれかに附属した田地であろう。延応二年の施入状は、東大寺の小綱であった僧珍慶が木屋垣内西一段を中門堂観自在菩薩御灯油料として施

入したもの。この観自在菩薩は中門堂本尊として鳥羽院より下された十一面観音を指すと考えられる。中門堂は、大仏殿の西側にあった堂舎であり、下級僧侶である禅侶・禅衆の拠点であった。彼ら中門堂衆は大仏殿における日々の行法を勤めとした。寄進者である小綱は、寺家の諸雑事を掌る役僧であり、荘園への使者として現れることが多い。中門堂衆よりは低位の半俗僧侶である。

しかし経営難の故であろうか、十六年後康元元年には珍慶より寄進された田地を、直米三石にて、珍慶寄進状とともに長厳房に売却したのであった。連署の内、諸進・筆師・堂司はいずれも中門堂衆の役職である。最末尾の定厳は、東大寺別当系列の寺務組織である三綱として活動した僧侶である。彼は堂衆ではなく、三綱としての立場で署判した可能性もある。

なお延応二年の施入状と康元元年の売券には紙継目裏花押がない。また虫損を見る限りは、現状の延応二年→康元元年の紙継ぎ順は不自然であり、むしろ逆順のほうが適切だろう。

④妙音丸敷地売券　正和元年（一三一二）五月日　（『鎌倉遺文』二四六〇九号）

東大寺北築垣外門の東辺にあった敷地の売券。武蔵法眼某から大夫得業慶春に相伝された私領は、慶春門弟に処分された。そのうち東大寺北築垣外門の東辺にあった敷地を譲られた妙音丸は、直米五石にて尾張得業慶顕に売却したのである。「本券」は武蔵法眼の配分状であるために、買い手に渡せない。そのため裏を毀つ、すなわち配分状の裏側に、今回の慶顕への売却事実を記載し、権利を消失させる旨が記されている。売主である妙音丸以外に、同門である実慶（妙春丸父）・慶弁・慶清が連署している。彼ら三人は「本券」である武蔵法眼配分状記載の土地を、師匠である慶春から譲り受けた者として、ここに署判したのであろうか。

慶春は、東大寺文書中の学侶連署起請文や各種請定に見える東大寺学侶である。ちなみに、東大寺寺中鼓坂東頬の敷地も保有していた（元応二年［一三二〇］七月十二日春命女敷地売券、石崎直矢所蔵文書、『鎌倉遺文』二七五二三号）。また買得した慶顕は、正和三年・嘉暦三年（一三二八）と建武元年（一三三四）に年預五師となっている東大寺学侶である。この文書は、学侶による寺辺家地の所有と売買を考える上で重要な文書と言えよう。

端と奥に継目裏花押があり、本来前後に連券があったが、現在は不明である。

ところで本「東大寺古文書」四通すべてには、「東大寺印」の朱印が捺されている。同種の朱印は、本書に同じく掲載した「東大寺田券」でも確認される。この朱印がいつの時点で捺されたかについては検討を要する。現在東大寺図書館にある平安時代院政期以降の売券類には、こうした印文を伴うものは皆無と言ってよい。例外として成巻文書第三十九巻（『大日本古文書　東大寺文書之九』）があるが、これは昭和二十八年に古書店一誠堂より購入したものである。さらに、すでに触れたように春日荘西門田の一連の文書のうち、朱印は本所にある天永三年十一月十七日僧慶観田地売券しかない点は重要である。問題の朱印は、これらの文書が東大寺外に出る際もしくは出た後に捺された、すなわち近代のものと考えるのが自然であろう。

（遠藤基郎）

# 東大寺田券

一巻（二通）　紙本墨書
平安時代　仁安三年（一一六八）三月八日　貴一四―四

東大寺境内の北側、大和国添上郡にあった東大寺領川上荘内の田地売買とその作職に関わる二つの売券の案文である。

①僧弁深私領田作手売券案　仁安三年三月八日　（『平安遺文』三四五五号）
②僧弁深私領田売券案　仁安三年三月八日　（同　三四五六号）

からなる。両者は、継目裏花押が据えられており、もとは第一紙の前にさらに連券が継がれていたと思われるが、現在この二通の関連文書とみられるものは伝わらない。二通ともに、隆元から譲られた川上庄内の東大寺尊勝院盆供田を、弁深が羂索院法橋に売却したものである。そして、文書の奥に、北室仁和寺房八講田として馬道太郎房覚応に充て行った旨の承安四年（一一七四）八月二十六日付法橋景雅の書き付けがある。ちなみに「馬道」は東大寺の三面僧房付近の道を指す。

売券①は、四至を具体的に示し、田積は一段一二〇歩（売値一五石、一反あたり約一一・五石）、尊勝院盆供田としての毎年一斗の負担、かつ売主弁深は作手を相伝したこと、そして隆元の譲状の面を毀つこと、などが明記されている。一方、売券①と異なる売券②の記載は次の通り、四至は本券にありとするに止め、尊勝院盆供の所当高を記さず、田積は八〇歩（売値三石、一反あたり約〇・六七石）。そして作手と隆元譲状への言及はなく、本券を副えるとする。また景雅の書き付けの「東大寺北室仁和寺房八講田壹段二百歩之内捌拾歩」とある一段二〇〇歩は、二つの売券に記載された田の面積をあわせたものと考えられる。

ほぼ同一地に同日付けの二つの売券を作成した理由ははっきりしない。売券①が作手を伴い公験が隆元譲状であること、売券②が作手なしの別公験であることが関係しているかと推測される。

景雅は、黒田出作と同新荘を東大寺百口学生供に充てることを定めた承安五年二月の東大寺別当・寺司などの連署置文案（東南院文書、『平安遺文』三六七四号）に見える。権大納言源（村上源氏）顕雅の子であり、顕雅の兄弟には、醍醐寺僧で東大寺別当にもなる定海、東大寺東南院僧覚樹、東大寺覚雅がいる（『尊卑分脈』）。一方で、高山寺明恵上人に華厳宗を教えた学僧として知られることさらに「東大寺花厳宗法橋」としているのは、景雅自身の強烈な自意識の現れであろうか。また仁和寺華厳院を開くなど仁和寺との関わりも深い。「北室仁和寺房」とあるのは、その反映であろう。

弁深からこの田地を買得した「羂索院法橋」と景雅とが同一人物か否かは不明である。この二つの売券案は、別々の料紙であるが、筆蹟は同一であり景雅のものと思われる。まったくの想像にはなるが、承安四年八月当時この土地を所有した景雅は、馬道太郎房に作手を充て行うに際して、新たに充行状を作成することなく、売券①②の案文を自ら作成しさらに充て行う旨の書付を加えたものと思われる。したがって、当初この文書は作手馬道太郎房に渡されたものと考えたい。

両売券ともに全面にわたって「東大寺印」が捺されているが、近代になって寺外に出た時点のものと考えられる。詳細は本書解説21頁を参照のこと。本文書は、明治三十九年（一九〇六）十月三十日、三井財閥の実業家益田孝の寄贈により史料編纂所に入ったものである。

（遠藤基郎）

**［参考文献］**

島地大等『日本仏教教学史』（明治書院、一九三三年）

# 源範頼下文

一幅（一通）　紙本墨書　三〇・三糎×四八・三糎
平安時代　元暦元年（一一八四）十月三十日　S〇八三五―一

熊若丸なる者に周防国大前郡司職の沙汰を認めた、「三河守」の奥上署判の下文である。源頼朝の弟範頼は、この年の六月に三河守に任じられている（『吾妻鏡』元暦元年六月二十日条）ことから、この下文の発給者は源範頼と伝えられている。現在のところ、他に源範頼発給文書の正文は知られていないので、花押の形状などから判断することはできないが、内容的には範頼発給文書にふさわしいと考えられる。すなわち、元暦元年九月以来、範頼は平家追討使として西国に下向しており、十月十二日には安芸国で勲功賞を行なっている（同元暦元年十月十二日条）。さらに、翌年正月に九州に渡るまでは周防国を根拠地としていた形跡がある（同元暦二年正月十二日条）。その間に、周防国住人熊若丸の求めに応じて発給されたのが本文書と考えられる。

本文書により熊若丸は大前郡司たることを認められているが、周防国に大前郡は存在せず、佐波郡大前（大崎とも）村が相当すると思われる。永仁元年（一二九三）十二月七日関東御教書案（『大日本古文書　東大寺文書之十一』一八二号）によれば、「周防国大前村郡司長田孫太郎泰家」が苅田狼藉で訴えられていることが知られる。また、永仁二年十月十日周防守護北条実政施行状案によれば、同年七月二十七日関東御教書の施行を受けた「周防国諸郷保地頭」の一人として「大前郡司」がみえる（この史料については、本書所収「東大寺造営領周防国文書」も参照されたい）。あるいは、熊若丸とその子孫は、この範頼下文の下付を契機に「大前郡司」として鎌倉幕府の御家人に列することになったのではなかろうか。鎌倉殿に直接見参することなく、追討使や守護を介した認定によって御家人化したことは、西国御家人に広くみられるところである。

南北朝期になると、大前村地頭職は足利尊氏によって東大寺鎮守八幡宮に寄進されるが（「東大寺雑集録」）、なお「地頭泰貞」が現地で濫妨をはたらいていることが知られる（国立公文書館［内閣文庫］所蔵「東大寺文書」暦応四年［一三四一］十月七日東大寺離散宿老等会合評議事書、『大日本古文書　東大寺文書之五』九六号）。この泰貞も、先の「長田孫太郎泰家」の子孫であろうか。なお、文保元年（一三一七）八月十三日関東下知状（三浦家文書、山口県史史料編中世三）には、大前村今富名内の屋敷を一族と争う「大前黒若丸」の名が見えている。

（高橋典幸）

**［参考文献］**

太田晶二郎『源範頼下文考』（史料編纂所架蔵自筆稿本［四一七一・〇三―一二］、一九五九年）
黒川高明『源頼朝文書の研究　史料編』（吉川弘文館、一九八八年）
防府市史編纂委員会編『防府市史　通史Ⅰ』（防府市、二〇〇四年）

# 山城国西観音寺文書

二帙　十八通　紙本墨書

鎌倉～江戸時代（十二～十八世紀）　貴一一―六

かつて山城国乙訓郡山崎にあった慈悲尾山西観音寺（現大阪府三島郡島本町大字山崎字谷）に伝来した文書で、鎌倉時代から江戸時代に亘る全十八通からなる。第一帙に九通、第二帙に九通を捲りの状態で収める。史料編纂所の所蔵となった経緯については一切不明である。なお『鎌倉遺文』ほかの各種史料集には収録されていない。

西観音寺は、比叡山末の天台寺院で、その創建は天平十八年（七四六）に遡り、行基が開基したと伝えられている。西観音寺という呼称は、現在、京都府大山崎町にある妙音山観音寺が、同じ倉内保内にあったことによる。また信善谷（慈悲尾谷とも呼ぶ）に所在したことから、俗には谷観音とも称された。寛弘年中（一〇〇四～一二）に全山焼失したが、仁平四年（一一五四）河内の豪族八戸重忠によって再興されたと言う。近世初頭には七間四面の本堂を始め、鎮守五社明神・拝殿・鐘堂・経蔵・常行堂・三重塔・閻魔堂のほか塔頭十二坊を擁する大寺となった。近世を通じて宝積寺（現京都府乙訓郡大山崎町）とともに離宮八幡宮（現同町）の社僧として諸役を勤めたが、廃仏毀釈によって廃寺となった。同寺跡は椎尾神社に改められ、現在に至っている。

西観音寺がかつて所蔵した史料は、廃寺の際に流失したようであり、本所以外にも、次に掲げる各所にて同寺旧蔵文書が確認されている。

(1)京都大学文学部所蔵「古文書集　七」所収文書

a康平五年（一〇六二）二月日　忠覚譲状案
b康和三年（一一〇一）五月日　全誉譲状案
c天永元年（一一一〇）八月一日　観円譲状案

(2)仙台市大梅寺所蔵　慈悲尾山関連文書

a承安四年（一一七四）十二月日　観照譲状案
b建保三年（一二一五）二月日　行観譲状案
c承久元年（一二一九）五月二日　円阿山寺譲状案
d弘安二年（一二七九）五月七日　忍蓮置文
e弘安十一年（一二八八）三月二十七日　泰俊院主職寄進状
f応永六年（一三九九）十一月十七日　足利義満御判御教書
g文明五年（一四七三）二月十九日　定善屋敷売券

同寺開山である雲居希膺（一五八二～一六五九）が伝えたとされるが、詳細は明らかでない。

(3)『鎌倉遺文』所収　西観音寺文書

a建長四年（一二五二）六月二十二日　井内荘雑掌西願寄進状
b（建長四年ヵ）六月三十日　天台座主尊覚親王令旨

鎌倉遺文には、この二通が西観音寺文書として収録されているが、典拠は不明である。

(4)大山崎町歴史資料館寄託（個人蔵）　西観音寺文書

a嘉暦元年（一三二六）十二月二十一日　俊円売券写
b（暦応ヵ）六月二十一日　光厳上皇院宣写

西観音寺旧蔵の近世文書多数のなかに、二通の中世文書写を含む。

以上、右に掲げた史料群を通覧すると、西観音寺一山の相伝関係を示すもの、隣接する荘園や寺院との領域相論などに関わる史料が多い。これに比べ本所所蔵分は、細かな耕地片に関するものが過半を占めるものの、各所に分蔵された史料の理解を助けるものや、新たな知見も含まれており、注目すべき点は少なくない。以下、そうした観点から本所所蔵分について、その概要を紹介しておくことにしたい（以下、丸数字は目次に掲げた配列番号である）。

まず鎌倉期における同寺院主職の相伝に関するものを取上げる。既に大梅寺所蔵のｅから、院主職が、中興の功労者八戸重忠の養子定円を振り出しに、殷性を経て泰俊へと伝えられたことが知られているが、①はまさに定円から殷性への譲与を示す文書である。②に見える八戸重綱も重忠の近親と推定され、この一族が深く同寺の支配に関わっていたことを窺わせる。また⑥は、俊泰が弘安年間に同寺の公験を保有する立場にあったことを示す内容となっている。

中世を通じて西観音寺は、隣接する諸権門所領と境界を巡って相論を繰り返していた。そのうちの一つが建長四年に惹起した水無瀬殿領との山相論である。『鎌倉遺文』所収の二通はこれに関わるもので、最終的に水無瀬殿領の本所修明門院在子の令旨によって係争地が西観音寺に引き渡されたことを伝えているが、ここに至る詳しい経緯は③に記されている。③は西観音寺僧らの訴状であるが、水無瀬殿領の関係者が西観音寺領内に入り材木を刈取ったこと、そこには水無瀬信成（水無瀬殿領の領家）の指示があったことなどが記されている。

一方寺内においても、境内山林の用益権をめぐる対立はしばしば起こっていたようであり、⑨には暦応二年（一三三九）に大蔵卿法印なる人物が、近衛家の御教書を得て山林に濫妨をしたことが記されている。この法印は、寺外の権門と結ぶことで、有利にことを運ぼうとしたと見られる。

このほか本所所蔵分には、狭小な耕地片に関する売券・充行状などが多く残されている。これらのうちで注目すべきまとまりとしては、南北朝期の僧教賀に関わるものである。教賀が寺内でどのような地位を占めていたかは判然としないが、⑤⑩⑪の各文書に登場する。⑫⑬も⑪と同じ土地を対象とするもので、一括して考えて良いだろう。寺僧教賀の所有する田地が、最終的に西観音寺惣寺の所有に帰したと推定される。

これら売券類を通覧して気づくことは、対象となる耕地が、寺域の信善谷以外の様々な権門所領に散在していることである。具体的には⑦に見える蓮華寿院領、⑧の井内御領、⑩〜⑭の関戸院領を挙げることができる。⑦の蓮華寿院はかつて水無瀬にあった山門末の天台寺院で、山崎に供田を所有していた。⑧の井内御領は水無瀬殿の所領で、寺域の西に隣接していたと考えられる。⑩〜⑭に見える関戸院は、西観音寺の東に隣接する石清水八幡宮領である。同院内の藁原名が前出の教賀に充行われ、以降西観音寺の支配地となったと思われる。⑩⑫⑬の名主職補任状・安堵状は袖判のある下文もしくは下知状形式をとっているが、その発給主体は明らかでない。また⑭によれば、関戸院内には園城寺円満院末の大心院も所領を有しており、文亀三年（一五〇三）西観音寺との間で紛擾があったことが分かる。山崎においては、惣寺も寺僧も住人も、複雑な領有関係のなかで経営を維持していた様子が窺われる。

以上、内容に立ち入って取上げたものの外にも、山崎惣中の有力者関戸道椿の書状⑮や、近世山崎惣中と駕輿丁猪熊座との関係を窺わせる史料⑰など興味深い史料がある。

（井上聡）

**［参考文献］**

吉川一郎『大山崎史叢考』（創元社、一九五三年）
大石直正「中世都市・手工業の一史料」（『東北学院大学論集』三三、一九九七年）

# 源頼朝下文

一幅（一通）　紙本墨書　二九・八糎×五〇・六糎
鎌倉時代　文治五年（一一八九）二月三十日　S貴〇一—一三

土肥遠平の代官に長門国阿武郡からの退去を命じた源頼朝の袖判下文である。伝来の経緯などは不明であるが、『吾妻鏡』文治五年二月三十日条に本文書が引用されており、同文治三年十月三日条および同五年三月十三日条などから、その発給経緯がわかる。すなわち、長門国阿武郡は「阿武御領」とも呼ばれる後白河院領（建久二年［一一九一］十月日長講堂所領注文、島田文書、『鎌倉遺文』五五六号）であるが、平家没官領でもあったため、相模国御家人で長門国惣追捕使も務めた土肥実平が地頭職に任じられていた。その地位は実平の息子遠平に継承されたが、文治五年二月以前に、「御造作連々」（『吾妻鏡』文治三年十月三日条）にともなう用材確保のため、後白河院側からの要請により、遠平の地頭職は停止されていた。長門国阿武郡は、「阿武の杣板」という言葉があるように、有力な用材産地であった。ところが、その後も遠平の代官が阿武郡内に居住し続け、妨害を行なっていたため、この頼朝下文の発給に至ったという。

『吾妻鏡』は本文書とまったく同文の頼朝下文を引用するが、袖判を逸している。頼朝の花押については、形体および位置に経年変化を確認することができるが、本文書に据えられた花押は文治末年のものにふさわしい形状と判断される。その原寸大写真を左に掲げるので、『花押かがみ二　鎌倉時代一』（東京大学、一九八一年）所収の源頼朝花押（一五三三号）と比較されたい。大きさも現存する頼朝花押の中でもっとも大きな部類に属するが、左端が欠損しているのが惜しまれる。

また、本文の筆蹟は、「島津家文書（歴代亀鑑）」に収められる文治三年五月三日源頼朝下文（『東京大学史料編纂所影印叢書1　島津家文書　歴代亀鑑・宝鑑』［八木書店、二〇〇七年］所収）などと同じ右筆にかかるものであることが知られている。

（高橋典幸）

源頼朝袖判（原寸大）

［参考文献］

黒川高明『源頼朝文書の研究　史料編』（吉川弘文館、一九八八年）
林譲「源頼朝の花押について」（『東京大学史料編纂所研究紀要』六、一九九六年）

## 太政官牒

一巻（一通）　紙本墨書　三二・二糎×一〇七・三糎

鎌倉時代　建久二年（一一九一）三月二十二日　貴一四―七

鞍馬寺に対して、「一、応停止諸国人民以私領寄与悪僧并不経上奏語取国免庁宣事」「一、応令注進寺領子細并仏事用途事」「一、応停止悪僧濫行事」の三箇条を伝達した太政官牒である。発給に携わった上卿「左大臣」は藤原実房、「正四位下右中弁平」は平棟範、「修理左宮城判官正五位下行左大史小槻宿禰」は小槻広房である。朱方印「太政官印」三顆を捺す。昭和六年（一九三一）十月購入。

建久二年三月、朝廷は二度にわたり、それぞれ十七箇条・三十六箇条からなる新制を発している。新制発布に至る経緯は、当時摂政を務めていた九条兼実の日記『玉葉』に詳しい。本文書は、三月二十二日に発された十七箇条のうち、鞍馬寺に関係する箇条を抽出・再編集して、鞍馬寺に施行した文書である。すなわち、新制第二条「一、可令下知諸国司停止神社仏司及諸人所領不経上奏成国免庁宣事」と第三条「一、可停止諸国人民以私領寄与神人悪僧并武勇輩事」を合成して本文書第一条とし、第十条「一、可令下知諸寺司注進寺領子細并仏事用途事」を本文書第二条に、第七条「一、可令仰本寺并京畿所部官司停止諸寺諸山悪僧濫行事」を本文書第三条としている。また、本文書一行目の「鞍馬寺」の三字は他と明らかに筆が異なることから、同様の文面の太政官牒が他に複数作成され、宛先となる寺院名のみそれぞれ後で加えられて発給されたことが推測される。新制を施行した文書の存在、また施行した文書正文は他にも知られるが（元亨元年［一三二一］四月十七日宣旨、京都大学所蔵「古文書集」など）、新制の伝達・施行過程における条文の再編集の様子のみならず、施行文書の作成過程まで具体的に明らかになる点で、本文書はたいへん貴重な史料といえる。

本文書を受給した鞍馬寺には現在も「鞍馬寺文書」が伝えられているが、本文書は早くに寺外に出たようで、明治十九年（一八八六）九月採訪（同二十年影写）の史料編纂所所蔵影写本『鞍馬寺文書』（三〇七一・六二―五二）には見えず（早くに寺外に出た文書として他に延応二年［一二四〇］四月八日太政官牒［早稲田大学総合図書館所蔵、『鎌倉遺文』補遺一二六七号］などが知られる）、大正八年（一九一九）から昭和四年にかけて影写された本所所蔵影写本『谷森建男氏所蔵文書』（三〇七一・三六―一六二）に本文書は収められている。谷森建男（一八五五〜一九四五）は、幕末から明治にかけて活躍した考証史家谷森善臣（本名種松。靖齋を号とする）の次男で、父善臣の蔵書を継承し、昭和七年に宮内省図書寮（当時）に献納した人物である。これが現在宮内庁書陵部所蔵の谷森本と呼ばれるものであるが、本文書も広い意味で谷森本と一具の史料と考えられる。なお、本所では建男の兄真男、真男の娘淳子の所蔵文書も影写している（『谷森真男氏所蔵文書・谷森淳子氏所蔵文書』［三〇七一・三六―五一］）。

（高橋典幸）

**［参考文献］**


藤田義彰「谷森先生と其著書（一）（二）」（『互助』三一・三二、一九三六・三七年）

笠松宏至ほか校注『日本思想大系22　中世政治社会思想下』（岩波書店、一九八一年）

後藤紀彦「『田中本制符』」（『年報中世史研究』五、一九八〇年）

稲葉伸道「新制の研究」（『史学雑誌』九六―一、一九八七年）

# 北野宮寺政所下文

一巻（一通）　紙本墨書　三四・一糎×二一六・八糎
鎌倉時代　貞永元年（一二三二）四月二十五日　〇〇七一―一二

有禅なる僧侶に、能登国菅原荘年貢の内から北野社常灯用途を子孫相伝すべきことを認めた北野社政所下文である。有禅は北野社の社僧（祠官）と思われるが、本文によると、菅原荘北野社常燈用途は永勝（有禅の祖父）・覚禅（有禅の父）を経て有禅に至ったものである。その後、これがどのように相伝されていったかは明証には欠けるものの、摂津国山道荘役後正月初七日修正奉行の相伝過程はそれを考える手がかりを与えてくれる。文永二年（一二六五）五月日散位源某宛行状写（筑波大学所蔵「北野神社文書」、『鎌倉遺文』九二九四号）によると、これも永勝→覚禅→有禅と、菅原荘役北野社常灯用途と同じ経路をたどった後、永源→親禅と相伝されていったことがわかる。菅原荘北野社常灯用途もこれと同じく、有禅の後は、永源→親禅と相伝されていったと推測される。

親禅は十三世紀後半に活動所見のある人物で、北野社の公文を勤めていたことが知られるほか、「伯耆法眼」を通称としていたことが知られる（正応三年［一二九〇］五月六日北野天満宮修理用途注文、北野天満宮所蔵「御簾調進記」紙背文書、『鎌倉遺文』補遺一七四〇号）。現在筑波大学に所蔵されている「北野神社文書」には、「伯耆法眼」を宛所とする十三世紀後半の文書が何通か確認されており、親禅の手もとに集められた文書を含む文書群であることは明らかである。親禅に相伝されたと推測される本文書も、本来はこれらと一具のものであった可能性が高い。ちなみに筑波大学所蔵「北野神社文書」には本文書の写が残されている。なお、筑波大学所蔵「北野神社文書」には、功徳院や永琳院など北野社のいくつかの院家に宛てられた文書も含まれているが、その大部分は松梅院旧蔵文書と推測されている。

有禅がこの下文を手にする過程は、北野社における裁許・権利認定を考える上でも興味深いものがある。有禅と菅原荘役北野社常灯用途を争った昌宗（同じく北野社の社僧か）は「綾小路殿」に訴え出ているが、これは天台座主を勤めた覚性法親王のことで、北野社が延暦寺末であったことによる行動であろう。訴えを受けた覚性は北野社別当に命じて、「社家之御外題」と呼ばれる裁許を出させている。また、覚性自身が菅原荘の本領家「黄門禅門」（菅原荘を上西門院に寄進した藤原基頼の孫で、覚性の祖父にあたる藤原基家と推測される）から菅原荘に関する何らかの権利を手にしたことを機に、その房官である全円や円親が有禅の権利の侵害に及んだ際には、有禅は覚性に訴え出てその「御避文」を獲得して権利の保全に努める一方で、「当社領之習」として「社家之証判」を求めている。そうして発給されたのが本文書である。

署判上段最上位が北野社別当山門曼殊院の承兼で、その隣の惣目代は別当の配下で実務にあたった。公文以下が北野社の社僧で、ただ一人花押を据えない「権上座法橋上人位」は今回の当事者である有禅法橋と推測される。文書の字面および紙継目裏に朱方印「北野宮寺」が合計四十顆捺されている。北野宮寺政所発給文書としては他に社僧の補任状・転任状の類が知られているが、政所下文の遺例は本文書のみのようであり、そうした意味でも貴重な文書である。　（高橋典幸）

［参考文献］


筑波大学附属図書館『「学問の神」をささえた人びと』（筑波大学附属図書館特別展図録、二〇〇二年）
山田雄司『北野天満宮旧蔵文書・古記録の目録作成および研究』（平成十六～十八年度科学研究費補助金研究成果報告書［課題番号一六七二〇一四九］、二〇〇七年）

# 八幡宮寺政所供料充行状案

一通　紙本墨書　三〇・九糎×三四・八糎

鎌倉時代　天福元年（一二三三）七月七日　貴三五―一〇

石清水八幡宮の政所が、所領である越前国坂南郡坂南本郷の年貢につき、その配分先を定めたものである。史料編纂所における登録名称は政所下文となっているが、様式ならびに内容を鑑み改めた。また本文書には政所関係者の署判が見えず、やはり案とするべきだろう。これが伝来されてきた場、ならびに本所が所蔵するに至った経緯などは一切不明である。まず本文書の釈文を掲げ、以下に解説を加える。

（端裏書）「越州上分米事、百石云々、天福元年云々」

八幡宮寺政所

可令早以将軍家御祈祷用度料越前国坂南所済米佰斛国升充行入寺僧座事

右入寺僧等雖疲仏寺・神事之勤行、更無月料・供料之資縁、因茲一鉢貯闕、三衣衫破云々、然者雖無先規、依優法楽、以彼料米始所令定充也、然則　聖朝増最〔宝寿カ〕前、天下興正法、摂政家・将軍家・宮寺境内・山上山下、松栢風静、枌楡露鮮、各存此旨趣、鎮可令祈請、是以伝之永劫、宜令不朽、仍所定申也、

天福元年七月七日

これによれば石清水八幡宮寺を構成する僧集団の一つである入寺僧に対し、坂南本郷の所済米百石を充て、その経済基盤を安定させようとしたことが分かる。彼らは供料もなく疲弊していたと記されている。入寺僧とは十名から構成される集団で、権上座に準じた地位を与えられ、殿司人四名とあわせて宮寺の要職たる山上執行一名を選出する母体となっていた（貞応二年［一二二三］十月日田中宗清願文案『大日本古文書　石清水文書之六』六二号など）。

坂南郷と石清水を結ぶ他の史料としては、吉田聆涛閣旧蔵の乾元二年（一三〇三）四月一日越前坂南本郷北方上分米送文（『石清水八幡宮史』巻五所収）がある。これによると坂南本郷北方から五〇石が石清水へと運上されており、南方とあわせて百石だったことが予想される。さらに早稲田大学が所蔵する建武四年（一三三七）十月日石清水八幡宮入寺僧等訴状写の紙背文書は、入寺僧と坂南郷のその後を知る上で興味深いものである。この文書は、表と同様に入寺僧らが所領の安堵を武家に求めたものであり、年記は無いが、「近年の動乱」に言及していることなどから、表とほぼ同時期の作成と推定される。ここで入寺僧らは、勤仕する寺役が多いにもかかわらず所得が少なく、僅かに坂南本郷からの百石に頼るばかりだと述べ、出雲国横田荘地頭職や土佐国御封官米・摂津国某荘理趣分金剛般若田などかつて保有していた所領の返還・安堵を強く求めている。天福年間に与えられた坂南本郷は、南北朝争乱期に入ってなお入寺僧を支えていたのである。なお表の訴状は、これらのうち摂津国某荘について返還を請う内容になっている。

これ以降、坂南郷と石清水の関係を窺わせる史料は見出せず、ほどなくして両者の繋がりは断ち切られてしまったと考えられる。また入寺僧の動向についても詳細は明らかでない。（井上聡）

**［参考文献］**

早稲田大学図書館編『早稲田大学所蔵荻野研究室収集文書』上巻（吉川弘文館、一九七八年）

# 古文書　鎌倉・室町時代

一巻（十四通）　紙本墨書

鎌倉〜室町時代（十三〜十六世紀）　貴二一―三

鎌倉中期から室町後期にかけての古文書十四通を成巻したもの（ただし、今回解体して適宜裏打紙等を除去したうえで撮影してある）。史料編纂所の架蔵に帰した時期および経緯は明確でないが、集成のうえ巻子に仕立てられたのはそれを遡る。表紙（縦三一・七糎、横二七・〇糎）は、白茶地錆浅葱色流水文様の唐紙に方形の銀切箔を散らしたもので、その左上方に直接「評定巻」と墨書している。見返しは、蘇芳色の染紙に方形・野毛形等の銀切箔を散らし、下三分の一程度には全面にわたって銀箔を貼付してある。

表紙外題の「評定巻」という名称は、表紙の次に位置する①検非違使庁諸官評定文に由来するもので、かつて、本所においてこの巻子は「評定文」の名の下に登録されていた。しかし、全体の内容とは相応しないために、現在の名称に改められたようだ。十四通の全体を通して一巻にまとめた意図を見出すことはできないが、東大寺や興福寺をはじめ大和国に由来するものが多く、出所を同じくすると目されるものも存在する。

成巻以前の伝来に関する手がかりとしては、極札（二点）と裏打紙に加えられた墨書とが注目される。極札二点はそれぞれ、①検非違使庁諸官評定文および③散位貞国打渡状案の右側に貼付されていたが、前者は①のみならず、それと一具の②検非違使別当宣をあわせた二通に対する鑑定にかかるものであった。ともに古筆鑑定家神田道伴の手になるもので、裏面（図１・２）には「丙寅」の干支が記される。道伴が初代のそれだとすれば、丙寅とは延享三年（一七四六）にほかならず、つぎに見る三点に裏打が加えられたのと同一年に鑑定がなされたことになる。また、二代だとすれば、慶応二年（一八六六）ということになろう。

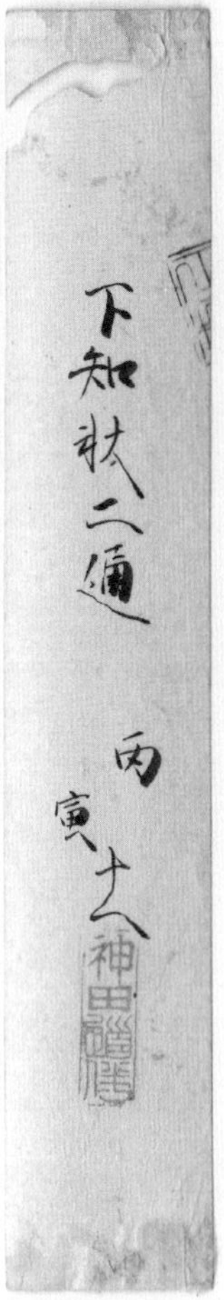

図１

図２

図３

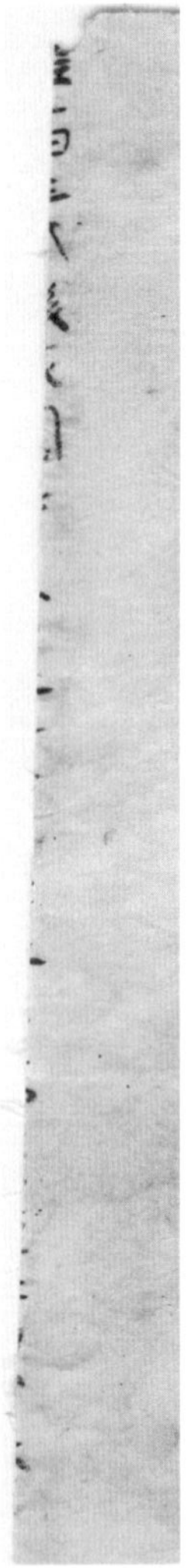

図４

一方、裏打紙に加えられた墨書としては、④権上座盛幸後家紀氏女田地売券に「後深草帝〔人皇八十八代〕御宇正嘉元丁巳、至／延享三丙寅経四百九十年、」とあり、⑥周防国衙雑掌覚増・同与田保地頭代宗賢連署田地相分坪付（前欠）に「人皇九十七代光明帝暦応四辛（カノト）卯〔巳〕、至／延享三丙寅四百六年、」とある（図3）。⑤高宮某負所米売券の裏打紙についても端裏の位置に同様の墨書が見出せるが、その左半分は截断されている（図4）。ただし、書出しは「□〔人〕皇百三代後花園」と判読できるので、筆跡も見合わせれば、同一の主体による墨書であったと考えてよかろう。つまり、④・⑤・⑥の三点は、延享三年の時点ですでに同一人の架蔵に帰していたのである。⑤の墨書が截断されたのは、現状の成巻に際しての所為であろうから、延享三年の時点では現状とは異なる保管形態であったと判断できる。ただし、三点の縦方向の法量がほぼ同一であることからすれば、この時点で一旦断ち揃えられた可能性もある。

なお、このほか裏打紙に加えられた墨書として、⑧布施行種書状に「布施掃部頭行種」、⑨布施行盛書状（前欠）に「布施左京ノ進行盛」、⑩着到人数注文（断簡）に「和州戦国ノ時着到書」、⑫布施行種書状に「布施掃部行種」と、それぞれ文書の発給主体ないし文書の性格にかかる注記があるが、その筆跡は、右に見た④から⑥に加えられた墨書の筆跡とは異なっている。

以下、個々の文書について簡単な説明を加えておこう。

①「検非違使庁諸官評定文　元亨三年（一三二三）十月十二日」および②「検非違使別当宣（元亨三年）十月十二日」は、同一の案件にかかり、発給の日付も同じくしている。これらは使庁裁の裁決に際して発給され、通例、この二通に検非違使庁下文または官人施行状が副えられて三通一括で機能するものであった。そして、別当宣の充所となった官人は、使庁下文または官人施行状の発給にあたり、評定文と別当宣の裏面中央に花押を据えたことが知られている。『東寺百合文書』こ函四八号一～三（本所架蔵写真帳［以下、単に写真帳のように略す］による）として残る評定文・別当宣および使庁下文は、ほぼ同時期（五ケ月後）の相論について発給されたもので、右の要件を備えている。①・②において一見して不審なのは、奥に存在する花押であるが、右の事例を参照すれば、もと裏花押だったものを相剝ぎして貼付したのではないかと推量される。はたして、子細に見ると、これらは喰裂き継ぎと呼ばれる手法によって現在の位置に貼付されたもので、本来は別の場所に存在していたことが知られる。ところが、①の花押は正親町大夫判官こと中原章方のものであり、②の充所となっている高倉大夫判官こと中原章香の花押ではない。さらに、②の花押は、左半の残画に過ぎないが、章香・章方のいずれの花押とも見なしがたい。結局、伝来の過程で何らかの作為および錯誤のあったことは確かだが、それを具体的に明らかにすることはできない。なお、この二通を受給した良慶僧都は興福寺浄名院の院主なので、興福寺に伝わった文書ということになろう。

③「散位貞国打渡状案　暦応二年（一三三九）二月六日」は、『神奈川県史』資料編三（一九七五年）に『評定文』を出典として収録されており、この巻子の中では最もよく知られた文書だといってよい。竪切紙という形状は、前後のいずれか、あるいは双方を截断されたものと思しく、もとは書継ぎ案文の一部であった可能性が高い。ここで遵行のなされている相模国大住郡金目郷は、南北朝末期に至るまで浄光明寺と宝戒寺との間で相論の対象となっており、その過程において作成された文書案の一部であったのかも知れない。

④「権上座盛幸後家紀氏女田地売券　正嘉元年（一二五七）十二月二十五日」は、田地が仁王講供料田としか記されておらず、具体的な地名が見えない。そのうえ、買得した民部入道について知られるところがない。紀氏女の亡夫である権上座盛幸および紀氏女と連署する権寺主盛順の称

は他の史料で確認できないが、盛幸・盛順という名は、『宮寺縁事抄仏神事次第』放生会前後事所収嘉禄二年（一二二六）八月十一日石清水八幡宮恒例放生会儀式次第注進状（『大日本古文書　石清水文書之五』一五三号）にそれぞれ納衆・讃衆のうちとして見えており、あるいは八幡宮寺の寺僧であったのかも知れない。なお、京都大学文学部所蔵『東大寺文書』一所収建長六年（一二五四）十月日僧盛順灯油田寄進状（影写本による）に見える盛順とは花押の形状が全く異なっており、別人だと認められる。

⑤「高宮某負所米売券　寛正二年（一四六一）二月九日」は、買得した浄居庵については不詳だが、端裏書に「三輪売券」とあるとおり、大和三輪社の祠官高宮某が負所米を売却した際のものである。

⑥「周防国衙雑掌覚増・同与田保地頭代宗賢連署田地相分坪付　暦応四年（一三四一）十一月二十五日」は前欠であり、文面に周防あるいは与田保の名を見出すことはできない。東大寺図書館所蔵『東大寺文書』所収康永二年（一三四三）三月日造東大寺領周防国雑掌定尊申状土代（未成巻文書一―二四―三二一、『大日本史料』第六編之五、七四七～七四八頁）によると、暦応四年、周防守護大内長弘の代官定盛が在国雑掌覚増に与田保を打渡そうとしたが、地頭与田光秋の抵抗にあって遵行に至らなかったという。そこに引用される定盛請文の日付は同年十一月十五日であり、そのわずか十日後に覚増が下地の分割を行った対手の地頭は光秋以外に考えにくい。したがって、本文書は与田保にかかる相分坪付だと判断した。この時点における同保の下地分割は他に所見がないが、国衙雑掌および地頭代の両名の花押が据えられた正文であるにもかかわらず、これが『華厳演義鈔纂釈』（湛睿による『華厳経演義鈔』の注釈書、『大正新脩大蔵経』五七・続経疏部二所収）の紙背文書として残された点を勘案すれば、契約として実効性が薄く、間もなく東大寺において破棄されたためとみられよう。

⑧・⑫の差出人行種の花押は、『春日神社文書』一所収五月廿五日布施行種書状（写真帳による、室町後期のもの）の花押と一致するが、『東大寺文書』所収永享十二年（一四四〇）十一月廿一日布施行種請文（『大日本古文書　東大寺文書之十二』一九四号）とは異なるので、室町後期に活動した布施行種の書状ということになる。また、⑨の差出人の行盛は、『談山神社文書』四所収永禄元年十一月十一日布施行盛起請文（影写本による）との花押の一致により、布施左京進行盛だと知られる。すると、⑧・⑫の充所左京進は、同名中ゆえに名字を略したもので、行盛のことだとみられる。⑦行国書状の充所布施左京進も行盛であった可能性が高い。行盛充の書状が三通も存在することから推すと、⑨行盛書状も、充所にある朝倉右兵衛尉（景隆か）の手にわたったものではなく、行盛の手許で廃棄された土代であったと考えた方がよい。また、⑨および⑩着到人数注文には顕著に栈の痕が残っており、屏風ないし襖の下貼りに用いられていたことが窺われる。また、⑩は一見すると一紙のようだが、透過光を用いて確認すると、中央の栈の痕に逆継ぎの継ぎ目が存在し、継ぎ目の下にも文字のあることも知られる。さらに、⑦や⑫についても切除されたのとは異なる不定型な欠損があり、下貼り文書であったと考えると合点がゆく。⑦から⑩および⑫の五通は、大和の国民布施氏のもとで蓄えられた文書群を源泉とする同一の下貼り文書に由来するのだろう。先述の⑧から⑩および⑫の裏打紙に加えられた墨書の共通性は、この想定を裏付ける。裏打が施されたのは、下貼りから取り出された際だろうが、特に注意すべきは⑫の場合である。解体前の⑫の写真（図5）をみると、本来端裏に位置した上書を截断のうえ翻して最奥に継ぎ直すとともに、欠損部分に適宜の料紙を嵌め込んでいたことがわかる。嵌め込まれていた料紙（図6）にも、例えば「奈良へ」といった文字が見えており、本来は文書の一部であったことが推測される。おそら

く、下貼り文書のなかから小紙片を選び出して欠損部分に充てて全体に裏打を施し、相対的に見栄えのよい文書に仕上げたのであろう。もと折紙であった⑧を折目で半截して文字の向きを合わせて仕立てたのも同じ意図に出るものと思われる。

図5

図6

⑪の差出人誠性および充所勝舜房については、全く知るところがない。紙背（本来の一次利用面）の聖教は、『成唯識論』の注釈書と思しく、文永六年（一二六九）という年記も見えるが、下半部を欠き、詳しいことは分からない。誠性書状は本来折紙であり、のちに竪紙の状態で翻し半折して裏面を聖教の料紙に用いたが、伝来の過程で下半部および文書を表にした際の端部三・七糎程度を切除されたのが現状ということになる。なお、文書を表にした際の奥には綴じ穴痕が見出され、袋綴冊子本の紙背文書として残されていたことが確認できる。

⑬「北畠氏奉行人教兼奉書　「弘治二年（一五五六）」二月二十九日」は、最奥に存在した充所が切除されていると思しく、誰に充てたものかわからない。神宮文庫所蔵『河崎年代記』（謄写本による）に「弘治二、丙辰、二見ニテ二月廿八日ニ国司ノ人数百計ウタル、、」とあり、伊勢国司北畠具教が志摩との国境に近い二見に侵攻し、多数の死傷者を出したことが見えており、この奉書は前日の軍功を賞したものであったと考えられる。

⑭の差出人の審源は、東大寺図書館所蔵『東大寺文書』所収永仁七年（一二九九）五月二日審源三十講米代銭請取状（未成巻文書三一―一〇―一九〇、写真帳による）、および同所収乾元二年（一三〇三）正月日東大寺衆徒等連署記録（『大日本古文書　東大寺文書之十二』四〇八号）に見える擬講審源の花押と一致することから、鎌倉後期の東大寺僧だと知られる。したがって、充所に見える新庄預所は、同寺領の伊賀黒田新荘の預所であろう。紙背（本来の一次利用面）の聖教は、因明の論義にかかる短釈のようである。料紙両端の上下にそれぞれ綴じ穴痕が確認され、これも袋綴冊子本の紙背文書として残されたことが明らかである。

（末柄豊）

**［参考文献］**

橋本初子「中世の検非違使庁関係文書について」（『古文書研究』一六、一九八一年）
東京大学史料編纂所編『花押かがみ』五　南北朝時代一（東京大学史料編纂所、二〇〇二年）

# 中原遠忠注進状

一巻（一通）　紙本墨書　三〇・七糎×四六・〇糎
鎌倉時代　弘長元年（一二六一）七月二十六日　貴〇三一―三

本文書は、大和国葛上郡刀祢左衛門尉中原遠忠が興福寺に提出した注進状である。元来、興福寺に伝来したと推測されるが、史料編纂所の所蔵に帰した時期やその伝来の経緯は不明である。末尾に翻刻を示した通り、内容は室九郎の敷地・作田等の点札の状況について報告したものである。この室九郎宅に点札が立てられるに至る事情は、弘長元年六月三十日大和国喜殿・田永庄官百姓等申状（千鳥文書、『鎌倉遺文』八六七四号）から窺うことができる。喜殿庄は大和国高市郡、田永庄は同葛上郡、いずれも現奈良県高市郡に所在した荘園である。その庄官・百姓等が本家摂関家へ、郡刀祢遠忠をはじめ興福寺の中綱・仕丁・公文・目代らの濫妨を訴えた。訴えによれば、これより少し前、興福寺は訴訟のためであろうか、鎌倉へ公文を差し下すための費用を、国中富裕の輩に賦課した。田永庄得光名名主の室九郎則綱の許にも譴責の使者がやって来たが、四条宮藤原寛子による立券以来の由緒を楯に拒否した。すると六月二十八日、興福寺の公人、郡刀祢（遠忠か）、堂家使者等が数百騎を率いて攻め寄せ、室九郎則綱以下沙汰人・百姓の住宅数十宇の資財物を押し取り、焼き払ったという。その後の経過は不明であるが、室九郎の敷地・作田等には点札が立てられた。その点札が抜き捨てられていないか、郡刀祢遠忠が興福寺の御使とともに実検を行ったのであろう。鎌倉後期の興福寺の検断は、寺家公文所から郡使（中綱・仕丁）が派遣され、郡刀祢以下を指揮・動員して行う体制であったことが明らかにされている。弘長元年のこの事件も、同様のシステムに基づいて執行されたのであろう。

他方、検断を受けた室九郎則綱とはどのような人物だったのか。弘安八年（一二八五）大和国では、著名な一国落書による悪党の摘発が行われた。この時注進された中に「当国無双悪党専一者」として「室九郎入道之子梨庄尾張房」なる人物が確認できる（弘安八年三月二十三日某起請文落書、辰市文書、『鎌倉遺文』一五四八八号）。梨庄は大和国高市郡梨子庄あるいは添上郡梨原庄と考えられる。さらに同一人物かは不明であるが、嘉元二年（一三〇四）に注進された「当社（春日社）領内没官地被付奉行名主例」に、大和国添上郡三橋郷を没収された「則綱中平男」が見える（『中臣祐春記』嘉元三年六月二十四日条）。また田永庄の近隣には葛上郡室庄が存在する。おそらく室庄を中心に、この一帯に勢力を振るっていた人物であろう。

（遠藤珠紀）

［翻刻］

任御下文之旨、室九郎敷地・作田等事、御使相共令実検候之処、私領之作田字栗辻参段、此
一処許被抜点札畢、但此所ハ承及田永庄領、此外者、造私宅作田之抜捨点札事無之候、委細
之旨者、御使可令言上給候、仍注申状如件、
弘長元年七月廿六日
葛上刀祢左衛門尉中原遠忠（花押）

［参考文献］

渡辺澄夫「大和の悪党」（『日本歴史』一三九、一九六〇年）
田村憲美「鎌倉後期大和国の興福寺検断と地域社会」（同『在地論の射程』校倉書房、二〇〇一年。初出は一九九九年）
西田友広「大和国の廿人の悪党と興福寺・幕府」（『古文書研究』五九、二〇〇四年）

## 東大寺大勧進聖守書状

一巻（二通）　紙本墨書
鎌倉時代　（弘安四年［一二八一］）　貴一一一六

建治三年（一二七七）から弘安五年（一二八二）まで東大寺大勧進であった東大寺僧聖守の二つの書状。聖守は、東大寺戒壇院円照の俗兄で中道上人と号した。律を修めた他、三論を東南院樹慶に、真言は醍醐報恩院憲深に、そして東福寺開山円爾にも師事している。『三論祖師伝』『東大寺八幡宮験記』などの撰述がある。特に弘安四年には東大寺真言院・新禅院を再興し、亀山院の帰依を得ている（『東大寺続要録』諸院篇）。「能書」と賞されたその書風は、円爾弟子に相応しく南宋風である。史料編纂所は昭和六年（一九三一）に購入。

①東大寺大勧進聖守書状　（弘安四年）九月二十日

（弘安四年）五月十九日聖守書状（東大寺図書館所蔵東大寺未成巻文書、〔遠藤基郎一九九九〕）によれば、越後国豊田荘をめぐる訴訟を鎌倉で起こしており、鎌倉の担当者から公験文書正文を要求されている。また（弘安四年八月十六日）聖守書状（東大寺未成巻文書、『鎌倉遺文』一四四三二号）には、同庄がかつて知足院に寄附されたこと、また文書返納のことなどが記されている。この九月二十日付の聖守書状はこれと関わるものと推測される。宛所の「上司法眼」はおそらく三綱の筆頭である執行僧。ただしこの書状は第一紙と第二紙とで虫損と汚れの状態が大きく異なっているため、本来別のものであった可能性は残る。ただ内容は対応しており、別物としても近似した時期のものであることは間違いない。聖守は次のように申し述べている。第一紙では、「関東僧順正房から申し出のあった文書の六通は一通残らずすべてそちらに返却した。順正房はこのうち一、二通を「申し出す」（公験として幕府に提出の意味か）ように言っているが、寺家の文書を寺外に出すことは憚りがあるから、順正房から取り返しそちらに戻した。」とある。また尚々書には、「私からだけなく、上司法眼よりも寂如に伝えてほしい。」と念を押す。第二紙では、「（順正房は）「遺恨げ」であり自棄気味でもあるが、文書を「遠方」に出すことは頑として拒否した。また天地院の不断経文書中の未納箱に契券が残っている。天地院聖である知足院の寂如は、（東大寺執行のもとに）納める積もりであるとの由。後の禍根を断つためにも速やかに、使者を使わし下さい。」とある。

②東大寺大勧進聖守書状　「弘安四年」八月五日

弘安四年八月四日、権僧正勝信（真言、勧修寺）が東大寺別当に補任された。聖守は宛所の人間（おそらくは上司法眼）に対して、新別当の三綱に近親者を推挙するよう依頼しており、その状況を問い合わせている。また東大寺の文書蔵である「印蔵」文書を整理するようであれば、文書を納める唐櫃を届けると申し出ている。この前年、弘安三年十月に聖守は、東大寺の公験唐櫃五合を造り直しており、本書状からも文書の整理・保管に対する聖守の強い熱意を窺うことができる。

保管文書についての東大寺関係者の強い意識を示しているこれらの書状は、「徳政」としての旧領興行の昂揚、というこの時代の世相を映し出している。

（遠藤基郎）

［参考文献］


堀池春峰「造東大寺大勧進聖守書状について」（『大和文化研究』一〇―一、一九六六年）
皆川完一「公験唐櫃と東大寺文書」（『東京大学史料編纂所所報』七、一九七三年）
遠藤基郎「『筒井寛秀氏所蔵文書』所収の弘安徳政関連文書」（『南都仏教』七六、一九九九年）

# 蓑沼寺文書

一巻（十四通）　箱入　紙本墨書

鎌倉～南北朝時代（十三～十四世紀）　貴〇〇七一―一三

現広島県三原市本郷町南方に所在する東禅寺に伝来した史料である。史料名にある蓑沼寺とは同寺の異称（以下、同寺については東禅寺と表記する）。弘安五年（一二八二）の行同寄進状より、至徳元年（一三八四）の僧鏡賢譲状までの計十四通を巻子に仕立てている。なお東禅寺にも永仁五年（一二九七）から天文四年（一五三五）に至る十九通が伝来しており（以下東禅寺文書とする）、本来両者は一具であったと推定される。史料編纂所所蔵分が寺外に流出した時期は不明で、明治二十九年（一八九六）四月に史料編纂掛（本所の前身）が採訪した段階では既に同寺から離れていた。蓑沼寺文書が本所所蔵となったのは昭和三十五年（一九六〇）十二月で、古書肆から購入したことによる。それ以前の伝来は不明。東禅寺に残る文書が捲りの状態にあることを踏まえると、今日のように成巻されたのは同寺から流出したのちと推定される。なお表紙見返しには「呑魚庵蔵書」の印が捺されているが、これがいかなる所蔵にかかるものか不明である。

東禅寺は、安芸国沼田荘の中心を占める梨子羽郷の故地に所在する真言宗寺院である。同じ郷内にある古刹楽音寺の末寺としての来歴を長く有し、楽音寺同様に沼田荘の下司沼田氏の保護下にあったと推定される。同氏は沼田荘の開発領主と目され、源平争乱期に平氏とともに没落したが、楽音寺ならびに東禅寺にあっては領家西園寺氏・預所橘氏との関係を深めることで、寺勢を維持した。また沼田氏に代って地頭としてこの地に入った小早川氏との関係も築き、その経営を安定させていった。

蓑沼寺文書・東禅寺文書の双方を通覧するに、同寺に伝来した文書の大半は、およそ(1)東禅寺それ自身に関わるもの、(2)楽音寺に関係するもの、(3)東禅寺と密接な関係があった弁海名に関するもの、の三つに大別することができる。以下、その大要を述べておきたい。

(1)は説明するまでもなく、東禅寺にとっての公験であり、預所橘氏もしくは地頭小早川氏から与えられた寺領寄進・院主職や所領の安堵・年貢免除といったものである。そのほか供料注文や楽音寺を中心として営まれた宗教行事に関わるものなどが残されている。

(2)は本寺である楽音寺に関するものながら、東禅寺に伝来したものである。楽音寺の創建は、承平・天慶の乱のさいに藤原純友討滅に功のあった藤原倫実が、その賞として沼田一帯を給与されたことに遡り、以来同寺の院務職は室町期に至るまでその子孫に受け継がれてきたと見える。史料を見てゆくと、東禅寺もまた楽音寺院主の同族によって相伝されており、同一人が兼務することもままあった。ゆえに楽音寺関係の文書は、東禅寺に伝来することになったと考えられる。沼田荘の本下司であった沼田氏もまた倫実の子孫と推定されている。同氏は源平争乱のなかで滅びたものの、その一流が楽音寺・東禅寺を拠点として生きながらえ、この地に命脈を保ったのであろう。

(3)とした弁海名は、東禅寺の北方約二キロメートルに位置する小舟木に展開した名である。この名に関わる史料は、東禅寺文書・蓑沼寺文書のほか、同地の弁海八幡社に伝来する文書および郷土史家稲葉桂氏の所蔵する文書を併せて二十通ほどが伝来し、鎌倉時代後期から室町時代にかけての動向をつぶさに知ることができる。同名名主源氏は、東禅寺の有力檀越であり、同寺の本堂に安置されている多聞天像は、元徳二年（一三三〇）に同氏によって像立されたことが知られて

いる。名主源氏は南北朝期に入ると史料上に見えなくなることもあり、同名の知行関係史料が東禅寺に帰した経緯は明らかでない。おそらくは寄進などを通じて同名の権益のなにがしかが東禅寺に移ったのであろう。

以上の総体的な状況を踏まえたうえで、次に蟇沼寺文書に収載される文書について、その幾つかについて解説を加えておくこととする。

まず東禅寺院主に関するものとして②「僧頼賢仏供米等注文」を挙げることができる。記主の頼賢は、十三世紀末から十四世紀初頭にかけて東禅寺院主職にあった人物で、東禅寺文書の永仁五年十月二十二日付「地頭尼某下知状」には、同族と見られる頼実と院主職を争い、小早川一族の地頭尼から安堵を受けたことが記されている。また⑩「楽音寺院主良承申状」に付された楽音寺寺務職相伝系図にも見え、楽音寺の寺務にも任じたと推察される。⑧「某安堵状」にて彼が楽音寺免田の一部を安堵されているのも、同寺寺務職に関わるものであろう。

この頼賢について楽音寺寺務となったのが⑩申状を記した良承である。この申状は良承が自らの寺務職相伝の正当性を主張するものであるが、楽音寺寺務が倫実流によって代々任じられてきたこと、小早川氏の内訌に伴い梨子羽郷が六波羅探題の大仏宗宣（在任期間は永仁五年七月〜乾元元年［一三〇二］正月）に給与され、寺務職も押妨されていたことなどが記されており大変興味深い。良承については東禅寺院主になったか否か判然としないが、その後も楽音寺寺務と東禅寺院主の両職は密接な関係にあったようで、⑭「僧鏡賢譲状」にて楽音寺西方事務職を譲られている頼真は、東禅寺文書の応永二十五年（一四一八）十月十五日付僧頼真譲状で、「楽音寺・東禅寺并一宮学頭職」を一括して後継者に譲与しており、両職を兼帯していたことを窺わせる。なおここに見える一宮とは、荘内に所在する一宮豊田神社のことで（現三原市沼田東町納所）、同社学頭職は鎌倉時代以来、楽音寺寺務によって兼帯されていた。⑥「一宮修正会勤行所作人注文」は鎌倉末期のそうした状況を示す文書で、同社の行事に楽音寺をはじめとして東禅寺ほかの末寺が多数参加していたことが窺われる。

次いで弁海名に関するものとして⑬「賢岡譲状」に触れておきたい。先にも述べたように弁海名は、名主として源氏が鎌倉時代より勢力を有していたが、この譲状が作られた十四世紀中葉になるとその活動が判然としない。賢岡についても関係史料が乏しく系譜的つながりは明らかでないが、おそらくはその後継者であったろう。ちなみにこの譲状は前欠となっているが、その前半部分は東禅寺文書のなかにあり、接続して復元することが可能である。こうした状況を見ると、寺外への文書流失にあたっては、何らかの基準のもとに選別されたのではなく、たまたま手にすることができたものを纏めたと見てよいだろう。

最後に研究上頻繁に引用される史料として⑤「四郎太郎友氏・嫡子孫六連署売券案」を挙げておく。この売券には土地の売却先として「ぬたのいちの比丘尼しやうい」なる者が記されているが、これが中世後期を通じて繁栄したことで知られる沼田市の初見に相当する。あわせて同売券に記されている徳政担保文言についても、ごく初期の実例として知られており、興味深い史料である。

（井上聡）

**［参考文献］**

石井進著『中世武士団』（『石井進の世界』二、山川出版社、二〇〇五年。初出は一九七四年）
広島県『広島県史　古代・中世資料編Ⅳ』（広島県、一九七八年）

# 安楽寿院文書

一帖二巻　紙本墨書
鎌倉〜室町時代（十三〜十五世紀）　〇六七一—一四—一〜三

安楽寿院は、保延三年（一一三七）に鳥羽上皇によって鳥羽離宮の一角鳥羽東殿の御堂として建立された御願寺。鳥羽上皇が自らの墓所として建立した三重塔（本御塔）のほか、九体阿弥陀堂、多宝塔（新御塔、妃の美福門院御願、のちにその子近衛天皇の遺骨が納められた）、不動堂などの堂舎が建立された。鳥羽上皇墓所として多くの御願寺の中でも重んじられたが、幾度かの火災を経て中世後期には衰微。慶長年間に再興され、現在、真言宗智山派安楽寿院として京都市伏見区竹田中内畑町に所在。

創建当初、安楽寿院には鳥羽上皇・美福門院両院より多くの荘園が寄進され、後に寄進されたものと併せて鎌倉時代には六十箇所以上に及んだ。安楽寿院領は両院の娘八条院暲子内親王へ伝えられ、著名な八条院領のうち最大規模の御願寺領荘園群として伝領された。

一帖二巻からなる「安楽寿院文書」に収録される古文書類はすべてこの安楽寿院領に関わるものである。本文書は衣紋の家として知られる高倉家に伝来し、昭和五十六年（一九八一）古書肆からの購入によって史料編纂所の所蔵となった。本所には本文書のほかに安楽寿院領関係史料として、明治十九年（一八八六）・大正八年（一九一九）・昭和十三年（この年のものは京都帝国大学託写）の三度にわたり安楽寿院所蔵の文書から作成した影写本『安楽寿院文書』（三〇七一・六二—一八五、以下「影写本」）、大正十五年に京都の史家碓井小三郎（『京都坊目誌』の編者）の所蔵文書より作成した謄写本『安楽寿院古文書』（二〇七一・六二—一二、以下「謄写本」）が架蔵されている。これら「影写本」・「謄写本」と本文書との間には収録文書に重複があり、共通の祖本の存在を推測させるものの、各本の構成からみてそれぞれは異なる伝来過程をたどったと考えられる。なお、現在の安楽寿院にはこれらの原本・祖本とみられる文書は伝わっていない。

本文書が伝来した高倉家と安楽寿院との関わりは鎌倉時代中期に始まる。安楽寿院領は承久の乱で鎌倉幕府に没収された後、後高倉上皇に返還され、その娘である安嘉門院邦子内親王に伝領された。安嘉門院の没後は同院の姪室町院暉子内親王の一期伝領を経たのち亀山上皇が伝領する契約があったが、弘安六年（一二八三）に安嘉門院が没した時、亀山上皇は幕府と折衝して室町院の一期を待たず旧安嘉門院領の管領を開始した。このとき幕府への使者となり折衝に当たったのが高倉永康である。後述のⅡ収録文書にもみえるように、亀山上皇は永康の功を賞して安楽寿院領のうち芹川・真幡木・上三栖の相伝知行を認め、永康を安楽寿院の奉行とした。本文書が高倉家に伝来した理由はこうした経緯によるものであろう。以下、解説にあたって便宜上一点ごとに史料名を付したが、本所における登録名称は三点一括で「安楽寿院文書」である。

1　安楽寿院諸堂舎所領目録

一帖　〇六七一—一四—一　三二・〇糎×二五・五糎

綴葉装。全三十丁（十五紙）。共紙原表紙を除く本紙二十八丁のうち墨付は二十六丁。虫害による破損が著しかったため、平成四年（一九九二）度に外部業者により修理を行った。綴じ部分を補強し、本紙の大半が欠損していた遊紙二丁（第二七・二八丁）を本紙と似通った紙で補うなどの修

補を施したのち、旧糸に似せて紫根で染めた手撚り糸で綴じ直した。その際、第二六丁の繕い紙（裏面に古書肆の蔵書印あり）は外して別保存とした（この繕い紙は図版に収めていない）。

共紙原表紙中央に「安楽寿院寺中日記寺領等事[redacted]」と外題があり、その左傍に「御起請文　官符宣庁下文等／校合御塔本了」とある本帖は、安楽寿院内の諸堂舎ごとに建立の時期や由緒、所領とそれに関わる官牒・院庁下文等の写し、所領の所済と相折のあり方などがまとめて記されたもので、中世前期における御願寺の寺領経済の具体相をうかがえる貴重な史料である。作成年代は鎌倉時代と推定され、高倉家に伝来したことをふまえると、高倉永康が安楽寿院の奉行に補任されたことを機に作成された可能性が考えられる。本文、合点ともに墨書で同筆だが、墨色が異なる加筆が何箇所かに見られる。本帖とほぼ同内容のものが「謄写本」に収録されており、すでに荘園制研究に用いられてきたが、本帖によって「謄写本」の字句を校訂・補訂できるほか、「謄写本」ではわかりづらかった全体の構成をより明確に把握することができる。本帖中に引用されている文書は「謄写本」を底本として個別に『平安遺文』に収録されているが、〔野口華世二〇〇五a〕において一帖全体が翻刻されている。

## 2　真幡木・芹川・上三栖三ヶ荘相伝知行支証案

一巻　〇六七一―一四―二　二八・三糎×三九七・〇糎

巻子装。全十一紙。購入後本所において紐を替え、題簽を付した。（以上、Ⅲも同様）。安楽寿院領の中でいわば膝下荘園として重要な位置づけにあった芹川・真幡木・上三栖の各荘（時代によって「鳥羽御領」「鳥羽三ヶ庄」「竹田三ヶ庄」などと称された）に関する文書十四通を書写している。実名が判明する宛先はすべて高倉家の人物である。全文同筆と思われること、各紙の裏中央部分に室町幕府奉行人松田頼亮の花押があること、「□□庄支証案文」という端裏書などから、何らかの相論の支証として作成され、相論の終了後に返却された案文と考えられる。紙継目ごとに裏花押（図1）が据えられているが、花押の主は明らかにならない。収録文書のほとんどは高倉家の相伝知行の由緒を裏付けるものであるが、末尾の細川政元書状案からは荘内住人と高倉家との対立関係が想像され、高倉家による支配に困難が生じていたことがうかがえる。おそらくは、それに関わる相論のための具書として高倉家において作成されたものであろう。作成年代は、松田頼亮の奉行人としての活動が確認される文明十七年（一四八五）から永正五年（一五〇八）ごろと推定できる。

本支証案は、三次にわたって作成された「影写本」のうち昭和十三年京都帝大託写分の「安楽寿院古文書」と題された一括文書（「謄写本」の書名と同じだが内容は全く異なる。また親本は冊子体と推測される）と収録文書もその配列もほぼ同じである。この「影写本」の存在により、鎌倉時代の年紀をもつ収録文書は個別に『鎌倉遺文』に収められてすでに広く知られているが、「影写本」には端裏書や裏花押はなく、一方で、支証案には収録されていない文明十年・天文十七年（一五四八）の二通の文書（安楽寿院宛）が、両本に共通する文書の後に収録されている。

本支証案については〔野口華世二〇〇五b〕に全文が翻刻され、収録文書についても詳説されているため、ここでは一点の収録文書についての問題点のみ指摘しておきたい。支証案四通目（図版二一九～二二〇頁）は付されている文書名から後宇多院院宣とされているが（『鎌倉遺文』一七五八一号でも同様）、文中の「亀山院被申置大覚寺殿之勅書」が三通目を指していることからみて、後宇多上皇の院宣とは考えがたい。詳論する紙幅の余裕はないが、この奉書は、二通目・三通目の

存在をふまえたうえで、（後宇多上皇が亀山上皇に確約した）高倉家による鳥羽三荘の相伝知行に何らかの問題が発生しているらしい事態をうけ、それに口入できる立場にあり、なおかつ「天下之決断」が求められる人物のものと考えられる。二通目～四通目は月日が連続していることもあり同年のものとみなされているが（『鎌倉遺文』も同様）、四通目は内容的に前の二通とは作成の事情を異にするため、必ずしも同年のものと考える必要はない。〔野口華世二〇〇五b〕ではこれら三通が同年のものという前提の下、四通目の「故永康卿」という表現から二通目の「正応」は永康没後の「正安」四年の誤りであるとするが、三通が同年のものではないとすれば、「正応」の年紀をあえて訂正する必要はないだろう。また、『鎌倉遺文』・〔野口華世二〇〇五b〕の翻刻で共に意味のとりづらい図版二一九頁終わりから三行目の後半は「依無機嫌、于今」と読める。

なお、「影写本」には、上述した支証案にない一通の正文も含め、支証案にはみられない、室町中期から近世にかけての文書（ほとんどが安楽寿院宛）十八通の正文が収められている。さらに「謄写本」の方にも、上掲のⅠ以外に、本支証案や「影写本」と共通する文書のほか、「謄写本」のみに見られる文書が収録されており、相互の関連や伝来過程が注目されるが、その詳細は明らかにしがたい。

### 3　真幡木荘検注目録案

一巻　〇六七一―一四―三　二八・二糎×五四八・七糎

巻子装。全十二紙。本目録案は「謄写本」にも「影写本」にも収められていない。亀山上皇以来高倉家の相伝知行が認められた安楽寿院領三箇荘の一つ真幡木荘の検注目録であるが、同荘の検注目録は他にみられず、当荘の全体像をうかがえる貴重な史料である。文末年月日は「正中」とあるところに「和歟」と異筆による加筆があるが、本文中に「正和弐年」とあることからみて正和の誤りだろう。継ぎ目裏ごとに花押（図２）が付されているが、誰のものかは特定できない。なお、継ぎ目裏花押のズレやシミの形の違い、記載内容の矛盾などにより、本所に入る前の段階で錯簡が生じたことが〔野口華世二〇〇五b〕において指摘されている。図版の右下隅の数字を用いて正しい紙継ぎの順番を示すと、（1）（2）（3）（4）（10）（5）（6）（7）（11）（8）（9）（12）となる。〔野口華世二〇〇五b〕では、錯簡を正し、並べ替えたうえで全文が翻刻され、詳しい解説が付されている。

（伴瀬明美）

図１

図２

※図１・図２ともに表から撮影した画像を反転させたものである。

**［参考文献］**


野口華世「「安楽寿院文書」にみる御願寺の構造―「安楽寿院文書」の翻刻とその検討―」（『人文学報』三五七、歴史学編三三、東京都立大学人文学部、二〇〇五年a）

同「安楽寿院と高倉家―東京大学史料編纂所所蔵「安楽寿院文書」の紹介―」（『東京大学史料編纂所研究紀要』一五、二〇〇五年b）

同「中世前期の王家と安楽寿院―「女院領」と女院の本質―」（『ヒストリア』一九八、二〇〇六年）

## 東大寺造営領周防国文書

一巻（三通）　紙本墨書

鎌倉時代　永仁二年（一二九四）　〇〇七一―三五

この一巻は、東大寺造営料国周防国における地頭の濫妨停止を求める永仁二年「東大寺大勧進忍性申状」と、それをうけて濫妨停止を命じた同年七月二十七日「関東御教書」、及びそれを施行した同年十月十日「周防守護北条実政施行状案」からなる。同じ文書が史料編纂所架蔵影写本『尊勝院文書』（三〇七一・六五―二三）に収められており、東大寺尊勝院旧蔵であった。本所では昭和三十一年（一九五六）購入。

周防国は文治二年（一一八六）に、平家による南都焼討後の東大寺再建造営料国にあてられて以降、重源以下代々の東大寺大勧進が経営した。忍性（一二一七～一三〇三）は、叡尊の弟子で、北条氏一門の帰依を得て、東国における律宗寺院の経営や、非人救済などの慈善事業にあたったことで知られる。東大寺大勧進には、永仁元年（一二九三）に就任している。歴代の大勧進は就任時に、幕府・朝廷から殺生禁断もしくは在庁・地頭などの違乱停止の御教書・宣旨を獲得するのが通例となっていた。この文書は、いわば大勧進忍性の「代始め」関連の文書である。

忍性申状の裏には、矢野倫景の花押がすえられる。おそらくは寺社奉行として関わったものだろう。また端裏銘も倫景によると考えられる。「七月十三日」に受理されたのであった。

七月二十七日には忍性の申請を認める関東御教書が出される。その後の経緯について、忍性に充てた（永仁二年）九月二日東大寺寺務代定春書状案（『大日本古文書　東大寺文書之十二』三八四号、『鎌倉遺文』一八六六〇号）には、「八月十一日御札、同廿四日到来候、先給於御書候之条、返々悦入候、急可遣上総前司許候、案文誠子細候歟、当時之趣、不可有相違候、」とある。忍性が書状をもって関東御教書と忍性申状を、鎌倉から送ったのが八月十一日。奈良の定春のもとには八月二十四日に到来。定春は周防守護である上総前司北条実政のもとに関東御教書を遣わすと述べている。こうした定春からの催促を受けて出されたのが、永仁二年十月十三日周防守護北条実政施行状案であった。安田保地頭代宛のもののみ案文を作成し、他については省略している。「御施行被成下周防諸郷保地頭次第不同」以下は、施行状三十三通の宛所を書き上げたもの。それぞれの正文と校合して、合点をつけている。その正文はそれぞれの宛所である地頭・地頭代のもとに届けられたと考えられる。一方、関東御教書については、一種の公験として東大寺側に正文が残されたのである。御教書と施行状で、保存のありように違いがあった点は興味深い。

当時の別当佐々目僧正頼助もまた関東止住であったために、寺務代定春が周防守護との交渉にあたったのであった（『東大寺別当次第』）。定春は、後に定暁と改名し尊勝院主・東大寺別当となる（『東大寺尊勝院主次第』、『大日本仏教全書　東大寺叢書二』所収）。この文書が尊勝院旧蔵であったのは以上の事情に由来する。現在、東大寺図書館に所蔵される文書の大半が、惣寺・年預五師系の文書と考えられる中、別当房文書の一端を垣間見せる貴重な文書である。なお影写本『尊勝院文書』にある他の文書のうち南北朝・室町のものは、現在東大寺図書館所蔵の東大寺宝庫文書に収められている。

（遠藤基郎）

［参考文献］

横内裕人「新出千載家文書にみる造東大寺大勧進と鎌倉幕府」（同『日本中世の仏教と東アジア』塙書房、二〇〇八年。初出は二〇〇三年）。

# 僧玄海笛譜等注文

一通（二紙）　紙本墨書　二五・五糎×八四・六糎
鎌倉時代　永仁三年（一二九五）七月二十五日　〇〇七二―一五

購入史料で昭和六十年（一九八五）に受入・登記されている。それ以前の伝来は現在のところ不詳である。

端裏書に「法舜房之具足、玄海方へ取日記」、書き出しに「信継法舜房之笛譜等、覚舜房他界之刻、玄海許へ取注文事」とあって、もともと十合の箱に納められていた楽書等を書き上げ、注文作成の経緯を記し、日付と玄海の署判がある。

本文書に現れる人物関係は確定しがたいが、おおよそ次のようなことであろう。法舜房信継の笛譜等を覚舜房（法舜房の弟子か）が保持していたが、永仁三年七月十一日に覚舜房が死去したため、同十六日に覚舜房の部屋で藤王殿・宗舜房（覚舜房とは兄弟弟子か）両名の処分として、玄海に取り分けられた。二合にまとめられた物品を覚舜房の目録に従い照合したが、大半がすでに無くなっていた。本文書での細目記載は、残余のあった第三・四・五箱のみで、玄海が受領した時点での状態を注記している。玄海の主張によれば、本来ならば法舜房のものは玄海が取るべきで、覚舜房のもとへ運ばれたのは不当であるという。こうした事情の説明を交え、同二十五日付で本文書を作成している。

記主の玄海についても不明だが、年代的に近い次の出来事に触れておく。元応元年（一三一九）五月六日に、正和五年（一三一六）以来紛失していた禁裏の琵琶玄上（玄象）が回収された。国立公文書館所蔵内閣文庫本大乗院文書『文保三年記』によると、盗人によって取られた玄上は「七条玄海法印」の許に三百文の質に置かれ、その後転々としていたところを発見されたという（当該部分は『群書類従』第二十五輯、『鎌倉遺文』二七〇四〇号もあり）。この玄海法印の素性については、使庁の検断が及ばなかったことから、「関東御分の土倉」であったとする説がある（筧雅博「公家政権と京都」『岩波講座　日本通史』八・中世二、一九九四年）。ここで両史料の玄海を同一人物と断定はしないが、入質という契機は状況理解に際して一考に値するだろう。また笛譜等の授受が行われた覚舜房の部屋は「中尾」にあったが、南都周辺では興福寺末の菩提山寺にあった地名に気づくものの、寺院にはよくある地名で、これもよく分からない。

本文書に多少なりとも内容が記された箱は、全十合のうち前半五合であるが、一僧侶が習得した楽のあり方でもあるのだろう。「真言抄」「声明具書」と横笛等の譜（主要な楽器を一つ）で、詳細は記されていないが、第四箱には他の管絃の楽器そのものも含まれていたようである。

目録に見える楽譜類の書名も興味深い。現存・散逸の諸書との対応関係は今後の検討に委ねるが、研究の呼び水に若干言及しておく。

第三箱には「横笛本譜等、八幡山井流」と記す。山井とは、南都の大神氏のうち笛を相承した家で、惟季の養子に石清水八幡宮寺所司の出身である基政（一〇七九～一一三八）が入り、八幡付近の山井に住したことに由来する（荻美津夫『古代中世音楽史の研究』吉川弘文館、二〇〇七年、など）。この表記は、山井流の笛を習得しながらも、山井家そのものに直結する人物ではなかったことを示唆するだろう。

このうち最初の「山井本譜」には「龍吟抄」と注記される。基政撰の楽書に『龍吟抄』（逸文のみ。磯水絵『説話と音楽伝承』和泉書院、二〇〇〇年）があるが、ここでは「本譜」と記されており、

『龍笛譜（基政笛譜）』（岸辺成雄博士古稀記念出版委員会編『日本古典音楽文献解題』講談社、一九八七年。遠藤徹「大神流笛譜考」『日本音楽史研究』一、一九九六年）との関係も想定しうる。『文机談』第五冊・本譜事に「昔も龍吟抄あり、又新撰龍吟あり」と見え、現存『龍笛譜（基政笛譜）』が基政撰と見なせる笛譜を核としながらも後代の説を含み、「イマヒトツノフ」なるものの存在を記している問題があり、「龍吟抄」の名称で逸文『龍吟抄』の内容を備えた笛譜が本譜とされていたことも考えうるか。山井流では景光（一二七三～一三五四）が出て天皇の師範となり、『註大家龍笛要録譜』が編まれるが（遠藤前掲論文、豊永聡美『中世の天皇と音楽』吉川弘文館、二〇〇六年）、本文書はその成立より先行するようである。

第四箱の最後には「三五要録日記」がみえる。『三五要録』十二巻は妙音院藤原師長（一一三八～一一九二）撰の琵琶譜集成であるが、それに関する伝授日記のようなものであろうか。第五箱の最初には「新撰横笛譜」がみえる。本書は貞保親王（八七〇～九二四）の奉勅撰進譜で、序文のみ伝わり「南宮横笛譜」などとして諸楽書に逸文が引かれるが、三巻の他に別抄があるといい、併せて四巻となる。序文以降に正式名称で所見する早い時期の史料である（福島和夫『日本音楽史叢』和泉書院、二〇〇七年）。また最後の「内典音楽抄」は、内典外典をもと記された『管絃音義』に類するものであろうか。

ところで、「山井本譜一帖」の注記に「印春相伝」とみえるが、宮内庁書陵部所蔵伏見宮本に印春自筆の『鞨鼓譜』（伏―一五三〇）があり（貞和四年［一三四八］の奥書は『大日本史料』第六編之十二、三九五～六頁）、『新撰要記鈔』（『続群書類従』第十九輯上）には貞和三年印春写の奥書がある（池和田有紀氏の御教示）。印春の活動期は本文書成立よりもやや降り、注記と同種の山形鈎の合点（庵点）が施された三箇所には、いずれにも「相伝」とあって、一連の追記と見なすのが妥当なようである。鈎形でない合点五箇所も、そのうちの二箇所にある注記の書き様が類似しており、印春が所在もしくは内容を確認したが相伝はしなかった書目となろうか。玄海によってこの注文が作成された後は、楽書とともに保管され、その目録として機能していたことを思わせる。いずれかの楽書と一緒に伝世したのかもしれない。

（藤原重雄）

# 審盛授性範印信

一通（一紙）　紙本墨書　三二・一糎×四五・〇糎
鎌倉時代　永仁六年（一二九八）正月十五日　〇四七―一二

本文書は昭和五十八年（一九八三）の購入であるが、史料編纂所架蔵の『吉田文書二』（三〇七一・六四―一三―一二）にその影写が、また釈文が『鎌倉遺文』一九六八三号に収められている。

密教に於ける附法に際して、師資の間に弟子の修得を証明する目的で発給される文書に印信（印可）がある。本文書は伝法灌頂を受けた者に阿闍梨職位を授ける形式のもので、真言密教ではこれを紹文（紹書）と称する。東密諸流に於ける伝法灌頂の印信は、印明・血脈の二通、或いはこれに紹文を加えた三通から成るとされる。主に小野諸流に於いて用いられる紹文は、その法統の由来と附法の正統を明示するもので、大日如来より伝えられた金剛・胎蔵両界の秘法が弘法大師に伝えられ、それより師資相承が繰り返された後に、その師匠より弟子に伝えられる由来が記される。なお、『吉田文書』にはこれに対応する印明・血脈の影写はなく、本所にも架蔵されていない。

印信にはその料紙の折り方により、竪印信と横印信（唐折り）の区別があるが、本印信は一般の文書に於ける竪紙と同様に、字面を内側にして奥から袖に向けて折り畳んだ竪印信であり、文書の端裏に外題「伝法灌頂印信」が記されている。印信の作成に際しては幾つかの方法が考えられるが、本印信は本文と伝授阿闍梨の署名「審盛示之（花押）」の筆跡が異なっており、受者である性範書写の印信本文に、伝授阿闍梨である審盛が署名を加え作成されたことが考えられる。その本文は勧修寺流等の紹文に酷似するものの、両部の血脈代数が不等葉でなく等葉であること、その事書「最極秘密法界體性傳法灌頂阿闍梨位印」に於ける「體性」の語句が『諸流灌頂秘蔵鈔』（『真言宗全書』二七）や『三十六流大事』（『続真言宗全書』二五）等に見ることの出来ないものであることなどから、東密三十六流の中の何れの法流のものか明らかにすることを得ない。

審盛より伝法灌頂を受けた性範は、もと永覚得業の瀉水の弟子であったが、永覚が入滅したためにに審盛の弟子となり、永仁六年正月十五日その印可を受けたことが本紹文により知られる。その師であった永覚得業という名称は、文永十一年（一二七四）十月十六日付の宗性問者請定（東大寺所蔵華厳宗香薫抄草裏文書、『鎌倉遺文』一一七三一号）に法華会竪義に於ける問者として見える。また、審盛については東密三十六流の一で、小島寺真興を祖とする小島流の血脈に「性海―審盛―良弘」（七重秘密灌頂印信小島流）・「慶明―審盛―良弘」（至極灌頂密印小島流）とあり、弘安年間の活躍が知られる性海の資に審盛という名が見え、また『放光寺古今縁起』（影写本三〇一五―九）にも「迄于正安四暦玄黙摂提格、歴七百二十一廻訖、権少僧都伝灯大法師位審盛夏臘丁年記之矣」とあって、同じく審盛という名が見える。その当否は定かでないが、この片岡放光寺（奈良県北葛城郡王寺町）の古今縁起を撰した審盛等と同一人物である可能性が考えられる。姑らく記して後考を俟つ次第である。

（厚谷和雄）

［参考文献］

甲田宥吽「印信概説」（『東密諸法流印信類聚』瞿四耶通信11、東方出版、一九九一年）
『密教大辞典』（印信項、法蔵館、一九九一年）
永村眞「『印信』試論」（同『中世寺院史料論』吉川弘文館、二〇〇〇年。初出は一九九四年）
武内孝善『東密諸法流印信類聚』一七（伝授目録II小野流I、東方出版、一九九〇年）
武内孝善「高野山大学図書館・光明院文庫蔵典籍文書目録（二）」（『高野山大学論叢』四〇、二〇〇五年）

# 洞院公賢奏事目録

一巻（二通）　紙本墨書

鎌倉時代　徳治二年（一三〇七）正月二十五日・徳治三年（一三〇八）六月一日

〇〇七一―六九

洞院公賢が時の治天の君後宇多院に奏上した奏事の内容、およびそれに対する仰せなどが書き込まれた奏事目録二点である。十四世紀初頭の奏事目録の原本であり、貴重な文書といえる。

公賢は後伏見院・光厳院等に仕えて太政大臣の地位にまで至り、鎌倉後期～南北朝期の朝廷社会で重きをなした人物である。故実家であり、大部の日記『園太暦』を残したことでも知られる。徳治年中のこの時は正四位下左中弁・左少将の地位にあった。本文書は一点目が延勝寺領、二点目が法勝寺領に関する案件である。本文書を含む徳治年中の公賢からの奏事目録が、『洞院家廿巻部類』巻十四「公賢奏事徳治二年」中に書写されている。その一連の文書から、亀山院皇子の兵部卿宮守良親王からの訴えを受けての奏上と推測できる。おそらく公賢は延勝寺・法勝寺奉行を務めていたのであろう。

奏事目録の作成方式については、本郷和人氏が室町期の記録から復原されている。その流れに従って、①文書を中心に概観していきたい。まず奏事目録の一行目には「徳治二年五月　日公賢奏」と年月と奏上した職事の名が記されている。その下方には「左大弁宰相」と注記があり、院伝奏左大弁宰相万里小路宣房を介して奏上したことがわかる。申入れ事項の脇には院からの仰せが記されている。伝奏名の注記および仰せは、「進」の字など特徴的な筆跡から宣房自身の筆と確認できる（宮崎肇氏のご教示による）。さらに伝奏により日付と端裏に「奏事目六」との銘が加えられた（なお②奏事目録において、五月が六月に訂正されているのは、あるいは五月の末日に奏上される予定だったのであろうか）。奏事目録は、通常一案件につき二通作成され、一通は院の許に留め置かれ、一通は返却される。本文書は公賢に返却された一通の方であろう。さらに合点が打たれ、院宣発給を大外記中原師顕に仰せつけたとのその後の処置も示されている。三段階の書き込みのなされた複合文書である。

こうした奏事目録は公事の記録としても重視された。例えば、「伏見天皇御事書案」には後嵯峨院の勅語として「諸家記録」のほか「寛元以来奏事目六」を後深草院に相続させることが見える。そしてこれは「世間事、悉見此日録」ためと記されている（『皇室制度史料』太上天皇三）。当時、奏事目録が諸家記録と同様、重要な文書とされていたことが窺える。

なお『洞院家廿巻部類』巻十四に写された文書の原本は、現在、三通を除き東山御文庫に「粟田条々奏事目録」（勅封二九―八）、「法勝寺文書」（勅封五〇乙―八）として伝来している。洞院家は応仁・文明の乱後断絶し、その所持していた文書の多くが中院家の所蔵するところとなった。その中で『洞院家廿巻部類』に収められる諸史料の原本類は、中院家からさらに南海坊天海、その弟子公海の手を経て後西天皇に献上されたという。本文書二通および、現在原本の所在は知られていない一通は、『洞院家廿巻部類』の構成においては、ちょうど東山御文庫伝来の二種の中間に位置するものである。また本文書、東山御文庫に伝来する奏事目録の紙背の紙継ぎ目には同一の小印が捺されている。こうした点からも、本文書が東山御文庫伝来の奏事目録と一連のものだったと推測できる。ただし本文書の直前に接続されていた徳治三年五月十四日の奏事目録は、後半部が切断されていると見られる。あるいは、その折に剥落したのであろうか、本文書は『洞院家

廿巻部類』編纂後、巷間に出回ったようである。その後の伝来は不明であるが、明治三十年（一八九七）には岡山県妙覚寺に所蔵されていたようで、史料編纂掛（史料編纂所の前身）ではその影写本を作成している（『釈文書』［三〇七一・七五―二〇］）。

（遠藤珠紀）

［翻刻］

①

（端裏書）「奏事目六」

徳治二年五月「廿五」日公賢　奏「左大弁宰相」

『ヘ』延勝寺領中津南庄武家　院宣事観昭法印并賢信法印申之趣

「仰、可進寄附日吉社証文之由可仰、」

『ヘ院宣可賜観昭之由仰師顕了、』

観昭法印申同寺領長門国分寺増円法眼請文事

「仰、可預賜観昭法印、」

『ヘ同前、』

同申同寺領紀伊国分寺事慈勝禅師陳状

「仰、陳状可下寺家、」

『ヘ』北山本新庄預所職事源恵僧正請文

「仰、聞食、」

片野庄事璋玄法印申之趣

「仰、先聴断可有其沙汰、」

②

徳治二年五月「六」「一」日公賢　奏「□□」

法勝寺条々

入道為雅朝臣申寺領近江国速水庄内有恒名「前（×事）仰主宗景以下濫妨狼藉事」

「仰可停止濫妨之由先度被仰了、猶早厳密可致其沙汰之由可仰之、」

隆遍法印申寺領備前国服部保内鍛冶給事

［参考文献］

本郷和人『中世朝廷訴訟の研究』（東京大学出版会、一九九五年）
美川圭『院政の研究』（臨川書店、一九九六年）
小倉慈司「「高松宮家伝来禁裏本」の来歴とその資料価値」（国立歴史民俗博物館編『和歌と貴族の世界』塙書房、二〇〇七年）
和田幸大「古文書の筆跡の特徴のとらえ方と比較の着眼点について」（『東京大学史料編纂所研究紀要』一八、二〇〇八年）
末柄豊「蒐集文書の史料論」（佐藤道生編『古文書の諸相』慶應義塾大学文学部、二〇〇八年）

# 東大寺西室雑掌重申状案

一巻　紙本墨書　二八・六糎×七四・七糎

鎌倉時代　徳治三年（一三〇八）十一月日　〇八五五―二

徳治三年十一月、東大寺西室雑掌によって作成された同寺領山城国賀茂荘悪党の追捕を求める重申状と、それに副えられた悪党交名の案文。史料編纂所架蔵影写本『東大寺文書　第一回採訪』第三冊（三〇七一・六五―一―三）には、本文書を含め賀茂荘悪党に関わる六波羅御教書案などが見える。本所はこの西室雑掌の申状を昭和五十九年（一九八四）に購入した。それ以外は、現在唐招提寺が所蔵する。

賀茂荘は、現加茂町の木津川南側の平野一帯にあった荘園で、東大寺領の他に、興福寺領・賀茂社領などの賀茂荘が隣接した。永仁五年（一二九七）から賀茂荘悪党による伊賀国東大寺領荘園年貢強奪が問題となっていた（唐招提寺蔵東大寺文書、『鎌倉遺文』一九三一一号）、徳治三年に悪党等は城郭を構えて六波羅探題よりの使節にも抵抗、六波羅は五月に悪党追捕を厳命している（唐招提寺蔵東大寺文書、『鎌倉遺文』二三二五二号）。同年十一月のこの西室雑掌の申状によれば、悪党は下笠間荘にも城郭を構えて依然として活動を続けていた。雑掌は、近隣の伊賀国御家人服部五郎太郎と植柘（柘植の誤）馬允に悪党乱行停止を命じるよう求めている。この申状は六波羅探題に提出されたものと考えてよい。同時に注進された悪党人交名に見える九名は、山城・大和・伊賀の木津川水系の河川交通をその活動の基盤としていたのであった。この申状で張本とされている源戒は、下笠間荘の御房題辛そして石打荘の行直を婿としており、婚姻関係による同族結合も確認される。さらに六波羅よりの使者である珠植（柘植の誤）八郎蔵人も悪党の縁人と非難されており、悪党勢力のつながりの広さがうかがわれる。

本文書の差し出しである東大寺西室は、大仏殿後方講堂を囲んでいた三面僧坊のうち、西側の一角を占めた院家。東大寺別当を輩出した院家として、東南院・尊勝院とならぶ有力院家であった。また東大寺別当尊勝院院主であった宗性の弟子には西室出身の宗顕がおり、宗性をついで尊勝院院主となっている。西室が賀茂荘・下笠間荘、いずれかの領家・預所であった可能性もあるものの、現段階では詳細は不明である。むしろ伊賀国御家人服部行直との関わりに注目したい。

訴えられた服部行直は、無実の行直を陥れようとする謀訴であり、雑掌の訴えを棄却してほしい、と反論する（延慶二年［一三〇九］四月日伊賀国御家人服部行直代盛泰申状、東大寺文書第一回採訪三、『鎌倉遺文』未収）。

若干後の時期となるが、建武元年（一三三四）の文書に「東大寺西室領伊賀国名張出作庄」（『大日本古文書　東大寺文書之十』一二九号）とある。これが徳治三年段階まで遡るとすれば、西室の意図は、賀茂荘悪党張本ではなく、伊賀国御家人行直の排除に向けられていたと思われる。よく知られているように、服部氏は伊賀黒田荘の悪党の一翼を担う存在であり、その一族である伊賀国御家人行直が、西室が領する名張出作荘経営の障害となっていた可能性があるからである。

二紙とも後に書状のための習い書きとして再利用されており、「七月一日常楽院僧正御房」・「御修法中無為無事殊目出候、就中南都北嶺忽属静謐珍重」等の字が読みとれる。　（遠藤基郎）

**［参考文献］**


渡邊浩史「流通路支配と悪党―東大寺領山城国賀茂庄の悪党」（『年報中世史研究』一六、一九九一年）

小泉宜右「伊賀国黒田庄の悪党」（稲垣泰彦他編『中世の社会と経済』東京大学出版会、一九六二年）

# 東大寺八幡宮神輿帰坐文書案

一巻　紙本墨書　二七・六糎×一一二四・一糎
鎌倉時代　延慶二年（一三〇九）　〇〇七一―一五四

徳治三年（延慶元年）一月三日朝廷（後宇多院政）は、東寺第七代長者・広沢流の祖であった益信（八二七～九〇六）に「本覚大師」号を諡号した。最澄・円仁・円珍・空海以後初めての大師号追贈であった。禅助による後宇多法皇への伝法灌頂に対する勧賞であり、この時禅助はあわせて東寺座主となっている。大覚寺統は、真言宗との関係において持明院統に対して遅れをとっていた。大師号追贈は大覚寺統後宇多の真言宗取り込み策でもあった。この本覚大師号は寺院社会に波紋を起こし、反発する延暦寺は八月に大師号撤回を求め閉籠した。その直後、後二条天皇の病によって花園天皇が践祚。これにより持明院統伏見院政が開始されると、十月には延暦寺の要求通りに大師号は撤回される。当然ながら東寺以下真言諸大寺はこれを強く抗議した。東寺・仁和寺・東大寺・金剛峰寺・勧修寺など諸寺は大師号を復することを求め、朝廷仏事への出仕拒否を決定した。その中で主導的な役割を担ったのが東大寺である。延慶二年二月には東大寺八幡宮の神輿三基が入洛、神輿は東寺に安置、さらに要求が聞き入れられない場合には大仏殿以下寺内堂舎を自ら焼き払う旨を朝廷に突きつけている。鎌倉後期東大寺惣寺学侶は、石山寺や真言宗諸寺を東大寺末寺とする東大寺本寺意識を強烈に打ち出していた。またこの時東大寺別当であった東南院聖忠が、真言宗丘西院流・金剛王院流の相承者、醍醐寺阿弥陀院院主、さらには東寺長者・醍醐寺座主を兼任していたことも大きな意味をもった。この大師号問題を通して、東大寺の本寺意識はさらなる高まりを示したのである。真言側の抵抗の結果、七月二十日朝廷は再度大師号を贈る。これを受けて神輿帰座のために東大寺と仁和寺の間でなされたやりとりが本文書である。

①（延慶二年）八月十七日東大寺牒状案は、朝廷に申し入れた帰座の日取り八月下旬は迫っている。ついては仁和寺僧は老若こぞって帰座に供奉するよう寺内に周知してほしい。以上の東大寺の衆議を、仁和寺側の窓口である執行威儀師に伝える。「追申」以下は礼紙の案であり、仁和寺末寺にまで動員をかけることを依頼している。②延慶二年八月十九日仁和寺三綱廻文案（『鎌倉遺文』二三七四六号）は、①の要請をうけて、上座威儀師継縁以下、権都維那法師維□など仁和寺三綱が、菩提院以下仁和寺子院末寺二十六ヶ所に出した廻文。門弟を率いて裹頭装束にて、東大寺八幡宮神輿を供奉するように命じている。袖書には、帰座が九月五日となったこと、また服仮を忌むことなく供奉すべきことなど、東大寺年預五師書状の要点に言及する。③（延慶二年）八月二十四日東大寺年預五師賢俊書状案（『鎌倉遺文』二三七五六号）は、師匠・二親服仮の輩の供奉については、五旬（五十日）経ては問題ないとしている。

本文書は内容から判断して仁和寺周辺に伝来したものであろう。とすれば巻末付箋の「慶長五壬辰年五月廿八日修腹（マヽ）了、英知」とあるのは、仁和寺僧を指すものか。史料編纂所では昭和五十四年（一九七九）購入。

（遠藤基郎）

**［参考文献］**


永村眞「寺院と天皇」（『講座　前近代の天皇』三、青木書店、一九九三年）
真木隆行「鎌倉末期における東寺最頂の論理」（『東寺文書にみる中世社会』東京堂出版、一九九九年）
西尾知己「弘安徳政と東大寺別当の性格変化」（『史観』一五六、二〇〇七年）

# 隆恵書状

一幅（一通）　紙本墨書　三一・八糎×四六・〇糎
鎌倉時代　（延慶二年［一三〇九］カ）十月二十六日　〇八―二五―五

東寺領丹波国大山荘に関するこれまで未紹介の史料である本書状は、平成十三年（二〇〇一）度に古書肆思文閣より購入された。掛幅装の題箋下部に「永観文庫」の蔵書印が捺されており、藤井永観文庫（現学校法人立命館所蔵）旧蔵である。同文庫所蔵の東寺関係史料には、重要文化財に指定されている『東寺長者補任』およびその紙背文書がある。この『東寺長者補任』は、もと東寺観智院金剛蔵に伝来した補任記であって、本書状の充所にみえる東寺供僧定厳（宮内卿法印）が作成したものであることが明らかにされている〔宮崎肇二〇〇九〕。したがって、その料紙として利用された紙背文書には、定厳のもとに保管されていた鎌倉時代の正応から延慶にいたる間の東寺供僧方の所領や法会・僧職補任関係文書が含まれており、本書状と関連する大山荘役供御用途文書も存在している。隆恵書状はこれら紙背文書の一群と性格を同じくする文書である。

「大山庄（丹波国多紀郡）役供御用途内、以百疋可被下行少（円明）行事之由、内々其沙汰候也」と記された本書状は、東寺長者で寺務であった東大寺東南院聖忠（徳治三［延慶元］年三月二十一日寺務・法務宣下―延慶三年七月四日得替）の内々の意向を、房官の隆恵（三位得業）が定厳に伝えたものであり、供僧方が荘務を執っていた大山荘の内裏供御用途の内から一定の料足を宮中真言院の少行事に下行することを命じている。先の藤井永観文庫「東寺長者補任」紙背文書および「東寺百合文書」「教王護国寺文書」中にある関連文書のうち、供僧が損亡を理由に供御用途下行の免除を申し入れたのに対して、それを認めず、重ねて下行を命じた延慶二年十一月十一日東寺長者聖忠御教書（「東寺百合文書」ニ函九、以下函名と番号のみ記す）を本書状と直接関連すると考え、延慶二年のものと推定した。詳細はなお未詳であるが、毎年三・七・十一月の晦日に代銭二貫文ずつを支出した内裏供御用途は、大山荘年貢のうち寺務分の中にあり（マ函一一）、寺務の意向により使途が変わることがあった。聖忠は、少行事のほか綱所の鎰取・綱掌の節供用途についてもこの供御用途中から下行している（ウ函一四九・藤井永観文庫）。真言宗の国家的法会である後七日御修法に奉仕する真言院少行事や綱所の下部への給付には、東寺長者そして僧綱所法務としての聖忠の意思がみえている。こうした行為の背景には、徳治三年に起こった本覚大師号贈諡についての延暦寺と東大寺を中心とする真言宗寺院との相論があると考えられる。この問題への対処の中で、東大寺の別当でもあった聖忠は、真言宗を八宗の随一とし、さらにその真言宗の本寺として東大寺を位置づけ、東寺・醍醐寺等を末寺とする意識を展開していったのである。それは弘安徳政以後の東大寺惣寺の復古の動きにも連動するものであった。そうした長者聖忠の意識と真言宗寺院をめぐるこの時期の状況を、本書状を含む一連の文書群から読み取ることができるだろう。　（高橋敏子）

**［参考文献］**

宮崎肇「東寺観智院・藤井永観文庫所蔵『東寺長者補任』について」（湯山賢一編『文化財と古文書学―筆跡論―』勉誠出版、二〇〇九年）
永村眞「「真言宗」と東大寺」（中世寺院史研究会編『中世寺院史の研究　下』法藏館、一九八八年）
真木隆行「鎌倉末期における東寺最頂の論理」（東寺文書研究会編『東寺文書にみる中世社会』東京堂出版、一九九九年）
西尾知己「弘安徳政と東大寺別当の性格変化」（『史観』一五六、二〇〇七年）

# 後宇多上皇院宣

一幅（一通）　紙本墨書　三三・九糎×五三・一糎
鎌倉時代　（文保元年［一三一七］）五月十日　S貴一一一四

東寺領拝師荘の住人成仏法師以下による寺官乗南の打擲について、後宇多上皇が吉田定房を奉者として、厳密に「誡沙汰」を行うよう大納言法印道我に伝達した院宣である。

拝師荘は正和元年（一三一二）に後宇多上皇によって東寺に寄進され、翌正和二年にあらためて東寺の供僧・学衆のために寄進された。宛所の大納言法印道我は藤原氏出身の僧侶で、後宇多上皇が東寺に寄進した荘園の領家や預所として荘園経営の実務に関与し、東寺学衆方荘園の確立に大きな役割を果たした人物で、後に東寺長者となった。この院宣を奉じた吉田定房は当時従二位前権中納言で後宇多上皇の伝奏であった。

打擲事件が起きたのは文保元年四月二十八日で、事件を起こしたとされている成仏は拝師荘森本の名田の名主と考えられるが、乗南打擲は事実無根と反論している。この事件の結末は不明であるが、成仏は自身の無実とともに本職への安堵を請う起請文を提出しており、事件はこれ以上の紛争とはならなかったようである。

この事件については関連文書が東寺文書中に残されており、本文書も本来は東寺に伝来したものである。また東寺百合文書を写した白河本東寺百合文書に日付を「五月廿日」、奉者を万里小路「宣房」とした同文の写が存在するが、これは本文書を筆写の際に誤ったと考えられる。

（西田友広）

**［参考文献］**

網野善彦「東寺学衆と学衆方荘園の成立」（『網野善彦著作集』二、岩波書店、二〇〇七年。初出は一九七八年）

本冊編集担当
厚谷和雄
井上　聡
高橋典幸

解説執筆
厚谷和雄
井上　聡
遠藤珠紀
遠藤基郎
加藤友康
末柄　豊
高橋敏子
高橋典幸
田島　公
西田友広
伴瀬明美
藤原重雄
山口英男

撮影
谷　昭佳
中村尚暁

修補
高島晶彦
中藤靖之
山口悟史

東京大学史料編纂所影印叢書 5　平安鎌倉古文書集

2009（平成21）年5月25日　初版発行

定価 26,250円（本体 25,000円＋税 5%）

編纂者　東京大学史料編纂所
〒113-0033 東京都文京区本郷 7-3-1

発行者　株式会社　八木書店
代表　八木壮一
〒101-0052 東京都千代田区神田小川町 3-8
電話 03-3291-2961〔営業〕・2969〔編集〕
Fax 03-3291-6300
Web http://www.books-yagi.co.jp/pub

製版・印刷　天理時報社
製本　博勝堂
用紙（特漉中性紙）　三菱製紙

ISBN978-4-8406-2505-0